中国

改革中的经济增长与结构变动

郭克莎 - 著

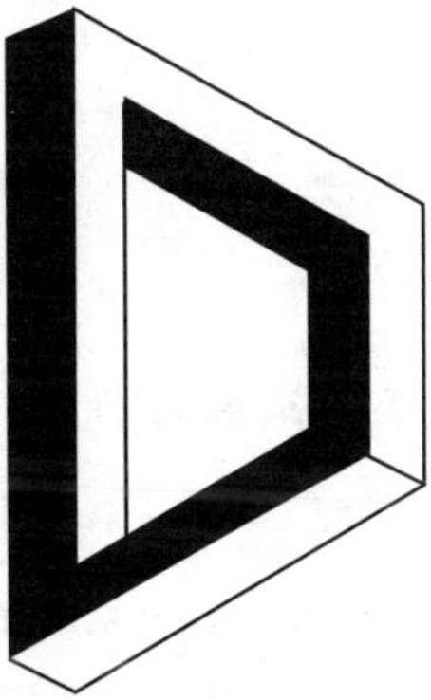

CHINA

ECONOMIC GROWTH AND STRUCTURAL CHANGES IN REFORM

（校订本）

知识产权出版社
全国百佳图书出版单位

图书在版编目（CIP）数据

中国：改革中的经济增长与结构变动：校订本 / 郭克莎著．—北京：知识产权出版社，2019.6

ISBN 978-7-5130-6271-8

Ⅰ.①中…　Ⅱ.①郭…　Ⅲ.①中国经济—经济增长—研究②中国经济—经济结构调整—研究　Ⅳ.① F124.1 ② F121

中国版本图书馆 CIP 数据核字（2019）第 100056 号

内容提要

全书从实证分析到理论探讨，都在分析中国经济增长、结构变动的过程和原因，论证提高全要素生产率增长率和贡献率，提升增长效率和增长质量的重要性，论证经济增长模式转换的要求和条件。这对于当前中国经济所处的由高速增长转向高质量发展的阶段，对于研究和推动经济高质量发展，仍具有一定的理论参考价值。

总 策 划：王润贵　　**项目负责：**蔡　虹
套书责编：蔡　虹　石红华　　**责任校对：**谷　洋
本书责编：蔡　虹　　**责任印制：**刘译文

中国：改革中的经济增长与结构变动（校订本）

郭克莎　著

出版发行：知识产权出版社有限责任公司　网　址：http：//www.ipph.cn
社　址：北京市海淀区气象路 50 号院　邮　编：100081
责编电话：010-82000860 转 8324　责编邮箱：caihongbj@163.com
发行电话：010-82000860 转 8101/8102　发行传真：010-82000893/82005070/82000270
印　刷：三河市国英印务有限公司　经　销：各大网上书店、新华书店及相关专业书店
开　本：787mm × 1092mm　1/32　印　张：13.125
版　次：2019 年 6 月第 1 版　印　次：2019 年 6 月第 1 次印刷
字　数：340 千字　定　价：58.00 元

ISBN 978-7-5130-6271-8

出版说明

知识产权出版社自1980年成立以来，一直坚持以传播优秀文化、服务国家发展为己任，不断发展壮大，影响力和竞争力不断提升。近年来，我们大力支持经济类图书尤其是经济学名家大家的著作出版，先后编辑出版了《孙冶方文集》《于光远经济论著全集》《刘国光经济论著全集》和《苏星经济论著全集》等一批经济学精品力作，产生了广泛的社会影响。受此激励和鼓舞，我们和孙冶方基金会携手于2018年1月出版《孙冶方文集》之后，又精选再版孙冶方经济科学奖获奖作品。

“孙冶方经济科学奖”是中国经济学界的最高奖，每两年评选一次，每届评选的著作奖和论文奖都有若干个，评选的对象是1979年以来的所有公开发表的经济学论著。其获奖成果基本反映了中国经济科学发展前沿的最新成果，代表了中国经济学研究各领域的最高水平。这次再版的孙冶方经济科学奖获奖作品，是我们从孙冶方经济科学奖于1984年首次评选到2017年第十七届共评选出的获奖著作中精选的20多部作品。这次再版，一方面是为了缅怀和纪念中国卓越的马克思主义经济学家和中国经济改革的理论先驱孙冶方同志；另一方面有助于系统回顾和梳理我国经济理论创新发展历程，对经济学同人深入研究当代中国经济学思想史，在继承基础上继续推动我国经济学理论创新、更好构建中国特色社会主义政治经济学都具有重要意义。

在编辑整理“孙冶方经济科学奖获奖作品选”时，有几点说明如下。

第一，由于这20多部作品第一版时是由不同出版社出版的，所以开本、版式、封面和体例不太一致，这次再版都进行了统一。

第二，再版的这20多部作品中，有一部分作品这次再版时作者进行了修订和校订，因此与第一版内容不完全一致。

第三，大部分作品由于第一版时出现很多类似“近几年”“目前”等时间词，再版时已不适用了。但为了保持原貌，我们没有进行修改。

在这20多部作品编辑出版过程中，孙冶方经济科学基金会的领导和同事对本套图书的出版提供了大力支持和帮助；86岁高龄的著名经济学家张卓元老师亲自为本套图书作了思想深刻、内涵丰富的序言；这20多部作品的作者也在百忙之中给予了积极的配合和帮助。可以说，正是他们的无私奉献和鼎力相助，才使本套图书的出版工作得以顺利进行。在此，一并表示衷心感谢！

知识产权出版社

2019年6月

序　言

张卓元

知识产权出版社领导和编辑提出要统一装帧再版从 1984 年起荣获孙冶方经济科学奖著作奖的几十本著作，他们最终精选了 20 多部作品再版。他们要我为这套再版著作写序，我答应了。

趁此机会，我想首先简要介绍一下孙冶方经济科学基金会。孙冶方经济科学基金会是为纪念卓越的马克思主义经济学家孙冶方等老一辈经济学家的杰出贡献而于 1983 年设立的，是中国在改革开放初期最早设立的基金会。基金会成立 36 年来，紧跟时代步伐，遵循孙冶方等老一辈经济学家毕生追求真理、严谨治学的精神，在经济学学术研究、政策研究、学术新人发掘培养等方面不断探索，为繁荣我国经济科学事业做出了积极贡献。

由孙冶方经济科学基金会主办的“孙冶方经济科学奖”（著作奖、论文奖）是我国经济学界的最高荣誉，是经济学界最具权威地位、最受关注的奖项。评奖对象是改革开放以来经济理论工作者和实际工作者在国内外公开发表的论文和出版的专著。评选范围包括：经济学的基础理论研究、国民经济现实问题的理论研究，特别是改革开放与经济发展实践中热点问题的理论研究。强调注重发现中青年的优秀作品，为全面深化改革和经济建设，为繁荣和发展中国的经济学做出贡献。自 1984 年评奖活动启动以来，每两年评选一次，累计已评奖 17 届，共评出获奖著作 55 部，获奖论文 175 篇。由于孙冶方经济科学奖的评奖过程一直是开放、公开、公平、公正的，在作者申报和专家推荐的基础上，由全国著名综合性与财经类大学经济院系和中国社会科学院经济学科领域研究所各推荐一名教授组成的初评小组，进行独立评审，提出建议入围的论著。然后由基金会评奖委员会以公开讨论和无记名投票方式，以简单多数选定获奖作品。最近几届的票决结果还要进行公示后报基金会理事会最终批准。因此，所有获奖论著，都是经过权威专家几轮认真的公平公正的评审筛选后确定的，因此这些论著可以说代表着当时中国经济学研究成果的最高水平。

作为17届评奖活动的参与者和具体操作者，我不敢说我们评出的获奖作品百分之百代表着当时经济学研究的最高水平，但我们的确是尽力而为，只是限于我们的水平，肯定有疏漏和不足之处。总体来说，从各方面反映来看，获奖作品还是当时最具代表性和最高质量的，反映了改革开放后中国经济学研究的重大进展。也正因为如此，我认为知识产权出版社重新成套再版获奖专著，是很有意义和价值的。

首先，有助于人们很好地回顾改革开放40年来经济改革及其带来的经济腾飞和人民生活水平的快速提高。改革开放40年使中国社会经济发生了翻天覆地的变化。贫穷落后的中国经过改革开放30年的艰苦奋斗于2009年即成为世界第二大经济体，创造了世界经济发展历史的新奇迹。翻阅再版的获奖专著，我们可以清晰地看到40年经济奇迹是怎样创造出来的。这里有对整个农村改革的理论阐述，有中国走上社会主义市场经济发展道路的理论解释，有关于财政、金融、发展第三产业、消费、社会保障、扶贫等重大现实问题的应用性研究并提出切实可行的建议，有对经济飞速发展过程中经济结构、产业组织变动的深刻分析，有对中国新型工业化进程和中长期发展的深入研讨，等等。阅读这些从理论上讲好中国故事的著作，有助于我们了解中国经济巨变的内在原因和客观必然性。

其次，有助于我们掌握改革开放以来中国特色社会主义经济理论发展的进程和走向。中国的经济改革和发展是在由邓小平开创的中国特色社会主义及其经济理论指导下顺利推进的。中国特色社会主义理论体系也是在伟大的改革开放进程中不断丰富和发展的。由于获奖著作均系经济理论力作，我们可以从各个时段获奖著作中，了解中国特色社会主义经济理论是怎样随着中国经济市场化改革的深化而不断丰富发展的。因此，再版获奖著作，对研究中国经济思想史和中国经济史的理论工作者是大有裨益的。

再次，有助于年轻的经济理论工作者学习怎样写学术专著。获奖著作除少数应用性、政策性强的以外，都是规范的学术著作，大家可以从中学到怎样撰写学术专著。获奖著作中有几套经济史、经济思想史作品，都是多卷本的，都是作者几十年研究的结晶。我们在评奖过程中，争议最少的就是颁奖给那些经过几十年研究的上乘成果。过去苏星教授写过经济学研究要“积之十年”，而获奖的属于经济史和经济思想史的专著，更是积之几十年结出的硕果。

是为序。

2019 年 5 月

再版作者简介

郭克莎（1955—），广东省汕头人，经济学博士。现为华侨大学经济与金融学院院长、经济发展与改革研究院院长，中国社会科学院经济政策研究中心主任，中国社会科学院研究生院、南开大学、华侨大学等高校教授、博士生导师。1992 年毕业于中国社会科学院研究生院，获经济学博士学位。1998—1999 年在美国芝加哥大学做访问学者。曾长期在中国社会科学院和国务院研究室工作。承担过国家社会科学基金重大项目、特别委托项目、重点项目、国家自然科学基金应急项目总项目，以及中国社会科学院重大、重点项目等科研项目 10 多项。在《中国社会科学》《经济研究》《管理世界》《求是》《人民日报》《新华文摘》（转载）等报刊上公开发表经济类文章 400 多篇，其中在前三 3 个期刊上发表的中英文学术论文 30 多篇，在内部刊物上发表政策研究报告 100 余篇，出版个人专著和合著 14 部，研究领域主要在质量经济、经济增长、产业结构、工业发展、体制改革等方面。不少学术成果取得了较好的影响，学术观点为相关研究文献所引用，得到了经济学界同行的好评；不少政策研究报告获得了中央领导的重要批示或重视，政策建议为中央有关部门所采纳，为政府决策工作提供了参考作用。主编过多部经济学丛书和工具书。曾获得省部级以上优秀科研成果奖、调研成果奖等奖励 10 多项，个人专著《中国：改革中的经济增长与结构变动》和学术论文《工业化与城市化关系的经济学分析》分别获孙冶方经济科学奖著作奖（1994 年度）和论文奖（2002 年度）。1996 年被评为中国社会科学院有突出贡献中青年专家，1998年被评为国务院政府特殊津贴专家，1999年被评为国家人事部百千万人才工程第一、二层次优秀人才。目前主要学术性兼职有国家社会科学基金项目会评专家、国家自然科学基金项目会评专家、孙冶方经济科学奖励基金评审委员会委员等。

原版作者介绍

郭克莎，男，1955年生。于1983年、1987年和1992年先后获得哲学学士、经济学硕士和经济学博士学位。现为中国社会科学院工业经济研究所助理研究员。近10年来在《经济研究》《中国社会科学》等国内有影响的刊物上发表了100多篇学术论文，还出版了个人专著《质量经济学概论》。研究范围主要在价格理论、质量经济、体制改革、经济增长和产业结构等方面。近年来曾获各类学术科研奖5次，引起了经济学界的重视。

再版前言

这本专著是1993年由上海三联书店出版的，1996年出版社曾经重印。现在20多年过去了，中国经济发生了翻天覆地的变化，对中国经济问题的研究也“鸟枪换炮”了。承蒙知识产权出版社再版此书，我深感荣幸又深感不安。在自己怀疑本书再版价值的矛盾心态下，我觉得有必要写一个再版前言，向读者交代有关事情，回答一些问题。

第一个问题是，本书是否还有现实意义?

读者可以看到，全书从实证分析到理论探讨，都在分析中国经济增长、结构变动的过程和原因，论证提高全要素生产率增长率和贡献率，提升增长效率和增长质量的重要性；论证经济增长模式转换的要求和条件。这对于当前中国经济所处的由高速增长转向高质量发展的阶段，对于研究和推动经济高质量发展，仍具有一定的理论参考价值。如果说，25年前我们是在讨论增长速度与增长质量的选择，那么，现在高速增长期已经结束，我们需要加快走上高质量发展的道路。高质量发展的基本内容包括：在经济中高速增长（适度增长）的基础上，全要素生产率较快增长，经济结构调整优化，产品和服务质量提高，生态环境得到治理改善。这些既是经济发展阶段转变的要求，也是社会需求升级的要求，从根本上说是满足人民不断增长的美好生活需要所决定的。应当指出的是，并不是高速增长阶段的结束，就会自然而然地进入高质量发展的阶段，促进经济高质量发展仍然是一个艰难曲折的过程，搞不好将会出现增长速度和增长质量的波动。从这个角度看，本书对于我国改革初期阶段经济增长模式转换过程的理论探讨，对今天来说仍有一定的现实参考意义。

第二个问题是，本书对于今天的局限性。

在今天的读者看来，书中的很多研究内容已时过境迁了。本书是在我的博士学位论文的基础上修改完善而成的，博士论文主要写作于1991年，如今27年过去了，中国从一个低收入国家进入了中上等收入国家的行列，经济总量已上升到世界第二位，中国经济学研究也有了长足的发展，基本上与现代经济研究的范式和进程接轨了。这使本书的很多分析和论述在今天看来显得比较肤浅甚至已经过时。就实证研究来说，当今的中国，以发达国家经济学研究为参照系的计量研究水平大幅度提高了，书中的许多分析内容和方法，从现在青年学者的视角看显然过于简单。而在27年前，国外的经济学实证方法刚被引进到国内学术界，但由于缺乏中国统计数据的必要支撑（当时中国的统计体系仍以MPS体系为主，SNA体系尚未建立起来，有关GDP的统计指标还没有形成），做中国宏观经济问题研究连一般的定量分析也难以展开。因此，当时我把主要研究精力放在两个方面：一是改造中国的统计数据以适应新的分析方法的需要，以便能进行适当的国际比较；二是当中国的统计数据无法进行改造时，只能对引进的实证方法加以简化和调整。也就是说，实证研究过程的主要精力放到了处理数据与方法的关系上，以便得出比较恰当的结论，力求实现必要性与可能性、可信度与准确度在较高层面上的统一。

本书的分析还受到当时经济理论、体制环境和政策背景的限制。例如，作为本书基本内容的博士论文在1991年进行研究写作时，中央尚未对中国发展社会主义市场经济及建立相应体制的问题加以确认，经济理论界分析问题的背景仍停留在社会主义商品经济的判断上，尽管两者总体上是一致的，但还是存在着一些差别，分析中的表述势必受到这些差别的影响。同时，本书写作时宏观经济环境正处于治理整顿的过程，邓小平同志的南方谈话尚未产生推动作用，新一轮改革开放的浪潮还没有涌现出来，因而经济理论界对推进改革发展的探讨处在比较谨慎的氛围中，笔者的研究写作不能不受到当时经济体制和政策环境的影响，因而大多数理论观点和政策主张总体上带有那个阶段的痕迹。书中提出的中国在20世纪90年代的经济发展思路，反映了当时宏观经济政策取向的一些特点。如对经济增长速度的讨论，就受到当时中央确定的五年计划增长目标、当时经济理论界和政策研究部门观点的一定影响。书中一个主要的立论倾向是，反对追求过高的经济增长速度，反复强调保持适度增长的必要性、重要性，并以此为基础来讨论宏观增长目标和调控政策。

现在，中国经济发展的历史步伐已跨越了高速增长时期，进入了新常态、新时代。重新审视本书当时对增长速度问题的讨论，也许别有一番风味，对高增长带来的重要作用和负面影响，提供了新的思考和研究空间。书中提出把20世纪90年代经济增长的适度目标定在7%~8%，把年度增速的高限控制在10%以内的建议，对于经济高速增长的阶段来说，可能是比较保守的，而对于目前及今后一段时期，则可能已是可望而不可即了。

第三个问题是，笔者对本书再版前的修改。

关于本书再版前如何进行修改的问题，笔者面临三种方式的选择：一是进行大改。时间已经过去了27年，中国的经济现实和理论研究发生了巨大变化，本书如果要大改，基本上需要重写，这不仅近期内不可能完成，而且也不是一般的再版了。二是进行小改。本来想作一些小的改动，以适应经济现实和理论发展的需要，但发现小改的难度也很大，一改动就涉及全书前后多个方面的相互联系和协调，将一步步陷入大改过程或根本改不动。三是基本不改。经过反复考虑，我最终选择了这种方式。所谓基本不改，就是如果不是文字上的明显硬伤，一般就不加改动，包括文字表述上比较稚嫩、比较啰唆的地方，也完全保留了笔者当年写作的真实痕迹。我心里的潜台词是，本书既然能获得1994年度孙冶方经济科学奖的个人著作奖，总体上在逻辑推理、文字表述等方面不至于太差，其中因笔者能力所限而不可避免存在的一些不足、薄弱、低端以至错误之处，本来就已在有关图书馆里度过了25年的时间，继续作为历史留给有兴趣阅读本书的年轻学者来批评、批判吧！

需要说明的一个重要改动，是把“综合要素生产率”的表述，统一改回为“全要素生产率”的表述。我的导师杨坚白先生在审读我的博士论文时，修改了论文中使用频率很高的两个概念的表述：一是把我使用的“全要素生产率”改为“综合要素生产率”，他认为这样才能准确反映这个概念的含义（实际上是对TFP用了意译）；二是把“第一（二、三）产业”改为“第一（二、三）次产业”，他认为加上一个“次”字才能准确反映三次产业发展的先后顺序。不论是当时还是现在，我都认为导师的这两处修改从意义上说是正确的。但是，考虑到现在各种文献，包括中央的政策文件，均使用了TFP的直译即“全要素生产率”，为了避免引起不必要的误解，我把书中的这个表述改了回来。而对于在产业之前加上“次”字的表述，则继续保持导师修改后的方式。

同时，本书的再版保留了原版作者介绍、原版序言、原版前言、原版后记等基本资料，增补了再版作者简介、再版前言和再版后记，供读者阅读时对照，了解时间流逝带来的变化。

最后，我要再次感谢知识产权出版社花力气再版这本拙著，感谢蔡虹编辑及有关人员为本书再版付出的辛勤劳动。

郭克莎

2018年9月10日

原版序

近年来，关于经济增长和结构变动的文章、著作很多。郭克莎这本书则是不循旧套，不人云亦云，而是独辟蹊径，别具一格，同时提出了许多有益的观点。

本书除指出改革开放以来，经济增长和结构变动的一般特点外，特别注意到对效率、效应的分析。

作者经过统计分析指出，全要素生产率（TFP）的变动与经济增长率的波动呈现负相关。即经济增长率的相对波动系数和相对幅度降低，则全要素生产率的增长率及其对经济增长的贡献率就上升；反之，前者上升，后者就下降。作者从比较分析中得出这样的结论：经济高速增长只有建立在全要素生产率的作用率不断上升的基础上，增长过程才是优化的并且才能保持良性循环。同时，也只有使经济增长与要素投入保持适当的速度并不断提高投入要素的质量，才能促进全要素生产率持续增长。作者的这个见解，对我国现实经济发展颇具参考价值。

本书非常重视资源配置效应。作者认为资源配置效应分析是对增长因素分析的深化。它反映出产业间资源流动和结构变化对生产率增长和经济增长的作用。他所采取的对资源配置效应、对产业结构和资产结构与技术结构变动关系的定量分析方法，在中国尚属首例。分析表明，改革以来，中国经济总产出的增长率较高，但社会资源配置效应却明显较低。主要是后期阶段社会资金再配置不合理。有三个指标出现逆趋势变动，即三次产业之间尤其是第一与第二、三次产业之间的资金边际产出率、劳动生产率、资金与劳动比率的差距不是缩小而是有所扩大。这三者都是社会资金配置失衡的表现。

本书对中国改革以来，结构变动的趋势、特点也作了较系统的分析。作者认为多数结构分析文献，仅通过产值结构和劳动力结构来说明产业结构变动是很不够的。因为投入结构还包括资产结构和技术结构，这两个方面对产出结构有着更大的作用和影响。作者经过比较分析指出，我国的投入结构是不协调的。突出的表现为第一次产业的相对资产比重下降过猛，而第二次产业的相应方面则片面上升。投入不合理，致使劳动力结构、资产结构与产值结构的偏离度呈现逆趋势变动。作者认为，资产结构高度化是产业结构高度化的中心，它推动产出高度化，并带动技术结构和劳动力结构的高度化；技术结构高度化又是产业结构高度化的动力，是产出结构高度化过程的保证，也是联系资产结构和劳动力结构高度化的纽带……

书中提出了许多有益的观点。作者认为，确保中国经济良性增长，必须保持适当的增长速度，并以全要素生产率的作用率上升为前提，由此创造一个总量供求基本平衡和结构关系比较协调的经济局面。这是很有见地的。

多年来，中国经济多次出现波动，而且是强波动！改革开放以来，这个老毛病并未革除，如1984—1988年仍出现较大波动。与此同时，国有企业的亏损额也令人吃惊。究其原因，都是与重速度、轻效率、盲目地大干快上分不开的。1991年曾被定为结构、质量、效益年，“质量万里行”一度被引起重视。然而经济效率并无起色。有些人对“效益”一词，不是从投入与产出的比率出发进行考察，而是把效益误作收益，笼而统之，空喊提高效益，因而经济效率并未真正提高。本书从理论与实践的结合上，发出经济增长以效率为前提、为基础的最强音。堪称击中要害，颇具现实意义。

当然，本书也不可能是尽善尽美的。不过，我认为对于有为青年，写出有新意的著作，应该予以鼓励。是为序。

杨坚白

1993年2月25日

ABSTRACT

CHINA: ECONOMIC GROWTH AND STRUCTURAL CHANGES IN REFORM

This book is aimed at expounding the trends, characteristics and problems of economic growth and structural changes in the system reform in China and at seeking basic ways of solving these problems.

The book starts with a positive study and then turns to a new theoretical probe after the key conclusion has been reached. The author holds that only by making a systematic positive observation of China's economic practice in reform can a correct understanding be formed, and only on this basis can further research logically unfold and effectively deepen .

This book consists of nine chapters in three parts. In Part One, the author makes a positive analysis of the economic growth in reform, addressing problems in three aspects among other things.

1. The turn in the course of industrialization and the situation of economic growth during the reform

Since reform was first undertaken, a glaring feature of the turn in the course of industrialization has been the increase of the growth rate of light industry, leading to a serious imbalance in the growth relationship between agriculture and light industry during 1985—1988. The author calculates the Hoffmann ratio by means of data of net output value and total output value and has discovered an obviously different changing trend in the two. Viewed from the ratio of net output value, heavy industrialization has made some progress, while viewed from the ratio of total output value, there is a tendency toward light industrialization. It indicates that the sharp rise of the proportion of material consumption in the light industry sectors has counterbalanced heavy industrialization trend, with which the contradiction between agricultural and light industries has much to do. As a result, high-processing trend has been reinforced instead. The author uses the coefficient of high-processing to find out that the coefficient in 1988 was 33.5% higher than that in 1983, and one fourth higher in 1984—1988 than that in 1979—1983 averagely. This shows that the speed of high-processing for this period was so fast that a contradiction arose between manufacturing industry and raw material industry. The trend and the resultant contradiction mentioned are related to the new features of industrialization. The strengthening of market adjustment functions, the decentralization of economic development and the expansion of foreign economic relations, have all promoted the rapid growth of consumption industry and speeded up the high-processing process. Therefore, the industrialization process in the reform has, on the one hand brought about the adaptation of production structure to the demand structure, and on the other hand given rise to new factors of disharmony.

Ever since the reform, the rate of China's economic growth has been dramatically speeded up while the degree of fluctuation of economic growth has dropped by a big margin. Compared internationally, the annual average growth rate of her GDP is much higher than that of most other countries but only a little lower than South Korea, and the coefficient and range of relative fluctuation are slightly higher than those of Japan but obviously lower than those of other countries. Quite a few people used to think that the fluctuation degree of China's economic growth was much higher than that of the developed countries, but they were mistaken because they ignored the incomparable factors of different annual growth rates. The sharp drop of economic fluctuation degree shows that the development of market economy, the reform and openness will not only affect the steady growth of the economy, but also help to raise the stability of economic growth, especially it's relative stability internationally. But judging from the comparisons of different stages, the apparent rise of fluctuation degree in the later stage also suggests that a relatively large fluctuation of market demand will bring about a relatively large fluctuation of economic growth under the conditions of imperfect market mechanisms and unsound macrocontrol mechanisms. The state of economic growth is related to the change of growth mechanisms. Compared with prereform days, the function rate of agriculture has risen while that of industry has dropped in the growth of national income, which is one of the causes of the greater stability degree of economic growth. The result of the study also shows that the rise of the function rate of the tertiary industry in relation to the growth of GNP is another important factor of the steady economic growth. But the sharp rise of the function rate of the secondary industry in relation to economic growth during 1984—1988 and the drop of the function rate of the primary and tertiary industries again caused economic fluctuations. These facts reflect the influence of the relations of industrial growth upon steady economic growth. Judging from ownership relations, the function rate of non-state-owned enterprises (especially industrial and commercial enterprises) in relation to economic growth goes up quickly, becoming a new motive cause of promoting the over-rapid growth of industry and the over-heated growth of economy.

2. The change of the factors of economic growth and its effect

Before employing the growth factor analysis, the author systematically discusses the indexes of input and output, with relevant theory and experience of other countries, making an indepth analysis of the elasticity of the output of capital and labour in order to raise the reliability and accuracy of the figures. The result indicates that since the reform was first undertaken, the efficiency of economic growth has risen by a big margin. Before the reform (1953—1978), the contribution rate of Total Factor Productivity (TFP) growth to economic growth was only 2.7%, but it was 42.1% during the reform (1979—1990). Although this percentage remains lower than that in developed countries, exceeds the average figures in other developing countries (from the 1950s to 1970s) and the countries of the former Soviet Union and Eastern Europe (from the 1950s to 1960s), and also the average level of those countries with per capita income of US $ 560—1120 (36%) in the Chenery-Syrguin Model, but approaches the average level of those countries with per capita income of US $ 1120—2100 (44%) in the model. However, because of the over-expansion of demand, the disequilibrium of structure and the fluctuation of economy, the contribution rate of TFP to economic growth dropped from 44. 4% in the first stage (1979—1984) to 39. 6% in the later stage (1985—1990). In the meanwhile, the comparative analysis shows that an over-increase in capital input is a major cause that leads to a lower or decreasing contribution rate of TFP.

Judging from the internal relations of the process of economic growth, the change of TFP has a direct and negative correlation to economic fluctuation. The statistic analysis, no matter whether it is a comparison between pre-reform and reform periods or between different stages during the reform, shows that the lowering of the coefficient and range of relative fluctuation of economic growth brings about a rise in the growth rate of TFP and its contribution rate to economic growth. Conversely, when the former goes up, the latter goes down. The cause lies in the fact that economic fluctuation affects the effective allocation of resources, thereby, the increase in productivity. At the same time, TFP is also directly related to the changes of capital and labor productivity. The change of the characteristics of productivity accounts for different effects of economic growth. A conclusion has been drawn from the comparative analysis of growth factors: only when a speedy economic growth is based on an increasing function rate of TFP can the growth process be optimized and sustained in a good circle. In addition, TFP can keep on growing if the economic growth and factor inputs remain at a proper rate and the quality of factor inputs is continually raised.

3. Comparison of industrial growth factors and the effect of total allocation of resources

Due to the limited availability of statistical data, few people have so far made any comparative analysis of industrial growth factors in China. Based on the calculation and treatment of relevant data, the author makes a relatively systematic comparative analysis of the growth factors in the three industries, and in light and heavy industries as well. Eventually, the author comes to the conclusion that since the reform, the range of change of China's industrial growth factors is quite extensive, and the relatively large fluctuation of the capital growth relations (growth structure) is the root cause of the fluctuation of the industrial TFP, which obviously affected the efficiency of the economic growth in the later stage. The problem is that overinvestment of capital in a certain industrial sector (e.g., the secondary industry) will inevitably lead to less investment in other industrial sectors (e.g., the primary industry), which will affect the reasonable changes of the ratio of capital and labour within industries and the effective allocation of resources, and will be detrimental to harmonious growth of factor (capital or labor) productivity among industries, causing a drop of the entire growth efficiency. Positive analysis shows that the internal relations of factor shares distributed among sectors concerned determine the input speed of factors and the internal relations of the changes of factor productivity rates, and finally determine the internal relations of TFP changes in each sector.

The analytic method of total allocation effect of resources is a deepening of the analysis of growth factors, which reflects the influence of the flow of resources and structural changes among industries on the increase in productivity and on economic growth. Since such an analysis usually takes the analysis of industrial growth factors as its basis, it seems a gap is yet to be filled in this respect in China. The author makes a preliminary survey of the effect of the total allocation of China's social and industrial resources, basing it on the results of analysing the growth factors of the three industries and of light and heavy industries. Analyzed by the various figures available, the effect of the total allocation of TFP, capital productivity and labour productivity decreased in the later stage in comparison with the early stage after the reform started (and there was even some negative effect), indicating an unreasonable flow of resources and a deepening of economic disequilibrium instead of a better reallocation of resources, especially a serious disequilibrium of reallocation of capital among three industries. Compared with the multi-national model, the growth rate of China's postreform total and industrial TFP is evidently quite high, which is related to the high growth rate of total output, but the effect of total allocation of social resources is obviously rather low, one of the causes of which is the negative effect of the reallocation of resources that arose in the later stage. Judging from a worldwide comparison of total allocation effect of labour productivity, the figures during the reform in China are higher than those registered in most developed and developping countries.Therefore, the problem apparently lies in the unreasonable reallocation of social capital. From this point of view, the author does a further positive study and finds that there are three indexes changing against the trend, namely, the differences of the marginal rates of capital output, the labour productivity and the ratios between capital and labour among the three industries, especially between the primary industry and the other two industries, they are somewhat widened instead of being narrowed. All these three aspects demonstrate the disequilibrium of capital reallocation.

Part Two is a positive analysis of the structural changes in the course of economic growth, which can be summed up as follows.

1. The basic prerequisites for structural analyses

To make an indepth analysis of the changes of industrial structure and its internal relations, it is necessary to first find out the economic conditions and system circumstances of the structural changes and to decide the method of structural analysis. In terms of economic conditions, such peculiarly Chinese features as per capita income level, industrialization degree and economic development show that, since the reform, the industrial structure has been frequently changing, revealing some changing features that differ from a general trend. As for system circumstances, the changes in the main body and the mechanisms of resource reallocation, and the influence of the expansion of openness upon the reallocation of resources indicate that, since the reform, the change in industrial structure has got new driving forces, directing mechanisms and affecting factors. It is essential for the structual analysis to make clear the two aspects. In terms of analysing methods, the author, taking into account the features of China's structural relations and new conditions since the reform, apart from making a worldwide comparison of the structural changes, adopts three new methods of structural analyses: (1) combining structural up-grade with structural coordination; (2) combining the annual changes in industrial structure with stage changes; and (3) combining the current price structure with the fixed price structure.

2. Changes in output structure and causes of its disequilibrium

The author discovers through positive survey that there is a large difference between the changes in the output value structure in current price and in fixed price. The disequilibrium is more serious in fixed price, whether in terms of the relations between the three industries or between agriculture, light and heavy industries; or in terms of total output value structure or net output value structure; or in terms of annual changes or stage changes. This suggests that it is incomplete to conduct structural analyses with the current price data because conclusions thus drawn will greatly deviate from the reality. The worldwide comparison and the calculation of elasticity show that basic characteristics of output structural disequilibrium are as follows: the proportion of the primary industry (agriculture) diminishes too fast while that of the secondary industry (industry) grows too fast; meanwhile the change of the proportion of the tertiary industry fails to play a coordinating role, which is especially manifest at the second stage since the reform. In the meantime, the relations between the processing industries and basic industrial infrastructure on the one hand and the national output live growth relations on the other were all unbalanced during 1984—1988. The structural disequilibrium has its historical causes, but is also ascribed to the system and policies. It is necessary to point out that, firstly the structural readjustment in the early 1980s did not really overcome the contradiction between industry and agriculture, and the expansion of the proportion of agriculture (the primary industry) was brought about mainly by the quick increase in the prices of agricultural products, while its proportion of fixed prices (in-kind proportion) was still dropping, therefore the reintensification of the contradiction since 1984 was in essence the continuation and deepening of the structural disequilibrium before the reform; secondly, the historical weak state of the basic industries and infrastructure, the overfast evolution of the upgrade of industrial proportion (over unbalanced growth) and the rise of the proportion of material consumption and energy consumption caused by from the slow progress of technology all affected the structural disequilibrium and made it especially serious in the second stage of the reform.

3. Relations between output structure and input structure

In order to bring to light the process and features of structural disequilibrium, the author makes a survey of the changing relations between output structure and input structure. Most literature of structural analyses illustrates the change of industrial structure through the output value structure and labour force structure, which is improper. The input structure also includes asset structure and technology structure, which exercise a greater influence on the output (output value) structure. Judging from the results from a series of statistical analyses and worldwide comparison, changes in industrial input structure in China since the reform have been inharmonious, which is especially reflected in the fact that the relative asset proportion of the primary industry dropped sharply, and the relative technological level dropped markedly since 1984, while the counterparts of the secondary industry rose unduly. Eventually, the differences of the relative labour productivity, relative capital productivity and the ratio of relative capital and labour among industries (especially between the primary and secondary industries) expanded unreasonably, and the deviating degree of labour force structure, asset structure and output value structure took on an adverse change. Generally speaking, the state of the disequilibrium of input and output structures and its stage features are the same, and those latter are exactly promoted by those former.

Based on the positive analyses of the first two parts, in Part Three, the author further discusses the problem of China's economic growth and structural changes in the 1990s.

1. The model of economic growth

Firstly, the author distinguishes the subjectivity and objectivity of the growth model, classifies the basic types of economic growth model, and analyses the changing course and characteristics of China's economic growth model. He thereby dwells upon the objective conditions for promoting the shift of economic growth model from the angle of economic development, system reform and the internal relations among growth models. Secondly, from the aspects of resource conditions, investment features, structural relations and system environment, the author discusses the restricting factors of the shift of economic growth models and channels to overcome them. The key to the shift of economic growth models is to raise efficiency, improve quality and coordinate structures. The way out is to improve the quality of material and human resources, to increase investment in education and scientific research in technological transformation, and in improving quality of products and management level, to coordinate changes in investing structure labour force structure and technological structure, and to perfect, through reform, the mechanisms of enterprise management, market operation and macrocontrol.

2. Mechanisms of economic growth

In this book, the author discusses the implications, the requirement and the features respectively of continued growth, steady growth and coordinated growth and their relations with the shift of economic growth model. The formation of the mechanisms of continued growth depends on the weakening of the factors that restrict growth and the strengthening of the factors that promote growth. The key to it is to accelerate technological progress and its spreading effects.The formation of the mechanisms of steady growth depends on the moderation of economic growth, the proper level of investment and consumption, and the relatively stability of currency growth and price level, the core of which is to prevent the expansion of demand and the overheating of the economy. The formation of the mechanisms of coordinated growth depends on the coordination of the growth relations among enterprises and among regional industries, the coordination of output increase pattern and resources structure, and of consumption structure and foreign trade structure, the core of which, in turn, is the coordination of the progress of industrial structure.The three aspects of economic growth mechanisms are interrelated and mutually operative, requiring that macro-economic policies be systematic so as to play stronger policy function and effect.Therefore, it is essential to organically combine the policy of technological progress with the policies of demand management and industrial structures, and to promote their coordinating functions.

3. Relations between structural readjustment and structural development

China's industrial structure finds itself not only in a state of disequiIibriam but also in a lower state.The low state is mainly expressed in the aspects of structural connections（quality relations） and structural quality（industrial level）.The situation of the crisscross of structural disequilibrium and of the lower state of structures，and their interaction gives rise to quite a few difficulties and problems in the course of the readjustment and develoment of industrial structures. In the meantime，the coordination of structural relations and the upgrade of the structural level are on the one hand mutually dependent ，and on the other hand contradictory to each other. Such being the case，it is essential to definitely make clear the requirements of the coordination and upgrade of industrial structures and the conditions for internal unity of the two. Those former include a static coordination，dynamic coordination and quality coordination of industrial structure，while those latter consist of the upgrade of output value structure，asset structure，technological structure and labour force structure. The conditions for internal unity of the two lie in the fact that the factors contained will be mixed，integrated and at the same time also mutually restricted and promoted. Therefore，in the course of coordination，the industrial structures should have self-upgrading and shifting functions，and in the course of upgrading it should have self-adjusting and coordinating functions. These two aspects should be taken into consideration in carrying out the policies of industrial structures，in order to promote the shift of economic growth models and the formation of growth mechanisms.

Guo Kesha，author of this book，is an assistant research fellow，and a Ph.D. in economics. He is now working with the Institute of Industrial Economy，Chinese Academy of Social Sciences.

目 录

第 2 篇　实证分析：结构变动

第 3 篇　进一步的理论探讨

CONTENTS

原版前言

在国际风云变幻的大背景下，中国作为一个发展中的社会主义国家，正以伟大的气魄进行着一场举世瞩目的体制变革，这场历史性变革推动着中国经济由传统计划经济向现代市场经济迈进。经济体制改革的根本目的，是促进经济发展以实现经济现代化。那么，在改革推进和体制转换的条件下，中国的经济发展过程发生了什么变化，构成经济发展主脉络的经济增长和结构变动表现出哪些新的内容和特点，这是一个值得认真研究的问题。同时，通过对改革中的经济增长和结构变动进行较为系统、深入的分析和探讨，也可以为体制转换时期的经济发展战略和宏观经济政策提供一定的理论依据。对此作出努力，是笔者写作本书的一个最初动机。

本书分为3篇共9章。读者可以发现，本书一开篇就展开实证分析，在得出基本结论之后，才转入新的理论探讨。因为我认为，对于改革中的中国经济实践，只有加以较为系统的实证考察，才能形成比较确切的认识，在这个基础上，进一步的理论研究才得以合理展开和有效深入。

在前两篇的实证研究中，笔者主要做了以下几件事：其一，尝试运用现代经济增长和发展理论的一些较新的分析方法，并对其科学性问题做了简要讨论；其二，研究这些方法在中国的适用性，以此为基础对有关方法加以修改，或进一步提出一些新的分析方法和分析角度；其三，对中国现有的统计资料加以必要的处理，以适应新方法或新角度的需要；其四，通过上述较新的分析方法和大量的统计资料，对中国改革中的经济增长和结构变动进行较为系统深入的比较分析（包括改革前后的比较和国际比较），由此得出若干新的认识或结论。这样，我们就不仅提供了一些有依据的实证结论和资料，而且提供了一些可供参考的研究问题的方法和思路。对于一部学术性专著来说，后者也许具有更大的意义。

第 1 篇对改革以来的经济增长进行实证分析，主要研究了三个方面的问题：

1. 改革中工业化过程的转折和经济增长的态势

改革以来工业化过程出现转折的突出表现是轻工业增长速度不断加快，并导致 1985—1988 年农业与轻工业增长关系严重失衡。笔者分别用净产值和总产值数据计算了霍夫曼比例值，发现二者呈现明显不同的变动态势。从净产值比率看，重工业化过程有所演进，但从总产值比率看，则表现出轻型化特征，这表明轻工业部门物质消耗比重的较大幅度上升抵消了重工业化趋势。农业与轻工业的矛盾与此有很大关系。代之而起的，是高加工度化趋势的加强。笔者采用高加工度化系数来衡量，发现这一系数在 1988 年比 1983 年上升了 33.5 %，1984—1988 年比 1979—1983 年平均提高了约 1/4，即这一阶段的高加工度化速度明显太快，从而导致了加工制造业与原材料工业的矛盾。上述趋势和矛盾的出现是与工业化过程的新特点相联系的。市场调节作用增强、经济发展多元化和对外经济关系扩大等方面，都推动着消费品工业迅速发展和高加工度化过程高速演进。因此，改革中的工业化进程既有生产结构适应需求结构的一面，也增加了新的不协调因素。

改革以来，中国的经济增长速度大大加快，而经济增长的波动程度则大大降低。从国际比较看，中国的年平均国内生产总值（GDP）增长速度只略低于韩国而远远超过其他国家，GDP 增长率的相对波动系数和相对波动幅度只略高于日本而明显低于其他国家。过去不少人认为中国经济增长的波动度大大高于发达国家，是忽视了年平均增长速度不同的不可比因素。经济波动度大大下降的事实，说明发展市场经济和改革开放不但不会影响经济稳定增长，而且提高了经济增长的稳定程度，特别是在国际上的相对稳定程度。但是从阶段性比较看，后一阶段的波动度明显升高，又表明在市场机制不完善和宏观调控机制不健全的条件下，市场需求的较大波动会引起经济增长的较大波动。经济增长的态势与增长机制的变化有关。改革以来与改革前相比，在国民收入增长中，农业的作用率上升而工业的作用率下降，这是经济增长的稳定程度提高的一个原因。同时研究结果还表明，第三次产业对国内生产总值增长的作用率上升是稳定经济增长的一个重要因素。而1984—1988年第二次产业对经济增长的作用率又大幅度上升和第一、三次产业的作用率下降，则再度引起了经济波动。上述现象反映了产业增长关系对经济稳定增长的影响。从所有制关系看，非全民企业（尤其工商企业）对经济增长的作用率迅速上升，成为推动工业超速增长和经济过热的一个新动因。

2. 经济增长因素的变动及其效应

本书在运用增长因素分析法之前，对产出和投入指标进行了系统讨论，特别是联系国内外的有关理论和经验，对资金和劳动的产出弹性问题做了较为深入的分析，以尽量提高计算数字的可信度和准确度。结果表明，改革以来经济增长的效率大幅度提高，改革前（1953—1978年）全要素生产率增长对经济增长的贡献率只有2.7%，改革以来（1979—1990年）这一贡献率上升到42.1%；这个数字虽然仍低于发达国家，但已分别超过发展中国家（在20世纪50—70年代）和苏联东欧国家（在20世纪50—60年代）的平均数，也超过钱纳里-赛尔奎因的多国模型中人均收入560~1120美元时的一般水平（36%），接近于人均收入1120~2100美元时的一般水平（44%）。这说明实行改革开放和发展市场经济大大提高了我国在国际上的相对经济增长效率。不过，由于需求膨胀、结构失衡和经济波动的影响，后一阶段

（1985—1990 年）全要素生产率对经济增长的贡献率由前一阶段（1979—1984 年）的 44.4% 降低为 39.6%。同时比较分析显示：资金投入增长过快是导致全要素生产率的作用率较低或降低的一大原因。

从经济增长过程的内在联系看，全要素生产率的变动与经济增长率的波动具有直接的负相关关系。不论是改革前后的比较还是改革以来不同阶段的比较，统计分析的结果都表明，经济增长率的相对波动系数和相对波动幅度降低，全要素生产率的增长率及其对经济增长的贡献率就上升，反之，前者上升，后者就下降。原因在于，经济波动影响了资源有效配置，进而影响了生产率增长。同时，全要素生产率与资金和劳动生产率的变动也是直接相关的。生产率变动的特点使经济增长具有不同的效应。增长因素比较分析使我们得出了这样的结论：经济高速增长只有建立在全要素生产率的作用率不断上升的基础上，增长过程才是优化的并且才能保持良性循环；同时，只有使经济增长和要素投入保持适当的速度并不断提高投入要素的质量，才能促进全要素生产率持续增长。

3. 产业增长因素比较与资源总配置效应

由于统计资料的限制，至今为止，还很少有人对中国的产业增长因素进行过比较分析。本书在对有关资料加以估算和处理的基础上，对三次产业以及轻、重工业的增长因素进行了较为系统的比较分析。结果发现，改革以来我国产业增长因素的变动幅度是相当大的，而资金投入增长关系（增长结构）的较大波动则是产业全要素生产率波动的根本原因。这使后一阶段的经济增长效率受到明显影响。问题在于，某一产业部门（如第二次产业）的资金投入过多必然使另一些产业部门（如第一次产业）的资金投入过少，这影响了产业内部资金与劳动比率的合理变动和资源有效配置，不利于产业之间要素（资金或劳动）生产率的协调增长，从而导致整体增长效率的降低。实证分析表明，相关部门之间要素分配比例的内在联系，决定了它们的要素投入速度进而决定了要素生产率变动的内在联系，最终决定了各部门全要素生产率变动的内在联系。

资源总配置效应分析方法是对增长因素分析法的深化，它反映了产业间资源流动和结构变化对于生产率增长和经济增长的作用。这种分析一般要以产业增长因素分析为基础。这方面在中国似乎尚属空白。本书根据对三次产业和轻重工业增长因素的分析结果，对中国社会资源和工业资源的总配置效应做了初步考察。从所得出的各种数据看，全要素生产率、资金生产率和劳动生产率的总配置效应在改革以来的后一阶段都比初期阶段下降（还出现了一定的负效应），这表明资源流动不合理，资源再配置不是改善而是加深了经济的不均衡，特别是三次产业之间资金再配置的严重失衡带来了很大的影响。与多国模型相比较，中国改革以来的总体和产业全要素生产率增长率都明显较高（这与总产出高增长率有关），但社会资源总配置效应却明显较低，其原因之一就是后期阶段的资源再配置出现负效应。从劳动生产率的总配置效应的国际比较看，中国改革期间的数据高于大多数发达和发展中国家，因此问题显然出在社会资金再配置的不合理方面。从这个角度去作进一步的实证探索，笔者发现有三个指标出现逆趋势变动，即三次产业之间尤其第一与第二、三次产业之间的资金边际产出率、劳动生产率、资金与劳动比率的差距不是缩小而是有所扩大，这三个方面都是资金再配置失衡的表现。

第 2 篇转入对经济增长中的结构变动进行实证分析，其内容包括：

1. 结构分析的若干基本前提

要对产业结构的变动过程及其内在联系作较为深入的分析，首先必须弄清结构变动的经济条件和体制环境，并明确结构分析的方法问题。从经济条件看，我国的人均收入水平、工业化程度和经济发展特点，表明改革以来的产业结构既处于高变换率阶段，又应当具有不同于一般趋势的变动特点。从体制环境看，资源再配置主体和再配置机制的转变，以及对外开放扩大对资源再配置的影响，表明改革以来的产业结构变动有了新的驱动力量、导向机制和影响因素，弄清以上两个方面是进行结构分析的基础。从分析方法看，考虑到中国结构关系的特点和改革以来的新情况，本书既进行结构变动的国际比较，又采用了三种新的结构分析方法：①把产业结构的高度化与协调化结合起来分析；②把产业结构的年度变动与阶段变动结合起来分析；③把当年价格结构变动与不变价格结构变动结合起来分析。

2. 产出结构的变动及其失衡动因

通过实证考察，笔者发现，当年价产值结构与不变价产值结构的变动幅度差距很大，后一方面的失衡程度要严重得多，不论是三次产业关系还是农轻重关系，是总产值结构还是净产值结构，是年度性变动还是阶段性变动，都是这样；这说明仅用当年价数据来进行结构分析是不全面的，其结论将与现实存在较大偏差。国际比较和有关弹性值的计算表明，产出结构失衡的基本特征是第一次产业（农业）比重下降超速和第二次产业（工业）比重上升过快，同时第三次产业的比重变化没有起到协调作用，这突出地表现在改革以来的第二个阶段。同时，产业内部结构和基础产业（基础设施）与国民经济的产出关系（增长关系）在1984—1988年几乎都陷入失衡状态。结构失衡既有历史原因，也有体制原因和政策原因。值得指出的是：其一，20世纪80年代初期的结构调整并没有真正解决工农业之间的矛盾，农业（第一次产业）比重的上升主要是由于农产品价格提高较快，其不变价比重（实物比重）仍然在下降，因而1984年以后矛盾的再度尖锐化实质上是改革前结构失衡状态的继续和加深；其二，基础产业和基础设施的历史性薄弱状态、产业比重高度化的演进速度太快（过度不平衡增长），以及技术进步缓慢所引起的物耗和能耗比重上升，这三个因素的综合影响使改革后一阶段的结构失衡问题显得十分突出。

3. 产出结构与投入结构的关系。

为了进一步揭示结构失衡的过程和特点，本书考察了产出结构与投入结构的变动关系。大多数结构分析的文献只通过产值结构和劳动力结构来说明产业结构的变动，这是不适当的。投入结构还包括资产结构和技术结构，后两个方面对于产出（产值）结构有着更大的作用和影响。从一系列统计分析和国际比较的结果看，中国改革以来产业投入结构的变动是不协调的，突出的表现是第一次产业的相对资产比重下降过猛，其相对技术水平在1984年以后明显下降，而第二次产业的相应方面则片面上升，因此使产业之间（尤其第一与第二次产业之间）的相对劳动生产率、相对资金生产率和相对资金与劳动比率都不合理扩大，劳动力结构、资产结构与产值结构的偏离度也逆趋势变动。总的来看，投入结构与产出结构的失衡态势和阶段性特征是相同的，后者正是由前者推动的。

第3篇以前两篇的实证分析为基础，对中国20世纪90年代以后的经济增长和结构变动做了进一步的理论探讨。

1. 关于经济增长的模式

笔者首先区分了经济增长模式的主观性和客观性，划分了增长模式的基本类型，分析了我国增长模式的演变过程和特点，并以此为基础，进一步从经济发展、体制改革以及增长模式之间内在联系的角度，论证了推动经济增长模式转换的客观依据。其次，从资源条件、投资特点、结构关系和体制环境等方面探讨了增长模式转换过程的制约因素和消除制约的可行途径。增长模式转换的核心问题是提高效益、改进质量和协调结构，其出路在于提高物质资源和人力资源的质量，增加教育和科研、技术更新改造、产品质量和管理水平提高的投资，协调投资结构、劳动力结构和技术结构的变动，并通过推进体制改革来完善企业经营机制、市场运行机制和宏观调控机制。

2. 关于经济增长的机制

本书分别探讨了经济持续增长、稳定增长和协调增长的含义、要求和表现，以及这些方面与经济增长模式转换的关系。持续增长机制的形成，取决于限制增长因素的减弱和促进增长因素的加强，其关键在于加快技术进步及其扩散效应；稳定增长机制的形成，取决于经济适度增长、投资和消费保持合理水平以及货币增长和物价水平的相对稳定，其中心是防止需求扩张和经济过热；协调增长机制的形成，取决于企业之间增长关系、地区之间产业增长关系的协调，以及产出增长格局与资源结构、消费结构和外贸结构变动的协调，其核心是产业结构演进过程的协调。经济增长机制的三个方面是相互联系、相互影响的，这就要求宏观经济政策具有系统性，才能发挥较强的政策功能和效应。因此，应当把技术进步政策、需求管理政策和产业结构政策有机结合起来并推动其协调作用。

3. 结构调整与结构成长的关系

中国的产业结构不仅处于失衡状态，而且处于低级状态。后者主要表现在结构联系（质态关系）和结构素质（产业水平）方面。结构失衡与结构低级交错存在、相互影响的局面，使产业结构的调整过程与成长过程面临不少困难和问题。同时，协调结构关系与提高结构水平既有相互依赖的一面，又有相互矛盾的一面。这样我们就必须去明确产业结构协调化与高度化的要求以及二者内在统一的条件。前者应包括静态协调、动态协调和质态协调三个层次的内容，后者应包括产值结构、资产结构、技术结构和劳动力结构的高度化四个相互联系的方面；二者内在统一的条件，就在于它们所包含着的因素的相互融合、相互贯通，同时又相互制约、相互促进。因此，产业结构在协调化的过程中要具有自我上升和转换的功能，在高度化的过程中则要具有自我调整和协调的功能。产业结构政策的推行应当兼顾这两方面的内容，并以此促进经济增长模式的转换和增长机制的形成。

显然，我们在这里勾勒出本书的基本框架和主要结论，目的在于使读者对全书有一个总体印象。至于具体的统计分析和论证过程，还得请读者去涉猎整个内容。像大多数学术专著一样，本书既提供了一定的新内容和新信息，又必然存在很多不成熟或不确切的地方。我诚恳地期望得到读者的批评指正，特别是有关专家学者的指导和帮助，以便进一步推进这方面的理论研究。

第一篇

1

实证分析：经济增长

1 改革中的工业化进程与增长态势

改革以来，中国工业化的速度加快，工业化过程出现一些新的趋向，经济增长表现出新的态势和特点，增长主体和增长来源在不断发生变化。对于这些实践中出现的新现象和新问题，从宏观上加以动态描述和理论概括，并与改革前的情况加以适当比较，有助于我们从总体上了解中国改革以来经济增长和结构变动的基本格局、状态和动向。

1.1 工业化过程的转折和演进

一、改革前的工业化特征

从世界各国工业化的过程看，工业化的类型大体上可划分为市场型与计划型、外向型与内向型等基本型式。中国改革前尤其是20世纪50年代的工业化完全是一种由政府计划推动的内向型的工业化。由于受苏联模式的影响，特别是自身战略指导思想的失误，这个时期的工业特别是重工业盲目片面发展。斯大林曾经把列宁的"生产资料优先增长"理论绝对化，认为工业化的中心就是发展重工业或生产资料的生产[1]，而由农业国变为工业国的重要标志则是工业出产量与农业出产量相比，由不足一半"增长到百分之七十"[2]。中国的工业化在一定程度上受到以上理论

[1] 斯大林：《论苏联经济状况和党的政策》，单行本，第5—6页。

[2] 斯大林：《第一个五年计划的总结》，单行本，第20—22页。

的影响，但更突出的问题还在于战略思想上的急于求成和片面冒进。在工业化初期阶段的 8 年间（1953—1960 年），中国工业总产值增长了 4.36 倍，年平均增长速度达 23.3%，工业净产值增长了 4.41 倍，年平均增长率为 23.5%，而同期的农业总产值和净产值却负增长 3.6%和 16.4%，年平均负增长率分别为 0.5%和 2.2%。相应地，工业产值在工农业总产值中的比重迅速上升，1952 年只有 43.1%，1960 年上升到 78.2%，重工业产值占工业总产值的比重也由 35.5%上升到 66.6%，8 年间分别提高了 35.1 个和 31.1 个百分点（它们的净产值比重则分别提高了 37.7 个和 25.4 个百分点）。[1]然而，这样快的工业化和重工业化速度，并没有带动生产力迅速发展和经济茁壮成长，反而因比例关系的严重失调而破坏了经济发展的内在机制。这是对工业化认识上的偏差特别是战略思想上的急于求成所导致的实践上的失误，即由于片面重视工业尤其重工业比重的上升，忽视经济发展的整体目标，特别是在"左"倾盲进思想指导下追求所谓的"大跃进"，严重违背客观经济规律，从而破坏了结构协调关系和生产力发展过程。

1961—1978 年，是中国工业化的持续阶段[2]。虽然 20 世纪 60 年代初期的结构调整使工农业和轻重工业的矛盾趋于缓和，但后一时期又出现重工业片面演进的倾向。这就使工业化过程不能有效地起到推动经济发展的作用。

实践中的挫折引起了人们对原有理论的反思，对经济发展理论的研究加深了我们对工业化问题的认识。工业化的过程，不

---

❶ 根据《中国统计年鉴1991》第32—33页、55—57页的有关资料计算。

❷ 笔者把中国1953—1990年的工业化进程划分为三个阶段：初期阶段（1953—1960年）、持续阶段（1961—1978年）和转折阶段（1979—1990年）。这样划分显然是较为粗略的，只反映了几个时期的总体特征，目的在于进行比较分析。

过是经济发展的一个必经阶段，它的中心内容并不是工业产出量的增长，而是由此带来的生产力进步和经济成长，因而工业或重工业比重的上升不是工业化的主要目的，关键还在于工业对农业以及国民经济其他部门的改造和装备作用。社会主义工业化虽具有自己的目的、手段和进程，但它作为社会主义国家经济发展过程的一个阶段，作为生产力进步和经济成长的一种形式，又必然与世界各国的工业化进程具有某些共同的趋势。从以经济发展为中心的工业化进程来看，各国普遍经历了由轻工业向重化工业为重心发展时期（重化工业化阶段）、由原材料工业向加工工业为重心发展时期（高加工度化阶段）和由粗放型工业向技术集约型工业为重心发展时期（技术集约化阶段）。可见，重工业化的实现只是越过了工业化的第一个阶段，而不是工业化过程的完成。

二、工业化过程的转折

改革以来，中国的工业化进入了转折阶段。从工业化的速度看，这个阶段（1979—1990 年）比上个阶段（1961—1978 年）明显加快，工业产值在基数较大的情况下高速增长，总产值和净产值的年平均增长率分别达到 12.0% 和 10.1%，远远超过同期农业总产值和净产值年平均增长 6.1% 和 5.6% 的速度，从而使工农业总产值和净产值中的工业比重继续上升，年平均比重比上一阶段又分别提高了 6.5 个和 7.4 个百分点，高达 73.1% 和 56.1%。但是，这个时期的工业化趋势出现了新的变化，与前两个阶段不同的是，重工业的增长速度减慢，轻工业增长速度加快，使得工业总产值中的重工业比重明显下降，年平均数比上一阶段降低了 2.1 个百分点。不过，由于轻工业部门物质消耗比重的上升大大快于重工业部门，使工业净产值中的重工业比重没有发生相应变化，重工业净产值的年平均比重不但没有下降反而上升了 1.2 个百分点。

表 1-1　工业增长速度及其构成变化的阶段性特征

年份	工农业总产值年平均增长率（净产值年平均增长率）%		工农业总产值构成年平均数（净产值构成年平均数）%		工业总产值构成年平均数（净产值构成年平均数）%	
	工业	农业	工业	农业	轻工业	重工业
1953—1960	23.3（23.5）	−0.5（−2.2）	58.9（41.2）	41.1（58.8）	52.2（47.4）	47.8（52.6）
1961—1978	6.5（6.5）	4.1（3.7）	66.6（48.7）	33.4（61.3）	46.2（44.2）	53.8（55.8）
1979—1990	12.0（10.1）	6.1（5.6）	73.1（56.1）	26.9（43.9）	48.3（43.0）*	51.7（57.0）*
1979—1983	8.2（7.3）	6.7（6.3）	71.5（55.0）	88.5（45.0）	48.2（42.8）	51.8（57.2）
1984—1988	17.5（14.0）	5.7（5.0）	73.4（56.3）	26.6（43.7）	47.9（42.6）	52.1（57.4）
1989—1990	8.1（5.7）	5.3（5.3）	76.4（58.3）	23.6（41.7）	49.2（44.6）*	50.8（55.4）*

*1990 年轻、重工业净产值比重为估算数。

资料来源：根据《中国统计年鉴 1991》《中国工业经济统计年鉴 1990》有关资料计算整理。

把 12 年来的工业化进程划分为三个阶段，我们可以看到工业增长及其结构变动的阶段性特征（见表 1-1）。1979—1983 年，工业总产值和净产值分别平均增长了 8.2%和 7.3%，农业总产值和净产值分别增长 6.7%和 6.3%，工业产值在工农业总产值中的年平均比重为 71.5%，比 1978 年降低了 3.7 个百分点（工业净产值比重降低了 5.1 个百分点），重工业产值在工业总产值中的年平均比重比 1978 年降低了 5.1 个百分点，比 20 世纪 60—70 年代的平均比重也下降了 2 个百分点。显然，这阶段的农业和轻工业发展很快，工农业和轻重工业的比例关系比较协调，这是中国工业化过程出现转折的突出表现，它推动了国民经济的迅速发展。1984—1988年，中国又出现工业高速增长的局面，工业总产值和净产值年平均增长率高达17.5%和14.0%[1]，而农业的相应增长率则大体落后了两倍，工业总产值和净产值的年平均比重比上一阶段分别上升了1.9个和1.3个百分点，但轻工业继续保持高速增长的势头，重工业产值的年平均比重只回升了0.3个百分点。因此就引起了工农业、实质上是农业与轻工业比例关系的新矛盾，这是工业化过程中结构失衡的新表现[2]，它明显地影响了经济有效增长和协调发展，并加剧了需求膨胀的程度。1989—1990年是治理整顿时期，但工业增长速度不算慢（工业总产值和净产值的年平均增长率分别为8.1%和5.7%），工业化过程继续演进；大概是受工业品价格上涨幅度较大的影响（产值结构是以当年价计算的），这个阶段的工业总产值和净产值年平均比重比上个阶段提高了3个和2个百分点，而轻工业产值在工业总产值中的年平均比重则上升了1.3个百分点，农业与轻工业的结构矛盾并没有缓和。

三、工业化的演进轨迹

霍夫曼比例是国际上较多地用于考察工业化演进阶段的指标。虽然一些经济学家曾指出这一分析指标的局限性[3]，但总的

[1] 工业总产值和净产值增长率的差距扩大，是由于工业部门物质消耗比重的上升。

[2] 这不同于改革前由于重工业片面发展而导致的结构矛盾。对于这种结构矛盾的判断和分析，我们将留在本书的第四章进行。

[3] 例如，梅泽尔斯认为，霍夫曼比例的运用存在两个问题：其一，仅从工业内部比例关系来分析工业化过程是不全面的；其二，霍夫曼比例忽略了各国工业在发展过程中必然会存在的产业之间的生产率差异。库兹涅茨则指出，在美国的经济发展过程中看不出存在什么霍夫曼定理，因此根据美国的经验不得不放弃它。参见杨治：《产业经济学导论》，中国人民大学出版社1985年版，第61页。

来看用它来衡量重工业化的变动速度还是有一定意义的。霍夫曼比例是消费资料工业与资本资料工业的比值或轻工业与重工业的比值，根据霍夫曼定理，随着工业化（实际上是重工业化）过程的演进，上述比值是不断下降的。霍夫曼本人使用净产值数字来计算这个比例，但日本经济学家盐野谷祐一在分析霍夫曼比例的适用性时改用总产值数字来进行计算。我们同时采用了两个方面的数据，计算结果（表 1–2）表明，以总产值与以净产值来计算的霍夫曼比例不但存在很大差距，而且二者的变动趋势也很不一致（见图 1–1 和图 1–2）。例如，1979—1990 年以净产值数字计算的比例值比 1961—1978 年平均下降了 0.04，而以总产值数字计算的比例值却上升了 0.07。有些同志只使用工业总产值数据来计算和分析中国霍夫曼比例的变动趋势❶，看来是忽视了上述差别。这种差别显示❷，改革以来中国的重工业化是有所演进的，但轻工业部门物质消耗比重的较大幅度上升抵消了这个趋势，使工业比例关系反而表现出轻型化的特征，农业与轻工业的结构矛盾在一定程度上是由此造成的。

❶ 高明、申欣：《我国工业化过程中的结构特征剖析》，《中国工业经济研究》，1990年第1期，第41页。

❷ 从图1–1可以看到，从1952—1960年，两种比率的差距是明显缩小的，但1960年以后这一差距不断扩大，尤其是改革以来差距幅度很大；而图1–2则显示，改革以来两种比率的年平均差距由于两条曲线的反方向变动而大大地扩大了。因此出现了一种矛盾现象：从净产值比率看，重工业化过程继续演进；但从总产值比率看，则表现出轻型化的特征。

表 1-2　中国霍夫曼比例变动的阶段性特征

年份	霍夫曼比例年度数		年份	霍夫曼比例年平均数	
	①	②		①	②
1952	1.35	1.82	1953—1960	0.95	1.17
1960	0.47	0.50	1961—1978	0.80	0.87
1978	0.63	0.76	1979—1990	0.76	0.94
1983	0.76	0.94	1979—1983	0.75	0.94
1988	0.81	0.97	1984—1988	0.74	0.92
1990	0.81	0.98	1989—1990	0.81	0.97

注：①为轻工业净产值 / 重工业净产值的数字；

②为轻工业总产值 / 重工业总产值的数字。

资料来源：根据《中国统计年鉴 1991》《中国工业经济统计年鉴 1990》的有关数字计算。

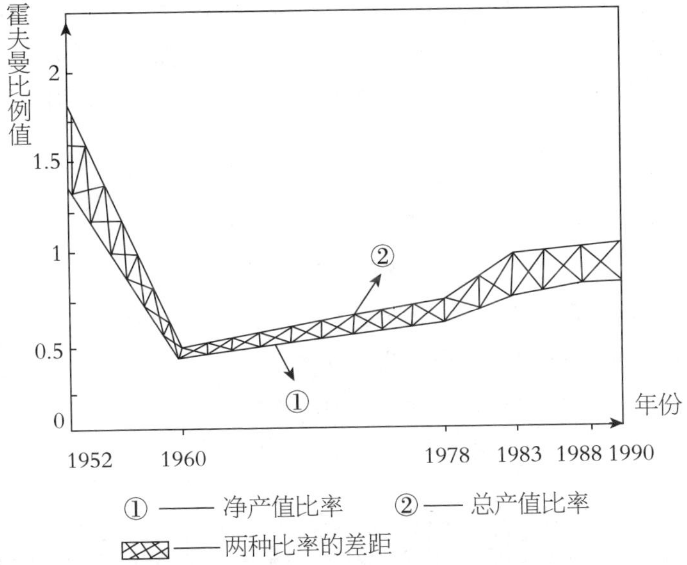

图 1-1　中国霍夫曼比例值变动——年度数曲线

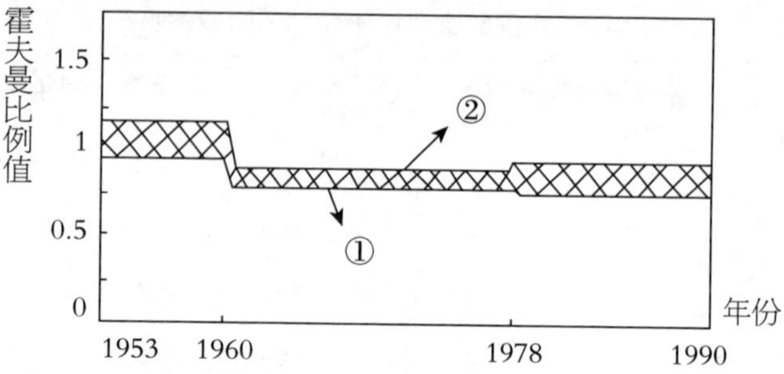

符号含义同图 1–1

图 1–2　中国霍夫曼比例值变动——年平均数曲线

从中国霍夫曼比例的变动态势看，1952 年的比例值为 1.35，1960 年下降到 0.47，降低了约 2/3，1978 年回升到 0.63，但从年平均数看，1961—1978 年比 1953—1960 年又降低了 0.15。把霍夫曼比例的降低速度与人均收入水平和工业化的进程联系起来考察，中国改革前的重工业化速度是明显过快的。从国际比较看，中国的霍夫曼比例值大大低于全部发展中国家以及亚洲国家在同样年份的平均数（见表 1–3）。根据世界银行经济考察团的比较研究[1]，1981 年中国重制造业占国内生产总值的比重，明显高于印度和印度尼西亚的同期数字以及西班牙 1972 年的数字，略高于韩国的同期数字，只是略低于巴西 1980 年和日本 1965 年的数字；但要是从重制造业在整个制造业中的比重来比较，则中国重制造业的比重高于上述所有国家。如果从整个重工业占国内生产总值的比重看，那么中国 1981 年的重工业比重不仅大大超过钱纳里 – 赛尔奎因的多国模型关于人均收入 300 美元和 600 美元时的重工业比重（分别超过 14.8 个和 11 个百分点），而且也大幅

[1] 世界银行1984年经济考察团：《中国：长期发展的问题和方案》（附件五），中国财政经济出版社1987年版，第15页。

度超过人均收入在 1200 美元时的比重（超过 7.3 个百分点）。[1]以上比较，充分表明了中国改革前重工业化的超前性。

表 1–3　某些年份霍夫曼比例变动的国际比较

	1955 年	1960 年	1965 年	1970 年	1976 年
中国	1.16	0.47	0.99	0.81	0.69
发展中国家	2.06	1.67	1.31	1.12	0.96
亚洲国家	2.23	1.56	1.38	1.22	

资料来源：中国数字的来源同表 1–2；其他国家的数字系根据联合国统计处提供的数据（转引自联合国工业发展组织：《世界各国工业化概况和趋向》，中国对外翻译出版公司 1980 年中译本，第 82 页）计算。

改革以来，中国霍夫曼比例的变动出现了新现象。1979—1990 年与 1961—1978 年相比，以净产值计算的比例值略有下降，而以总产值计算的比例值却明显上升。净产值比例主要反映了产出结构的关系，总产值比例则较多地反映了投入结构的问题。把两个方面综合起来看，改革以来的重工业化过程处于相对稳定状态。从 12 年来的阶段性数字看，霍夫曼比例变动不大，也表明了重工业化趋势的消失。

代之而起的，是高加工度化趋势的加强。轻工业部门的高速增长及其物质消耗比重的上升，大大地推动了这种趋势。这是中国工业化过程的一个很大转折点，也是工业化阶段演进的一种表现。用什么指标来衡量高加工度化的进程呢？日本经济学家筱原三代平曾用原材料工业部门与加工组装工业部门发展速度的比较来说明这个问题，他通过纺织与服装工业的对比，木材与木器家具工业的对比，钢铁、有色冶金与机械、金属制品的对比，发现从 1955 年到 1975 年，后一类工业的发展速度分别是前一类工

[1] 王慧炯、杨光辉：《迈向二〇〇〇年的中国经济》，气象出版社1987年版，第67—68页。

业的 2~4 倍，从而表明这一期间日本工业化过程的高加工度化趋势。[1]但这种衡量方法有一点不足之处，加工组装工业所涉及的行业很多，仅用其中的一些主要行业来加以比较不能完全说明问题，因为它们之间不是一种完全的投入产出关系。另外，中国也没有这些分行业的统计数据可供征用。考虑到上述情况，本书采用高加工度化系数即加工制造业与原材料工业的比值来反映高加工度化的进程。加工工业包括以工业品为原料的轻加工工业和重加工业两部分，二者与原料工业构成了一种完全的投入产出关系。由于没有这方面的净产值数据，只好用总产值数据来代替；同时，采用不变价数字来计算，以便更确切地从实物角度反映生产过程中的高加工度化趋势。

从表 1-4 以及图 1-3 和图 1-4 可以看到，中国的高加工度化系数是不断上升的，改革以来这一系数的上升幅度更大，说明高加工度化趋势的明显增强。从阶段性数字看，1979—1983 年的平均系数比 1971—1978 年略有下降（降低了 0.07），但 1984—1988 年则以大得多的幅度上升（提高了 0.45），即这个阶段的高加工度化速度非常快。把表 1-4 与表 1-2（以及图 1-3 和图 1-4 与图 1-1 和图 1-2）联系起来看，我们不难发现，改革以来中国的重工业化过程逐渐为高加工度化过程所取代，这是工业化阶段演进的合理趋势。然而，1984 年以来的高加工度化速度明显太快，其系数迅速上升到 1988 年的 2.75，比 1983 年提高了 33.5 个百分点，使加工制造业与原材料工业之间本来就存在的矛盾大大地加剧了。

[1] 杨治：《产业经济学导论》，中国人民大学出版社1985年版，第66页。

表 1-4　中国高加工度化系数变动的阶段性特征

年份	高加工度化系数[①]年度数	年份[②]	高加工度化系数年平均数
1952	1.51	1958—1962	1.80
1960	1.94	1963—1970	2.02
1970	2.01	1971—1978	2.07
1978	2.15	1979—1988	2.23
1983	2.06	1979—1983	2.00
1988	2.75	1984—1988	2.45

注：①高加工度化系数为加工制造业产值与原材料工业产值之比，加工制造业包括以工业品为原料的轻加工制造业和重加工制造业，均按不变价格计算。

②由于没有"一五"时期的有关统计资料和 1989—1990 年的不变价统计资料，我们只好放弃对这两个阶段的分析。

资料来源：根据《中国工业经济统计资料》（1949—1984、1987）、《中国工业经济统计年鉴》（1988、1989）的有关资料计算。

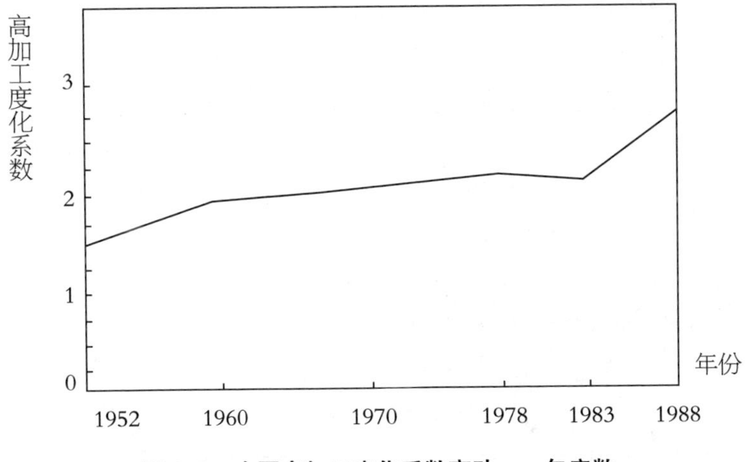

图 1-3　中国高加工度化系数变动——年度数

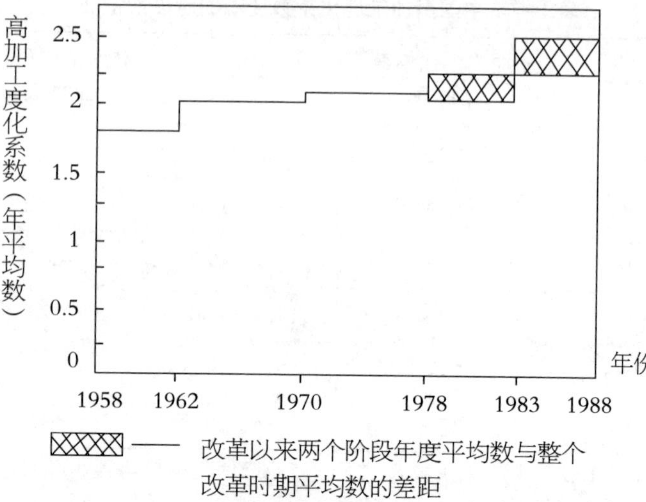

图 1-4　中国高加工度化系数变动——年平均数

四、改革中的工业化特点

1979 年以来，中国的工业化是在体制转换的大背景下演进的，具有不少不同于改革前的特点，同时也产生了一些新的问题。这主要表现在以下三个方面：

（一）工业化的进程与市场作用的扩大交织在一起

社会主义商品经济理论的确立，有力地推动了中国商品经济的发展和市场取向改革的进程，生产商品化和交易货币化成为一种强烈趋势，市场机制对经济运行的调节作用日益增强。在价格方面，自 1985 年以来，大部分农副产品和轻工业品的价格已改由市场定价，生产资料价格则实行了双轨制；在计划方面，根据一次大规模的企业调查，1985 年以后由国家指令性计划决定的产量已降到 20%以下，由指导性计划决定的产量也降到 27%以下；在物资分配方面，国家直接分配的物资由 1979 年的约 256 种下降为 1988 年的 27 种，生产资料产品中由国家指令性计划控制的份额也从 80％下降到 20%~30％。[1]

市场机制调节范围的扩大和调节程度的上升，使工业化过程完全由政府推动逐步转变为主要由市场推动。企业不再完全根据国家指令而是主要根据市场信息来从事生产和经营活动，这使消费品工业迅速发展，服务性行业也以很快的速度增长，从而重工业化趋势为高加工度化趋势所取代。一般来说，市场机制推动的工业化进程有利于促进经济发展，提高工业化的经济效果。例如，价格机制的调节使企业生产比较适应社会需要，竞争机制的制约促使企业提高了生产经营效率；但是，由于 1984—1988 年市场需求膨胀的影响，使供求机制不能有效地调节企业生产的规模和结构，反而助长了加工工业片面发展和工业超速增长的态势。所以，市场调节下的工业化进程大体上具有这样几个特点：一是生产结构的变动比较适应需求结构的变动；二是生产结构变动的速度容易超过需求结构变动的速度；三是如果需求结构的变动不合理，生产结构的变动也跟着不合理。[2]

（二）工业化的进程与经济发展多元化的趋势交织在一起

改革以来，多种经济成分发展很快，经济增长和发展的多元化趋势越来越突出。在工业产值结构中，全民工业的比重由 1979 年的 78.5％下降到 1990 年的 54.5％，集体工业的比重由 21.5％上升到 35.7％，个体工业和其他类型工业的比重则分别由 1980 年的 0.02％和 0.47％上升到 1990 年的 5.4％和 4.3％；在轻工业产值结构中，近几年非全民工业的比重已超过全民工业比重，1989

[1] 世界银行经济考察团：《中国：计划与市场》，中国财政经济出版社1991年版，第57页。

[2] 改革以来中国需求结构（消费结构）的变动既有超前的倾向（如家用电器需求比重的上升大大超过了收入水平的提高速度），也有滞后的表现（如农产品和食品需求比重的下降明显落后于收入水平的增长速度）；前者推动了生产结构的超前变动，后者则导致了生产结构与消费结构的矛盾。

年前者的比例为54.5%，后者的比例只有45.5%。在全社会固定资产投资中，全民所有制单位投资的比重由1981年的69.5%下降到1989年的61.3%，集体所有制单位和城乡个人投资的比重则由1981年的12.0%和18.5%分别上升为1989年的13.8%和24.9%。[1]上述工业产值结构和社会投资结构的变动，说明非全民所有制企业的工业产值增长和投资增长速度均持续性地快于全民所有制企业。

工业发展和投资增长的多元化趋势，有利于商品经济的发展和市场经济的活跃，加快了中国工业化的进程。由于非全民工业主要集中于加工工业尤其是消费品工业，如近几年（至1990年）非全民工业在轻工业中的比例大约比其在重工业中的比例平均高16个百分点，其增长速度又大大高于全民工业，因而就导致了高加工度化趋势的加强和重工业化倾向的消失，并产生了加工工业发展过快的问题。[2]非全民企业受市场调节较多，受计划调节较少，随着它们的生产比重和投资比重的提高，在需求膨胀的条件下，就容易推动经济过热和结构失衡，因此增加了工业化过程中的不稳定因素和不协调因素。

（三）工业化的进程与对外经济关系的发展交织在一起

在改革开放政策的推动下，中国对外经济关系发展很快。从对外贸易看，1990年与1978年相比，进出口总额由206.4亿美元增加到1154.4亿美元，增长了4.59倍，年平均增长15.4%；进出口总额占国民生产总值的比重由9.9%上升到32.0%，提高

---

❶ 以上数字，参见《中国统计年鉴1990》第29、413、416页；《中国统计摘要1991》第19、68页。我们把所有制形式的发展分为“全民”与“非全民”，目的在于从总体上考察这种发展趋势所带来的影响。

❷ 同时，由于非全民企业（集体和个体企业）的物质消耗比重明显高于全民企业，使轻工业部门物质消耗比重的上升大大快于重工业部门，从而引起轻工业净产值增长速度和比重变动明显落后于其总产值方面的变化。

了2倍多。其中，出口额由1978年的97.5亿美元增加到1990年的620.9亿美元，增长了5.37倍，年平均增长16.7%（如按1980年不变价计算，则年平均增长率大约还要高1个百分点），从1978年至1989年，出口额占国内生产总值的比重由4.6%上升到12.7%（1987—1989年的平均比重为12.8%），提高了近2倍，占世界出口量的比重由0.8%上升到1.7%（1987—1989年的平均比重为1.73%），提高了1倍多；同期，进口额由108.9亿美元增加到591.4亿美元，增长了4.43倍，年平均增长16.6%（如以1980年不变价计算，则年平均增长率大约要低1个百分点），进口额占国内生产总值的比重由5.1%上升到14.3%，占世界进口额的比重由0.9%（1980年）上升到1.9%。从利用外资的情况看，1979—1990年，中国签订利用外资协议项目共29657个，金额达1020.77亿美元；实际利用外资额为680.74亿美元，由1983年的19.81亿美元上升到1990年的102.89亿美元，7年间增长了4.2倍。[1]

对外贸易和外资利用的迅速发展，加快了中国的工业化速度，特别是提高了工业化的水平。进口的扩大加强了中国的工业体系，弥补了工业生产发展中的短缺现象，缓和了工业化过程中的结构矛盾[2]；从进口产品的构成看，机器设备、化工产品和原材料占了进口额的绝大部分，因而进口的增长明显地促进了高加工度化的进程。工业品出口的增加不仅为扩大商品进口和经济交

❶ 上述资料，可参见《中国统计年鉴1990》第641、653、865页，《中国统计摘要1991》第5、97、102页，《中国：计划与市场》（中国财政经济出版社1991年版）第117—119、127—129页的有关数字。

❷ 不过，从改革以来的情况看，对外经济交流的影响和高档消费品进口的刺激，也会引起人们需求结构（消费结构）的变动超过其收入水平的变动，并由此引起工业化过程中生产结构的超前变动（如前几年一些加工、组装生产线的重复引进和大量投产）。

流创造了条件，而且可以刺激和带动相关工业部门的发展，提高整个工业的发展水平，如制成品尤其深加工产品出口比重的上升就能较好地发挥这种效应。至于外资利用能力的增长，则提高了中国工业化中的积累水平和积累效果，特别是外商直接投资部分，通过合资经营、合作经营、合作开发和独资经营等形式，在推动、带动或影响中国企业改进生产经营水平方面起着不可低估的作用，这就促进了工业化效率的提高。

1.2 经济增长的态势和机制

一、国民经济的增长格局

工业化过程的迅速演进推动了经济高速增长，工业化效果的提高则带来了增长效果的上升，这从国民经济主要指标的阶段性数字表现出来。

在表 1−5 中，前三个指标主要反映了国民经济的增长速度，第 4 和第 8—9 个指标则相对反映了增长效果。改革以来各项指标的年平均增长率基本上（除货物周转量外）都高于改革前，而人均国民收入、进出口总额和居民消费水平三个指标所高出的幅度又明显大于其他指标，这说明相对于平均增长速度的上升来说，平均增长效果提高得更多。这是体制改革所带来的更为重要的成就。

从 12 年来的阶段性数字看，第一阶段国民经济的增长速度较高，各项指标的增长关系比较协调，因而相对于增长速度来说，增长效果较好。第二阶段的经济增长速度明显太快，各项指标的增长关系出现失衡状态，如国民收入年平均增长率比社会总产值低 3.1 个百分点，社会总产值的增长速度又比工业生产总值平均低 3.2 个百分点，货物周转量与社会总产值和工业生产总值的增长速度也不协调，这就使经济增长效果明显下降，增长效果

表 1-5　国民经济主要指标增长速度的阶段性比较

	年平均增长率（%）				
	1953—1978 年	1979—1990 年	1979—1983 年	1984—1988 年	1989—1990 年
1. 社会总产值	7.9	10.3	8.2	14.3	5.9
2. 国内生产总值	6.0	8.6	7.5	11.6	4.2
3. 国民收入	6.0	8.4	7.3	11.2	4.2
4. 人均国民收入	3.9	6.8	5.8	9.6	2.6
5. 工业生产总值	11.4	12.0	8.2	17.5	8.1
6. 货物周转量	10.3	8.5	7.4	11.1	4.9
7. 社会商品零售总额	6.1	8.2	9.8	11.6	−0.4
8. 进出口总额	9.5	15.4	16.1	18.7	6.0
9. 居民消费水平	2.2	6.3	7.0	8.1	−0.01

注：本表以可比价格计算。其中，人均国民收入和社会商品零售总额增长率分别用国民收入紧缩指数和零售物价总指数扣除了价格因素；货物周转量指标为吨公里增长速度；进出口总额以美元计算。

资料来源：《中国统计年鉴 1991》；《国民收入统计资料汇编 1949—1985》，中国统计出版社 1987 年版，第 46 页；《国际经济和社会统计提要 1990》，中国统计出版社 1991 年版，第 24 页。本表根据以上有关资料的数字计算。

大大低于增长速度，人均国民收入和居民消费水平的增长分别比社会总产值的增长速度低 4.7 个和 6.2 个百分点。第三阶段的经济增长速度大幅度降低，这表面上是紧缩政策的效应，实质上是上一阶段影响的结果，这两年各项指标的增长关系也很不协调，社会商品零售总额和居民消费水平出现了负增长，增长效果比增长速度下降得更快。从上面的比较可以粗略看到，增长速度是否适当关系到增长关系是否协调从而影响到增长效果的高低，即三者之间存在着明显的正相关关系，过高的经济增长速度引起了各项指标增长关系的失衡，从而引起增长效果的降低，并造成了国民经济的波动。

从国际比较看（表 1–6），中国改革前（1966—1980 年[1]）的国内生产总值年平均增长速度高于大多数国家，但低于日本、新加坡、韩国、巴西、墨西哥、泰国和印度尼西亚等国家（地区），也低于中下收入国家的平均数；改革以来（1980—1990 年），我国的平均增长率仅略低于韩国，而远远高于其他所有国家以及各种类型国家的平均数。这说明改革开放的推进和市场经济的发展大大地提高了中国在国际上的相对经济增长实绩。在增长效果提高的条件下（上面的比较分析已表明了这一点），这样的高速度增长无疑是有益的和重要的。

表 1–6　国内生产总值年平均增长速度的国际比较　　%

国家（地区）	1965—1980 年	1980—1990 年	国家（地区）	1965—1980 年	1980—1990 年
中国	6.2①	8.7	阿根廷	3.5	−0.8②
美国	2.7	3.1	巴西	8.8	3.0②
日本	6.5	4.1	墨西哥	6.5	0.7②
联邦德国	3.3	2.2	泰国	7.2	6.8
法国	4.0	2.0	印度	3.6	5.1
英国	2.4	2.4	印度尼西亚	8.0	5.3
意大利	4.3	2.3	工业国家④	3.7	2.8③
加拿大	5.1	3.0	中上收入国家	5.6	3.3③

[1] 为了便于进行同时期的比较，这里把改革初期的两年也放在改革前阶段中。实际上，这两年由改革所引起的变化也还不大（如减去这两年，则速度略低一点）。

续表

国家（地区）	1965—1980 年	1980—1990 年	国家（地区）	1965—1980 年	1980—1990 年
新加坡	10.1	6.2	中下收入国家	6.5	2.6③
韩国	9.6	9.4	低收入国家⑤	5.4	6.4③

注：①为 1966—1980 年数字。

②为 1980—1989 年数字。

③为 1980—1988 年数字。

④工业国家是指经济合作与发展组织国家，但不包括希腊、葡萄牙、土耳其（这些国家为中等收入的发展中国家）。

⑤ 1987 年人均国民生产总值在 450 美元以下的国家为低收入国家，451 美元和 451 美元以上的为中等收入国家（地区）。

资料来源：根据《国际经济和社会统计提要 1990》（中国统计出版社 1991 年版）第 28 页、《中国统计年鉴 1991》第 825 页、《国民收入统计资料汇编 1949—1986》（中国统计出版社 1987 年版）第 46 页的有关数据计算整理。

二、经济增长的波动程度

经济增长的稳定性是影响增长效果的另一个方面。在平均增长水平相同的条件下，较低的波动程度能够带来较高的增长效果。因此在对增长速度做了比较分析之后，还必须对增长的稳定性即波动性问题作进一步考察。衡量经济增长的波动程度一般可采用两个指标：一个是波动幅度，即考察期内年度增长率的最高点与最低点的差距（用全距或极差来表示）；另一个是波动系数，即考察期内各年的增长率与增长率平均数的平均差距（用标准差或均方根差来计算）。从一个较长的增长时期看，后一个衡量指标能够更确切地表明经济增长的波动程度。下面选几个主要的国民经济增长指标来进行比较分析。

为了取长度大体相同的时期来加以比较，表 1-7 将改革前分为两段（各 13 年）来与改革以来相比，把改革时期的 12 年也划分为两个阶段（各6年）来进行比较。有些同志曾采用波动系数来对中国1953—1985年国民收入使用额中消费额、积累额和固定资产投资总额的波动程度加以比较，进而对社会总产值中建筑业、工业（重工业和机械工业）、运输业、商业和农业的波动程度加以比较；但是，他们只用年度数值的标准差来计算，而没有用标准差系数来计算❶，这就忽视了数值平均水平的不同对于波动程度的不同影响，因此必然降低比较分析的准确性和所得结论的合理性。因为标准差只是反映标志变动度的绝对指标，它的大小不仅取决于标志值的离差程度，还决定于数列平均水平的高低，所以对于平均水平不同的增长率数列，一般不能直接通过标准差来比较其标志波动度的大小。在上述同志所比较的方面或部门中，其增长率的平均数几乎都是明显不同的，尤其农业年度增长率的平均值与其他部门的差别更大。这就需要将标准差与相应的平均数对比，计算标准差系数（也称离散系数），即采用相对数来进行比较，才能对它们波动程度的大小做出恰如其分的比较分析。考虑到不同时期和不同指标年度增长率的平均数相同的情况是很少有的，笔者同时计算了各种增长率的标准差和标准差系数❷，并主要依据后者表示的波动系数（相对波动系数）来考察和比较各个阶段经济增长的波动程度。

---

❶ 程秀生等：《对我国经济中长期稳定增长的初步研究》，《经济研究》，1990年第2期，第4—5页。

❷ 其计算公式是：$\sigma=\sqrt{\frac{\sum(X-X)^2}{n}}$，$\sigma$为绝对波动系数（标准差），$n$为样本数，$X$为年度增长率，$\bar{X}$为$X$的平均数，即$X=\frac{\sum X}{n}$；$V\sigma=\frac{\sigma}{X}$，$V\sigma$为相对波动系数（标准差系数）。

表 1–7　国民经济主要指标增长率波动程度的阶段性比较

	1953—1965 年	1966—1978 年	1979—1990 年	1979—1984 年	1985—1990 年
社会总产值增长率					
绝对波动系数	15.66	9.83	3.99	3.04	4.99
相对波动系数	1.76	1.12	0.38	0.33	0.39
绝对波动幅度	66.1	35.2	12.7	10.3	11.7
相对波动幅度	7.42	4.03	1.22	1.11	1.02
国民收入增长率					
绝对波动系数	12.80	9.11	3.16	2.78	3.49
相对波动系数	2.04	1.30	0.37	0.33	0.41
绝对波动幅度	51.7	30.5	9.9	8.7	9.8
相对波动幅度	8.24	4.36	1.16	1.03	1.15
工业总产值增长率					
绝对波动系数	22.48	11.10	5.34	3.64	5.57
相对波动系数	1.51	1.16	0.44	0.38	0.38
绝对波动幅度	93.0	48.1	17.1	12.0	13.6
相对波动幅度	6.24	4.26	1.41	1.25	0.93
社会商品零售总额增长率					
绝对波动系数	11.34	3.72	6.38	3.05	7.81
相对波动系数	1.83	0.55	0.76	0.28	1.30
绝对波动幅度	46.6	14.7	24.8	8.1	24.8
相对波动幅度	7.52	2.20	2.97	0.75	4.14

注：①本表增长率以可比价计算，其中社会商品零售总额增长率以零售物价总指数扣除价格变动因素。

②绝对波动系数和绝对波动幅度分别用年度增长率的标准差和全距计算；相对波动系数和相对波动幅度为所得结果除以相应的增长率平均数（标准差系数和全距系数）。相对系数和相对幅度的作用在于消除平均增长水平的不同对于波动程度的不同影响，从而使不同阶段和不同指标的计算结果可直接进行比较。

资料来源：根据《中国统计年鉴 1991》有关栏目的数据计算。

从表 1–7 可以看到，绝对波动系数（以标准差计算）的比较与相对波动系数（以标准差系数计算）的比较是明显不同的。例如，社会总产值增长率与国民收入增长率相比，前者的绝对波动系数全部高于后者，而后者的相对波动系数却大部分高于前者，这是由于二者的增长率平均数明显不同。其他指标的对比也普遍存在这种现象。绝对波动幅度与相对波动幅度的比较也是如此。用相对波动系数和相对波动幅度来衡量各项指标增长率的波动程度，改革前波动度最高的是国民收入增长率，依次递降的大体上是工业总产值、社会总产值和社会商品零售总额的增长率（后者在 1966—1978 年波动度较低），而改革以来却恰好反过来，国民收入增长率的波动度最低，依次递升的是社会总产值、工业总产值和社会商品零售总额的增长率（后者在改革以来的两个阶段中波动度差距极大）。这主要是由于国民收入与其他指标的增长率平均数的差别发生了变化，国民收入的平均增长水平相对上升了（其增长率的平均数提高得更快）。表 1–5 的有关数字也表明了这一点。

从总体上看，改革以来各项指标增长率的波动度都大大低于改革前❶，并且，由于平均增长水平的提高，相对波动系数和相对波动幅度下降得更快。从时间序列考察，虽然改革前第二阶段的波动程度也比第一阶段明显降低，但改革以来的降低幅度要大得多，前三个指标的波动度下降了一半以上至 3/4。这说明大力发展商品经济和发挥市场机制的调节作用并不会影响国民经济的稳定增长。但是，从改革期间的阶段性比较看，后一阶段（1985—1990 年）各项指标增长率的波动系数又明显高于前一阶

❶ 只有社会商品零售总额增长率的波动度略高于改革前的第二个阶段，这是由于1984年以来的需求膨胀和需求疲软使社会商品零售总额发生了强烈波动，同时，“文革”期间消费品配给制的加强和对个体商贩的消灭政策，也使社会商品的零售额比较稳定。

段（1979—1984年），只是社会总产值和工业总产值增长率的相对波动幅度较低一些，而社会商品零售总额增长率的波动系数和波动幅度大大超过前一阶段。这又表明，在市场机制不完善和宏观调控机制不健全的条件下，市场需求的剧烈波动（膨胀—疲软）会引起经济增长的较大波动。

下面再拿中国经济增长的波动度与其他国家相比较。有些同志曾作过这方面的研究，他们计算了1953—1985年中国与苏联、美国、日本、联邦德国、法国和英国的年度经济增长率的标准差（其中中国和苏联是社会总产值增长率，其他国家为国内生产总值增长率），结果表明，中国经济增长的波动系数（不稳定系数）为其他国家的3~4倍。❶但上述比较分析存在两点不足之处：其一，只拿中国的情况与发达国家相比较，不完全说明问题。经济增长的稳定程度是与经济发达程度相联系的，经济发达可以为经济稳定增长提供一系列重要的物质基础❷，撇开其他条件和机制不说，经济发达程度较高，经济增长的波动程度就可能较低。因此还必须用中国的情况与其他发展中国家相比较，才能更全面地说明问题。其二，只用经济增长率的标准差来进行比较，存在着一定的偏差。这一点上面已经指出过，在增长率的平均数不同的条件下，不宜直接用标准差来进行比较。由于中国社会总产值增长的平均速度大大高于主要发达国家国内生产总值增长的平均速度，因而直接用标准差（绝对波动系数）来加以比较所产生的偏差就更大一些。考虑到以上两点，本书采用标准差与标准差系数计算中国改革以来国内生产总值年度增长率的波动系数，来与

❶ 张风波主编：《中国宏观经济结构与政策》，中国财政经济出版社1988年版，第87—89页；程秀生等：《对我国经济中长期稳定增长的初步研究》，《经济研究》，1990年第2期，第5页。

❷ 西蒙·库兹涅茨：《现代经济增长》，北京经济学院出版社1989年中译本，第60—61页。

发达国家和发展中国家同一时期、同一指标增长率的波动系数相比较，力图比较准确地反映中国与其他国家经济增长波动程度的差别。

表 1–8 列进了 8 个发达国家和 8 个发展中国家。从收入水平看，根据世界银行的划分，新加坡和几个发达国家属高收入国家，韩国和巴西属中上收入国家，泰国、阿根廷和墨西哥属中下收入国家，印度和印度尼西亚为低收入国家。[1]与发达国家相比，中国年度增长率的绝对波动系数和绝对波动幅度虽大大高于所列国家，但这主要是由比它们高得多的平均增长水平引起的，因为中国的相对波动系数和相对波动幅度只高于日本，而明显低于其他发达国家。这就表明，改革以来我国经济增长的波动程度明显低于除日本以外的其他发达国家。与发展中国家相比，同样用相对波动系数和相对波动幅度来衡量，中国经济增长的波动度与泰国大体相同，而低于其他发展中国家，包括收入水平不同的各个国家。从上述国际比较可以发现，虽然改革以来中国的年度经济增长率还存在一定波动，尤其 1988—1989 年的波动幅度较大，但从总体上看，中国经济增长的稳定程度已超过了其他的绝大多数国家。这说明实行改革开放和发展市场经济提高了中国经济增长在国际上的相对稳定程度。

表 1–8　国内生产总值增长率波动程度的国际比较 *（1979—1990 年）

国家（地区）	绝对波动系数（%）	相对波动系数	绝对波动幅度（%）	相对波动幅度
中国	3.27	0.38	11.00	1.27
美国	2.33	0.87	9.50	3.54
日本	1.02	0.23	3.20	0.73

[1] 世界银行：《1991年世界发展报告：发展面临的挑战》，中国财政经济出版社1991年版，第206—207页。

续表

国家（地区）	绝对波动系数（%）	相对波动系数	绝对波动幅度（%）	相对波动幅度
联邦德国	1.20	0.48	4.00	1.60
英国	2.08	1.18	6.50	3.68
法国	0.95	0.45	3.00	1.41
意大利	1.66	0.69	5.40	2.25
加拿大	2.30	0.82	9.40	3.34
澳大利亚	1.46	0.41	4.40	1.23
新加坡	3.60	0.48	12.80	1.72
韩国	3.97	0.51	15.40	1.98
巴西①	3.49	0.91	11.60	3.02
泰国	2.56	0.38	7.80	1.17
阿根廷①	4.66	10.06②	13.60	29.33②
墨西哥①	5.42	3.27	14.50	8.76
印度	3.54	0.74	15.60	3.26
印度尼西亚	2.18	0.40	7.70	1.42

* 本表增长率以可比价计算，计算方法同表 1–7。

注：①为 1979—1989 年数字。

②年度增长率的平均数为负数，相对波动系数和相对波动幅度均以绝对值计算。

资料来源：1979—1980 年的中国数字取自《国民收入统计资料汇编 1949—1985》（中国统计出版社 1987 年版）第 46 页；外国数字取自国家统计局国际统计和外事司编《外国国民核算统计资料汇编》（中国统计出版社 1987 年版）第 26—27 页；1990 年数字取自《中国统计年鉴 1991》第 825 页；其余数字取自《国际经济和社会统计提要 1990》（中国统计出版社 1991 年版）第 24 页。

三、增长机制的变动及其影响

增长机制涉及的内容很多，这里只考察其中的两个方面：①经济增长的部门因素，即各部门对增长的作用率；②经济增长的所有制因素，即各所有制单位对增长的作用率。下面将通过有关统计资料，来分析这两个方面在改革以来和改革的不同阶段中发生了什么变动，以及这种变动所产生的影响。

（一）各经济部门对经济增长的作用

表 1–9 显示了各部门对国民收入增长作用率的变动状况。改革前农业的作用率只有 18.3%，而工业的作用率高达 64.4%，说明国民收入增长主要是由工业部门的增长推动的。改革以来，农业对增长的作用率上升，工业的作用率下降，这是国民收入增长比较协调的表现，也是经济增长的稳定程度比改革前大大提高，且国民收入增长的稳定度转为高于其他增长指标（见表 1–7）的一个原因，因为中国的经济波动很大程度上是由农业的低谷引起的。同时，建筑业对增长的作用率也明显提高。运输业和商业的作用率略有下降，但由于这两个部门的国民收入只涉及与物质生产有关的方面，其变动数字不大能说明问题。从改革以来的阶段性数字看，第一阶段（1979—1983 年）农业对国民收入增长的作用率达到 31.4%（这与农村改革和农产品提价的推动作用密切相关。我们计算了以当年价格统计的农业增长量与总增长额的关系，发现这个阶段农业对国民收入增长的作用率高达 54.2%），工业的作用率则大幅度下降；第二阶段，与经济过热（国民收入年平均增长率高达 11.2%）相伴随，工业对经济增长的作用迅速回升，建筑业的作用率不断提高；但第三阶段（1989—1990 年）在经济紧缩的条件下，建筑业和商业一下子转为大幅度负增长，对国民收入增长的负作用分别高达 7.4% 和 17.2%。这就表明，在发展商品经济，市场作用增强，而宏观调控机制尚不完善的情况下，工业和建筑业对经济增长的过高作用率依然是经济过

热的推动因素，商业和建筑业则成为两个容易剧烈波动的敏感部门。

表 1-9　各部门对国民收入增长作用率的变动　%

	1953—1978 年	1979—1990 年	1979—1983 年	1984—1988 年	1989—1990 年
国民收入	100 （6.0）	100 （8.4）	100 （7.3）	100 （11.2）	100 （4.2）
农业	18.3 （1.1）	23.6 （2.0）	31.4 （2.3）	30.7 （3.4）	46.0 （1.9）
工业	64.4 （3.9）	58.9 （4.9）	49.5 （3.6）	53.5 （6.0）	71.3 （3.0）
建筑业	3.8 （0.2）	4.7 （0.4）	4.9 （0.4）	6.4 （0.7）	−7.4 （−0.3）
运输业	4.6 （0.3）	4.3 （0.4）	3.8 （0.3）	3.9 （0.4）	6.8 （0.3）
商业	8.7 （0.5）	8.5 （0.7）	10.4 （0.8）	5.5 （0.6）	−17.2 （−0.7）

注：本表以可比价格计算。各部门对国民收入增长的作用率为各部门增长率乘以其产出比重后在总增长中的比率［其计算公式为：$E_i=GV_iP_i/GV$，E_i 为 i 部门对增长的作用率，GV 为总增长率，GV_i 为 i 部门增长率，P_i 为 i 部门在产出（国民收入）中的比重，即$P_i=\frac{V_i}{V}$。$GV_iP_i=GV$，并以 GV 为 100%。］；由于各部门增长率的加权平均数与总增长率存在一定偏差，我们用二者之比对各部门的作用率加以修正。括号内数字为各部门对国民收入年平均增长率的作用或贡献。

资料来源：《中国统计年鉴 1991》，第 33—35 页。

三次产业及其分部门对国民生产总值增长作用率的变动更明显地表明了上述特点（见表 1-10）。第二次产业的两个分部门工业和建筑业对国民生产总值增长作用率的上升与经济过热和高速增长相一致，同时伴随着第一、三次产业尤其后者作用率的明显降低；当经济冷却时，建筑业和商业很快进入负增长，对经济总量的增长起着不小的负作用。但较为特别的是，第三次产业的作用率并没有受到商业部门负作用的影响而下降，反而较大幅度地上升了，这说明其他服务业部门对增长的作用率大大提高了。这种现象也许暗示第三次产业起着稳定经济的作用。

表 1–10　三次产业对国民生产总值增长作用率的变动　%

	1979—1983 年	1984—1988 年	1989—1990 年
国民生产总值	100（7.8）	100（11.5）	100（4.6）
第一次产业	26.4（2.1）	25.0（2.9）	27.7（1.3）
第二次产业	48.7（3.8）	51.6（5.9）	47.0（2.2）
工业	44.5（3.5）	46.1（5.3）	48.5（2.2）
建筑业	4.3（0.3）	5.4（0.6）	−4.5（−0.2）
第三次产业	24.1（1.9）	22.7（2.6）	25.2（1.2）
运输邮电	4.7（0.4）	4.9（0.6）	3.4（0.2）
商业	6.9（0.5）	5.4（0.6）	−11.2（−0.5）

注：本表以可比价格计算。计算方法同表 1–9。括号内数字为各部门对国民生产总值年平均增长率的作用或贡献。1980 年以后国民生产总值中包含了国外净要素收入，但由于其比重非常小，我们没有专门计算其对增长的作用率。

资料来源：《中国统计年鉴 1991》，第 31 页。

各次产业（或各个部门）对经济增长的作用率要以相互协调为前提。第一次产业（农业）的作用率过高会引起经济增长总体效率的下降，第二次产业（工业和建筑业）的作用率过高会导致经济过热和波动，而第三次产业（包括各个部门）对增长的较高作用率可能既有利于提高增长效率，又有利于稳定经济增长（至少不会对这两个方面产生影响）。各部门对增长的作用率取决于其所占比重和增长速度。考虑到中国第三次产业对经济增长的作用率大大低于其他国家，包括大多数发达国家和发展中国家（主要是第三次产业的比重很低），适当加快第三次产业部门的相对增长速度是很有必要的。

（二）各经济形式对经济增长的作用

从经济增长的所有制因素看，改革以来各所有制单位对增长的作用率发生了很大变动。在工业总产值的增长中，改革前全民工业的作用率达 79.6%，集体工业的作用率只有 19.9%，个体工业和其他类型工业从 1957 年以后就完全被改造了。这说明全民工业支撑着工业进而整个经济增长的格局（前文已分析过，改革前的国民收入增长主要是由工业推动的），全民工业增长率的波动决定着工业进而整个经济的波动。所以在政府计划出现冒进和企业超额完成计划时，经济的波动幅度很大。改革以来（1979—1990 年），全民工业对工业增长的作用率大大下降（降低了 31.5 个百分点），集体工业的作用率大幅度上升（提高了 25.6 个百分点），个体工业和其他类型工业对工业增长的作用率也分别达到 6.5%和 4.3%。工业增长出现了百舸争流的竞争局面，非全民工业的作用已超过了全民工业。在这种情况下，非全民工业的增长速度越来越明显地决定着整个工业的增长速度，其增长率的波动越来越突出地影响着工业增长率的波动。

改革 12 年来的阶段性数字也证明了这一点（见表 1-11）。第一阶段非全民工业对增长作用率的上升幅度不大，工业增长速度比较适当；第二阶段非全民工业作用率的大幅度上升（上升了 18.5 个百分点）与工业高速增长（年平均增长率达 17.5%）相一致，说明后者主要是由前者推动的（这时全民工业的年平均增长率仅为 10.4%）；第三阶段在经济紧缩的条件下，全民工业的年平均增长率下降为 4.3%，但由于非全民工业仍保持颇高的增长速度[1]，使整个工业仍达到 8.2%的年平均增长水平。以上比较分

---

[1] 这时集体工业的年平均增长率为9.7%，城乡个体工业和其他经济类型工业的年平均增长率分别为22.4%和41.0%。参见《中国统计年鉴1991》，第395页。

表 1-11　各所有制单位对工业总产值增长作用率的变动　　%

	1953—1978 年	1979—1990 年	1979—1983 年	1984—1988 年	1989—1990 年
工业总产值	100（11.4）	100（12.0）	100（8.2）	100（17.5）	100（8.2）
全民所有制工业	79.6①（8.9）	48.1（5.8）	72.1（5.9）	53.6（9.4）	51.9（4.3）
集体所有制工业	19.9（2.3）	45.5（5.5）	26.9（2.2）	38.3（6.7）	37.2（3.1）
城乡个体工业		6.5②（0.8）	0.1③（0.01）	4.9（0.9）	5.6（0.5）
其他经济类型工业		4.3②（0.5）	0.7③（0.06）	2.7（0.5）	4.6（0.4）

注：本表以可比价格计算。计算方法同表 1-9。括号内数字为各部门对工业总产值年平均增长率的作用或贡献。

① 1953—1957 年城乡个体工业和其他经济类型工业占有一定比重，故全民和集体工业的比重对工业总产值增长的作用率之和不为 100%。

②为 1981—1990 年数字。

③为 1981—1983 年数字。

资料来源：《中国统计年鉴 1991》，第 48、395—396 页。

析可以使我们得到一个基本结论：改革以来决定着工业增长和波动的，在一定程度上已经主要不是全民工业而是非全民工业；同时，由于工业部门依然是整个经济增长的主动力（见表 1-9 和表 1-10），非全民工业的增长和波动也就直接影响到国民经济的增长和波动。这种增长机制的变化要求宏观调控机制也发生相应变化。并且，因为非全民工业容易扩张而不容易收缩（扩张幅度大而收缩幅度小）[1]，它对增长作用率的提高势必带来两个结果：其一是使工业增长以至经济增长的波动程度减小（这是改革以来

[1] 这从12年来非全民工业与全民工业年度增长率波动的比较可以看出来，从表1-11的比较分析中也可以得到这种推论。

经济波动程度大大低于改革前的一个原因）；其二是使经济过热成为改革时期的主要问题（当然也仍是20世纪90年代的主要危险）。

再从社会商品零售总额的增长看，各经济类型（所有制形式）的作用率在改革前后也发生了很大变动（表1–12）。改革前（1953—1978年）全民和集体单位对零售商品增长的作用率分别高达62.9%和48.7%，而个体企业的作用率则为−11.5%，后者处于即将被消灭的状态，其作用已被两种公有制单位所取代。改革以来，全民和集体企业的作用率大幅度下降（分别降低了26.8个和19.7个百分点），个体企业的作用率则由负数上升到高达23.3%，农民零售额对社会商品零售总额增长的作用率也提高到11.0%。这样，个体与集体和全民已形成了鼎足而立的局面，对社会商品零售总额的增长起着同样重要的作用。这既有利于商品销售量的扩大和经济活力的增强，又对宏观经济调控提出了新的要求。从改革以来的阶段性数字看，全民商业的作用率在需求膨胀（1984—1988年以当年价计算的社会商品零售总额年平均增长率高达21.2%）时下降，在需求萎缩（1989—1990年的同样增长率降为只有5.6%）时上升；集体商业的作用率大幅度下降，尤其第三阶段的降低幅度极大；个体和其他类型商业的作用率则持续性上升。表1–7曾经表明，改革后一阶段（1985—1990年）社会商品零售总额增长率的波动程度大大高于其他增长指标；在这里我们可以看到，这种剧烈波动主要不是由个体商业引起的，而是由集体商业的大幅度波动导致的，如果没有个体商业尤其农民销售作用率的较大幅度提高，社会商品零售总额增长率的降低幅度进而波动程度还要大得多。这就表明，改革中的集体商业是一个波动性很大、下降趋势比较突出的经济类型，而个体商业的特点则同个体工业一样，容易扩张而不容易收缩，因此对它们必须采取不同的政策和措施，并进一步完善有关的改革项目。

表 1-12　各经济类型对社会商品零售总额增长作用率的变动　%

	1953—1978 年	1979—1990 年	1979—1983 年	1984—1988 年	1989—1990 年
社会商品零售总额	100 （6.9）	100 （15.0）	100 （12.8）	100 （21.2）	100 （5.6）
全民所有制	62.9 （4.3）	36.1 （5.4）	37.8 （4.8）	34.8 （7.4）	40.7 （2.3）
集体所有制	48.7 （3.4）	29.0 （4.4）	39.6 （5.1）	29.8 （6.3）	8.5 （0.5）
合营①		0.6② （0.1）	0.2③ （0.03）	0.5 （0.1）	1.5 （0.1）
个体	−11.5 （−0.8）	23.3 （3.5）	14.1 （1.8）	24.8 （5.3）	28.6 （1.6）
农民对非农居民零售	1.5 （0.1）	11.0 （1.7）	7.9 （1.0）	10.1 （2.1）	20.7 （1.2）

注：本表以当年价格计算。各经济类型对社会商品零售总额增长的作用率为该类型的增长量占总增长额的百分比。

括号内数字为各类型对零售商品总额年平均增长率的作用或贡献。

①其统计数字只从 1952—1958 年。

②为 1980—1990 年数字。

③为 1980—1983 年数字。

资料来源：《中国统计年鉴 1991》，第 591—592 页。

2 经济增长的因素及效应分析

上一章对中国改革以来的工业化进程和特点，以及经济增长的格局、态势和机制做了一些总体性分析，在这一章和下一章中，我们将转向增长因素的比较分析，即全面探讨改革以来经济增长的效率问题。这包括两个方面的内容：其一，在讨论和确定增长因素分析指标的基础上，对国民经济的增长因素加以整体分析，进而考察全要素生产率变动的原因和效应；其二，在对有关统计资料加以适当处理的条件下，对各个部门的增长因素进行比较分析，并进一步研究资源再配置的总体效应和对生产率增长的作用特点。本章先解决前一方面的问题。

在目前运用多项宏观指标来衡量经济效益的情况下，某些指标的逆向变动[1]往往使增长效益的高低或升降难以确定；而通过增长因素分析所揭示的全要素生产率增长率及其贡献率，就可以比较直观地综合反映出增长效益变动的态势和特点。

2.1 增长因素分析指标讨论

一、方法的应用与应用的方法

自从美国经济学家肯德里克和丹尼森于20世纪60—70年代开创了经济增长因素分析法以来，它已成为国际上研究经济增

[1] 例如，劳动生产率提高而积累效果下降和物质消耗比重上升，是近年来常遇到的问题。

长问题的重要分析工具。随着研究的深入，西方经济学界围绕着这一方法的应用展开了一场争论，其范围涉及计算过程的诸多方面[1]，并提出了不少新的改进方法以及更具体化复杂化的计量模型。然而，对于大多数从事实证研究和比较分析的各国经济学家来说，仍继续沿用最为简单的计算方式，即采用道格拉斯生产函数求导后的公式，以产出增长率减去劳动增长率和资本增长率的加权之和，求得全要素生产率的增长率及其贡献率；也有一些经济学家采用了对资本资产的不同类型和劳动的不同特点（教育程度、年龄、性别等）加以细分的较为复杂的计算公式[2]，其计算结果是，增加了要素投入的贡献（因为考虑了投入要素质量的改进），同时使全要素生产率的增长减少了一个相应的份额。

在中国，由于经济统计资料不配套，即使运用最简单的计算公式也遇到不少困难。但是，我们不能因此放弃这方面的必要努力，而应该通过对现有统计指标的适当修正或更换来近似地达到我们的研究目的。因为运用这一研究方法不仅有助于对中国的经济增长效率进行总体分析和评价，以便做出比较科学的国际比较，而且对于综合分析改革以来中国经济的增长因素及其效应，从而寻求优化经济增长的途径具有重要意义。同时，这一研究还有助于我们寻找需求膨胀和结构失衡的原因、对经济效益问题进行综合分析、研究资源配置的状况并寻求资源再配置的较优模式。

---

[1] [美]罗伯特·M.索洛等：《经济增长因素分析》，商务印书馆1991年中译本。

[2] 其公式为：$G_V = \beta_L G_L + \beta_L \sum \frac{W_i}{W}(\frac{L_i}{L}) + \beta_K G_K + \beta_K \sum \frac{\gamma j}{\gamma}(\frac{Kj}{K}) + G_A$。式中，$G_V$、$G_L$和$G_K$分别为产出、劳动和资本的增长率；$\beta_L$和$\beta_K$分别为劳动和资本的收入份额（或产出弹性），$\beta_L+\beta_K=1$，$W_i/W$和$\gamma_j/\gamma$分别代表不同收益地不同质的劳动和不同类型的资本资产的影响；G_A为全要素生产率增长率。参见钱纳里等：《工业化和经济增长的比较研究》，上海三联书店1989年中译本，第34页。

前几年国内虽有一些学者采用了增长因素分析方法，但大都忽视了所使用统计资料的合理性和同质性，甚至很少有人对自己使用统计指标的科学性或理论依据加以论证或说明，这就大大地降低了应用这一分析方法及其所得结果的实际意义。笔者在一篇文章[1]中曾指出了这种现象，并在对现有统计资料加以适当处理的基础上，从分析结果的可信度与准确度出发，选择国营工业作为蓝本进行了增长因素分析。但这并不能代表对整个国民经济增长的分析。近来，又有一些文章对此做了探讨[2]，尤其对中国统计资料的使用和处理进行了实事求是的比较细致的讨论，使增长因素分析方法在中国的有效应用方面又取得了一些进展。但其中也还存在着若干未能解决的问题。下面将通过对这些存在的问题加以进一步讨论，来选择和确定中国经济增长因素分析的指标。我们仍然坚持准确度与可信度相结合的原则，即提高资料数据的准确度要以不降低其可信度为条件。

二、关于产出增长的指标

衡量国民经济增长，东西方核算体系（MPS 与 SNA）采用不同的衡量指标。但是，只要用同一口径的相应指标来进行增长因素分析，计算结果同样是可以进行国际比较的。在这方面，中国大多数同志以国民收入增长率作为产出增长指标。国民收入增长率是以可比价格计算的，但与之对比的资金投入指标却没有可比价资料可供利用，国家统计局也从未公布过完整的生产资料价格指数。在这种情况下，有的同志对产出和投入指标都采用现价

---

❶ 参见郭克莎：《1979—1988年经济增长的因素及效应分析》，《经济研究》，1990年第10期。

❷ 参见张军扩：《“七五”期间经济效益的综合分析》，《经济研究》，1991年第4期；支道隆：《谈如何设置一个能反映技术进步的综合经济效益指标》，《财经问题研究》，1991年第2期。

数据来计算，并用环比指数来减少价格变动的影响。[1]这无疑是一种有益的尝试。但经过研究之后我们发现，产出品价格指数与投入品价格指数差别很大，其年度之间的变动态势也很不相同。拿国民收入紧缩指数与一些同志计算的近几年投资品价格指数[2]或固定资产价格指数[3]相比，或与国家统计局城市调查总队统计的1984年以后的主要原材料、燃料、动力购进价格指数[4]相比，也证明了上述现象。这就必然使以现价计算的增长因素存在较大偏差。从以上方法的计算结果也大致能够看出这种误差的存在，因为全要素生产率（技术进步）对经济增长的贡献率在几年之间波动极大，1982年的贡献率为-83.5%，而1985年的贡献率又高达63.0%[5]。对经济增长及其效益变动过程的了解使人可以断言，这种情况几乎是不可能的。这也许主要是由产出品价格与投入品价格变动的不一致造成的误差。

另外，有的同志又认为，不少乡村企业产品按现价产值计算增长，各种名目的新产品按新订价计算产值，使得按不变价计算的国民收入增长率估算过高，同时，产品货不对路及残次品等无效供给的情况也很严重，二者构成了国民收入增长中的“现价水分”和“无效供给”；由于每年国民收入中的“现价水分”和“无效供给”部分与通货膨胀率成正比，因此以每年通货膨胀率的15%作为国民收入中的“现价水分”和“无效供给”率，从以不变价计算的国民收入额中扣除，然后再根据调整后以不变价格

❶ 参见支道隆：《谈如何设置一个能反映技术进步的综合经济效益指标》，《财经问题研究》，1991年第2期。

❷ 参见《经济研究》，1990年第1期，第23页。

❸ 参见《数量经济技术经济研究》，1990年第8期，第28页。

❹ 参见《中国物价》，1989年第2期。

❺ 参见《财经问题研究》，1991年第2期，第33页，表4。

计算的国民收入额计算增长率。[1]这种计算方法的目的显然是提高产出指标的准确度，但以每年通胀率的15%来对不变价国民收入加以扣除看来并不适当。与“现价水分”相比，中国经济中的“无效供给”无疑是国民收入水分中的大部分，这些无效供给主要不是与通货膨胀相联系，而是由产业结构、产品结构和品种结构的不合理所导致（在通胀严重时它们反而被卖出去变成有效供给，只有在市场疲软时它们才实实在在地表现出来）。因此以每年通胀率的15%从国民收入中扣除它们就有“各打五十大板，又打的不是地方”之嫌。这些国民收入中的水分对于计算增长率尤其一个较长期间的增长率影响不会太大，来自单位、部门和地方统计过程中的误差（包括虚报）也许要比这大得多。况且，劳动投入和资本投入也存在一定的重复计算和闲置现象，也会造成其增长率的高估，这种高估在不同年份也有所不同，但我们显然也不易于剔除这方面的影响。所以，笔者认为不能为了提高准确度而降低了可信度，或为了追求一方面的准确性而失去另一方面的准确性。

此外，还有一个问题，就是使用产出增长指标要与投入增长指标相一致。不少同志往往忽视了这个方面。要采用国民收入增长指标，就必须从资金投入总量中和劳动投入总量中扣除非生产性资金和非生产者人数；如果使用全部资金和全社会劳动者的投入数字，就必须采用国内生产总值或国民生产总值增长指标[2]（看是否计算国外资本和国外劳务）；这样才能进行同口径的比较分析。

[1] 参见张军扩：《“七五”期间经济效益的综合分析》，《经济研究》，1991年第4期。

[2] 中国没有SNA体系的国民收入统计数字。而且，在使用SNA体系增长指标的情况下，用总产出法与用净产出法所得的增长因素分析结果是一致的。参见［美］罗伯特·M. 索洛等：《经济增长因素分析》，商务印书馆1991年中译本，第170—174页。

考虑到从资金总量和劳动总量中准确地扣除非生产性资金和非生产者人数比较麻烦，中国又有国内生产总值增长率数字可供利用，本书将以这些数字作为产出增长的指标。

三、关于资金投入的指标

与国内生产总值相对应的资金投入指标，应当是全社会的资产总额，包括固定资产净值和全部流动资金。中国没有这方面的统计资料，因而只能采用估算的办法。有的同志假定国营企业拥有的固定资产原值大约占全社会拥有的固定资产原值的 70% 左右，用国营企业的固定资产原值乘以 1.4 倍来代表全社会的固定资产原值。[1]但这种估算方法似乎过于简单，估计国营企业固定资产占全社会固定资产的 70%，也显根据不足。有的同志把国营企业生产性固定资产净值、农村生产性固定资产和乡村两级企业固定资产三部分加起来作为全社会的生产性固定资产。[2]用生产性固定资产总额与国民收入指标相比较，这种分析方法是正确的，但仅上述三个部分并不能代表全部生产性固定资产，其中遗漏了城镇集体企业和个体企业的固定资产；虽然这方面的统计资料难以获得或根本没有统计资料，但不把这部分内容估算进来毕竟是不完全的，不利于进行增长因素分析。世界银行 1984 年经济考察团曾估算了中国 1981 年的资产总量，包括固定资产净值和流动资金；同时，他们根据投入 - 产出表的价格调整计算的系数，认为中国投资货物的价格可能异常低，为了进行国际比较，又对资产总量的数据做了粗略调整（固定资产的调整系数约为

---

❶ 参见刘国光主编：《体制变革中的经济稳定增长》，中国计划出版社1990年版，第12—13页。

❷ 参见支道隆：《谈如何设置一个能反映技术进步的综合经济效益指标》，《财经问题研究》，1991年第2期，第37页。

1.28，流动资金的调整系数为 1.15）。[1] 但是，以上估算结果是在资料数据不全的条件下通过各种主观途径完成的，不少计算数字建立在不同的假设和间接估算方法的基础上，连世界银行本身也认为“这些估计数的误差是很大的”。因此我们不能再用他们的估算结果和估算方法去推算其他年份的资产总量数字。

由于对资本总量的准确估算确实具有一定的难度，有的文章对此进行了比较细致的探讨和计算。[2] 作者把估算过程分为四个步骤：①估算 1952 年的资本总量。以美国经济学家珀金斯对中国 1953 年的资本总量估计额（2145 亿元）为依据，把 1952 年的资本总量确定为 2000 亿元人民币。②估算各年的净投资额。用各年的积累额代替各年的净投资额，并以积累额指数加以调整（“积累额指数是根据国家统计局提供的初步数据经适当调整计算的”），由此得出以不变价格计算的各年净投资额。③估算各年的新增资本数量。先估算出投资转化为资本的时滞系数，然后根据时滞系数与相应投资的乘积之和，计算各年的资本增量。④计算各年的资本总量。以 1952 年的资本总量为基础，用上年的资本总量加当年的新增资本数量，求得各年的资本总量。上述估算过程看来是明确的和合理的。积累额分为固定资产投资和流动资产积累，从中国的实际情况看，以各年的积累额来代替各年的净投资总额是大体可行的。留下来的一个问题是，以珀金斯对中国 1953 年资本总量的估计额为据而推算 1952 年的资本总量为

❶ 参见世界银行1984年经济考察团：《中国：长期发展的问题和方案》（附件五），中国财政经济出版社1987年版，第50—51页。

❷ 参见张军扩：《“七五”期间经济效益的综合分析》，《经济研究》，1991年第4期，第10—11、17页。

2000亿元，这个数字会不会偏高？据有关资料[1]，中国1952年五大物质生产部门，包括国营和非国营部门的固定资产约为500亿元，加上流动资金，再加上非物质生产部门的总资产，总共不超过1500亿元，比以上估算数大概低了500亿元；用上述估算方法计算的1981年的资本总量与世界银行1984年经济考察团估算的同一年的资产总量数字相比较，前者恰好也比后者高出500亿元左右。如果这不是巧合，如果上述估算过程的后三个步骤没有大的差错，那么就是对1952年资本总量的估计额偏高了，大约偏高了500亿元。由于这是不同估算方法所形成的差距，来个折中，可从1952年的资本总量中扣去300亿元，即这一年的资本总量应为1700亿元。

比较上面几种估算方法和估算结果，后一种方法的结果显然较为准确和可信。由于我们尚找不到更为合适的估算方法，本书将以这一估算结果作为资金投入的指标；同时，用上面指出的基期年（1952年）资本总量的误差额对各年的数字加以调整。各年的资本总量等于上年资本总量与当年资本增量之和，因此从每一年的资本总量中减去300亿元就行了。

四、关于劳动投入的指标

劳动投入量包括就业人数、劳动时间、劳动强度和劳动质量（年龄、性别和受教育程度）等方面。在市场经济国家，劳动的质量、时间和强度一般是与收入水平相联系的，在市场机制的调节下，劳动报酬能够比较合理地反映劳动投入量的变化。在中国，由于收入分配体制不合理和缺乏市场机制的调节，劳动收入

[1] 参见［日］Shiger Ishikawa：《中国大陆的国民收入和资本形成——对官方统计的考察》，1965年，日本东京，亚洲经济事务研究所；世界银行1984年经济考察团：《中国：长期发展的问题和方案》（附件五），中国财政经济出版社1987年版，第59页。

还不能恰当反映劳动量（尤其劳动质量）的变化；而且，这方面缺少很多重要的统计资料，用价格指数来对收入水平加以调整也存在不少问题，所以用劳动收入量的变化来表示劳动投入量的变化在准确度和可信度方面都没有保证。也许是因为这个原因，大多数有关的研究文献都以劳动者人数来代表劳动投入量。从一段较长的时间看，劳动质量（受教育程度）是有所提高的，但劳动时间和劳动强度则是有所降低的，二者在一定程度上起了相互抵消的作用。因此舍象掉这几个因素来计算劳动投入量的变化，误差不会太大。

根据上述考虑，本书以全社会劳动者人数作为劳动投入的指标。

五、关于资金[1]和劳动的增长弹性

生产要素的增长弹性被定义为要素投入增长对产出增长的作用（要素投入每增长 1%所带来的产出增长的百分比）。在不考虑规模经济的情况下，所有要素的产出弹性（或弹性系数）之和为 100%或等于 1。由于本书只分析资金和劳动两种总体性生产要素（把土地的作用抽象掉），因而产出弹性只在这两种要素之间分割。有些同志以为，要素的产出弹性是由要素的结合比例决定的，如发达国家属资本密集型经济，资本产出弹性较高，劳动产出弹性较低；发展中国家属劳动密集型经济，则情况反过来，劳动产出弹性高于资本产出弹性。其实，这是一种理论上的误解。从产出弹性的定义可以推知，它不是由要素的数量比例决定的（虽然与这种比例有一定关系），而是由要素的产出份额决定的。要素的产出份额是指要素的边际产出（边际生产率）与要素投入量的乘积在总产出中的份额。西方经济学认为，在竞争均衡

[1] 本书在论及中国的情况时，一般采用“资金”概念；但在进行国际比较或有关讨论而不便分开时，则统一使用“资本”一词。

的条件下，每个要素获得其边际产出，因而实际工资（*W/P*，即工资除以价格）等于劳动的边际产出（*Q/L*）；这样，劳动的产出份额等于单位工资与劳动投入量的乘积占总产出的份额（*WL/PQ*），同样地，资本的产出份额等于单位利润与资本投入量的乘积占总产出的份额（$\gamma K/PQ$，γ 为单位利润）。以上两个产出份额实际上就是劳动和资本的收入份额。由于西方经济学家认为直接估算产出弹性几乎是不可能的，他们在进行增长因素分析时，一般都运用建立在均衡假设基础上的这些产出份额，即以劳动与资本的收入份额来代表它们的产出弹性或增长弹性。然而，微观收入份额与宏观收入份额毕竟是两回事，计算劳动与资本的宏观收入份额是麻烦和困难的，它涉及多方面的内容和某些比例的分割。在丹尼森与乔根森和格瑞里彻斯等增长因素分析专家之间，也往往因对劳动与资本收入份额的计算比例不同而发生了热烈的争论。❶

在中国，由于缺乏必要的统计资料，要全面计算劳动与资金的收入份额几乎是不可能的，即找不到足够的依据使计算结果建立在一定的准确度和可信度之上。因此连世界银行经济考察团也放弃了这方面的估算工作，而分别假定中国劳动与资本的收入份额为 60%比 40%和 40%比 60%，以两个方案来进行增长因素分析。❷近来有的文章把中国劳动与资金的产出弹性系数设定为 0.3：0.7，其根据是：市场经济国家可以用劳动与资本的结合比例表示劳动与资本的产出弹性系数，但中国如果以劳动与资本的结合比例计算产出弹性系数，就会大大高估劳动的产出弹性；由于中国经济中长期存在大量潜在剩余劳动力，使劳动投入的增

❶ 参见［美］罗伯特 · M. 索洛等：《经济增长因素分析》，商务印书馆1991年中译本，第75—80、176页。

❷ 参见世界银行1984年经济考察团：《中国：长期发展的问题和方案》（附件五），中国财政经济出版社1987年版，第26—27、59页。

长对产出增长的贡献十分有限。[1] 前一半依据的错误前面已经指出过，生产要素的产出弹性不是与它们的数量比例相联系而是与它们的产出份额相联系。实际上，发达市场国家的劳动收入份额（劳动产出弹性）大大高于资本收入份额（资本产出弹性），这种情况恰好与劳动和资本的结合比例相反。各发达国家的劳动收入份额大概在 55%~75%（劳动与资本的收入份额之和为 100%），其平均数约为 61.5%。[2] 这说明发达国家的劳动产出份额相对高于资本产出份额（实质上就是劳动边际产出大大高于资本边际产出）。国外关于增长因素分析的大量资料表明，发达国家的劳动产出弹性普遍高于发展中国家，劳动与资本的结合比例并不是也不能成为确定它们的产出弹性的依据。中国的情况当然也不例外。后一半依据基本上是正确的，中国经济中大量潜在剩余劳动力的存在，确实使劳动的边际产出很低，从而使劳动的增长弹性很低。但劳动产出弹性是与资金产出弹性相比较而言的，由于资金经营不合理和部门配置不当，中国的资金边际产出进而资金增长弹性也是相当低的。因而以 0.3：0.7 来设定二者弹性系数的分割比例可能使劳动产出弹性的确定明显偏低。从中国经济的运行和增长来看，劳动的产出份额或收入份额不会比资金的产出份额或收入份额低一半以上；从国际比较来看，在有计算数字的约 40 个发达和发展中国家中，劳动收入的相对份额（劳动与资本的收入份额之和为 100）最低也达到 45%，发展中国家劳动

---

[1] 参见张军扩：《"七五"期间经济效益的综合分析》，《经济研究》，1991年第4期，第12—13页。

[2] 参见［美］H. 钱纳里等：《工业化和经济增长的比较研究》，其平均数是从12个发达国家的19组计算结果中得出的。另外，根据F.丹尼森的计算，1952—1962年，美国整个经济中劳动收益平均占总国民收入的份额高达78.6%，而资本和土地收益只占21.4%。上海三联书店1989年中译本，第29—30页。［美］M. 索洛等：《经济增长因素分析》，商务印书馆1991年中译本，第76页。

收入份额的平均数为 54.7%，与中国情况相近的印度的劳动收入份额为 47.5% ❶，中国的同样数字不会比其他国家低那么多。从要素产出份额说，在同一经济发展水平之下，劳动与资本的产出份额在经济均衡力量的作用下总是会保持在一定的相对水平上，二者的差距不会太大 ❷；从要素收入份额说，在社会主义经济条件下，除了劳动者个人收入外，各种补贴和社会福利或明或暗地分配到个人头上，这些都属于劳动收入的范围，因此劳动收入份额也不会非常低。这样看来，设定中国劳动与资金产出弹性系数为 0.3 ∶ 0.7 是不够恰当的，其计算结果会降低中国全要素生产率的增长率及其贡献率。

从较长一段时期来看，劳动和资金的增长弹性是有所变动的，二者的分割比例在中国的改革前后也表现出明显不同的特点。改革前，由于分配上的平均主义和重积累轻消费的政策倾向，总的劳动收入份额比较低，与此相一致，在潜在剩余劳动力大量存在的条件下，劳动的边际产出很低，与劳动投入量联系起来，劳动的产出份额相对低于资金产出份额，因而以 40% 和 60% 来分割劳动与资金的收入份额或产出弹性也许比较合适。改革以来，国民收入分配向个人倾斜，农民的收入水平提高很快，各类企业发放奖金和实物的比重不断增大，劳动的收入份额较

❶ 参见［美］H. 钱纳里等：《工业化和经济增长的比较研究》，上海三联书店1989年中译本，第29—33页。计算数字的时间大致从“二战”后至20世纪70年代初期。另外，中央计划经济国家的劳动收入份额则为60%。

❷ 如前所述，要素的产出份额等于要素边际产出与要素投入量的乘积占总产出的份额，如果某一要素（劳动或资本）的边际产出相对很低，那么其投入量必然相对很大（这两个方面是互为因果的），反之亦然，因而它们的产出份额会保持在一定的相对水平上。

大幅度上升[1]。有关的统计资料和经济现象表明，在国民收入分配中，劳动的收入比重已明显超过了资金的收入比重；与此相适应，在开放搞活政策的推动下，千百万劳动群众迸发出极大的生产建设热情和开拓创新精神，使劳动的边际产出大大提高（比资金的边际产出提高得更快）[2]，劳动的产出份额已明显高于资金的产出份额，因此，劳动与资金的分割比例应当反过来，以 60% 和 40% 来确定它们的收入份额或产出弹性可能比较合理。

2.2 增长因素的分析与比较

一、分析公式

根据上述讨论，我们就可以按照下面的公式来对中国的经济增长因素进行分析。

$$G_V=（\alpha G_K+\beta G_L）+G_A \qquad (1)$$

上式中，G_V 为总产出（国内生产总值）增长率；G_K 和 G_L 分别为资金投入和劳动投入增长率；α 和 β 分别为资金和劳动的收入份额或产出弹性系数，$\alpha+\beta=1$；（$\alpha G_K+\beta G_L$）是全部要素投入增长率；G_A 为全要素生产率增长率。

用 G_F 代替（$\alpha G_K+\beta G_L$），我们又有：

$$G_A=G_V-G_F, \qquad (2)$$

即全要素生产率增长率等于国内生产总值增长率与全部要素投入增长率的差额。

---

[1] 这也是对改革前劳动收入份额长期处于很低水平的一种反作用，它表明经济体制改革带来的上述现象，实际上也包含了经济均衡机制的内在要求。

[2] 在资金投入增长过快，尤其是投资膨胀的情况下，资金的边际产出是相对下降的。

二、纵向比较

通过公式（2）和上面确定的几个指标，运用有关的统计资料，可以得到下述结果（见表 2-1）。[1]

表 2-1 提供了四个不同阶段的对比数字：

1. 改革前后的比较。改革以来不仅经济增长（国内生产总值增长）速度明显高于改革前，而且全要素生产率对经济增长的作用率也大大高于改革前。1953—1978 年，经济增长的年平均速度为 6.0%，但其中有 5.8 个百分点是由要素投入（资金和劳动投入）的增长带来的（资金投入对经济增长的贡献高达 80%[2]），只有 0.2 个百分点可以归功于全要素生产率的增长，生产率增长对产出增长的作用率只有 2.7%。这是典型的外延型扩大再生产和粗放式（高投入型）增长的表现。1979—1990 年的年平均经济增长率上升为 8.6%，其中有 5.0 个百分点是由要素投入增长带来的（资金投入对经济增长的贡献下降为 37.7%），而由全要素生产率提高所带来的增长达到 3.6 个百分点，生产率增长对产出增长的作用率上升到 42.1%。这是一个极为巨大的变化。它表明，总产出的迅速增长伴随着生产率的不断增长，经济增长的质量和效益大大提高了，从而给人民带来了较多的实惠，并增强了整个经济进一步发展的内在动力。这显然是改革开放带来的重要经济成果，也是旧体制向新体制转换过程中表现出来的具有与以往不同特点的新成就。

[1] 本书的计算结果与国内外的有关计算差别较大。这些数据的准确度和可信度如何，应当由读者来评论。但本书对计算过程的系统而细致的讨论，也许使所得结果建立在较为可靠的基础上，从而具有一定的参考价值。

[2] 这一时期的资金投入增长率大大超过产出增长率，说明经济增长主要是由资金投入的高速增长推动的。

表 2-1　国民经济产出、投入和全要素生产率增长的阶段性比较

年份	年平均数（%）				
	G_V	G_K（$\alpha G_K/G_V$）	G_L（$\beta G_L/G_V$）	G_F（G_F/G_V）	G_A（G_A/G_V）
1979—1990	8.6（100.0）	8.1（37.7）	2.9（20.2）	5.0（57.9）	3.6（42.1）
1953—1978	6.0（100.0）	8.0（80.0）	2.6（17.3）	5.8（97.3）	0.2（2.7）
1979—1984	8.6（100.0）	7.3（34.0）	3.1（21.6）	4.8（55.6）	3.8（44.4）
1985—1990	8.6（100.0）	8.8（40.9）	2.8（19.5）	5.2（60.4）	3.4（39.6）
1953—1990	6.8（100.0）	8.0（58.8）	2.7（19.9）	5.4（78.7）	1.4（21.3）

注：① G_V、G_K、G_L、G_F 和 G_A 的含义如前文所述；括号内数字为要素或生产率增长对经济增长的贡献率或作用率。

②资金和劳动的收入份额（α 和 β）分别为：1953—1978 年，$\alpha = 0.6$，$\beta = 0.4$；1979—1990 年（包括其中的两阶段），$\alpha=0.4$，$\beta = 0.6$；1953—1990 年，$\alpha = 0.5$，$\beta=0.5$。

资料来源：国内生产总值增长率的数据取自《国民收入统计资料汇编 1949—1985》（中国统计出版社 1987 年版）第 46 页、《国际经济和社会统计提要 1990》（中国统计出版社 1991 年版）第 24 页、《中国统计年鉴 1991》第 825 页；劳动投入数字取自《中国统计年鉴 1991》第 95 页；资金投入数字取自《经济研究》，1991 年第 4 期，第 17 页，各年的资本总量均减去 300 亿元，减去理由见正文所述。

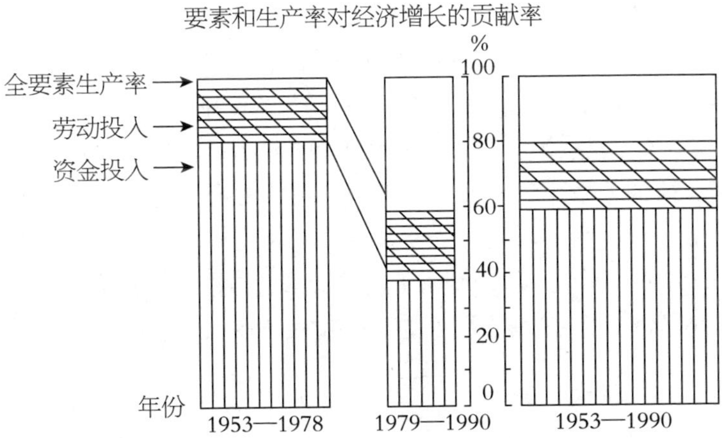

图 2-1　改革前后的经济增长因素比较

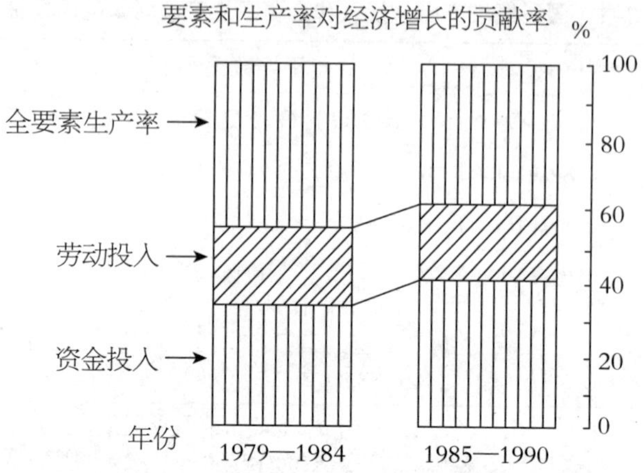

图 2-2　改革以来两个阶段的经济增长因素比较

2. 改革以来两个阶段的比较。由于固定资产投资具有一定的时滞效应，一笔大的投资要 3~5 年才能较充分地发挥作用，因此我们把改革以来的 12 年划分为两个阶段（各 6 年），以便 1984—1988 年的投资高涨期与近两年（1989—1990 年）的投资低谷期衔接起来，不至于使比较过程出现较大的时滞性偏差。从两个阶段的情况看，年平均经济增长速度大体相同，但后一阶段的资金投入增长明显高于前一阶段（高出 1.5 个百分点），也超过了产出增长，虽然劳动投入增长略慢一些（慢了 0.3 个百分点），仍导致全要素生产率对经济增长的作用率比前一阶段降低了 4.8%。显然，前一阶段（尤其前 5 年）是在供求总量大体平衡、结构关系比较协调从而资源配置较为合理的条件下实现的效益较高的经济增长（全要素生产率对经济增长的作用率高达 44.4%），而后一阶段则由于需求膨胀、结构失衡和市场波动，影响了资源的有效配置，引起经济增长质量和效益的下降。

三、横向比较

上面对中国经济增长的几个阶段进行了纵向比较，下面再用中国增长因素分析（改革 12 年和整个 38 年）的结果与国际上增长因素分析的总体情况作一横向比较（见表 2–2 和图 2–3）。

表 2–2 显示了以下两个方面的对比情况：

其一，从产出增长和全要素生产率增长来看，发达国家的产出中速增长（5.4%），但全要素生产率增长较快（2.72%），对总增长的贡献率高达 50.4%；发展中国家（地区）的产出增长较快一些，但全部要素投入增长占较大比重（68.3%），全要素生产率增长只有 2.0%，对总增长的贡献率为 31.7%；中央计划国家的数字仅包括制造业，这个部门产出和投入增长的速度比其他部门高得多，全要素生产率的增长一般略快于其他部门，但低于整体经济的生产率增长率（因为后者加上一个资源总配置效应）[1]，中央计划国家生产率增长对产出增长的贡献率仅为 28.0%，低于发展中国家（地区）的平均水平（但其总体生产率增长一般要高出 8~10 个百分点[2]，因而同口径比较会比发展中国家或地区高几个百分点）。中国 1953—1990 年的产出增长高于发达和发展中国家（地区），但全部要素投入增长的作用占了 78.7%，全要素生产率对总产出增长的贡献只有 21.3%，明显低于各种类型国家的平均水平。不过，从改革 12 年来的数字看，中国不仅产出增长快于所有国家，而且全要素生产率对总增长的贡献率也明显超过发展中国家和中央计划国家，仅低于发达国家。相对于中国的经济发展水平和人均收入水平来说，相对于我们的历史来说，这是一个相当巨大的成就和飞跃，是改革开放所

[1] 参见［美］H. 钱纳里等：《工业化和经济增长的比较研究》，上海三联书店1989年中译本，第333—351页。

[2] 参见［美］H. 钱纳里等的全要素生产率变动模型在人均收入560~2100美元时的变动特点。参见［美］H.钱纳里等：《工业化和经济增长的比较研究》，上海三联书店1989年中译本，第333—334页。

取得的重大实绩。根据钱纳里和赛尔奎因所建立的全要素生产率变动的模型，中国改革以来全要素生产率对经济增长的贡献率已超过人均收入 560~1120 美元时的一般水平（36%），接近于人均收入 1120~2100 美元时的一般水平（44%）。

表 2–2 产出、投入和全要素生产率增长的国际性比较（年平均数 %）

国家（地区）/年份/项目	中国		发达国家①	发展中国家（地区）②	中央计划国家③
	1979—1990	1953—1990	1949—1973	1950—1974	1953—1965
产出增长	8.6	6.8	5.4	6.3	8.2
全要素生产率增长	3.6	1.4	2.72	2.0	2.3
贡献率	42.1	21.3	50.4	31.7	28.0
全部要素投入增长	5.0	5.4	2.68	4.3	5.9
贡献率	57.9	78.7	49.6	68.3	72.0
劳动投入增长	2.9	2.7	1.1	3.3	4.5
（对产出增长贡献）	（1.7）	（1.4）	（0.68）	（1.8）	（2.7）
贡献率	20.2	19.9	12.5	28.7	32.9
资本投入增长	8.1	8.0	5.2	5.5	8.0
（对产出增长贡献）	（3.3）	（4.0）	（2.0）	（2.5）	（3.2）
贡献率	37.7	58.8	37.1	39.5	39.0
资本收入份额	40.0	50.0	38.5	45.3	40.0
劳动收入份额	60.0	50.0	61.5	54.7	60.0

注：①发达国家的数字是比利时、加拿大、丹麦、法国、联邦德国、意大利、日本、荷兰、瑞典、挪威、英国和美国 12 个国家共 19 组分析结果的平均数；时间大致在 1949—1973 年，个别国家的年份到 1974 年。

②发展中国家（地区）的数字是阿根廷、巴西、智利、哥伦比亚、厄瓜多尔、希腊、洪都拉斯、中国香港、印度、爱尔兰、以色列、韩国、墨西哥、秘鲁、菲律宾、新加坡、西班牙、中国台湾、土耳其、委内瑞拉 20 个国家（地区）共 30 组分析结果的平均数；时间大致在 1953—1974 年，个别国家的年份到 1979 年；其中印度的数字仅包括制造业。

③中央计划国家的数字是保加利亚、捷克斯洛伐克、匈牙利、波兰、罗马尼亚、苏联、南斯拉夫 7 个国家共 7 组分析结果的平均数；时间大致在 1953—1965 年，个别国家的年份到 1962 年、1963 年；各国的数字均仅包括制造业。

资料来源：中国数字的资料来源同表 2-1。外国数字系根据 H. 钱纳里等的《工业化和经济增长的比较研究》（上海三联书店 1989 年中译本）第 29—33 页的有关数据计算整理。其中，全部要素投入增长、全要素生产率增长以及各要素和生产率增长对经济增长的贡献率等数字均按我们的计算方法做了重新计算，即舍象了不同收益对不同类型的资本资产和不同质劳动的影响（不考虑投入要素的质量变化）。这种舍象显然是必要的，因为这样才能进行同一种方法计算结果的合理比较。

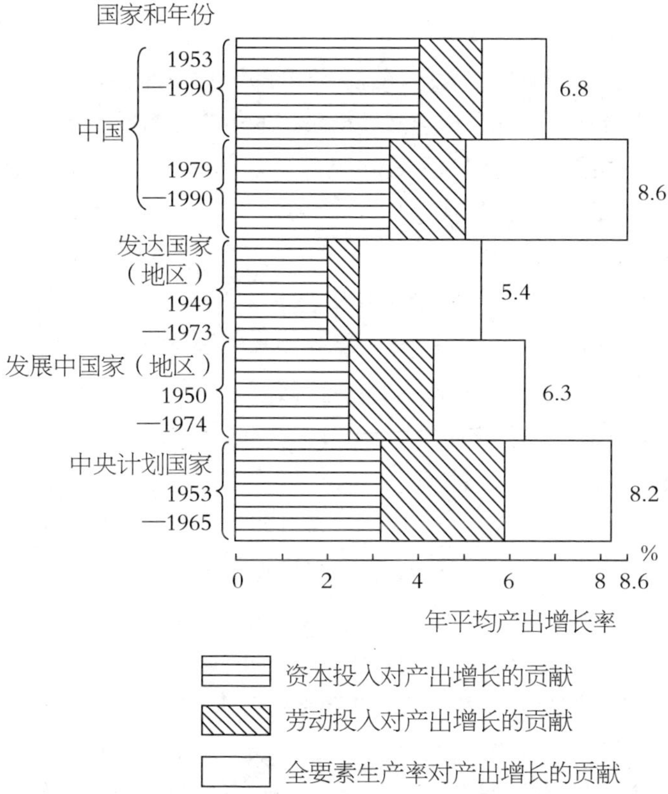

图 2-3　产出、投入和全要素生产率增长的国际性比较

其二，从资本投入和劳动投入的增长来看，发达国家的劳动投入低速增长（只有 1.1%），资本投入增长较快（5.2%）；发展中国家（地区）劳动投入的增长速度较高（3.3%），资本投入中速增长；中央计划国家的劳动和资本投入都增长较快（这与制造业的特点有关），劳动投入对总产出增长的贡献率达 32.9%；相比之下，中国 1953—1990 年资金投入的增长速度明显太快（对产出增长的贡献高达 58.8%），改革以来的投入速度变得比较合理，资金投入增长对总增长的贡献率与其他类型国家差不多，但是，劳动投入的增长速度却很低，劳动投入对总增长的贡献率在两个阶段都只有 20% 左右，大大低于中央计划国家和发展中国家（地区）的平均水平。对于我们这样一个劳动力资源丰富而资金十分匮乏的发展中大国来说，这样的资源配置状况是不够合理的，也背离了中国所处经济发展阶段的生产要素投入特点。如果能够适当改变这种资源配置状况，增加劳动的投入比例，将有助于推动国民经济的有效增长，提高经济增长的整体效益，尤其是使人民得到较多的实惠。

把表 2-1 与表 2-2 联系起来看，我们可以发现，资金投入增长超过产出增长是全要素生产率作用率较低或降低的一个主要原因。从中国几个增长阶段的纵向比较看，改革前资金投入增长大大超过产出增长（超过了 1/3），全要素生产率的作用率极低；改革以来资金投入增长转变为低于产出增长，生产率对总增长的作用率大幅度上升；改革时期的前几年是资金投入与产出增长相比最低的年份，也是全要素生产率的作用率最高的阶段，而后几年资金投入增长又超过了产出增长，结果使生产率的作用率明显降低。从中国与国际上增长因素分析的横向比较看，各种类型国家的平均数都是资金投入增长低于产出增长，发展中国家（地区）低得更多一些，中国整个增长时期（1953—1990 年）的资金投入增长较大幅度超过产出增长，导致全要素生产率的作用率明显低于各类型国家，而改革阶段的资金投入增长低于产出增长，则使生产率对总增长的作用率超过了发展中国家（地区）和中央计划国家的平均数。

2.3 全要素生产率的变动及其效应分析

全要素生产率的变动取决于产出增长速度与投入增长速度的对比关系，而后两个方面的关系又依赖于经济增长的稳定程度和投入要素的生产效率；同时，全要素生产率的变动与经济增长的效应和特点也是相互联系、相互影响的。下面将对此作些简要分析。

一、经济增长率的波动与全要素生产率的变动

这两个方面的关系如何，我们把表 1–7 和表 2–1 的有关数字放到一起比较就可以看出来。

从表 2–3 和图 2–4 可以看到，经济增长的波动程度与全要素生产率的变动密切相关（负相关），二者的变动方向相反，变动幅度大体相同。改革以来与改革前相比，国民收入增长率的相

表 2–3 经济增长率波动程度与全要素生产率变动的比较 %

	1953—1978 年	1979—1990 年	1979—1984 年	1985—1990 年
国民收入增长率				
相对波动系数	1.67	0.37	0.33	0.41
相对波动幅度	6.30	1.16	1.03	1.15
全要素生产率				
年平均增长率	0.2	3.6	3.8	3.4
对经济增长贡献率	2.7	42.1	44.4	39.6

资料来源：表 1–7 和表 2–1。1953—1978 年的相对波动系数和相对波动幅度分别是 1953—1965 年和 1966—1978 年两个阶段相应数字的平均数。

对波动系数和相对波动幅度大大下降，全要素生产率年平均增长率和对经济增长贡献率则大大提高；改革后一阶段（1985—1990年）与改革前一阶段（1979—1984年）相比，经济增长的波动系数和波动幅度有所上升，相应地，全要素生产率的增长率和贡献率也有所降低。

为什么经济增长波动度的变动会带来全要素生产率作用率的逆变动？这是因为，经济增长的稳定程度上升，表明年度增长率比较合理，使较高的年平均增长速度成为可能，并有利于资源的有效配置和再配置，有利于投入要素生产率的不断提高，从而就推动了全要素生产率的增长及其对总增长贡献率的上升。如果经济增长的稳定程度下降，即波动度增大，则情况反过来：由于年度增长率不够合理（过高和过低），结果或者年平均增长速度降低，或者资源配置劣化，或者投入要素生产率波动，最终必然影响到全要素生产率的增长及其对经济增长的作用率。

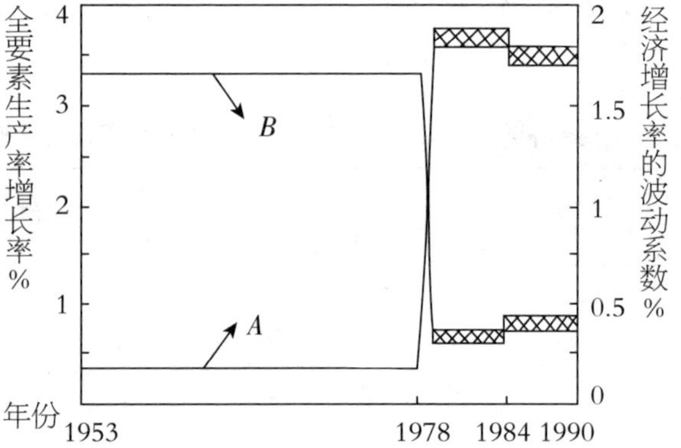

A——全要素生产率增长率　B——经济增长率波动系数

——改革以来两个阶段的平均数与改革时期平均数的差距

图 2-4　全要素生产率增长与经济增长率波动的关系

此外，全要素生产率的变动也会影响经济增长的稳定程度。全要素生产率增长提高了产出增长的整体效益，加强了增长过程的内在动力，为经济稳定增长奠定了物质基础；如果全要素生产率的作用率降低，则会带来相反的影响，引起经济增长率的较大波动。

正是这两个方面的相互作用和相互影响，使二者的变动过程密切相关。

二、全要素生产率与各要素生产率的关系

从理论上说，全要素生产率的变动不仅取决于各要素生产率的变动，而且与资源配置、规模效益等方面有关。但是，当我们从宏观总量上来计算要素生产率的变动时，资源配置和规模效益等因素的影响也就包括在其中了，因此全要素生产率与各要素生产率的变动方向和幅度应当是大体一致的。

表 2–4 对这两种生产率的变动进行了比较。由于没有改革前的 GDP 年度数字和年度增长率数据，我们直接用产出增长率减去资金和劳动投入的增长率，作为资金和劳动生产率的增长率。改革前资金生产率年平均负增长 2.0%，劳动生产率年平均增长率为 3.4%，全要素生产率年平均只增长了 0.2%；改革以来的年平均数，资金生产率和劳动生产率分别增长了 0.5%和 5.7%，相应地，全要素生产率的增长率上升到 3.6%。从改革时期的两个阶段看，前一阶段资金生产率增长很快（1.3%），劳动生产率增长率也较高，全要素生产率的增长率达到了最高点；后一阶段资金生产率转为负增长（−0.2%），虽然劳动生产率增长率略有上升，全要素生产率的增长速度还是降了下来。可见，各要素生产率与全要素生产率的变动方向及其幅度是直接相关的（见图 2–5）。[1] 如果某一要素的生产率增长快，这种要素的投入速度也

[1] 从图2–5可以看到，全要素生产率的变动始终处于资金生产率和劳动生产率的变动之间。

高，那么其对全要素生产率增长的作用一般就大；反之，如果某种要素的生产率为负增长，那么其投入增长越快，对全要素生产率增长的负作用就可能越大。之所以加上“一般”和“可能”的限制词，是因为要素投入还可以通过其他方面影响全要素生产率的变动。

表 2–4 各要素生产率变动与全要素生产率变动的比较

年份	年平均增长率（%）		
	资金生产率	劳动生产率	全要素生产率
1953—1978	−2.0	3.4	0.2
1979—1990	0.5	5.7	3.6
1979—1984	1.3	5.5	3.8
1985—1990	−0.2	5.8	3.4

注：资金生产率和劳动生产率的增长率分别为产出增长率与资金投入增长率和劳动投入增长率的差额。

资料来源：根据表 2–1 的有关数字计算。

应当指出的是，在经济发展的一定阶段上，有一种力量会导致资本生产率趋于下降。因为随着资本有机构成的提高，资本–产出比率（资本系数，即资本生产率的倒数）具有上升趋势；但资本效率（资本利用质量）的上升有可能抵消这种趋势。从一个较长的时期来看，要是资本生产率的下降幅度较大，说明资本效率没有提高甚至有所降低；要是资本生产率的增长较为明显，则说明资本效率有较为显著的上升。资本效率提高是由于资本利用过程的劳动效率、管理水平的提高和资源配置、规模效益等方面的优化。改革以来尤其前期阶段中国资金生产率的明显增长，正是由于改革开放政策推动了资金利用中劳动效率和管理水平的提高以及资源配置和规模效益的优化，使资金效率的上升较快，而改革后期阶段资金生产率又出现负增长，则是因为需求膨胀、结构失衡和经济增长率的波动影响了资源有效配置和规模效益水平，阻碍了资金效率的提高。这两个方面的变动都直接关系到全要素生产率的增长水平。

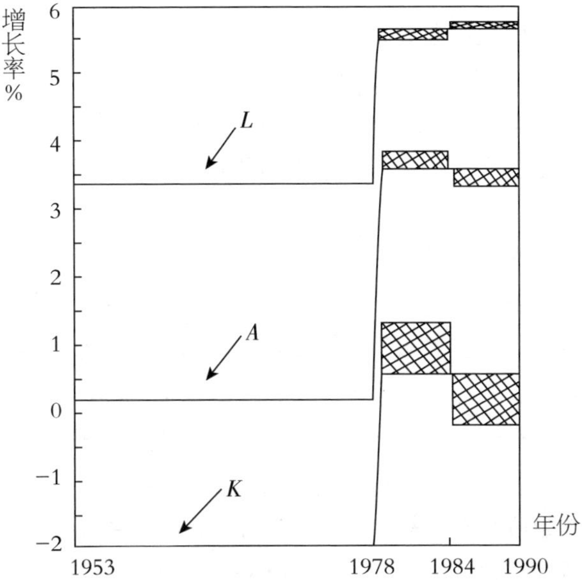

K——资金生产率增长率　　*L*——劳动生产率增长率

A ▨ ——含义同图2-4

图 2-5　全要素生产率与各要素生产率的变动关系

三、全要素生产率变动与经济增长的效应

现代经济增长是以全要素生产率的不断增长为核心的，经济高速增长只有建立在全要素生产率的作用率不断上升的基础上，增长过程才是优化的并且才能保持良性循环。例如，日本 1955—1962 年产出增长 10.35%，而全要素生产率带来的增长达 6.5%，生产率增长对经济增长的作用率高达 62.8%；联邦德国 1950—1962 年产出增长 7.26%，而全要素生产率带来的增长达 4.75%，

生产率增长对经济增长的作用率高达65.4%[1]。这种全要素生产率的迅速增长支持了两国经济增长的持续高速度，并促进了增长过程的协调化和高度化。与此相反，一些发展中国家和中央计划国家在全要素生产率增长缓慢的条件下，极力去推动和维持国民经济的高速增长，则带来了总需求不断膨胀和产业结构日益失衡的后果[2]，以致走上通货膨胀的道路。

此外，全要素生产率的提高又依赖于经济增长的过程和速度。如果经济增长主要是通过增加要素（资本和劳动）投入取得的，并且通过大量增加这些投入去支持高速增长，则必然导致全要素生产率作用率的下降。原因在于，全要素生产率主要是由技术进步（带来要素生产率增长）、资源配置和规模效益等因素决定的，不断增加资本和劳动的投入去增加生产能力，本质上属于外延型或粗放型的扩大再生产，这种数量型的增长模式本身就限制了技术更新的展开，不利于技术（知识）进步和生产质量的改进；技术水平的相对停滞和生产模式的陈旧老化又阻碍了生产要素的有效配置和再配置，影响了资源配置的改善和优化；通过大量增加资本和劳动投入去推动经济高速增长，必然使经济过热，从而导致总体技术水平和资源配置整体效益的下降。虽然生产规模的扩大在一定程度上有利于规模效益的提高，但由于经济过热不可避免地引起超过规模限度和小于规模要求两种生产状况的出现（前者导致要素投入边际效益的明显降低，后者则不能发挥要素组合整体功能的作用），因而使总的规模效益不是上升而是降

❶ 参见［日］实户寿雄：《日本经济的发展》，载辽宁大学日本研究所编：《日本经济的发展》，辽宁人民出版社1979年版，第34页。

❷ 这是因为，在全要素生产率对产出增长的作用率低下或下降的情况下，要支持高速经济增长就要增加较大的投入比重。其结果是，不断增加单位产出的投入比重去支持高速增长，势必导致需求总量日益膨胀；同时，投入比重的增加势必向原材料、能源、电力以及交通运输等基础产业部门倾斜，使产业结构关系日益陷入失衡状态。

低了。中国改革前全要素生产率的增长率十分低下和改革后一阶段全要素生产率对经济增长的作用率有所下降，正是由上述三个方面的原因造成的。

因此，要确保中国经济良性增长，必须保持适当的增长速度，并以全要素生产率作用率的一定上升至少不下降为前提，由此创造一个总量供求基本平衡和结构关系比较协调的经济环境，推动经济运行的正常化和合理化。同时，通过相对宽松的经济环境和良好的经济运行，加快技术进步，改善资源配置和提高规模效益，促进全要素生产率较快增长及其对经济增长的作用率不断上升。只有这样，才能使国民经济逐步走上稳定增长和优化增长的轨道。

3　产业增长因素比较与资源总配置效应

前面比较了改革前后和改革以来两个阶段的增长因素，并用中国增长因素的分析结果与国际上的总体情况进行了比较。在这一章中，我们将进一步对产业部门的增长因素加以比较分析，并在这个基础上对中国资源再配置的总体效应作些初步考察。

3.1　产业增长因素的比较分析

产业部门增长因素比较包括很多方面，可以有各经济部门的比较，各所有制形式的比较，以及产业内部各行业的比较等。考虑到增长因素比较分析的典型意义，以及与后面将要进行的资源总配置效应分析的关系，我们选择两个较有代表性又尚未有人研究过的方面——三次产业和轻、重工业的增长因素——来进行比较分析。

一、三次产业增长因素比较

对改革以来三次产业的增长因素进行分析，我们虽有以各次产业划分的国民生产总值增长率和劳动者人数资料，却缺少各次产业的资金投入指标。[1] 因此，首先必须估算这方面的数据。

比较了几种可能的途径之后，本书选择了以下换算方法：

---

[1] 也许是由于这个原因，至今尚未有人对中国三次产业或部门之间的增长因素作过比较分析。然而，这方面的研究显然是有意义的，我们有必要对此作出努力。

①计算全社会新增固定资产累计总额和各次产业新增固定资产累计额（均从 1953 年开始），并对 1978 年以来的当年新增固定资产数字做了 5 年移动平均，以减少投资价格指数和折旧率变动对于各次产业的不同影响。②计算各次产业在全社会新增固定资产累计总额中的比重，以此代表各次产业在全社会资产总额中的比重。③用上述比重乘以全社会资产总额，得出各次产业的资产额。由于全社会资产总额数字已扣除了投资价格指数和折旧额，因此计算结果便直接表现为以不变价格计算的固定资产净值与流动资产之和（具体计算过程及所得数据可参见第 1 篇附录表 A1 和 A2）。不难看出，以上换算过程包含了这样三点假定：一是假定各次产业的投资价格指数相同；二是假定各次产业的固定资产折旧率变动一致；三是假定各次产业的流动资金比例与其固定资产比例相同。这些假定，有的是基本合理的，有的则不一定很适当，但由于我们已对计算期内（1978 年开始）的原始数字进行了 5 年移动平均，特别是整个时间序列均以同一口径计算，上述假定中存在的某些偏差对于资产比重的变化影响不大。同时，下面将要计算的又是资产额的增长速度，而且是年平均增长速度，所以估计所得出的数据误差比较小。

此外，改革以来各次产业的要素产出弹性如何确定？有关资料表明，增长因素分析的结果对于要素产出弹性的划分是相当敏感的，资金与劳动产出弹性的大小对于全要素生产率的增长率及其贡献率的影响颇为显著，尤其在资金投入与劳动投入的增长差距很大的情况下就更是如此，因而必须对这个问题加以简要讨论。在第一次产业中，人均劳动收入很低但劳动者人数极多，总的劳动收入份额要高于资金收入份额；从要素产出份额看，虽然劳动边际产出相当低，但由于资金与劳动的比率（*K/L*）很低，劳动投入是一支浩浩荡荡的大军，而资金投入只是一个较小的数字，把这两方面综合起来（要素的边际产出与其投入量相乘），前者的总量产出份额大于后者，因此劳动增长弹性要大于资金增长弹性。在第二次产业中，人均劳动收入高得多但劳动者人数少得多，劳动收入在总收入中的份额大概与第一次产业相近；从要素产出份额看，这个产业的投资过大以致投资膨胀特别突出，资金的边际产出明显低于劳动边际产出。虽然资金的投入量较大，但总的来看，劳动的产出份额高于资金产出份额。第三次产业的情况大体介于前两者之间。根据上述考虑，我们把改革以来三次产业的劳动与资金的产出弹性系数（收入份额）都按同一比例划分，即均定为 0.6：0.4。

这样，我们就可以对三次产业的增长因素加以比较分析（见表 3–1）。

改革以来（1979—1990 年），第三次产业的产出增长和投入（资金和劳动投入）增长都是最快的，明显超过第二次产业，大大高于第一次产业，这符合中国所处经济发展阶段产业结构变动的一般趋势[1]；但是，全要素生产率的增长水平却反过来，增长最快的是第一次产业，依次是第二产业和第三次产业，而且前者的相对增长幅度比后两者高得多。这是因为，相对于产出增长来说，投入增长的差距更大。第二、三次产业的总产出增长比第一次产业高了近 1 倍，但资金投入和劳动投入增长却分别高了 2 倍多和 3 倍多，结果第一次产业全部要素投入对总增长的贡献为 33.6%，第二、三次产业则为 62.9% 和 74.3%，因而全要素生产率对经济增长的作用率，第一次产业高达 66.4%，第二、三次产业却分别只有 37.1% 和 25.7%。这就表明，改革以来第一次产业的产出增长速度虽然不算高，但经济增长效率却大大高于其他产业；或者说，第二、三次产业的增长速度虽然很高，但增长效率是相对较低的。

❶ 从资金投入和劳动投入的迅速增长看，这也是对中国第三次产业长期不发达的补充作用。

表 3-1 三次产业增长因素的阶段性比较[1]

		年平均数（%）		
		1979—1990 年	1979—1984 年	1985—1990 年
第一次产业	总产出增长	5.54（100.0）[3]	7.30（100.0）	3.80（100.0）
	资金投入增长	2.33（16.8）	3.14（17.2）	1.52（16.0）
	劳动投入增长	1.55（16.8）	1.45（11.9）	1.65（26.1）
	全部要素投入增长[2]	1.86（33.6）	2.13（29.1）	1.60（42.1）
	全要素生产率增长	3.68（66.4）	5.17（70.9）	2.20（57.9）
第二次产业	总产出增长	9.90（100.0）	8.91（100.0）	10.90（100.0）
	资金投入增长	8.44（34.1）	6.94（31.2）	9.96（36.6）
	劳动投入增长	4.75（28.8）	5.52（37.2）	3.98（21.9）
	全部要素投入增长[2]	6.23（62.9）	6.09（68.4）	6.37（58.5）
	全要素生产率增长	3.67（37.1）	2.82（31.6）	4.53（41.5）
第三次产业	总产出增长	10.03（100.0）	10.12(100.0）	9.94（100.0）
	资金投入增长	8.64（34.5）	8.95（35.4）	8.33（33.5）
	劳动投入增长	6.66（39.8）	7.97（47.3）	5.33（32.2）
	全部要素投入增长[2]	7.45（74.3）	8.36（82.7）	6.53（65.7）
	全要素生产率增长	2.58（25.7）	1.76（17.3）	3.41（34.3）

注：①产出指标为国内生产总值；资金投入指标为固定资产净值加上全部流动资金；劳动投入指标为社会劳动者人数；三次产业数字按国家统计局分类标准计算。

②资金和劳动的收入份额（产出弹性系数）均定为 0.4 ：0.6。

③括号内数字为各要素和生产率对产出增长的贡献率或作用率，产出增长为 100。

资料来源：产出指标和劳动投入指标取自《中国统计年鉴·1991》，资金投入指标取自第 1 篇附录表 A2。

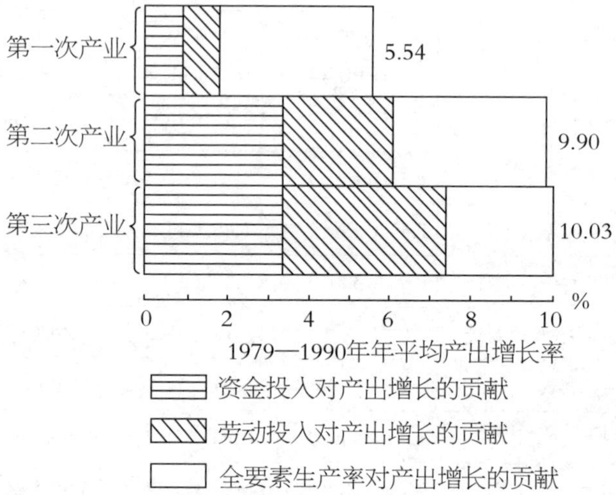

图 3-1　三次产业增长因素的总体性比较

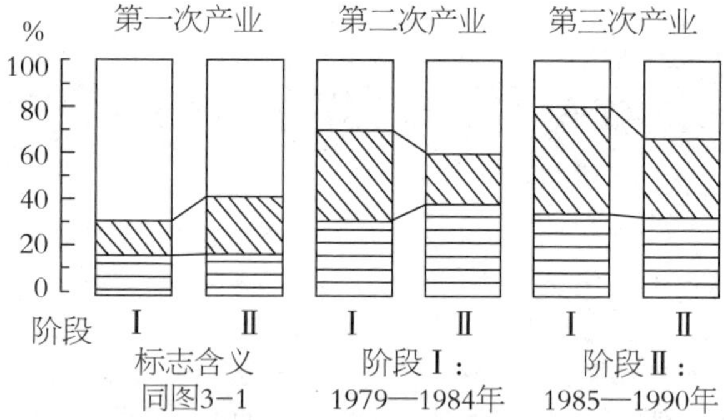

图 3-2　三次产业增长因素的阶段性变动比较

从阶段性数字看，第一次产业前一阶段（1979—1984 年）的产出增长率相当高（年平均增长 7.3%），资金和劳动投入增长相对较低，全要素生产率所带来的增长达 5.17%，对总增长的作用率高达 70.9%；但后一阶段（1985—1990 年）资金投入增长速度猛烈下降（降低了一半多），劳动投入速度略有提高，总产出增长率大幅度降低，使全要素生产率的作用率下降了 13 个百分点。从第二次产业看，后一阶段与前一阶段相比产出增长速度明显上升，但资金投入与劳动投入呈反向变动，前者增长率大幅度提高，后者增长率却大幅度降低，结果全要素生产率的作用率上升了约 10 个百分点（这种情况与要素收入份额的划分有一定关系）。在第三次产业两个阶段的对比中，后一阶段的产出增长和资金投入增长都略有下降，而劳动投入增长则大幅度降低，因此使全要素生产率的贡献提高了 17 个百分点（近 1 倍）。

从三次产业增长关系的变动看，前一阶段各次产业的产出增长率比较接近，后一阶段由于第一次产业的增长速度降幅很大，而第二次产业的增长速度大幅度上升，二者的年平均增长率变得悬殊，经济增长出现不协调的态势。产出增长关系的变动大体上是由资金投入的增长关系推动的，前一阶段各次产业资金投入增长比较协调，第一、二、三次产业形成低、中、高差距较为适当的资金投入格局，但后一阶段第一次产业资金增长的猛烈下降与第二次产业资金投入的大幅度增加形成了巨大落差，二者的平均增长速度相差 6 倍多，这说明资金投入结构明显失衡。劳动投入增长关系恰好与上述情况相反[1]：前一阶段三次产业的增长差距

[1] 应当说明的是，资产形成有一定的时滞效应，因而资金投入增长与劳动投入增长具有不同的特点。这两年在经济紧缩的条件下，第一次产业向第二、三次产业转移的劳动力大大减少，后两次产业的劳动投入增长速度也就明显降慢下来；但资金投入则有所不同，前几年投在第二次产业的大量资金正在形成新增资产，资产额继续以较快的速度增长，所以导致二者变动的不一致。

很大，第二、三次产业的劳动投入增长率尤其第三次产业比第一次产业高了好几倍，说明就业结构高度化的速度相当快；但后一阶段由于第二、三次产业，尤其第三次产业的劳动投入增长速度大幅度下降，使三次产业的增长差距大大缩小，这是就业结构变动速度减慢的表现。以上产出和投入增长关系的变动导致了生产率增长关系的变动。前一阶段，全要素生产率对总增长的作用率在三次产业之间差别很大，第一次产业至第三次产业的作用率之比为 70.9%：31.6%：17.3%；后一阶段这一差别大大缩小，三者之比变为 57.9%：41.5%：34.3%。

上述分析可以使我们得到一个基本结论：改革以来中国三次产业增长因素的变动幅度是相当大的，而资金和劳动尤其前者投入增长关系（增长结构）的较大波动则是增长因素变动的根本原因。这种情况显然会影响整个经济的增长效率，所以从总体上看，1985—1990 年与 1979—1984 年相比，全要素生产率对经济增长的作用率明显降低（参见前文及表 2-1），可以从这里得到又一种解释。

二、轻、重工业增长因素比较

进行这方面的增长因素分析，我们可以获得从 1980 年以来的独立核算工业中轻、重工业的各种有关统计资料。但这些统计资料中的价值指标都是以当年价格计算的。前文已经指出过，运用现价数字来加以分析虽具有一定的合理性，却存在着明显较大的误差。我们不能明知具有不小的误差而继续使用这种比较简易的方法，因此必须努力去寻找更为可行的分析途径。

在扣除价值指标的价格变动因素的问题上，最困难的莫过于对固定资产价格的调整方法。在一段有待分析的时区中，要对价格变动因素加以剔除的是固定资产的新增部分，而对原有的固定资产价格则可以不去管它，所以关键在于找到一个比较合理的投资价格指数。固定资产投资由建筑安装、设备（工具器具）购置和其他费用三个部分构成，其他费用部分的比重很小，主要是消耗性支出，因而我们把它分割到建筑安装和设备购置两部分投资中。前一部分投资的价格变动大体上是由建筑安装费用的上升引起的，其价格指数可以用建筑业的国民生产总值（GNP）紧缩指数来代替；后一部分投资是向生产资料生产部门购买各种机器设备以及有关的工具仪器产生的，其价格变动与生产资料产品的价格水平密切相关，价格指数可用重工业总产值的紧缩指数来代替。建筑安装与设备购置的投资比例是变动的，我们取投资比例的阶段性平均数与阶段性价格指数相乘。

现有统计资料只有各所有制形式的上述投资比例，没有以轻、重工业（或行业）划分的数据。由于各所有制单位对建筑安装和设备购置的投资比重不同，轻、重工业的投资比重必然也有所不同，并且只能根据它们的所有制构成状况来确定这种投资比重。1981—1985 年，建筑安装投资占总投资的平均比重，全民企业为 68.6%，集体企业为 68.8%，个体企业为 79.0%[1]。根据这一阶段轻、重工业中各所有制的大体投资比例和轻、重工业的投资构成特点[2]，我们估算出轻、重工业的建筑安装投资比重分别为 67.0%和 65.0%。相应地，轻、重工业的设备购置投资比重就分别为 33.0%和 35.0%。从 1986—1990 年建筑安装投资的平均比重看[3]，全民企业为 64.4%，集体企业为 60.5%，个体企业为 90.1%。根据这个时期轻、重工业的所有制比例及其投资构成特点，我们估算出轻、重工业的建筑安装投资比重分别为 63.5%和

❶ 参见国家统计局固定资产投资统计司主编：《中国固定资产投资统计资料》（1950—1985），第17页。我们把三部分投资已合并为两部分，“其他费用”投资平分到建筑安装和设备购置投资中（下同）。

❷ 即工业投资中设备购置比例一般高于其他行业，重工业的设备购置比例又高于轻工业。

❸ 根据《中国统计年鉴》1987—1991年各年的有关数字计算，其中1987—1989年建筑安装投资数字包括了商品房购置。

62.0%，它们的设备购置投资比重则相应为36.5%和38.0%。整个工业的投资比例可依据轻、重工业的投资比例及其固定资产投资权重得出。具体计算结果见第1篇附录表B1。

这样，我们就可以用建筑业的GNP紧缩指数和重工业总产值紧缩指数分别乘以轻、重工业以及整个工业固定资产投资中建筑安装和设备购置投资的权重，求出相应的固定资产价格指数。

下一步工作是计算流动资金的价格指数。工业流动资金是指企业的储备资金、生产资金、成品资金以及超储积压物资和待处理流动资产损失五项之和。根据轻、重工业中这几个部分实物构成的性质与特点，轻工业流动资金价格指数可用农副产品收购价格总指数、重工业总产值紧缩指数、轻工业总产值紧缩指数和全国零售物价总指数的算术平均数代替；重工业流动资金价格指数可用2/3重工业总产值紧缩指数加上1/3全国零售物价总指数来代替。全部工业流动资金的价格指数可依据轻、重工业流动资金价格指数及其权重得出。

上述固定资产和流动资金价格指数的计算数据列于第1篇附录表B2。[1]

运用固定资产价格指数对已有的当年价固定资产净值数字加以调整，只能扣除新增固定资产部分的价格因素而不能对整个数字进行价格调整。我们将要做的是阶段性分析，时间以1980年为起点，因此不变价固定资产净值可用下式来求：

$$NKNt=KN_{1980}+(KNt-KN_{1980})/KPt/_{1980} \qquad (1)$$

其中，*NKN* 为不变价固定资产净值；

KN 为当年价固定资产净值；

---

[1] 应当说明的是，在计算过程中我们发现，在国家统计局公布的统计资料中，以不变价格计算的轻、重工业总产值增长率以及不少价格指数是具有一定水分的。但由于我们尚未能找到足够的依据，对这些水分进行定量分析并予以消除，所以目前只好继续采用这些统计数据。

KP 为固定资产价格指数；

t 为 1980 年后的年份（在本书中为阶段末年）；

$t/_{1980}$ 为 *t* 年对 1980 年（价格指数）。

由于固定资产净值中包含了非生产性固定资产，还必须对这一部分加以扣除。固定资产原值的生产性数字和总体数字在统计资料中可以得到，利用这两个数字（固定资产原值中生产性部分的比重），我们可通过下式得到生产性固定资产净值数据：

$$NKNP=NKN\,(KOP/KO) \qquad (2)$$

其中，*NKNP* 为不变价的生产性固定资产净值；

NKN 为不变价固定资产净值；

KOP 为生产性固定资产原值；

KO 为固定资产原值。

最后，是扣除轻、重工业净产值的价格变动因素。对此可以利用的两个指标是轻、重工业的总产值紧缩指数。但总产值紧缩指数与净产值紧缩指数有一定差距，因而我们分别用轻、重工业的总产值紧缩指数乘以工业净产值紧缩指数与工业总产值紧缩指数之比。其依据是：

假定，$$\frac{\text{轻（重）工业净产值紧缩指数}}{\text{轻（重）工业总产值紧缩指数}}=\frac{\text{工业净产值紧缩指数}}{\text{工业总产值紧缩指数}} \qquad (3)$$

所以，$$\text{轻（重）工业净产值紧缩指数}=\text{轻（重）工业总产值紧缩指数}\times\frac{\text{工业净产值紧缩指数}}{\text{工业总产值紧缩指数}} \qquad (4)$$

式（3）的假定大体是能够成立的，所以通过式（4）来计算轻、重工业净产值的价格指数就基本可行。

经过计算调整和价格扣除的独立核算轻、重工业生产性固定资产净值、流动资金和净产值数据见第 1 篇附录表 B3。

运用附表 B3 的不变价净产值和资金总额数据，加上已有的劳动投入数字，我们就可以对轻、重工业的增长因素进行比较分析。

从表 3-2 和图 3-3 可以看到，20 世纪 80 年代轻工业产出增长、资金和劳动投入增长的速度都大大高于重工业，但投入增长高出的幅度更大，导致全要素生产率的增长速度明显较低。轻工业全部要素投入增长率达 9.13%，占了净产出增长的 90.5%，全要素生产率的作用率只有 9.5%；重工业全部要素投入增长率为 5.27%，对净产出增长的贡献为 71.9%，同时全要素生产率增长了 2.06%，对经济增长的作用率为 28.1%，比轻工业高了约 2 倍。这说明轻工业净产值的高速增长主要是通过要素投入尤其是资金投入的不断增加取得的，经济增长的效率并不高；而重工业的净产值增长虽保持中高速度，但要素投入的年平均增长率和投入比重相对低得多，经济增长的效率明显较高。

表 3-2　轻、重工业增长因素的阶段性比较[1]

		年平均数（%）		
		1981—1990 年	1981—1985 年	1986—1990 年
轻工业	净产出增长	10.09（100.0）[4]	10.36(100.0）	9.82（100.0）
	资金投入增长	13.81（54.7）	14.54（56.1）	13.08（53.3）
	劳动投入增长[2]	6.01（35.7）	7.49（43.4）	4.18（25.5）
	全部要素投入增长[3]	9.13（90.5）	10.31（99.5）	7.74（78.8）
	全要素生产率增长	0.96（9.5）	0.05（0.5）	2.08（21.2）
重工业	净产出增长	7.33（100.0）	8.87（100.0）	5.82（100.0）
	资金投入增长	7.60（41.5）	5.92（26.7）	9.30（63.9）
	劳动投入增长	3.71（30.4）	4.42（29.9）	2.83（29.2）
	全部要素投入增长	5.27（71.9）	5.02（56.6）	5.42（93.1）
	全要素生产率增长	2.06（28.1）	3.85（43.4）	0.40（6.9）

续表

		年平均数（%）		
		1981—1990 年	1981—1985 年	1986—1990 年
工业	净产出增长	8.52（100.0）	9.48（100.0）	7.56（100.0）
	资金投入增长	9.31（43.7）	8.13（34.3）	10.50（55.6）
	劳动投入增长	4.16（29.3）	4.78（30.3）	3.39（26.9）
	全部要素投入增长	6.22（73.0）	6.12（64.6）	6.23（82.4）
	全要素生产率增长	2.30（27.0）	3.36（35.4）	1.33（17.6）

注：①全部数字均为独立核算工业数字。

②劳动投入为年末职工人数，年平均增长率只到 1989 年。下同。

③资金与劳动的收入份额（产出弹性系数）为 0.4 ∶ 0.6。下同。

④括号内数字为各要素或生产率对净产出增长的作用率或贡献率，产出增长为 100。

资料来源：劳动投入数字取自《中国工业经济统计年鉴 1990》，其余数字均取自本书第 1 篇附录表 B3。

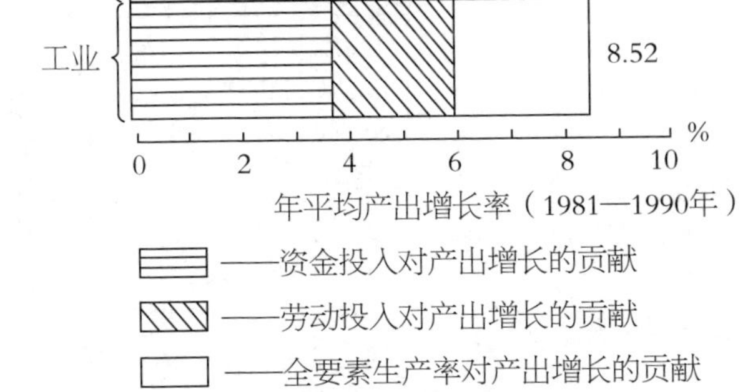

图 3-3 轻、重工业增长因素的总体性比较

从阶段性数字看，前一阶段（1981—1985 年）轻工业的产出增长达 10.36%，但资金投入增长高达 14.54%，劳动投入增长也达 7.49%，全要素生产率的贡献率仅为 0.5%；重工业的产出增长为 8.87%，而资金投入比轻工业低了 8.62 个百分点，劳动投入低了 3.07 个百分点，全要素生产率的作用率高达 43.4%，比轻工业高了 85 倍。后一阶段（1986—1990 年）轻工业部门的投入增长速度大幅度降低，产出增长只是略为下降，全要素生产率增长了 2.08%，对产出增长的贡献率上升到 21.2%；与此相反，重工业部门的资金投入速度大幅度提高（提高了 3.38 个百分点），劳动投入速度有所下降，但产出增长率大大降低（降低了 3.05 个百分点），结果全要素生产率的作用率下降到只有 6.9%，反而不到轻工业部门的 1/2。由此可见，轻、重工业的增长因素在两个阶段（“六五”计划与“七五”计划）之间的波动极大，轻工业部门主要是投入增长的波动较大，重工业部门则不仅投入和产出增长的波动都很大，而且资金投入增长与产出增长出现大距离的反向运动。轻、重工业增长因素的波动必然要影响到整个工业的增长效率，工业部门的全要素生产率增长率及其作用率在后一阶段比前一阶段降低了一半多（见表 3-2 和图 3-4），其中的一大原因就在于此。

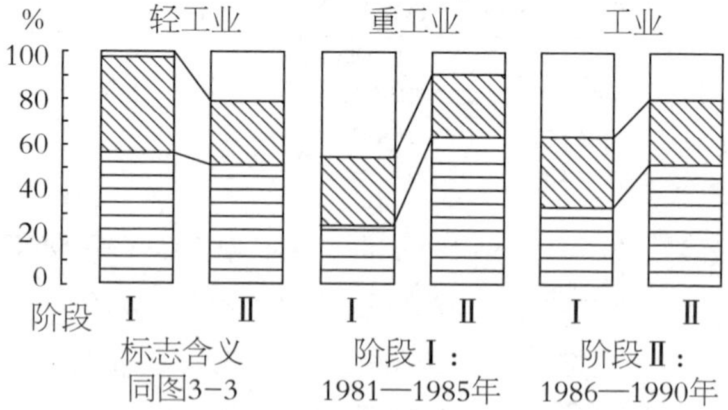

图 3-4　轻、重工业增长因素的阶段性比较

把轻、重工业增长因素的变动综合起来看，资金投入速度及其对经济增长的贡献率是大幅度提高的，而劳动投入速度及其作用比重则较大幅度降低，这说明资金密集型工业的发展比劳动密集型工业快得多，工业部门吸纳社会劳动的速度大大减慢了，尤其在重工业部门中，由于资金投入与劳动投入的大幅度反向运动使二者的比例迅速扩大了。在资金与劳动的产出弹性系数划分不同的条件下，这种情况本来有利于全要素生产率作用率的提高，但如前所述，这个作用率不是上升而是大大下降了，这表明工业资金的产出效率降低得更快。由此我们可以进一步认识到，资金投入的过快增长（超过产出增长）会严重地影响经济增长效率，这一点在工业领域表现得更为突出。

3.2 产业增长因素变动的关系

在各个产业部门的经济增长中，要素投入和全要素生产率的贡献是变动的。只要有关产业部门同属于一个经济整体，它们的增长因素的变动就是相互联系、相互影响的。因此，有必要进一步分析产业部门之间增长因素，尤其是全要素生产率变动的原因及效应，并考察中国产业部门增长因素变动的趋向和特点。

一、产业部门增长因素变动的原因及效应

各产业部门增长因素的差异是由它们之间要素投入的差异决定的，因而产业部门增长因素变动的第一个原因就在于它们之间要素投入的变动。随着经济的发展和产业结构的变化，资金和劳动在产业部门之间的分配比例是会不断发生变动的，但这种分配比例的变动不能过于猛烈。从一段时间来看，如果产业部门之间要素分配比例的变动幅度太大，就会导致各部门要素投入增长率的剧烈波动，有的增长速度太高，有的增长速度过低，从而引起各部门的全要素生产率增长率及其作用率的较大波动。例如，从

表 3–1 可以看到，第一次产业资金投入年平均增长率由 1979—1984 年的 3.14％猛降为 1985—1990 年的 1.52％，使全要素生产率的增长速度由前一阶段的 5.17％下降为后一阶段的 2.20％，其作用率则降低了 13 个百分点；资金分配比例大幅度上升的第二次产业，资金投入年平均增长由前一阶段的 6.94％提高到后一阶段的 9.96%，但这种资金投入速度的急剧上升并没有起到推动全要素生产率增长的作用，反而由于资金生产率增长速度的大大降低而起了负作用。[1] 产业部门之间资金分配比例从而资金投入速度的剧烈变动不仅使投入过低的产业（第一次产业）的资金生产率增长率由 4.03％（前一阶段）下降为 2.24％（后一阶段），而且使投入过高的产业（第二次产业）的资金生产率增长率也由 1.84％下降到 0.85％（见表 3–3）。轻、重工业资金投入速度的大幅度波动也导致了上述现象。在表 3—2 中，重工业资金投入增长由 1981—1985 年的 5.92％迅速上升到 1986—1990 年的 9.30％，使全要素生产率的贡献由前一阶段的 43.4％猛降为后一阶段的 6.9％，因为资金生产率的增长速度由前一阶段的 2.78％猛跌为后阶段的 −3.18％（见表 3–4）。

产业部门之间劳动分配比例的剧烈变动及劳动投入速度的大起大落，同样会引起产业部门之间增长因素和全要素生产率的波动。由于近几年劳动投入的总体增长速度和劳动力的部门转移速度都有所减慢，这方面的表现并不明显。但在中国经济发展和产业结构变动的过程中，仍然要注意这样两个问题：如果第一次产业的劳动力向第二、三次产业的转移过于急速，就会导致后两个

[1] 这一阶段第二次产业的全要素生产率增长率及其作用率有所提高，是由于劳动投入增长速度大幅度降低，并且劳动的产出弹性系数（收入份额）较高，劳动生产率增长率大大加快（比前一阶段加快了1倍多）。如果不是资金生产率增长率的大幅度降低起了一定抵消作用，全要素生产率的增长速度和作用率会更高一些。关于资金生产率和劳动生产率的变动数字，可见表3–3。

产业全要素生产率增长率的下降；如果高加工度化过程的过快演进使劳动力大量流向轻工业部门，引起轻、重工业劳动投入速度的大幅度升降，也会造成这两个部门全要素生产率的波动。实际上，从表 3–1 和表 3–2 可以发现，上述两种情况在改革以来的前一阶段都是有所表露的：比较这个时期各个产业部门的全要素生产率增长速度及其作用率，第二、三次产业大大低于第一次产业，轻、重工业的数字则极为悬殊，其中的一个原因就在于此。

产业部门增长因素变动的第二个原因，是要素生产率的变动。这个原因与上一个原因有关，因为要素生产率增长率的变动是与要素投入速度的变动相联系的。从表 3–3 和表 3–4 可以看到，在不同产业部门中，资金生产率和劳动生产率对全要素生产率的推动作用是不同的。第一次产业资金生产率和劳动生产率的增长速度比较接近，二者一起推动了全要素生产率的增长；但第二、三次产业两种要素生产率的增长率差距很大，全要素生产率增长主要是由劳动生产率的增长推动的（尤其是后一阶段）；而在轻、重工业中，资金生产率基本都是负增长（特别是轻工业部门），全要素生产率的增长完全是由劳动生产率推动的。由于全要素生产率的变动与两种要素生产率的综合变动（加权平均）大体一致[1]，因此各部门的要素生产率总体增长率的高低就决定了它们之间全要素生产率增长的差异。第一次产业在前一阶段单一要素生产率的增长都大大快于第二、三次产业，相应地全要素生产率的增长也快得多；后一阶段的情况则反过来，由于第一次产业的单一要素生产率增长率大幅度降低，其中劳动生产率的增长速度下降了一半多（因为资金投入不足），使全要素生产率的增长也变为第一次产业明显低于第二、三次产业（只是因为第一次产业的产出增长很低，其全要素生产率对增长的贡献才显得较高）。轻、重工业之间生产率增长速度的变动关系也大体如此。

[1] 其中还有一个资源（资本和劳动）再配置的效应在起作用。

表 3–3　三次产业单一要素生产率与全要素生产率的变动比较

	年平均数（%）		
	1979—1984 年	1985—1990 年	1979—1990 年
第一次产业			
资金生产率增长	4.03	2.24	3.13
劳动生产率增长	5.77	2.12	3.93
全要素生产率增长	5.17	2.20	3.68
（贡献率）	（70.9）	（57.9）	（66.4）
第二次产业			
资金生产率增长	1.84	0.85	1.35
劳动生产率增长	3.21	6.66	4.92
全要素生产率增长	2.82	4.53	3.67
（贡献率）	（31.6）	（41.5）	（37.1）
第三次产业			
资金生产率增长	0.86	1.70	1.28
劳动生产率增长	1.99	4.35	3.16
全要素生产率增长	1.76	3.41	2.58
（贡献率）	（17.3）	（34.3）	（25.7）

注：①资金生产率和劳动生产率分别为国内生产总值与资金总额和劳动者总人数之比，价值指标均以不变价格计算。

②这里的资金生产率和劳动生产率增长速度与表 2–4 的总体数字不同，是因为那里的数字是以产出增长率与资金和劳动投入增长率的差额计算的。

资料来源：《中国统计年鉴 1991》；本书表 3—1 和第 1 篇附录表 A2。

表 3-4 轻、重工业单一要素生产率与全要素生产率的变动比较

	年平均数（%）		
	1981—1985 年	1986—1990 年	1981—1990 年
轻工业			
资金生产率增长	−3.65	−2.89	−3.27
劳动生产率增长	2.67	6.09	4.16
全要素生产率增长	0.05	2.08	0.96
（贡献率）	（0.5）	（21.20）	（9.50）
重工业			
资金生产率增长	2.78	−3.18	−0.25
劳动生产率增长	4.26	4.27	4.27
全要素生产率增长	3.85	0.40	2.06
（贡献率）	（43.40）	（6.90）	（28.10）

注：①本表数字均为独立核算工业数字。价值指标均以不变价格计算。

②资金生产率和劳动生产率分别为工业净产值与资金总额和职工人数之比。由于净产值与国内生产总值的差距较大，所以本表与表 3-3 不可比。

③劳动生产率年平均增长率只到 1989 年。该年的不变价净产值计算方法同第 1 篇附表 B3。

资料来源：《中国工业经济统计年鉴 1990》《中国统计年鉴 1991》及本书表 3-2 和第 1 篇附录表 B3。

同时，某一要素（资金）生产率的负增长，会对全要素生产率的增长起较大的抵消作用，两种要素生产率的增长差距太大，也不利于促进全要素生产率增长，因为这时产业部门内部的要素配置（K/L）处于失衡状态。

同时，从改革以来两个经济增长阶段的比较可以发现，在同一个经济整体中，一个产业部门生产率的变动往往伴随着其他

产业部门生产率的逆变动。第一次产业全要素生产率的增长水平降低，第二、三次产业的生产率增长率却提高了；轻工业部门的生产率增长速度大大加快了，重工业部门的相应速度则大大减慢了。这种现象的原因在于，产业部门之间要素分配比例的不合理（偏高与偏低）引起它们之间要素生产率的逆变动进而全要素生产率增长速度的反向运动。这就说明，相关产业部门之间要素分配比例的内在联系决定了它们的要素投入速度，进而决定了要素生产率变动的内在联系，最终决定了各产业部门全要素生产率变动的内在联系。因此，只有产业部门之间的要素分配比例比较适当，要素投入速度比较协调，才能使部门之间要素生产率的变动比较一致，从而减少部门之间全要素生产率增长水平的波动。

除了以上两个原因之外，各产业部门资金和劳动投入（组合）比例的变动幅度太大和产出增长率的波动程度过高，也会引起产业部门全要素生产率的明显波动。资金和劳动的投入（组合）比例不是固定不变的，但其变动的幅度必须与生产模式转换的过程相适应，如果某一要素的投入过多而另一要素的投入过少，使二者的比例关系在短期内发生急剧变化，就会影响资源的合理配置（造成一些资源处于闲置状态而另一些资源则超负荷运转），从而降低全要素生产率的增长水平。产出增长率的波动会影响年平均增长速度，又会影响资源有效配置和要素的生产率，因而其波动度过大对产业部门全要素生产率的增长有相当大的阻碍作用。以上两方面既与产业部门内部的投入和产出增长有关，又与部门之间的相互联系和相互影响有关。因为在同一个经济整体中，某个产业部门的要素投入比例剧烈变动（不合理），必然使相关部门出现一种不合理的逆变动；一个产业部门的产出增长率大幅度波动，必然冲击到其他部门并使之发生类似的波动，因此就导致了部门之间的增长因素，尤其是全要素生产率的波动。

另外，产业部门内部要素组合比例的变动对全要素生产率增长的影响可以有两种情况。其一是，资金与劳动比率的变动不仅过于剧烈，而且是一种逆趋势的变动，这时对全要素生产率的影响很大。例如，第一次产业后一阶段的劳动投入速度有所提高，而资金投入增长大幅度降低，使资源再配置出现严重的失衡状态，全要素生产率的增长率比前一阶段降低了一半多；生产率增长速度的降幅这么大，与要素组合比例变化引起资本技术构成（K/L）下降，违背了经济发展过程中（第一次产业）资金与劳动比率变动的一般规律有很大关系。其二是，如果某一产业部门要素组合比例的猛烈变动符合资金与劳动比率上升的基本趋势，只是引起这一比率的提高速度过快（如同第二次产业后一阶段的情况，劳动投入增长大幅度降低而资金投入速度大幅度提高），那么可能使全要素生产率加快增长，因为这时劳动生产率增长极快[1]，但这种现象是以牺牲其他产业的生产率增长为条件的（上述第一次产业的一系列变动就是由第二次产业的相应变动造成的）。并且，由于资源总体再配置不合理，将导致总的生产率增长率低于部门生产率增长率的加权平均数，即总体再配置产生负效应。关于这个问题，我们将在下文再展开论述。

上面对产业部门增长因素变动原因的分析实际上反映了这样一个问题：这种变动过程可以带来两种不同的效应。如果产业部门之间的要素分配比例及要素投入速度比较适当，要素生产率的变动比较一致，全要素生产率的增长比较平稳，就可以推动经济协调增长和整体效率的提高，带来产业结构关系的合理化，这是产业部门增长因素变动的正效应；如果产业部门之间的要素分配比例及要素投入速度急剧升降，要素生产率的增长差距很大，全要素生产率的波动度较高，则会导致经济增长的不协调和整体效

---

❶ 根据马克思的有关理论，资本技术构成的提高与劳动生产率的提高是一致的，二者甚至是同一问题的两个方面。参见《马克思恩格斯全集》，第23卷，第682—684页。表3-1和表3-3的有关数字为此提供了实证。

率的降低，并带来产业结构的失衡，这是产业部门增长因素变动的负效应。

二、中国产业部门增长因素变动的趋向和特点

这方面是相对于国际比较来说的。钱纳里和赛尔奎因等发展经济学家曾通过对多国数据的研究，得出全要素生产率的产业部门增长格局，用以说明在不同的收入层次上产业部门增长因素变化的一般类型。他们认为，“虽然任何个别的数字也许有较大的误差，但整个模式似乎是和各国的经验相一致的”。[1]下面我们就用中国的产业增长因素来与钱纳里和赛尔奎因的多国模型相比较。

在表3–5中，我们省略了多国模型关于人均收入100~140美元时的产业部门增长因素数字[2]，因为改革以来中国的人均收入显然超过这个水平。中国的数字没有计算土地对产出增长的贡献，多国模型中也只有人均收入140~280美元和280~500美元两个阶段才有第一次产业的土地贡献数字，其他阶段和其他产业的土地贡献都可以忽略或为零。

从表3–5可以看到，中国的产业部门增长因素与多国模型中相应阶段的数字差距极大。用世界银行图表集法计算，中国改革以来的人均GNP大概在300美元左右。但国际有关组织认为这一计算方法对于发展中国家来说有较大的局限性，因此提出了用国际比较项目法和工农业生产指数法来换算GNP的方法。据有关组织及专家推算，就发展中国家而言，按国际比较项目法计算的GNP与按世界银行图表集法计算的GNP的换算系数在1.3~3

[1] 参见［美］H.钱纳里等：《工业化和经济增长的比较研究》，上海三联书店1989年中译本，第331—338页。

[2] 这个阶段的一个重要特点是第一次产业全要素生产率的增长率为零。

之间[1]，而按工农业生产指数法换算的结果通常为按世界银行图表集法的 1.85 倍[2]。根据上述情况，再考虑到中国在价格体系、生产结构、需求结构和社会福利条件等方面与市场经济国家有巨大差异，我们估计中国改革以来的人均收入水平大体上处于多国模型的第 2~3 个阶段之间。然而，中国各次产业的增长因素数字与这两个阶段的相应数字几乎都有很大不同。中国改革以来（1979—1990 年）的产出增长率和全要素生产率增长率都大大高于多国模型中上述两阶段的数字，但多国模型的产出和生产率增长水平是一致的，都是第二次产业的速度最高，中国则不同，产出增长最快的是第三次产业，生产率增长水平最高的却是第一次产业。这说明中国的产出增长与生产率增长是不够协调的。从各产业部门要素和生产率对产出增长的贡献看，第三次产业的劳动贡献率最高这一点是相同的，但多国模型中资本对产出贡献最大的是第一次产业，贡献率高达 58%~68％，我们却反过来，第一次产业资金的贡献率最低，只有 16.80％，仅为 1/4~1/3，这说明中国第一次产业的资金投入明显太少（尤其是改革以来的第二阶段）。不过，中国第一次产业全要素生产率的贡献比多国模型高了 1 倍多至 10 倍，超过了人均收入在 1120~2100 美元时的水平；多国模型在中高收入阶段（第 4~6 阶段）时第一次产业生产率的贡献率很高（最高达 99%），远远超过其他产业部门，是以劳动的大幅度负贡献即劳动投入的大幅度负增长为条件的，而中国第一次产业生产率的高贡献率则主要在于经济改革的巨大推动作用。中国第二次产业的生产率贡献也大大超过多国模

❶ 参见宁吉喆：《国民生产总值比较计算的几个问题》，《经济日报》，1990年1月12日。

❷ 参见陈越：《中国经济增长的重新估价》，国务院经济技术社会发展研究中心材料，1989年第4号；转引自《管理世界》1990年第3期，第62页。

型中相应的第2~3阶段，还略高于第4和5阶段；第三次产业的生产率贡献则超过了多国模型的第2阶段而略低于第3个阶段的数字。

上述比较表明，中国改革以来三次产业全要素生产率对产出增长的贡献大大高于同等收入水平的大多数国家，但各个产业部门的产出增长、要素投入和生产率水平的格局明显与大多数国家不同。这既有中国要素配置及其变动不够协调的原因，也有中国经济发展和产业结构变动的特点所决定的原因。后者主要表现在：第一，中国是一个发展中的大国，又是实行社会主义制度的国家，在经济增长和发展方面具有很多不同于其他发展中国家的特点；第二，中国的工业化程度和速度大大高于同等收入水平的发展中国家，而第三次产业长期不发达，在迅速发展的初期，生产率增长水平往往相对较低；第三，中国的资金积累和投资率远远超过其他国家，因而产出增长率比大多数国家高得多；第四，改革以来中国全要素生产率的增长速度和作用率提高很快，因为改革初期大量长期被压抑的能量和活力迅速释放出来，其中又以第一次产业最为突出。应当指出的是，我们在与多国模型进行比较时，既要看到我们的优势，又要认识到我们存在的问题，要明确我们具有自己的特点，而不能把多国模型看作一种标准模式并完全以它为转移。美国哈佛大学国际发展研究所的M. 吉利斯等四位教授指出，钱纳里及其同事常常说他们所估计的趋势是发展的标准模式（normal pattern），对大国或小国均可适用。这个词造成了很大的误解和对研究成果的滥用。计划人员往往用这些估计的趋势去同自己国家的实际成就比较，如果本国工业份额比趋势增长更快，就为自己获得了优良成绩而庆幸；增长较慢，则认为应设法予以纠正。对于两种偏离趋势的情况，一则沾沾自喜，一则感到恐惧。然而这种模式只是比较许多不同模式所产生的平均结果，并不能作为一国应当如何去做的指导方针。……最好是放弃标准模式一词，而称之为平均模式[1]。可见，多国模型只是一种平均模式或一般模式，我们不能完全依附于它去作判断，更没有必要因此而庆幸或担忧。重要的是从比较中获得某些有益的启示，并根据我们自己的特点去做出切合实际的判断或结论。

中国改革以来第一次产业全要素生产率的年平均增长率超过了其他产业，这类现象在多国模型的所有阶段中是看不到的[2]，但我们从一些国家的历史资料却可以发现一些例子。在表 3-6 中，美国和日本都是第二次产业的全要素生产率增长快于第一次产业，二者的差距在日本是不断扩大的，这主要是因为日本制造业的产出增长速度大大高于农业，前者的生产率上升率也明显快于后者。但英国和以色列却有相当一段时期第一次产业的要素生产率增长超过了第二次产业，尤其是以色列在 1950—1960 年农业的生产率增长速度很高，制造业的生产率增长很慢，前者比后者平均高了 5.9 个百分点。据说农业的全要素生产率高增长率是这一时期以色列经济成功的一个重要因素。[3] 相比之下，中国第一次产业全要素生产率增长速度快于第二次产业的情况并不异常，二者在改革 12 年间的差距明显低于英国（1924—1973 年），在改革前期阶段的差距则大大低于以色列的上述时期。而且，改革第一阶段第一次产业全要素生产率的高速增长，恰恰也是中国经济取得重大成就的一个主要原因。

---

❶ 参见［美］M.吉利斯等：《发展经济学》，1987年第2版，第53—54页。

❷ 因为第一次产业的产出增长速度一般低于其他产业，因而其全要素生产率的增长率（不是贡献率）高于其他产业的情况是少有的，很自然地，在多国模型（平均模式）中，这种少有的情况也就不可能得到反映。

❸ 参见［美］H.钱纳里等：《工业化和经济增长的比较研究》，上海三联书店1989年中译本，第339页。

表 3-5 产业部门增长因素变动的国际比较

产业部门		年增长率（%）		对产出增长的贡献（%）			
		产出	全要素生产率	全要素生产率	资本	劳动	土地
中国							
1. 1979—1990 年	第一次产业	5.54	3.68	66.40	16.80	16.80	—
	第二次产业	9.90	3.67	37.10	34.10	28.80	—
	第三次产业	10.03	2.58	25.70	34.50	39.80	—
1.1.1979—1984 年	第一次产业	7.30	5.17	70.90	17.20	11.90	—
	第二次产业	8.91	2.82	31.60	31.20	37.20	—
	第三次产业	10.12	1.76	17.30	35.40	47.30	—
1.2.1985—1990 年	第一次产业	3.80	2.20	57.90	16.00	26.10	—
	第二次产业	10.90	4.53	41.50	36.50	21.90	—
	第三次产业	9.94	3.41	34.30	33.50	32.20	—
多国模型							
人均收入（美元）							
1.140~280	第一次产业	3.90	0.11	3	48	41	8
	第二次产业	5.58	0.09	16	55	29	—
	第三次产业	5.17	0.75	15	50	35	—
2.280~560	第一次产业	3.92	0.23	6	58	30	6
	第二次产业	6.65	1.52	23	54	23	—
	第三次产业	6.00	1.31	22	46	32	—

续表

产业部门		年增长率（%）		对产出增长的贡献（%）			
		产出	全要素生产率	全要素生产率	资本	劳动	土地
3.560~1120	第一次产业	3.53	0.86	24	68	8	—
	第二次产业	7.42	1.96	26	53	21	—
	第三次产业	6.44	1.81	28	42	30	—
4.1120~2100	第一次产业	2.68	1.46	54	87	−41	—
	第二次产业	7.29	2.53	35	49	16	—
	第三次产业	6.49	2.04	31	39	30	—
5.2100~3360	第一次产业	1.57	1.55	99	109	−108	—
	第二次产业	6.13	2.23	36	49	15	—
	第三次产业	6.58	2.79	43	35	22	—
6.3360~5040	第一次产业	2.06	1.49	72	96	−70	—
	第二次产业	4.87	2.36	48	47	5	—
	第三次产业	6.04	2.67	44	33	23	—

注：①多国模型中的第一次产业为农业，第二次产业为采矿业和制造业的平均数，第三次产业为社会基础设施和服务业的平均数。

②“–”号为可以忽略或为零。

资料来源：中国数字取自本书表 3–1，多国模型数字取自 H. 钱纳里等的《工业化和经济增长的比较研究》（上海三联书店 1989 年中译本）第 333—334 页。

表 3-6　第一、二次产业全要素生产率增长的国际比较　　%

国家	年份	全要素生产率年平均增长率		生产率增长差距（2）-（1）
		第一次产业（1）	第二次产业（2）	
中国	1979—1990	3.68	3.67	−0.01
	1979—1984	5.17	2.82	−2.35
	1985—1990	2.20	4.53	2.33
美国	1839—1959 1869—1929	0.3	1.9	1.6
	1929—1966	1.8	1.9	0.1
	1966—1973	1.0	2.3	1.3
英国	1856—1913	0.6	0.7	0.1
	1924—1973	2.6	1.8	−0.8
日本	1887—1904	1.0	1.1	0.1
	1904—1919	1.4	2.1	0.7
	1919—1938	0.7	2.9	2.2
	1954—1976	2.4	6.1	3.7
以色列	1950—1960	6.4	0.5	−5.9
	1960—1972	5.4	5.9	0.5

注：其他国家第一、二次产业分别为农业和制造业数字。这方面的比较显然更具有典型意义，因为制造业的产出增长速度要比农业快得多（尤其是在工业化时期）。

资料来源：中国的数字取自表 3-1，外国的数字取自 H. 钱纳里等的《工业化和经济增长的比较研究》（上海三联书店 1989 年中译本）第 340 页，表 8.7。

3.3 资源总配置效应分析

一、资源总配置效应的内容和特点

资源总配置效应分析方法是对增长因素分析法的一种发展或深化。20 世纪 60 年代以来，不少西方经济学家如马塞尔、赛尔奎因、凯利和威廉森等人都先后运用过这一方法来考察部门生产率增长与总体生产率增长的关系。[1] 赛尔奎因还在对多国数据进行分析的基础上，得出了资源总配置效应的多国模型。[2]

所谓资源总配置效应，是指一个经济整体的全要素生产率增长率不等于各产业部门相应增长率的加权平均数，而是多出一个余额，这个余额就是资源总配置的效应。它的两个数理基础是：①经济总产出增长率等于各产业部门产出增长率的加权平均数；②计算各部门的全要素生产率增长率的平均数以各部门在总产出中的比重为权重。由于各部门的生产率增长率与其产出权重相联系，以此计算的加权平均数往往与总的生产率增长率不同，二者的差额是大是小，是正是负，大体上是由资源总体再配置的效应决定的。当资源（资本或劳动）流向生产率较高的产业部门，或资源再配置在一定程度上减少了经济增长的不均衡时，各部门的全要素生产率增长会有所变动，而总体生产率增长率的变动幅度

---

❶ 马塞尔是较早发表这类推导的一个人（1961年）。他把全要素生产率增长的部门加权平均数称为“部门内部技术变化”，把资源在部门间转移引起的总体全要素生产率增长称为“部门之间技术变化”。参见Massell，B.F.1961，“A Disaggregated View of Technical Change”，Journal of Political Economy 59（December），pp.547—557。

❷ 参见［美］M. 赛尔奎因：《生产率增长和要素再配置》，载于［美］H.钱纳里等：《工业化和经济增长的比较研究》第8章，上海三联书店1989年中译本。

更大，这时资源总配置（或总体再配置）一般会有较高的效应；如果资源向生产率较低的产业部门流动，或资源再配置不但没有减轻而且加重了经济增长的失衡状态，那么相反的情况将发生，资源总配置的效应一般会降低甚至是负数。

用公式来表示

由于

$$V=\sum_i V_i \tag{5}$$

（V 是总产出，V_i 是 i 部门的产出）

关于时间的微分给出了总产出增长率与部门产出增长率的关系：

$$GV=\sum_i P_i GV_i \tag{6}$$

（GV 是总产出增长率，GV_i 是 i 部门的产出增长率，$Pi=Vi/V$，即部门在总产出中的比重）

又由于 $GA=GV—GF$[1] （7）

（GA 是全要素生产率增长率，GF 是全部要素投入增长率）

即全要素生产率的增长率是以余值形式计算的。如果以产业部门的产出比重作为计算部门全要素生产率增长率的平均数的权重，就可以测量出生产率不同的部门之间的要素投入变化对总产出增长及对总的全要素生产率增长的贡献。

因此，

$$GA=\sum_i P_i GA_i+\triangle \tag{8}$$

"△"反映了上述贡献，也就是资源再配置的总体效应，可用 TRE 来表示。这样，

$$TRE=GA-\sum_i P_i GA_i \tag{9}$$

即资源总配置效应等于总的全要素生产率增长率与各部门相应增长率加权平均数的差额。（9）式就是全要素生产率的资源

[1] 同理，有 $GA_i=GV_i—GF_i$。

总配置效应的计算公式。

同理，劳动生产率和资本生产率也有总配置效应，它们的总效应也是由资源再配置带来的。其计算公式如下：

$$A(y)=Gy-\sum_{i}P_{i}Gy_{i} \tag{10}$$

其中，$A(y)$ 为劳动生产率的总配置效应；y 为劳动生产率；Gy 为总的劳动生产率增长率；Gy_i 为 i 部门的劳动生产率增长率。

即劳动生产率的总配置效应等于总的劳动生产率增长率与各部门生产率增长率加权平均数的差额。

资本生产率的总配置效应的含义可由此推知：

$$A(u)=Gu-\sum_{i}P_{i}Gu_{i} \tag{11}$$

其中，$A(u)$ 为资本生产率的总配置效应；u 为资本生产率；Gu 为总的资本生产率增长率；Gu_i 为 i 部门的资本生产率增长率。

由于单一要素生产率与全要素生产率的总配置效应具有内在联系，因而还可以从这方面推导出资源总配置效应的另一些计算公式。我们把这部分内容放到第1篇附录C中去加以简述。

对多国数据的分析结果表明，资源总配置效应是总的全要素生产率增长的一个较大组成部分，尤其是在工业化阶段。❶ 增长因素分析的多国模型显示，随着人均收入的增加，全要素生产率的增长水平是不断提高的，这既反映了所有部门生产率加速增长的现象，也包含了以下两个重要的因素：一个是生产率增长速度较慢的产业部门的权重减少，生产率增长较快的产业部门的权重

❶ 参见Syrquin，M.1984，“Resdurce Reallocation and Productivity Growth.” In M.Syrquin，L.Taylor，and L.E.Westphal，eds.，Economic Structure and Performance：Essays in Honor of Hollis B.Chenery，New York，Academic Press；Kelley，A.C.，and J.G.Williamson，1984，What Drives Third World City Growth? A Dynamic General Equilibrium Approach.Princeton，N.J.，Princeton University Press.

增加；另一个就是生产率总增长率快于生产率部门增长率的加权平均数，即资源的总配置效应。总配置效应在各个时期的变化，大体上与产出增长和劳动生产率增长的最初加速和随之而来的放慢状况相似。在经济发展的一定阶段上，资源总体再配置的效应将会趋于消失，这主要取决于两个方面的情况：其一是当经济均衡时，部门之间的要素收益率趋于一致；其二是当产业结构变化需要时，劳动力向生产率较低的服务业部门转移。

二、资源总配置效应的比较分析

对中国资源总配置的效应，似乎尚未有人做过实证分析。原因是明显的：这一分析一般必须建立在产业部门增长因素分析的基础上，而对作为一个经济整体的各个部门的增长因素进行系统分析的文献似乎还未见到。[1] 我们在上面对中国三次产业以及轻、重工业增长因素的考察，为这里进行资源总配置效应分析提供了可能。

1. 社会资源（三次产业）的总配置效应

表 3-7 是以三次产业为基础计算的全要素生产率的总配置效应。从总体上说，中国的资源总配置效应是较低的，年平均增长率只有 0.2%，占总的全要素生产率增长率的 5.5%，占总产出增长率的 2.3%。从阶段性变动看，前一阶段的配置效应明显较高，对全要素生产率和总产出增长的作用分别达到 15.20%和 6.70%，说明资源总体再配置较为有效，三次产业的增长关系趋于协调；后一阶段的配置效应降低为负数，这种负效应表明资源总配置明显不合理，即资源流向生产率较低的部门，或资源再配置加重了经济的不均衡，或二者兼而有之。实际情况正是如此，改革以来

[1] 应当说明的是，这里的增长因素分析是指以全要素生产率增长率及其贡献率的计算为中心的分析，而不是泛指对各种增长因素的综合分析。

两个阶段相比，后一阶段社会劳动力向劳动生产率较高的第二、三次产业部门的转移减少（速度降慢），社会资金向资金生产率较低的第二次产业部门的流动大大增加；同时，由于需求膨胀的影响，整个经济的失衡状态越来越突出，产业结构的不合理有加剧的趋势，从而使两个阶段的资源总配置效应形成了巨大差别（见图 3–6）。

表 3–7　全社会资源总配置效应及其对增长的贡献[①]

年份	年平均增长率（%）		总配置效应对增长的贡献（%）		
	GA	$\sum_i P_i GA_i$	*TRE*	*TRE/GA*	*TRE/GV*
1979—1984	3.82	3.24	0.58	15.2	6.7
1985—1990	3.40	3.49	−0.09	−2.6	−1.0
1979—1990	3.62	3.42	0.20	5.5	2.3

注：①本表以三次产业的资源配置状况为基础计算；总产出指标为国内生产总值（GDP）；各项内容及其计算方法如前文所述。

资料来源：《中国统计年鉴 1991》，本书表 2–1 和表 3–1。

从劳动生产率和资金生产率的总配置效应看（表 3–8），二者的差别极为悬殊（图 3–5 显示了这种差别）。劳动生产率的总配置效应相当高，年平均增长达 1.56%，对总的劳动生产率增长率的贡献为 26.90%，对总的全要素生产率和总产出增长的贡献也大体为 25.90% 和 10.90%。从两个阶段的对比看，情况基本与上面相同，都是前一阶段的各项指标明显高于后一阶段，其原因除了社会劳动力向高劳动生产率部门转移的速度减慢之外，一个重要影响是产业部门之间的资本与劳动比率（*K*/*L*）的差别不合理地扩大（这种情况前面已分析过，即第二次产业的 *K*/*L* 值大幅度上升，第一次产业的 *K*/*L* 值反而有所下降），这是资源再配置失衡的表现，它使总配置效应降低了。我们计算了劳动生产率的净配置效应[1]，发现两个阶段的净配置效应差距更大，前一阶段的总配置效应比后一阶段高了 0.37 个百分点，前一阶段的净配置效应则比后一阶段高了 0.84 个百分点，这说明由于劳动再配置中部门之间资金密集度的变动不协调，后一阶段的总配置效应中还有一个比前一阶段明显更大的份额被资源配置的失衡状态吃掉了。

表 3-8　全社会劳动生产率和资金生产率的总配置效应①

	1979—1984 年	1985—1990 年	1979—1990 年
年平均增长率（%）			
Gy	5.49	6.08	5.79
$\sum P_i G y_i$	3.66	4.62	4.23
A（*y*）	1.83	1.46	1.56
总配置效应的贡献%			
A（*y*）/*Gy*	33.30	24.00	26.90
A（*y*）×0.6/*GA*②	28.70	25.80	25.90
A（*y*）×0.6/*GV*②	12.80	10.20	10.90
年平均增长率（%）			
Gu	1.33	0.16	0.74
$\sum P_i G u_i$	2.24	1.49	1.84

[1] 其计算公式是：$NA=\sum_i \gamma_i\left(\frac{y_i}{y}-\bar{\alpha}\frac{k_i}{k}\right)$，*NA*为净配置效应，$\gamma_i$为*i*部门就业比重变化率，$y_i$和*y*分别为*i*部门和总的劳动生产率，$k_i$和*k*分别为*i*部门和总的资本与劳动比率（*K/L*），$\bar{\alpha}$为资本平均份额。第一项就是总配置效应*A*(*y*)，第二项是劳动再配置中部门之间资本密集度差异的影响，它对*A*（*y*）起了修正或扣除作用。

续表

	1979—1984 年	1985—1990 年	1979—1990 年
$A(u)$	−0.91	−1.33	−1.10
总配置效应的贡献（%）			
$A(u)/Gu$	−68.40	−831.30	−148.60
$A(u)\times 0.4/GA$ ②	−9.50	−15.60	−12.20
$A(u)\times 0.4/GV$ ②	−4.20	−6.20	−5.10

注：①本表以三次产业的资源配置状况为基础计算。各项内容及其计算方法如前所述。价值指标均以不变价格计算，总产出指标为国内生产总值，劳动生产率和资金生产率分别为总产出与劳动者总人数和资金总额之比。

②为大体贡献值，因为二者并非完全的对等关系。

资料来源：《中国统计年鉴 1991》，本书第 1 篇附录表 A2、正文表 3-1 和表 3-3。

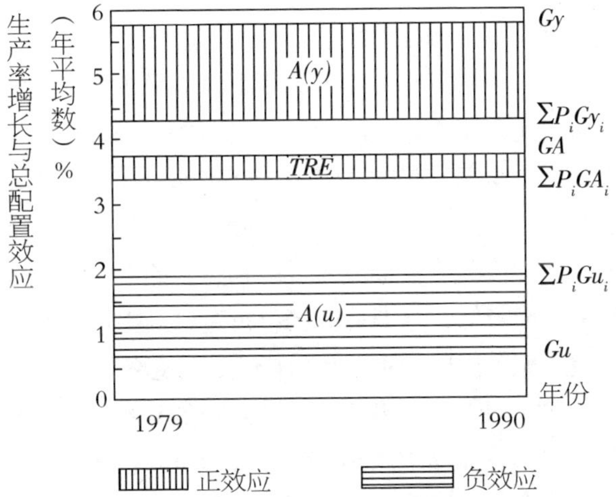

图 3-5　以三次产业为基础的社会资源总配置效应

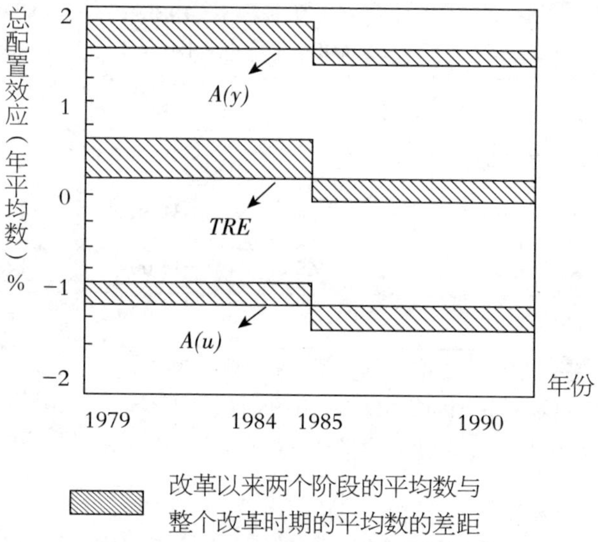

图 3–6　社会资源总配置效应的变动

资金生产率的总配置效应很差，具有较大的负效应。这与资本再配置的一般特点有关，但关系更大的是中国资金的部门配置不当，尤其是改革的后一阶段，总配置的负效应达 1.33%，竟为总的资金生产率增长率的 8 倍多！问题部分在于资金大量流向资金生产率低的产业部门，更大的部分在于部门之间资金再配置严重失衡。这种情况使资金流入过多和过少的部门的资金生产率增长速度都大大降低，这点前面已分析过，而更加深远的影响则是导致资金总配置出现严重的负效应，这样总的资金生产率就难以提高。部门之间资金密集度的变动会冲击各种生产率的再配置效应，其中受冲击最大的则是资金生产率的总配置效应，因为资本与劳动比率的总配置效应主要取决于部门资本密集度的变化率和部门资本边际产出的差异。[1] 所以在中国资金部门配置很不合理和再配置的失衡度加深就造成了资金生产率总配置效应与其他生产率总配置效应的巨大差别，以及前者负效应的持续和扩大。

2. 工业资源（轻、重工业）的总配置效应

下面再分析工业的资源总配置效应。把表 3–9 与表 3–7 加以比较可以看到，工业部门的全要素生产率增长率虽明显低于整个经济，但资源的总配置效应却高得多，后者在 20 世纪 80 年代的年平均总效应为 0.68%，比前者高了 2 倍多，总效应增长对总的全要素生产率增长的贡献高达 29.6%，对总产出增长的贡献也有 8.0%。从阶段性变动看，工业部门总配置效应的变动态势与整个经济基本相同，都是前一阶段远远高于后一阶段（见图 3–8）。1981—1985 年的平均效应为 1.04%，1986—1990 年下降为 0.28%，低了约 2/3。上述比较表明，工业部门的增长效益虽不如总体经济的增长效益，但轻、重工业的资源再配置状况却好于三次产业的再配置状况，即资源总流动效应较好，资源总配置的不均衡性较低。[2] 不过，后一阶段的变动趋势是一致的，总配置效应下降的原因都是资源流向不合理和经济不均衡程度加深。同时工业资源再配置也受到整个宏观经济环境和社会资源再配置格局的影响，即受到总需求膨胀和波动与资源总配置失衡态势的冲击。

---

[1] 其计算公式是：$A(k)=\frac{1}{y}\sum_i k_i y_i(fk_i-fk)$，$A(k)$为资本与劳动比率（$K/L$）的总配置效应，$k_i$为$i$部门的资本密集度变化率，$\gamma_i$为$i$部门的就业比重，$fK_i$和$fK$分别为$i$部门和平均的资本边际产出，$y$为劳动生产率。显然，$A(k)$的变动主要取决于$k_i$和（$fK_i-fK$）的变动。

[2] 资源配置或再配置的均衡性包括两个方面：一是同类资源在不同部门之间的分配；二是不同资源在同一部门中的配置。二者是相互联系、相互作用的。

表 3-9　工业资源总配置效应及其贡献①

年份	年平均增长率（%）			总配置效应的贡献（%）	
	GA	$\sum_i P_i GA_i$	*TRE*	*TRE/GA*	*TRE/GV*
1981—1985	3.36	2.32	1.04	31.0	11.0
1986—1990	1.33	1.05	0.28	21.1	3.7
1981—1990	2.30	1.62	0.68	29.6	8.0

注：①本表以轻、重工业的资源配置状况为基础计算；全部数字均为独立核算工业数字；各项指标及其计算方法同前。

资料来源：本书表 3-2。

劳动生产率和资金生产率的总配置效应的比较表现出一些与上面颇为不同的特点（见表 3-10 及表 3-8）。工业劳动生产率增长速度略低于全社会劳动生产率的增长水平，前者的总配置效应也低于后者，而且差距很大。20 世纪 80 年代工业劳动生产率的总配置效应年平均只有 0.52%，恰好是全社会劳动生产率总配置效应的平均数的 1/3，这说明工业部门的劳动资源再配置不佳。❶其配置效应对总的劳动生产率增长的贡献只有 10.9%，对总的全要素生产率和总产出增长的大体贡献只为 13.6%和 3.7%，都大大低于全国水平。从阶段性变动看，后一阶段的劳动生产率增长虽有所加快，但总配置效应下降幅度很大，从 0.86%降低为 0.11%，因而与全社会总配置效应的差距就更大（达 12 倍之多）。也就是说，后一阶段工业劳动资源的总体再配置不论与自身比还是与全社会比都显得更为不合理，资源配置的失衡度加深了（这方面的失衡度明显高于国民经济的其他部门）。

❶ 当然，全社会劳动资源再配置效应较高，是由于第一次产业的劳动力向第二、三次产业流动本身明显带来了再配置效应，而工业部门在这方面则不明显。

表 3-10　工业劳动生产率和资金生产率的总配置效应[①]

	1981—1985 年	1986—1990 年	1981—1990 年
年平均增长率（%）[②]			
Gy	4.48	5.08	4.75
$\sum_i P_i Gy_i$	3.62	4.97	4.23
$A(y)$	0.86	0.11	0.52
总配置效应的贡献（%）[②]			
$A(y)/Gy$			
$A(y)\times 0.6/GA$[③]	1.92	2.2	10.9
$A(y)\times 0.6/GV$[③]	15.4	5.0	13.6
年平均增长率（%）	5.4	0.9	3.7
Gu	1.25	−2.66	−1.44
$\sum_i P_i Gu_i$	0.20	−3.07	−1.46
$A(u)$	1.03	0.41	0.02
总配置效应的贡献（%）			
$A(u)/Gu$	82.4	—[④]	—
$A(u)\times 0.4/GA$[③]	12.3	12.3	0.3
$A(u)\times 0.4/GV$[③]	4.3	2.2	0.09

注：①本表以轻、重工业的资源配置状况为基础计算。全部数字均为独立核算工业数字。各项指标及其计算方法同前，价值指标均以不变价格计算。

②年平均数字只到 1989 年。

③为大体贡献。

④“—”号表示贡献率无意义。

资源来源：《中国工业经济统计年鉴 1990》，本书第 1 篇附录表 B3、正文表 3-2 和表 3-4。

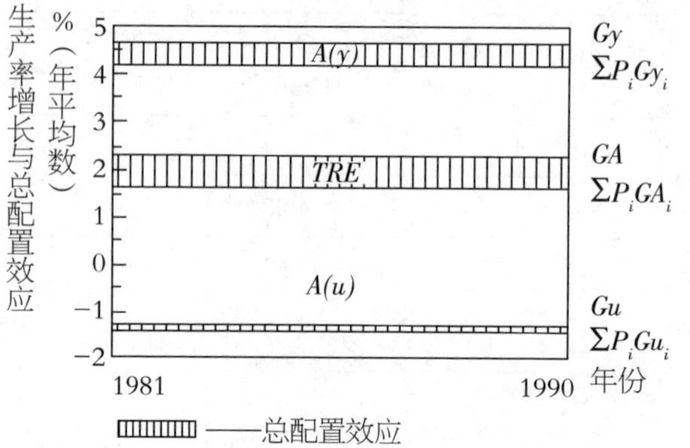

图 3–7　以轻、重工业为基础的工业资源总配置效应

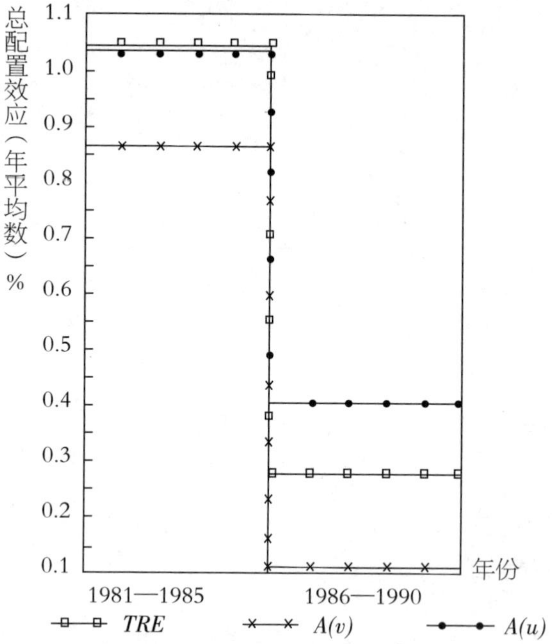

图 3–8　工业资源总配置效应的变动

然而，令人奇怪的是，工业资金生产率的总配置效应却出现完全相反的变动。全社会资金生产率在不断增长的情况下，总配置效应全是负数（其原因前面已分析过）；而工业资金生产率在年平均较大幅度负增长的情况下，总配置效应却全是正数。从阶段性数字看，1981—1985 年的工业资金总配置效应达 1.03%，对总的资金生产率增长的贡献高达 82.4%，1986—1990 年的总配置效应虽大大下降，但年平均增长仍有 0.41%，从而与两个阶段的全社会资金总配置效应分别为 0.91%和 1.33%形成了鲜明对照。后一阶段工业资金总配置效应的下降与上述工业资源总配置效应下降的原因一致，既有工业内部资金再配置不合理的影响，也有来自全社会资金再配置格局失衡的冲击（这方面的相关数据可参见前文关于产业部门增长因素变动原因和效应的分析）。

把工业劳动生产率和资金生产率的总配置效应联系起来看，我们可以发现，工业部门资金密集度的过快上升[1]使工业劳动生产率较快增长而劳动总配置效应明显较低，工业资金生产率较大幅度负增长而资金总配置效应却相对较高，即要素生产率与要素总配置效应完全呈反向变动；并且，后一阶段总配置效应的下降幅度很大，从根本上说也是由此造成的，因为工业内部要素再配置失衡和宏观经济要素再配置失衡，都与上述原因密切相关。

3. 资源总配置效应的国际比较

上面对中国改革以来几个方面的资源总配置效应及其阶段性变动进行了比较分析，下面再用中国整体经济的资源总配置效应与多国模型和一些国家的相应数字作一比较。

表 3-11 列出了中国与多国模型的有关对比数字。多国模型中总的全要素生产率增长率基本上是随着人均收入的上升而不断

---

[1] 即工业部门的资金投入增长或资金分配份额相对太高，而劳动投入增长或劳动分配份额相对太低。这一点我们在进行产业部门增长因素分析时曾指出过。

提高的，第 5 个时期（人均收入 2100~3360 美元阶段）达到最高点，以后便有所下降（大概是受总产出增长水平降低的影响），资源总体再配置效应在每一个时期都是正的，它的平均增长率和贡献率在第 4 个时期（代表高收入的准工业国家）达到最大，这时总配置效应为 0.75，对总的全要素生产率增长的贡献为 26%，对总产出的贡献为 11%，以后就大幅度降低，这显然是由于部门之间的要素收益率尤其是边际收益率趋于一致，使资源的部门流动和再配置效应大大下降。相比之下，中国总的全要素生产率增长率虽高于多国模型中的所有时期（这在相当大的程度上是总产出高增长率的结果），但资源总配置效应却明显低于所处收入阶段的相应数字（第 2~3 个时期的 *TRE* 数字）。从阶段性变动看，中国前一阶段的数字虽超过多国模型中的第 3 个时期，表现出较高的总配置效应，但后一阶段的资源再配置出现了负效应，这是整个模型中所没有的（当然这并不能排除某些国家在某些时期存在类似现象），所以使一个较长时期的平均效应显得较低。不过，如果不是从绝对数而是从相对数来比，那我们立即就变得不好意思了。中国 1979—1990 年资源总配置效应对总的全要素生产率增长和总产出增长的贡献明显低于多国模型中的第 1 个时期，反而与第 6 个时期的情况差不多，这对于我们这样一个工业化程度较高而且工业化演进速度很快的国家来说是很滑稽的[1]；即使是中国总配置效应较高的 1979—1984 年，其对总的生产率增长的贡献也没有超过多国模型中的第 1 个时期，对总产出增长的贡献只与第 2 个时期差不多。可见，中国的资源总配置效应特别是其贡献率是相当低的。其原因并非中国产业部门之间的要素收益率比较一致或经济接近于均衡，恰恰相反，正是中国产业部门之间要素平均和边际收益率的巨大差异导致了社会资源尤其是

❶ 因为资源总配置效应的大小，一般与工业化的演进阶段相联系，并且与工业化的演进速度相一致。

社会资金的不合理流动，引发了诸如总需求膨胀和波动、产出结构失衡、产业部门内部要素配置比例失衡等问题，使资源再配置效应降低。同时，与市场经济国家不同的是，中国产业部门的要素收益率与要素生产率并不是对等的，而是存在着很大的偏离❶，因此资源投向的部门转移也未能真正起到提高总配置效应的作用。

表 3–11　资源总配置效应及其对增长贡献的国际比较①

国家和时期	年平均增长率（%）			总配置效应的贡献（%）	
	GA	$\sum_i P_i GA_i$	TRE	TRE/GA	TRE/GV
中国					
1979—1990 年	3.62	3.42	0.20	5.5	2.3
1979—1984 年	3.82	3.24	0.58	15.2	6.7
1985—1990 年	3.40	3.49	−0.09	−2.6	−1.0
多国模型					
（人均收入：美元）					
0.100~140	0.44	0.40	0.04	9	1
1.140~280	0.72	0.57	0.15	20	3
2.280~560	1.40	1.11	0.29	21	5
3.560~1120	2.28	1.72	0.56	25	9
4.1120~2100	2.92	2.17	0.75	26	11
5.2100~3360	3.11	2.71	0.40	13	6
6.3360~5040	2.80	2.72	0.08	3	2

注：①各项指标的含义如前。

资料来源：中国的数字取自本书表 3–7，多国模型数字取自 H. 钱纳里等的《工业化和经济增长的比较研究》（上海三联书店 1989 年中译本）第 346 页，表 8.8。

❶ 这与价格结构和管理体制等方面密切相关。

从劳动生产率的总配置效应看，我们采用相对数来进行比较。表 3-12 列出了中国与多国模型、处于工业化过程的国家和一些发达国家关于资源再配置的总效应对劳动生产率增长贡献率的比较数据。在多国模型中，总效应的贡献率大体上随着人均收入水平的上升而上升，第 3~4 个时期达到最高点，以后就大幅度下降，到第 6 个时期降为零，说明当工业化基本完成时，大多数国家的总配置效应是趋于消失的。[1] 工业化过程国家的数字差别很大，最高的土耳其的总效应贡献率达到劳动生产率增长率的 61%，最低的为以色列，其总配置效应的贡献率只有劳动生产率增长率的 5%，而日本两个时期的数字则表明随着时间变化总配置效应的作用是大幅度降低的。在发达工业国家中，总配置效应对劳动生产率增长的贡献大大低于工业化过程国家，但意大利和法国与荷兰和英国形成了鲜明的对照，前者的总效应贡献率还有 14%，后者却分别为 1% 和 -1%。原因在于，在最初进入工业国的阶段，第一对国家农业的就业比重仍然很高，而且农业劳动生产率仍很低，因而这些国家可以继续得益于农业部门劳动力的向外转移；但在第二对国家里，农业的就业率相当低而劳动生产率却很高，劳动力向服务业转移并不能对劳动生产率的增长带来多少贡献，以致阻碍了生产率增长（资源再配置的总效应为负值）。与上述几个方面相比较，中国总配置效应的贡献大大高于多国模型中相同收入水平对应的数字，也高于大多数工业化过程国家。相对于前述资源总配置效应对于全要素生产率增长的贡献来说，这方面的实绩是十分明显的。这就表明，中国劳动资源的部门流动和再配置是较为合理的，虽然其总效应较高与中国产业部门之间劳动生产率差异很大，尤其是农业部门的劳动生产率极

[1] 当然，关于这一阶段总配置效应为零的估算，也许与多国数据的平均水平有所偏离，这与分析样本的采取有很大关系。不过，这种下降趋势是可以肯定的。

低有很大关系（这样农业部门劳动力的向外转移就可带来较大的再配置效应），但它毕竟对资源总体再配置的效应起了重要的积极作用，所以，对此带来严重影响的显然就在于社会资金部门流向和再配置的不合理及失衡方面。

表 3–12　总配置效应对劳动生产率增长贡献的国际比较

国家与时期	A（y）/Gy	国家（地区）	年份	A（y）/Gy
中国		墨西哥	1950—1975	30
1979—1990 年	26.9	土耳其	1963—1973	61
1979—1984 年	33.3	南斯拉夫	1966—1972	30
1985—1990 年	24.0	日本（战前）	1915—1935	24
		日本（战后）	1955—1970	16
多国模型		韩国	1963—1973	16
（人均收入：美元）		中国台湾	1961—1971	15
0.100~140	15.0	以色列	1958—1972	5
1.140~280	17.0	意大利	1963—1973	14
2.280~560	16.5	法国	1963—1973	14
3.560~1120	20.0	比利时	1963—1973	3
4.1120~2100	20.0	加拿大	1963—1973	8
5.2100~3360	9.0	荷兰	1963—1973	1
6.3360~5040	0	英国	1963—1973	−1

注：竖线所列国家为赛尔奎因所选的处于工业化过程国家的样本；其他国家为发达国家。

资料来源：中国数字取自本书表 3–8；其他数字取自 H. 钱纳里等的《工业化和经济增长的比较研究》（上海三联书店 1989 年中译本）第 346—347 页，表 8.8 和表 8.9。

三、资源再配置对生产率增长的作用

资源总配置效应反映了资源再配置对生产率增长的总体作用，这种作用表现为部门生产率增长之外的一个余额，如果由于资源再配置不合理而出现负效应，则表现为部门生产率增长的一个扣除。在工业化的过程中，资源再配置对生产率增长的贡献甚至比它对经济增长的推动作用更加突出和重要。

所谓资源再配置，也许有各种不同的理解或定义[1]，但总的看来，它指的是部门之间资源分配格局的改变以及由此引起的要素组合比例的变化，即资源在部门之间及其内部的重新配置。这包括两个方面的内容：其一是资源增量的再配置，即改变原来的增量分配比例；其二是资源存量的再配置，即要素存量在部门之间的流动。在工业化演进阶段，二者统一表现为部门之间要素投入总量增长速度的差异[2]，因为要素的部门转移只是对投入总量的部分减少。

在市场机制的调节下，部门之间要素收益率的不同主要反映了两种差异：一是要素生产率的高低；二是要素使用的短缺程度。前者与要素的质量有关，后者则与经济的非均衡相联系。因此，资源由低收益部门流向高收益部门（包括增量的重新分配和存量的部门转移），不仅有利于流出和流入部门提高生产率，而且资源配置状况的改善和要素平均质量的提高，带来了资源总体再配置的效应，这是构成总的生产率（尤其是总的全要素生产

---

❶ 例如，中国就有人把资源再配置仅仅理解为资源在部门之间的转移，即以要素存量流动为主要特征，而把要素增量分配排除在这个范围之外。参见吴仁洪：《资源再配置与经济体制》，《经济研究》，1990年第2期。

❷ 一般来说，只有在工业化后期或进入工业国之后，才会在一段较长的时期中，出现部门要素投入的负增长即要素总量的净减少，而且主要发生在劳动要素的投入方面。

率）增长的一个重要部分。然而，资源再配置效应的产生是有条件的，这包括：①资源必须真正流向要素生产率较高的部门，而不是由于价格垄断或行政控制而形成要素高收益的方面；②资源的部门流动必须能够降低要素部门分配的不均衡度，而不能由于流向不合理或流量过大而加深失衡度或引致另一种情况的不均衡；③部门之间资源分配格局的改变必须有利于部门内部要素组合比例的优化和协调，而不能因为相关要素在数量或质量上的不适当变动而造成要素组合关系的劣化和失衡。如果出现了后一种情况，资源再配置的总效应就必然较低以致产生负效应。

从中国三次产业的资源再配置状况看，劳动再配置的总效应较高，主要原因在于第一次产业的劳动生产率大大低于第二、三次产业，前者的劳动力不断向后者转移（包括增量重组和存量流动），这从表 3–13 可以清楚地看到。中国第一次产业的劳动生产率只为第二次产业的 1/7~1/6，为第三次产业的 1/4~1/3，改革以来前一次产业的就业比重年平均数降低了 1.33%，后两次产业

表 3–13　三次产业劳动生产率之比和就业比重变化率

年份	第一次产业	第二次产业	第三次产业
	劳动生产率之比（以第一次产业为 1）		
1978	1.00	6.96	4.71
1984	1.00	6.01	3.79
1990	1.00	7.80	4.31
	就业比重变化率（年平均数%）		
1979—1984	−1.60	2.35	4.77
1985—1990	−1.07	1.13	2.54
1979—1990	−1.33	1.74	3.65

注：三次产业的劳动生产率分别以各次产业的国内生产总值不变价数字与其就业人数之比计算。

资料来源：根据《中国统计年鉴 1991》有关栏目数字计算。

的就业比重分别上升了1.74%和3.65%，因而带来了较高的劳动再配置效应。其中两个阶段就业比重的变化与总配置效应的变动是一致的，前一阶段劳动再配置的幅度很大，由此带来的总效应及其对劳动生产率增长的贡献也相当高（见表3-8）。应当指出的是，如果不是资金再配置不合理（尤其后一阶段）的影响，劳动生产率的总配置效应还要高得多。

改革以来资金再配置的总效应为负值，主要是由于部门之间的资金分配比例不合理，部门资金投入的变动不是减轻而是加重了资金配置的不均衡度。有两个指标可以大体测量资金再配置的失衡状态。一个是部门之间资金边际产出的比较，如果各个部门的资金边际产出率差距很大或扩大，就表明资金再配置失衡[1]；如果一个部门的资金边际产出率大大超过其他部门而且超幅增大，则标志着这个部门的资金投入明显不足。从表3-14可以看到，中国三次产业的资金边际产出率差距极大，这个差距还远远超过资金平均产出率的差距[2]，说明资金再配置不仅没有使不均衡度降低，反而加深了失衡度；第一次产业的资金边际产出率分别为第二、三次产业的7倍多和10倍，说明第一次产业的资金投入严重不足。从阶段性数字看，后一阶段的比率明显扩大，表明上述两方面问题更为突出；第二次产业的资金边际产出率下

❶ 这里的资金增量是对资金总投入而言的，因而已包括了资产存量的流动。部门之间资金产出率的差距反映了经济的非均衡，在资金再配置中，部门之间资金边际产出率的差距往往较小或趋于缩小，这减少了经济的不均衡度从而带来了总配置效应；如果资金边际产出的部门差距依然很大，或趋于扩大，就表现为资金再配置失衡，这会降低总配置效应或带来负效应。

❷ 三次产业资金平均产出率之比，1978年为1：0.29：0.22，1984年和1990年分别为1：0.25：0.19和1：0.23：0.18（资料来源同表3-14）。显然，后两个年份的比率不断扩大，是由资金边际产出率的比率推动的。

降，则恰恰是资金投入过多的表现。另一个测量指标是部门之间劳动生产率差距的变化。随着工业化过程的演进和经济的发展，部门之间的劳动生产率差距是趋于缩小的，这反映了资金再配置的作用[1]，它减少了经济的不均衡从而带来总配置效应。如果劳动生产率的部门差距没有缩小反而扩大，就说明资金再配置失衡了；一个部门的劳动生产率相对太低或相对下降，标志着这个部门的资金投入相对太少或相对下降。[2]在表 3-13 中，第一次产业与其他产业劳动生产率的巨大差距，表明第一次产业资金相对投入的严重不足；第二个阶段的劳动生产率差距大幅度扩大，是部门之间资金再配置明显失衡的表现，特别是第二次产业与第一次产业相比，不仅劳动生产率的差距极大，而且其总的趋势（1990 年与 1978 年比较）也在继续扩大，说明第二次产业的资金相对比重和相对投入速度明显过高。这样，在三次产业资金再配置失衡的影响下，就造成了资金生产率总配置效应的持续性负数，对部门资金生产率的增长起了大幅度的抵消作用（见表 3-8）。

中国资源总体再配置对全要素生产率增长的作用较低，与资金再配置的负效应有很大关系，它集中表现为部门之间资金与劳动比率（*K/L*）变动的不协调。本来，从工业化演进的中期阶段开始，各产业部门尤其是第一次产业与其他产业的资本与劳动比率的差距是趋于缩小的[3]，它表现为第一次产业的资金与比率的

❶ 各部门劳动生产率增长速度的差异，从根本上说，是由各部门资金投入速度的差异决定的，即是由资金再配置的态势决定的。从多国模型的数字看，部门之间劳动生产率的差别缩小是因为初级产品部门的劳动生产率增长不断加快。参见［美］H.钱纳里等：《工业化和经济增长的比较研究》，（上海三联书店1989年中译本）第324页表8.4的有关数字。

❷ 因为部门劳动生产率的差别，大体反映了部门资本与劳动比率（*K/L*）或资本技术构成的差别。

❸ 也就是说，它们之间的资本技术构成是趋于接近的。

增长速度相对较高且不断加快。多国模型的有关数字（表 3–15）表明，初级产品部门的资本与劳动比率增长率，在第 1 个时期超过了服务业，第 2 个时期与制造业相同，第 3 个时期明显高于制造业，从第 4 个时期起就大大高于其他产业部门并一直持续到第 6 个时期。从几个处于工业化过程的样本国家（地区）看，大多数国家（地区）初级产品部门的资本与劳动比率增长速度都大大高于其他产业部门。这种增长速度的差异使部门之间（尤其初级产业部门与其他产业部门之间）资本与劳动比率的差别不断缩小，这是资源总体再配置的综合表现，它从更加广泛的意义上减少了经济的不均衡度，从而带来整体性的总配置效应，促进了总的全要素生产率的增长。但是，中国第一次产业资金与劳动比率的增长速度却远远落后于第二、三次产业，1979—1990 年，前者年平均只增长了 0.77%，而后两者分别增长了 3.53% 和 1.87%；这种逆变动态势使资源总体再配置不但没有减少反而增加了经济的不均衡度，同时也使部门内部特别是第一、二次产业内部的要素组合比例失衡了，所以中国的资源总配置效应及其对全要素生产率增长的贡献率明显低于经济发展水平相近的国家（这一点前文已分析过）。实际上，问题出在后一个阶段。前一阶段中国各产业部门资金与劳动比率的提高速度虽然不快（从表 3–15 可以看到，这个速度大大低于其他工业化过程国家），但第一次产业的增长率高于第二、三次产业，它们之间的资金与劳动比率的差距有所缩小，这在一定程度上降低了经济的不均衡度，因此这个阶段资源再配置的总效应较高。然而，后一阶段部门之间资金与劳动比率的增长出现了极大幅度的逆变动，第一次产业竟出现负增长，第二次产业的增长率则高达 5.76%，资源总体再配置和部门内部的要素组合关系都严重失衡（第一次产业资金严重短缺，第二次产业却资金相对膨胀），结果使资源总配置效应成为负值，阻碍了总的全要素生产率的增长。

表 3-14 三次产业资金边际产出及其比率

年份	第一次产业	第二次产业	第三次产业
	资金边际产出率（年平均数）		
1979—1984	2.213	0.331	0.224
1985—1990	2.880	0.306	0.255
1979—1990	2.453	0.314	0.243
	资金边际产出率之比（以第一次产业为 1）		
1979—1984	1.00	0.15	0.10
1985—1990	1.00	0.11	0.09
1979—1990	1.00	0.13	0.10

注：本表以不变价格计算。

资料来源：产出数字取自《中国统计年鉴 1991》，资金数字取自本书第 1 篇附录表 A2。

表 3-15 资本与劳动比率（*K/L*）的部门增长率比较（年平均增长率%）

国家（地区）	时期	第一次产业	第二次产业	第三次产业
中国	1979—1990 年	0.77	3.53	1.87
	1979—1984 年	1.67	1. 35	0.91
	1985—1990 年	−0.13	5.76	2.85
		初级产品	制造业	服务业
多国模型[①]	1.140~280	2.11	2.14	1.24
（人均收入：美元）	2.280~560	3.32	3.34	1.94
	3.560~1120	5.03	4.27	2.46
	4.1120~2100	7.18	4.43	3.04
墨西哥[②]	1950—1975 年	4.01	2.00	1.70
日本	1955—1970 年	10.08	8.15	4.83
韩国	1963—1973 年	10.20	8.76	0.35

续表

国家（地区）	时期	第一次产业	第二次产业	第三次产业
中国台湾	1961—1971 年	4.22	6.49	0.20
以色列	1963—1973 年	8.39	3.18	6.96
工业国家③（平均数）	1963—1973 年	8.10	3.80	1.70

注：①多国模型中省略了 0 时期和第 5、6 时期，后两个时期的部门差异大致与第 4 时期相同。多国模型中的服务业包括社会管理。

②墨西哥等五国（地区）是工业化过程国家的样本。这些国家的服务业包括社会基础设施。

③工业国家是比利时、加拿大、丹麦、法国、意大利、荷兰、英国和美国的平均数。其中服务业也包括社会基础设施。

资料来源：中国数字根据《中国统计年鉴 1991》和本书第 1 篇附录表 A2 的数据计算，其他数字取自 H. 钱纳里等的《工业化和经济增长的比较研究》（上海三联书店 1989 年中译本）第 324—325 页，表 8.4 和表 8.5。

综上所述，有必要再一次指出，改革以来，中国资源再配置对生产率增长的作用较低，根本原因在于部门之间资金再配置处于失衡状态，并且与劳动再配置的关系也很不协调❶；这种情况突出地表现在后一阶段。

❶ 例如，在后一阶段，第一次产业的劳动投入速度有所上升而资金投入增长却大幅度降低，第二次产业的资金投入速度大幅度提高而劳动投入增长却大大下降。

附　录

A. 估算三次产业的资产额

表 A1　三次产业新增固定资产累计额及占总额比重　　单位：亿元

年份	全部新增固定资产累计总额	第一次产业累计额（比重，%）	第二次产业累计额（比重，%）	第三次产业累计额（比重，%）
1978	4432.62 （100.00）	417.75 （9.42）	2506.55 （56.55）	1508.32 （34.03）
1979	4812.83 （100.00）	447.81 （9.30）	2708.10 （56.27）	1656.92 （34.43）
1980	5365.05 （100.00）	481.12 （8.97）	3019.16 （56.27）	1864.77 （34.76）
1981	6022.22 （100.00）	514.28 （8.54）	3350.86 （55.64）	2157.08 （35.82）
1982	6672.43 （100.00）	546.97 （8.20）	3701.02 （55.47）	2424.44 （36.34）
1983	7398.25 （100.00）	579.94 （7.84）	4091.97 （55.31）	2726.35 （36.85）
1984	8274.47 （100.00）	613.76 （7.42）	4579.14 （55.34）	3081.57 （37.24）
1985	9320.80 （100.00）	648.19 （6.95）	5184.81 （55.63）	3487.80 （37.42）
1986	10582.43 （100.00）	683.97 （6.46）	5936.45 （56.20）	3962.01 （37.44）

续表

年份	全部新增固定资产累计总额	第一次产业累计额（比重，%）	第二次产业累计额（比重，%）	第三次产业累计额（比重，%）
1987	12058.11 （100.00）	722.51 （5.99）	6926.90 （57.45）	4408.70 （36.56）
1988	13786.90 （100.00）	765.18 （5.55）	7991.37 （57.96）	5050.35 （36.63）
1989	15598.27 （100.00）	809.53 （5.19）	9118.84 （58.46）	5669.90 （36.35）
1990	17499.52 （100.00）	856.03 （4.89）	10305.60 （58.89）	6337.89 （36.22）

注：新增固定资产累计额为基本建设和更新改造新增固定资产之和，基本建设新增固定资产数字从 1953 年开始，更新改造固定资产数字从 1980 年开始；1978 年以来，当年新增固定资产数字均做了 5 年移动平均（其中 1989 年和 1990 年数字分别为 4 年和 3 年移动平均）。具体说明见后。

资料来源：《中国固定资产投资统计资料（1950—1985 年）》（中国统计出版社 1987 年版）、《中国统计年鉴》（1987—1991 年各年）。

说明Ⅰ：固定资产投资包括基本建设固定资产投资、更新改造固定资产投资和其他固定资产投资，由此形成的新增固定资产也应包括这三个部分。但在按国民经济各行业划分的新增固定资产数字中，第三个部分基本没有统计资料；从投资额数字看，这一部分比重很小。因此我们只取前两个部分的数字之和代表全部新增固定资产，各次产业的数字也以这种方法计算。由于我们要计算的是三次产业在新增固定资产累计总额中的比重，从总量和分量中同时舍去一个小部分不至于影响计算结果。

说明Ⅱ：考虑到各年的投资价格指数和固定资产折旧率变动不同，尤其三次产业固定资产与全社会固定资产在以上指标的变动上不完全相同，我们对 1978 年以来的当年新增固定资产数字做了 5 年移动平均，以便减少这些方面所产生的影响。此外，这样还可以使计算增长率时减少由基期与报告期年份的数字波动所造成的误差。

说明Ⅲ：三次产业数字分别按国家统计局分类：第一次产业包括农、林、牧、渔、水利业；第二次产业包括工业、地质普查和勘探业、建筑业；第三次产业包括除以上两大产业之外的所有行业。

表 A2　三次产业资产额估算数据（不变价格）　单位：亿元

年份	全社会资产总额	第一次产业资产额	第二次产业资产额	第三次产业资产额
1978	12597.0	1186.6	7123.6	4286.8
1979	13587.9	1263.7	7645.9	4678.3
1980	14642.3	1313.4	8239.2	5089.7
1981	15709.2	1341.6	8742.6	5627.0
1982	16808.6	1378.3	9323.7	6108.2
1983	17971.5	1409.0	9940.0	6622.5
1984	19254.7	1428.7	10655.6	7170.5
1985	20794.9	1445.2	11568.2	7781.5
1986	22595.9	1459.7	12698.9	8459.9
1987	24630.7	1475.4	14150.3	9005.0
1988	26906.1	1493.3	15594.8	9855.7
1989	29374.8	1524.6	17172.5	10677.7
1990	31991.4	1564.4	18839.7	11587.3

注：各次产业资产额用各次产业在全部新增固定资产总额中的比重乘以全社会资产总额算出。由于全社会资产总额已扣除了价格因素和折旧，以此换算的各次产业资产额也就省去了这一步工作，即为以不变价格计算的固定资产净值加上流动资产之和。

资料来源：各次产业在全部新增固定资产累计总额中所占比重取自本书第 1 篇附录表 A1；全社会资产总额数字取自《经济研究》（1991 年第 4 期）第 17 页，各年数字均扣除了 300 亿元（扣除理由前面正文已分析过）。

为了进行比较，笔者对 1952 年各次产业的资产额也做了粗略估算。这一年全社会资产总额为 1700 亿元，与国民收入数字对比，资本系数为 2.89。根据 1952 年各次产业的资本有机构成状况，我们估计当时第一次产业的资本系数为 2，第二次产业的资本系数为 3，相应求得这两个部门 1952 年的资产额分别为 680

亿元和408亿元。这样，第三次产业的资产额就为612亿元（由于第三次产业远不止运输业和商业两个部门，因而其资本系数不能与这两个部门的国民收入之和来对比）。

表A3　1952年三次产业资产额及占总额比重　单位：亿元

全社会资产总额	第一次产业资产额	第二次产业资产额	第三次产业资产额
1700 （100）	680 （40）	408 （24）	612 （36）

注：括号内数字为各次产业资产额占全社会资产总额的比重。

资料来源：全社会资产总额数字来源及所作调整同表A2；用以进行估算的国民收入数字取自《中国统计年鉴1991》。

B. 估算轻、重工业的不变价资金总额和净产值

表B1　工业固定资产投资中建筑安装与设备购置比例

	年平均数（%）		
	1981—1985年	1986—1990年	1981—1990年
以工业投资为100			
建筑安装工程	65.7	62.5	64.1
设备、工具、器具购置	34.3	37.5	35.9
以轻工业投资为100			
建筑安装工程	67.0	63.5	65.3
设备、工具、器具购置	33.0	36.5	34.7
以重工业投资为100			
建筑安装工程	65.0	62.0	63.5
设备、工具、器具购置	35.0	38.0	36.5

注：①建筑安装投资和设备购置投资中各包括了1/2的“其他费

用”投资。

②轻、重工业的投资比例分别根据各所有制单位的投资构成数字和轻、重工业中各所有制的大体投资比重，以及轻、重工业的投资构成特点估算；工业投资比例根据轻、重工业的投资比例及其权重得出。

资料来源：《中国固定资产投资统计资料（1950—1985）》（中国统计出版社 1987 年版）、《中国统计年鉴》（1987—1991 年各年）。

表 B2　工业固定资产和流动资金价格指数　　%

	1980 年	1985 年	1990 年
固定资产价格指数			
工业	100.0	122.0	174.0
轻工业	100.0	122.1	174.5
重工业	100.0	121.9	173.8
流动资金价格指数			
工业	100.0	115.1	167.5
轻工业	100.0	114.9	171.4
重工业	100.0	115.3	164.4

注：①固定资产价格指数用建筑业国民生产总值紧缩指数（A）和重工业总产值紧缩指数（B）分别乘以建筑安装投资和设备、工具、器具购置投资的年平均权重（见第 1 篇附录表 B1），然后加总得出。紧缩指数为当年价增长率与不变价增长率之比（或报告期的当年价数字与不变价数字之比）。1985 年比 1980 年，$A=1.2628$，$B=1.1367$；1990 年比 1980 年，$A=1.8717$，$B=1.5060$。

②轻工业流动资产价格指数用农副产品收购价格总指数（A）、重工业总产值紧缩指数（B）、轻工业总产值紧缩指数（C）和全国零售价格总指数（D）的平均数代替；重工业流动资金价格指数用（$\frac{2}{3}B+\frac{1}{3}D$）代替；全部工业流动资金价格指数根据轻、重工业的相应价格指数及其流动资金权重得出。1985 年比 1980 年，$A=1.2760$，$B=1.1367$，$C=0.9998$，$D=1.1852$；1990 年比 1980 年，$A=2.0949$，$B=1.5060$，$C=1.3333$，$D=1.9210$。

资料来源：根据表 B1 和《中国统计年鉴 1991》的有关数字计算整理。

表 B3　独立核算工业净产值和资金总额估算数据　　单位：亿元

（不变价格）

	1980 年	1985 年	1990 年
净产值			
工业	1598.26	2513.33	3619.10
轻工业	642.13	1051.09	1678.68
重工业	956.13	1462.24	1940.42
固定资产净值			
工业	2843.37	4385.84	7035.26
（生产性部分）	（2393.39）	（3631.63）	（5725.09）
轻工业	514.72	1078.22	1944.38
（生产性部分）	（442.11）	（908.46）	（1602.31）
重工业	2328.65	3307.62	5090.88
（生产性部分）	（1951.28）	（2723.17）	（4122.78）
流动资金			
工业	1384.36	1951.41	3472.23
轻工业	413.18	777.97	1516.41
重工业	971.18	1173.44	1955.82
资金总额			
工业	3777.75	5583.04	9197.32
轻工业	855.29	1686.43	3118.72
重工业	2922.46	3896.61	6078.60

注：①轻、重工业净产值数字分别用轻、重工业总产值紧缩指数乘以工业净产值与工业总产值紧缩指数之比，扣除了价格因素。1985 年比 1980 年的价格扣除指数，轻工业为 1.0085，重工业为 1.1466；1990 年比 1980 年的价格扣除指数，轻工业为 1.3180，重工业为 1.4846。

②固定资产净值为年末数字，流动资金为定额流动资金年平均余额；分别按第 1 篇附录表 B2 的价格指数扣除了价格变动因素，其中固定资产只对新增部分扣除价格因素，计算公式见前面正文。

③生产性固定资产净值根据固定资产原值中生产性部分比重计算（计算式见前），其中 1990 年的生产性固定资产原值比重以 1989 年数字代替。

④资金总额为生产性固定资产净值与流动资金之和。

⑤由于四舍五入，全部工业的数字在扣除价格指数之后与轻、重工业的数字之和存在微小差别。为了便于比较分析，我们以轻、重工业的数字之和作为全部工业数字。

资料来源：当年价数字取自《中国工业经济统计年鉴 1990》《中国统计年鉴 1991》的有关栏目，价格指数取自第 1 篇附录表 B2。

C. 测量资源总配置效应的公式

赛尔奎因在讨论劳动生产率总配置效应与全要素生产率总配置效应的关系时，推导出了资源总配置效应的另一些测量公式。[1]

由于

$$Gy=\sum_i P_i Gy_i+\sum_i P_i Gr_i \qquad (1)$$

（r_i 是 i 部门的就业比重，$r_i = L_i / L$；Gr_i 是 i 部门的就业比重变化率；后一项为具有不同劳动生产率的部门之间的就业变化对总劳动生产率增长的贡献，即总配置效应。）

$$A(y)=\sum_i P_i Gr_i=\frac{1}{V}\sum_i \dot{L}_i(y_i-y) \qquad (2)$$

其中，L 为劳动力，变量上的点表示时间的导数。这样，A（y）明显依赖于每个工人的平均产品在各个部门之间的差异（y_i-y 为 i 部门的劳动生产率与总体劳动生产率的差别）。用边际产出 f_L 代替平均产出 y，加上一个和资本投入相等的项，就可以得出一个大体测量总配置效应的公式：

---

❶ 参见［美］M.赛尔奎因：《生产率增长和要素再配置》，载［美］H.钱纳里等：《工业化和经济增长的比较研究》，上海三联书店1989年中译本，第322—351页。

$$TRE=\frac{1}{V}\sum_i L_i(fL_i-fL)+\frac{1}{V}\sum_i K_i(fK_i-fK) \quad (3)$$

其中，K 为资本，fLi(fKi) 等于 $L(K)$ 在 i 部门的边际产出，fL（fK）为这些数据的全国平均数。

可见，当高于资本和劳动的平均边际产出的部门增加了其在总资本和就业中的份额时，全要素生产率的总增长率就快于部门增长率的加权平均数（$TRE>0$）。当劳动和资本的边际生产率在经济中各处都相等时，以上方程（3）中的差异就消失了，总配置效应也就消失了。

通过集中研究劳动生产率增长，还可以直接得出比式（3）更为方便的一个总配置效应公式

$$\begin{aligned} TRE &= GA-\sum_i P_iGA_i \\ &= \frac{1}{y}\sum k_i\gamma_i(fk_i-fk)+\sum\gamma_i\left(\frac{y_i}{y}-\bar{\alpha}\frac{k_i}{k}\right) \quad (4) \\ &= A(k)+\text{净配置} \end{aligned}$$

（其中，k 为资本与劳动力之比，$k=K/L$；k_i 为 i 部门的资本密集度，k 为平均资本密集度；$\bar{\alpha}$ 为资本平均份额。）

在上式中，右边第一项 A（k）测量两种贡献的差异，其一是部门资本积累对劳动生产率增长的贡献；其二是在所有部门的边际生产率等于 fK 时，部门资本积累对劳动生产率增长应做的贡献。如果 k_i 在那些边际产出高于平均边际产出的部门增长较快，这一项为正数。这反映了通过高生产率部门的资本深化缩小现存的非均衡所产生的作用。

第二项是净配置效应，它由两部分组成。第一部分正好是总配置效应 A（y），因为

$$\sum_i\gamma_iy_i/y=\sum_i\gamma_i/\gamma_iP_i=A(y)$$

第二部分则修正了总效应的不足。当资本平均份额（α）乘以总的资本－劳动比率的变化($\sum_i\gamma_ik_i/k$) 时，给出了工人人均产出量的预期变化。在经济完全均衡的条件下，这个预期的效应略去了总配置效应，从而净配置效应也消失了。

第二篇

2

实证分析：结构变动

4 结构分析的若干基本前提

上一篇在考察中国工业化的基本进程和经济增长的部门因素时，已涉及产业结构的变动问题，但由于研究重点的关系，这方面没有展开分析。在本篇中，我们将以前几章的有关研究结果为基础，来系统地考察中国改革以来产业结构变动的趋势、特点和问题。

产业结构的变动总是在一定的时期内和一定的背景下发生的，不同时期和不同背景下结构变动的趋势和特点是不同的。经济条件和体制环境既是产业结构变动的基础，又对结构变动过程产生重要的影响作用。因而在进行结构分析之前，必须把考察期间内的经济条件和体制环境弄清楚，特别是，改革以来这些方面与改革前有很大不同，要对改革期间的产业结构变动加以分析，就更应阐明有关的经济条件和体制环境的变化及其影响。同时，采用什么方法来进行结构分析，以什么为依据来判断产业结构的演变是否合理，也是必须先加以明确的。

我们将在这一章中解决上述几个基本前提，以便为下面的结构分析奠定基础。

4.1 结构变动的经济条件

产业结构变动是与经济发展过程相联系的。经济发展的阶段、水平和速度就是产业结构变动的经济条件。在工业化过程中，工业化的程度和速度就直接成为产业结构变动的条件。改革以来，中国结构变动的经济条件可从以下几个方面来考察。

一、结构变动与人均收入水平的关系

根据库兹涅茨的研究[1]，人均国内生产总值（GDP）在70~1000美元（1958年美元）时是产值结构（各产业部门在GDP中的构成）和就业结构迅速变动的时期。他对57个国家有关数据的统计分析表明，人均GDP在50~130美元时是产值结构变动率最高的第一个时期，人均GDP在220~360美元时是产值结构变动率很高的第二个时期，人均GDP在360~860美元时是产值结构变动率较高的第三个时期；大国与小国[2]相比较，前者在第一个时期的结构变动率较低，在后两个时期则结构变动率较高。根据联合国工业发展组织的研究，从工业结构的变化看，变化最迅速的阶段是在人均GDP 265~1075美元（1975年美元）时；而与工业结构变化的最高速度相对应的收入水平，在资源条件和生产构成不同的小国为人均GDP 340美元、580美元和630美元，在大国则为人均GDP 270美元（1970年美元）。[3]中国改革以来的人均GDP水平[4]，按世界银行图表集法计算，大概在300美元左右，按国际比较项目法或工农业生产指数法换算，则处于400~900美元，再换算为上述几个年份的美元（1958年、1970年或1975年美元），人均GDP在200~300美元。作为一个特大

---

❶ 参见［美］西蒙·库兹涅茨：《各国的经济增长》（总产值和生产结构），商务印书馆1985年中译本，第3—6章。

❷ 库兹涅茨对大国与小国的划分标准是：具有12亿美元以上的国内生产总值和1000万人口以上的国家（1958年数字）属于大国，达不到这两个数字的国家属于小国。

❸ 参见联合国工业发展组织：《世界各国工业化概况和趋向》，中国对外翻译出版公司1980年中译本，第54—64页。对大国与小国的划分以2000万人口（1970年中数字）为分界线。

❹ 中国的人均GDP与GNP差别极小，因为从1980年开始统计的国外净要素收入一直是一个很小的数字。

国，从大多数国家的经验来看，这一时期的整个产业结构（产值结构和就业结构），或工业结构，都处于高变动率阶段。

二、结构变动与工业化程度的关系

钱纳里等人把产业结构的转变过程划分为三个阶段：①初级产品生产阶段；②工业化阶段；③发达经济阶段。第二个阶段是结构转变幅度最大的时期，即工业化过程推动国内需求结构、生产结构和外贸结构迅速变动。当一个国家处于准工业国阶段时，这种结构变动更加明显。对多国数据的研究结果表明，人均收入在 280~2100 美元（1970 年美元）时一般属于准工业国阶段[1]，这时国内需求、出口和生产，以及资本和劳动投入都由初级产品部门迅速向制造业部门和服务业部门转变，并引起了中间投入使用量的增加和对外贸易比较优势的变化。[2]

中国在改革开始时，工业化程度已经相当高。从表 4-1 可以看到，中国的有关数据都超过了准工业国的各项衡量标准。应当指出的是，我们的人均 GNP 是以 1981 年美元计算的，如换算为 1970 年美元，那么人均收入只有 130~152 美元[3]，虽然这个数字还可以通过国际比较项目法或工农业生产指数法换算为较高水平，但实际上其他发展中国家也存在着这个换算问题（只不

---

❶ 参见［美］H.钱纳里等：《工业化和经济增长的比较研究》，上海三联书店1989年中译本，第71页。

❷ 产出比重向制造业和其他使用较多中间投入的部门转变，同时部门内部的技术变化均使中间投入的使用量相对增加。外贸比较优势的变化是由于劳动技能和实物资本的积累（质量提高）、中间投入使用量增加，以及以制成品国内市场扩大为基础的规模经济的出现。

❸ 根据钱纳里和赛尔奎因等人的计算，1970年美元换算为1982年美元，其换算系数为2.6，其中最低收入国家的换算因子接近2.3，工业国家的换算因子约等于3。参见［美］H.钱纳里等：《工业化和经济增长的比较研究》，上海三联书店1989年中译本，第3章附录。

表 4-1 准工业国家的基本衡量标准与中国的有关数据

指标	准工业国的衡量标准			中国数据（1981 年）
	初级产品			
	一般模式	出口导向的国家	大国	
人均收入（美元）[①]	350	500	300	300~350[②]
制造业产出占 GDP 比重（%）	18	14	19	24.5
制成品出口占商品出口额比重（%）	20	10	25	53

注：①其他国家为人均 GDP 数字，1970 年美元；中国数据为人均 GNP，1981 年美元。

②较低的数字为正式估计数，较高的数字系经价格调整后的数字；均为世界银行所估算。

资料来源：准工业国家的衡量标准取自 H. 钱纳里等的《工业化和经济增长的比较研究》（上海三联书店 1989 年中译本）第 118 页，表 4.1。笔者把“标准模式”改为“一般模式”。中国数据取自世界银行 1984 年经济考察团的《中国：长期发展的问题和方案（附件五）》（中国财政经济出版社 1987 年版）第 10、12、14 页。

过由于制度条件不同，换算比率会较低一些）。所以中国的人均收入水平是相对较低的。然而，我们的工业化程度指标却远远超过各种类型的准工业国家。与大国模式相比较，中国制造业产出占 GDP 的比重比其他国家高出 5.5 个百分点，制成品出口额占商品出口额的比重则高了 1 倍多。与处于相同年份的同一类国家的有关数字相比较，中国改革初期的工业化指标也大大高于其他国家。根据世界银行 1984 年经济考察团的研究，在 1981 年的生产结构中，中国制造业占 GDP 的比重比印度高 6 个多百分点，比同等收入水平（300 美元）的大国的预测数高了 11.5 个百分点（近 1 倍），比人均收入 850 美元的大国的预测数高 5.5 个百分点，而与人均 GNP 为 2500 美元的大国的预测值相等；但是中国的服务业部门却异常小，在GDP中的比重只有印度的一半多一点，与同等低收入大国的数字相比尚不足一半，与其他收入水平大国的差别则更是非常之大。改革初期的就业结构也表现出这种工业部门比重高而服务业部门比重低的特点。从外贸结构看，中国1981年制成品出口额在商品出口总额中的比重虽略低于印度，但大大高于人均收入为300美元和850美元的大国预测值，而与人均收入2500美元的大国数字差不多；制成品在进口额中的比重则与印度的数字和其他大国的预测值有很大不同。关于中国在改革初期的工业化程度和结构特征，可参见本书第2篇附录表D1。

上述反映了工业化程度远远超过人均收入水平，以及制造业（工业）与服务业比重分别偏高与偏低的经济结构特征，虽然与中国是一个特大国有关（一般来说，一个国家越大，其制造业的比例往往越高[1]），与传统的社会主义经济理论的影响有关（只重视物质生产而忽视非物质生产特别是服务业部门），但主要还在于改革前片面推行工业化政策，尤其是盲目发展重制造业（这一点笔者在第1章已经指出过）。这就使改革以来的产业结构变动建立在工业化明显超前和比例关系不合理的基础上，因此中国的结构变动态势应当与其他工业化过程国家有所不同，即国内需求结构、生产结构以及资本和劳动的投入结构不能再迅速向制造业部门尤其是重制造业部门转变。

[1] 钱纳里等认为，就大国模式而言，工业起步较早是由于普遍实行了制造业的进口替代政策；对于初级产品出口的小国模式来说，制成品进口的替代过程就要慢得多。参见[美]H.钱纳里等：《工业化和经济增长的比较研究》，上海三联书店1989年中译本，第101—102页。

三、结构变动与经济发展特点的关系

产业结构的变动既取决于经济发展的水平和阶段（人均收入水平和工业化程度），又与经济发展的特点相联系。上述中国工业化程度超过人均收入水平的状况，就是经济发展过程的一个特点，它会影响产业结构的进一步变动。经济增长的速度也是这样的一个方面，增长速度越高，引起的需求结构、生产结构以及外贸结构的变动度越大。实际上，现代经济增长的高速度与产业结构的高转换率是互为因果的。第 1 章已经表明，改革以来各项经济指标的增长速度均明显快于改革前，GDP 的年平均增长率大大超过其他大多数发展中国家（见表 1–5 和表 1–6），因此产业结构的变动率会高于改革前和发展水平相近的多数国家。技术进步的速度也会影响结构变动。技术水平的迅速变化将导致投入结构和产出结构的不断变化，但如果产业结构的变动超越了技术进步所提供的可能性，则会导致结构关系失衡。从第 2 章对增长因素的比较分析可以发现，改革以来的技术进步率远远高于改革前，这表明产业结构会出现较大幅度的变动，不过，由于改革前的结构变动明显过快，已经导致了结构关系的严重失衡，这方面并不具有可比性。经济增长和技术进步的速度作为结构变动的条件，二者之间是相互联系、相互作用的；同时，资产结构、劳动力结构与技术结构的变动也是相互制约、相互影响的，正如需求结构、外贸结构与生产结构的变动关系一样。

此外，经济发展战略的转变或经济政策目标的选择，也会影响产业结构变动的趋势和特点。推行不同的经济发展战略或工业化战略（如初级产品出口战略、进口替代战略、出口替代战略或经济社会综合发展战略），显然会使产业结构向不同的方向变动。改革前中国推行的是一种以进口替代为主的内向型战略，改革以来战略模式有向出口替代的外向型战略转变的趋势，但作为一个发展中大国，由于各地区经济发展极不平衡和国际竞争力还

相当低下，所以总体上是推行一种进口替代与出口替代相结合的战略。这样，就使产业结构的变动表现出一些新的特点。从经济政策目标的选择看，优先发展什么产业部门，支持什么产业部门，限制什么产业部门，无疑会带动产业结构向一定的方向变动。改革前中国优先发展工业尤其是重工业的政策倾向过于偏激，结果导致了工业化过程的片面演进和产业结构关系的严重失衡，改革以来中国基本纠正了这种政策倾向，从经济政策上支持消费品工业（轻工业）的较快发展，扶植和推动第三次产业部门的迅速成长，这就必然使产业结构的变动出现新的态势和趋向。

4.2 结构变动的体制环境

产业结构的变动是通过资源再配置实现的。产业之间要素分配比例的变化（增量重组和存量流动）表现为资本结构和就业结构的变动，由此引起了产出结构及技术结构的变动，而后者又会进一步推动前者发生变化。因此，与资源的配置和再配置一样，结构的变动和再变动也是在一定的体制环境下进行的，对资源配置起作用的经济体制，同样对结构变动起作用。一个众所周知的例子是，计划经济国家与市场经济国家配置资源的方式不同，其产业结构的变动具有不同的特点。

改革前，在高度集权的模式下，计划体制通过投资体制、就业体制、物资管理体制等方面的作用，完全决定着产业结构的变动；政府直接配置资源，也直接推动结构变化，而市场和企业既然对资源的部门配置不起作用，也就与产业结构的变动过程无关。在这种情况下，计划的冒进和片面性往往导致产业部门比例关系的剧烈波动，使产业结构不断陷入失衡状态，一再重复“结构严重失调→被迫进行调整”的恶性循环。所以，有的经济学家在改革初期就尖锐地指出，结构失调的直接原因虽是方针和政策的失误，即思想上的急于求成和“左”倾冒进所致，但其深刻的原因则在于过于集中的国民经济管理体制存在着严重的弊端。[1]这种体制排斥了市场机制的作用，使生产与需要脱节，产业结构与需求结构的内在联系被割裂，结构关系的变动及其合理与否得不到反映；同时，企业缺乏动力和压力，更无活力可言，企业对结构关系的失衡状态既无能为力，也不甚关心，而且指令性计划的制约特点[2]使企业普遍形成了片面追求产值和速度的倾向，这往往加深了产业结构的失衡态；更为突出的是，经济决策权几乎完全集中在中央机关，集中在个别领导人手中，结果一个指示、一句口号，就可以导致一个冒进计划的产生，如1958年的大炼钢铁和钢产量“翻番”就是一个典型例子。正如有的老一辈经济学家所指出：决策时常常是“个人拍板”，一锤定音，按长官意志行事；不科学、不民主的决策失误，从来不受法制的制约，这就无怪乎盲目冒进一再出现了。[3]可以说，改革前的结构波动和失衡基本上是由计划的冒进造成的，而不合理的经济体制[4]则是这种现象反复出现的大背景或深刻根源。

改革以来，随着经济体制改革的不断推进，资源再配置的体制环境发生了很大变化，这种变化必然对产业结构的变动过程产

❶ 参见吴敬琏：《经济体制改革与经济结构调整的关系》，载马洪、孙尚清主编：《中国经济结构问题研究》，人民出版社1981年版，第791—796页。

❷ 这个制约特点就是：企业不能完不成计划，但可以超额完成计划。然而，正是后一个方面与冒进的计划相结合，推动了经济增长的超高速度和产业结构的严重失衡。

❸ 参见杨坚白：《速度、结构、效率》，《经济研究》，1991年第9期。

❹ 这种从苏联开始的社会主义传统体制，使大多数社会主义国家的历史上都出现过产业结构剧烈变动和结构关系严重失衡的情况，而且其特点几乎都是因片面盲目发展工业尤其是重工业而导致了工农业和轻重工业比例关系的失调。

生影响，从而使结构变动表现出新的态势和特点。

一、从资源再配置的主体看

资源配置权力的下放是体制改革的一大内容，虽然存在着某些反复，但其基本趋势是，中央直接配置资源的比重不断减小，地方和企业配置资源的比重相应不断增大。在全社会固定资产投资中，国家预算内投资的比重由1978年的62.2%下降到1985年的16.0%，到1990年又降低为8.7%，而国内贷款投资的比重则由1.7%上升到19.6%，特别是自筹及其他投资（来自留成资金和预算外资金）部分，1978年只有31.9%，1985年上升为60.3%，1990年进一步达到65.5%（参见本书第2篇附录表E1）；这说明不仅国家直接投资的比重已很小，而且可以有效控制的部分也不太大，社会总投资中绝大多数已经转变为中央不能直接调控或难以调控的自筹投资。从投资审批权限的变化看，1984年以前1000万元以上的投资须经国家计委审批，1985年起这个数字提高到3000万元以上，此数以下的投资可由省级政府批准，1987年3月起国家计委的审批数目进一步上升到5000万元以上，同时规定凡能源、交通和原材料方面的投资，省级政府的审批权可达到5000万元以下（见本书第2篇附表E2）。虽然从1990年1月以后投资决策权又有所收紧（大概是治理整顿的需要）和集中，须经国家计委审批的数字下降为3000万元，但在1985—1989年5年间，投资决策权毕竟有了相当程度的下放，地方和企业的投资自主权是明显扩大了。在物资分配方面，1979年国家垄断了大约256种物资的分配权，到1988年这个数字已下降到27种，生产资料中由指令性计划控制的份额也从80%下降到20%~30%，4种主要工业原材料（钢材、木材、煤炭、水泥）的国家分配所占的比例不断降低，1988年钢材和煤炭的分配比例已低于50%，其余两种原材料的分配比例都在30%以下（见附表E3）。同时，随着资源配置权力的下放和经济发展格局的多元化，在投资与收入增长关系的作用下，国家配置资源的能力也不断下降，国家财政收入占国民生产总值的比例，1978 年为 37.2%，到 1990 年下降为 18.7%，财政收入占国民收入的比例由 31.2%降低到 23.0%，而企业、部门和地方配置资源的能力则迅速增强，预算外资金收入占国家预算收入的比例，由 1978 年的 31.0%上升到 1989 年的 94.8%，其中全民企业和主管部门在预算外资金收入中的比重近几年（至 1991 年）都在 80%左右。[1]

上述资源配置比重、权力和能力的变化，反映了资源再配置主体的转换。中央已不能也无力直接决定资源再配置和产业结构变动的格局，企业和地方在这个过程中起着日益增强的作用，他们对资源投向和投速的选择越来越突出地决定着产业结构的变动态势。企业和地方是根据利益原则来配置资源的，企业追求利润的最大化，地方则从本地的利益特点出发，这就使结构变动的驱动力由行政性因素为主转变为利益性因素为主。这是体制转换中产业结构变动的一大特点。企业承包制的普遍推行和地方财政包干的全面展开，大大地加强了这种趋势。在资源再配置主体变化的条件下，新的宏观调控体系和机制并没有相应建立，产业结构政策没有起到应有的作用，结果该发展的产业部门发展乏力，该控制的产业部门控制失效，从而导致结构失衡日趋严重。与改革前不同的是，改革以来产业结构的失衡状态主要不是由中央决策部门的片面性和重大失误引起，而是由新的资源再配置主体——企业和地方的急功近利性和盲目性所造成的，即资源再配置的调节机制不完善。

二、从资源再配置的机制看

随着大一统的计划模式的打破和计划体制改革的推进，市场机制对社会资源再配置的调节范围和作用日益扩大。从 1979—

[1] 参见《中国统计年鉴1991》，第24—25页。

1988 年，中国市场取向的改革是十分明显的。国家下达给企业的指令性计划从产品到产量都不断减少，指导性计划和市场调节的比重相应持续增加。1985 年以后，国家指令性计划决定的产量已降到 20%以下，与指导性计划相联系的产量不到 30%，到 1988 年，指令性计划管理的工业生产只占全部工业产值的 17%，国家硬性定购的农产品大约在 20%，国营企业生产的大部分生产资料也已转为市场销售，包括将近 3/4 的金属切削工具。[1] 在价格方面，从 1979 年开始对 4 种主要电子产品实行浮动价格，到 1982 年 8 月，几乎所有产品都在一定程度上采用了这种价格形式；从 1982 年 9 月起，有 160 种商品的价格完全被放开，改由市场定价，一年以后又有 350 种商品的价格如上处理；1985 年 1 月价格改革又进了一大步，大量的农副产品和轻工业品的价格放给市场去决定，同时，对于企业计划外生产的产品（包括生产资料产品）也不再实行浮动价格管理而是全部放开。从 1985—1988 年，价格双轨制由形成到巩固，价格放开使市场定价的比例上升到将近 50%（1985 年只有 30%左右），国家定价的比例下降到大约 25%（而 2 年前为 40%~50%），剩余的就是浮动价格所占的份额。实际上，由于控制措施的放松，浮动价格大都趋近最高限价，使其中的很多价格都相当于市场价格。这样，到 1988 年年底止，完全由市场供求决定和大体上由市场供求决定的价格，在中国全部产品和服务中的比重已达到 75%左右。

计划体制和价格体制改革的推进使市场机制对资源配置的调节作用日益增强，企业已不再完全按照国家的计划指令和规定价

[1] 参见世界银行经济考察团：《中国：计划与市场》，中国财政经济出版社1990年版，第56—57页；《经济研究》，1990年第11期，第5页。

格行事，而是主要根据市场的价格信号和需求动向决策[1]，这就使资源再配置开始适应市场供求状况（按反映稀缺度的价格在进行），产业结构的变动逐步反映需求结构的变动。这是体制转换中结构变动的又一特点，即由计划指令决定结构变动转为市场信号引导结构变动。企业体制改革的扩大和企业利益机制（利益刺激和利益约束）的增强，大大地促进了这种趋势的发展。

然而，由于市场体系和机制不完善以及地方封锁和割据局面的出现，市场关系的透明度较低，市场信号的变动不确切，加上地方和企业在追求自身利益的过程中存在着明显的短期行为和盲目倾向（这与地方和企业运行机制的不健全有关），导致资源再配置出现一上俱上、一走俱走的状况，产业结构的变动度不但常常超过需求结构（消费结构）的变动度，而且在需求结构变动不合理时，产业结构（部门结构）的变动也跟着不合理，甚至更为不合理。[2]改革以来尤其是1984年以后结构失衡状态的加深，很大的一个原因就在于此。而另一个重要原因则是宏观调控机制和产业结构政策没有起到应有的作用（如前所述）。本来，在经济发展进入高速增长时期和结构迅速变动阶段，需求结构以及产业结构的较大波动是很自然的，这时特别需要宏观机制和结构政策发挥适当而有效的调控和协调作用。遗憾的是，新的宏观调控体系和机制的形成及运转却远远落后于体制改革推进过程的需要，产业结构政策的确立和推行更是姗姗来迟。当然，结构失衡还有其他体制原因。

---

❶ 由于大多数企业现在要通过市场来销售全部或部分产品，并通过市场交易获得较大部分至少是额外需要（计划外生产部分）的能源和原材料，因此它们关于增量的边际选择基本上是按照市场价格和需求动向做出的。

❷ 这一点我们在第1章论述工业化过程的特点时已指出过，需求结构引导下的产业结构不合理变动突出地表现在消费品工业尤其是轻纺工业和耐用消费品工业的过分扩张上。

三、从资源再配置的所有制关系看

这一方面是与上述两方面密切相联系的，资源再配置主体的转换包括非全民企业的迅猛发展，市场机制对资源再配置调节作用的增强也以经济发展的多元化为基础。

改革以来，各种经济形式发展很快，资源再配置的所有制关系发生了很大变化。在工业产值结构中，全民工业的比例由 1978 年的 77.6% 下降到 1990 年的 54.6%，集体工业的比例由 22.4% 上升到 35.6%，城乡个体工业和其他经济类型工业的比例则由 1980 年的不足 0.5% 上升为 1990 年的 9.8% [1]；在工业产值的增长中，全民工业的作用率在改革前（1953—1978 年）高达 79.6%，改革以来（1979—1990 年）降低为 48.1%，集体工业的作用率则从 19.9% 上升到 45.5%，城乡个体和其他类型工业对增长的作用率在改革前趋于消失，改革以来（1981—1990 年）的年平均贡献分别达到 6.5% 和 4.3% 左右。[2] 在社会商品零售总额中，全民商业的比重由 1978 年的 54.6% 下降为 1990 年的 39.6%，集体商业的比重也由 43.3% 降为 31.7%，而合营和个体商业的比重则由 0.1% 上升到 19.4%，农民对非农业居民的零售额由 2.0% 上升为 9.3% [3]；在商品零售总额的增长中，改革前（1953—1978 年）全民商业的贡献率为 62.9%，集体商业为 48.7%，个体商业贡献率则为 −11.5%，改革以来（1979—1990 年），前两者的作用率分别下降为 36.1% 和 29.0%，后者的作用率上升到年平均 23.3%，农民零售额的作用率也达 11.0%，特别是 1989—1990 年，合营、个体商业和农民零售额加起来，三者对全社会零售总额增

[1] 参见《中国统计年鉴1991》，第26页。

[2] 参见本书第1章表1-11。

[3] 参见《中国统计年鉴1991》，第26页。

长的作用率之和已超过了50%。[1]在建筑业产值结构中，全民企业的比重由1980年的63.7%下降到1988年的39.7%，城镇集体企业的比重变动不大，而农村建筑队的比重则由17.3%上升到42.3%。[2]从国家财政收入的构成看，全民单位的比例1978年为86.8%，1987年下降为74.7%，集体单位的比例则由12.7%上升到18.4%，个体和其他经济单位的比例由0.5%上升为6.9%。[3]从全社会固定资产投资看，全民单位的投资比重由1980年的81.9%下降为1989的61.3%，集体单位和城乡个人的投资比重则分别由5.0%和13.1%上升到13.8%和24.9%；[4]而在独立核算工业的资金总额中，全民工业所占比例1980年为87.3%，1989年下降为76.1%，集体工业和其他类型工业的资金比例则分别从12.3%和0.4%上升到20.9%和2.9%。[5]

国民经济主要部门中各种经济形式的产值构成，对增长作用率的变化及其收入比例和投资比例的变化，表明非全民企业在社会资源再配置中的地位迅速提高。虽然全民企业在大多数方面仍占有明显优势，但非全民企业在资源再配置的过程中已经起着很大的竞争和制约作用。这种经济发展的多元化趋势，使以经济利益为目标、以市场信号为导向的资源再配置局面越来越突出，从而加强了上述产业结构变动的新特点。非全民企业尤其是乡镇企业和城市个体经济追求自身利益的倾向和受市场机制调节的程度

---

❶ 参见本书第1章，表1-12。

❷ 根据《中国统计年鉴1991》第541页的数据计算。由于压缩基建的影响，1990年农村建筑队的比重下降幅度极大。

❸ 根据《中国统计年鉴1991》第211页数字计算。1985年全民单位的财政收入比例曾降低到71.6%；据估算，1988年全民单位的收入比例也处于这一水平，从而非全民单位的比例相应进一步提高。

❹ 参见《中国固定资产投资统计资料》（1950—1985），中国统计出版社1987年版，第5页；《中国统计年鉴1991》第26页。

❺ 根据《中国工业经济统计年鉴1990》第115页数字计算。

都明显更大，这使产业结构特别是产品结构和品种结构的变动能够更快地反映需求结构的变化；同时，这些企业也具有更加突出的短期行为和盲目性，因而又增加了资源再配置和结构变动的波动性，在价格体系尚不合理和需求膨胀的条件下，它们是推动结构失衡的一个主要方面。

四、从资源再配置与对外经济关系看

关于 1979 年以来中国对外经济关系的巨大变化，我们在第 1 章论述改革中的工业化特点时已列举了一些有关数据。国际上普遍认为，中国的对外开放和贸易改革是一个可以与农业改革相媲美或继农业之后改革最为成功的领域。中国的对外贸易依存度[1]由改革前的 10% 左右持续上升到 1990 年的 31.4%，其中出口依存度由不够 5% 上升到 16.9%，进口依存度由约 5% 上升到 14.6%；固定资产投资的对外依赖度[2]近几年（至 1990 年）约为 6%，实际利用外资额自 1983 年以来的年平均增长速度高达 26.5%。[3]

对外贸易的扩大和外资利用的增加，使资源再配置过程发生了很大变化，产业结构的变动表现出新的特点。进出口数量的迅速增长加强了国内生产对国际市场的依赖关系，同时也使生产过程日益受到国际市场价格波动的影响。它一方面为中国产业结构的调整和转换提供了可以利用国际贸易的更多可能性，另一方面又使产业结构的演变越来越受到外贸结构变动的制约。

外资利用规模的不断扩大也具有这样的双重作用：既有利于通过国际资本来促进中国的资源再配置和产业结构转变，又使

❶ 对外贸易依存度=进出口总额/国民生产总值。

❷ 固定资产投资对外依赖度=外资利用额/国内固定资产投资总额。

❸ 以上数字，根据《中国统计年鉴1991》有关数据计算。

资源配置过程和结构转变过程受到外资流向和外资利用条件的制约。

外贸体制的改革使地方和企业有了更多的进出口自主权和外汇支配权，他们从自身的经济利益和国内外市场的对比关系出发，将会通过外贸渠道来再配置资源，这有利于国内外市场的沟通并使生产结构迅速适应需求结构的变化，但也往往导致进出口过程中的同向选择和盲目扩张❶，影响了资源的有效再配置和产业结构的合理变动。

4.3 结构分析的方法问题

上面对改革以来产业结构变动的经济条件和体制环境的变化做了分析，根据上述情况，我们就可以并且应该对结构分析的方法问题加以讨论。

目前进行结构分析的文献大都采用比较方法，即用中国的产业结构关系与发达国家相近发展时期（人均收入水平所处阶段）的结构水平相比较，或与其他发展中国家的结构变动数字相比较。这是必要的也是有意义的。因为各国的经济发展具有某些共同的趋势，产业结构的变动具有一定的规律性，通过与相似阶段或相近水平的比较，可以发现中国结构关系与一般趋势的偏离程度或结构变动的基本特征。但是，由于中国是一个相当特殊的发展中大国❷，改革开始时工业化程度和结构层次（第二次产业比重）已相当高（远远超过人均收入水平），并因经济发展战略

❶ 例如，进口方面，对一些加工、组装生产线的重复引进和盲目投产；出口方面，对同一有利市场的同时出击，并由此引起对原材料的激烈争夺战（如所谓“蚕茧大战”“兔毛大战”等）。

❷ 从国土面积、人口数量和收入水平看，我们是一个典型的或超级的贫穷大国；从经济体制、发展战略和历史条件看，我们又与其他发展中国家具有很多不同特点。

的历史原因留下了十分突出的结构性偏差，改革以来工业化速度和经济增长速度继续加快，产业结构的变动又处于经济体制和资源配置模式迅速转换的过程中，不可避免地造成结构关系的较大波动，因此，对改革时期的产业结构演变仅仅采用国际比较分析法就显得不够，难以对结构变动过程做出深入的分析和恰当的判断。显然，如果忽视产业结构演变的历史原因、经济条件和体制背景，要判断结构变动是否合理以致衡量其动态合理性程度是不容易的，虽然我们完全可以简单地指出产业结构处于失衡状态，并依据表面现象或一般统计资料而断言结构失衡还在加深。

考虑到以上问题，本书将在进行国际比较的基础上，增加以下三种具体的结构分析方法，这些方法也许尚未引起理论界的重视。

一、把产业结构的高度化与协调化结合起来分析

根据现代经济增长理论和发展经济学理论，高的经济增长率必然带来高的结构变动率，工业化过程的迅速推进必然引起产业结构的迅速高度化[1]，而二者的动力和基础则在于持续不断的技术进步。技术进步的速度既是结构高度化演进的推动力量，又是结构转换过程是否协调的物质基础。衡量产业结构变动合理与否有两个基本依据：其一，与大多数国家产业结构变动的一般趋势相比较，如果出现逆变动即结构低级化现象或倾向，就是结构变动不合理的表现；如果结构高度化的速度大大超过经济发展水平（人均收入水平）相近的大多数国家，则可能反映了结构变动的超前性即不合理性，但这时还要看决定结构变动的经济条件，即经济增长速度和工业化速度，而后两者从根本上说又必须以技术

[1] 在这里以及下面两章的分析中，产业结构的高度化都仅指产业比重变动方面的高度化，而对于结构高度化的完整含义，包括产出结构和投入结构高度化的内容，我们将留在第9章再加以分析。

进步的速度为基础，于是就要看第二个衡量依据。其二，与技术进步的速度相比较，如果结构高度化的进程超越了技术进步所提供的物质基础，就会导致结构关系失衡。[1]实际上，经济增长和结构变动速度的依赖条件是一致的，技术进步表现为投入产出率提高（或产出投入率降低）和全要素生产率增长，在经济增长速度超过这些方面所提供的可能性时，持续高增长必须以持续高投入来支持，这会引起需求过大以致需求膨胀；同时投入不断增加势必向基础产业部门倾斜，而产业结构高度化的基本特点恰好是投入和产出都向非基础产业倾斜，基础产业部门的产出比重不断减少，这就引起了结构失衡并且往往表现为基础产业（农业、基础工业、基础设施等）部门的产出供不应求的矛盾。结构高度化的过快演进则会进一步加深这种结构失衡态。可见，产业结构的高度化与协调化是相互依赖、相互制约的，二者的变动是一个矛盾运动的过程，因而必须把这两个方面结合起来，才能进行较为深入的结构分析。

产业结构失衡的基本特征是产出结构失衡，它表现为市场供求结构失衡，即一些产品短缺而另一些产品滞存。如果价格变动正常[2]，其失衡度一般会通过价格结构的变动度（比价关系）反映出来。这种结构失衡的原因可以从两方面来分析：①它是由结构高度化的速度太快（包括工业化过程的盲目演进）引起的，这时技术进步的速度大体正常；在此情况下，要促使产业结构趋于协调，主要应降低结构变动度，阻止工业化过程的片面演进，而

[1] 这是因为，结构高度化表现为基础产业部门的投入和产出相对减少，这要求其他产业部门对它的投入需求也相对减少，后一方面依赖于技术进步的作用；在产业结构高度化过快的情况下，基础产业的产出比重下降幅度较大，这时如果技术进步的速度较低，不能使其他产业对基础产业的需求比重以同样的幅度降低，就会导致两类产业之间的供求矛盾，使结构关系陷入失衡状态。

[2] 即价格水平不受人为控制，也没有受到其他因素的明显影响。

加快技术进步则往往不容易。②它是由技术进步的速度太慢（包括技术水平的下降）引起的，这时产业结构的高度化进程基本合理；对此来说，推动结构关系协调的主要途径在于加快技术进步，阻止技术水平的下降，而不宜去降低产业结构的转换速度。以上两个原因虽然相互联系、不可分割，但还是具有它们的主要特征，可以通过与其他国家结构变动率的比较和对经济增长特点的分析来作出判断。如果结构变动的速度明显超过其他发展水平相同的大多数国家，而经济增长的速度比较适当，增长效率的变动基本正常，这时的结构失衡是由结构演变速度太快或片面高度化造成的❶；如果结构变动率并不高于其他国家，但经济增长速度明显过高，增长效率下降，并且存在需求膨胀状况，那么这时出现的结构失衡是由技术进步率太低或技术水平下降造成的。要是上述两种特征都存在，则结构失衡必然十分严重，因为结构高度化的盲目演进是建立在技术进步低速度的基础之上的。❷

值得注意的是，中国改革开始时的产业结构处于某些部门（如工业尤其是重工业）比例大大超前而另一些部门（如服务业）比例明显滞后的状态，这必然使改革以来的结构变动表现出不同于一般趋势的特点，即结构协调的动态特征相当突出，而结构高度化的进程则相应发生某些变形，因此在对这一时期产业结构变动的合理性加以考察时，必须考虑到这些因素所带来的影响。

二、把产业结构的年度变动与阶段变动结合起来分析

改革前，由于工业化过程的盲目演进和剧烈波动，产业结构

❶ 一般来说，结构失衡会降低经济增长效率，而结构高度化则会提高增长效率，如果结构失衡不太突出，二者的作用往往相互抵消；而这时的条件则是技术水平没有大的变动。

❷ 中国改革前的结构变动正是表现出这种特征。

变动的波动度很大，并表现出明显的阶段性特征。改革以来，在体制转换过程的影响下，产业结构的变动也不是保持同一趋势，而是存在着某些波动；同时，这一时期的结构变动既有纠偏和调整性质，又有高速演进趋势，这也使结构变动过程表现出一定的波动性。因此，仅用年度数字来进行分析难以确切反映产业结构变动的态势和特点，只有与阶段性分析结合起来，才能对结构变动过程及其合理性做出比较恰当的判断。

从产业结构变动的环境和条件看，1978 年以来的体制变革和经济增长具有明显的阶段性特征。从 1979 年至 1983 年，是以农业改革为中心的改革初步展开阶段，经济增长速度较高但比较适当，产业结构的变动带有纠偏和调整性质；1984—1988 年，是以城市改革为中心的改革向纵深推进阶段，经济增长速度虽经一度控制仍明显过快，产业结构的变动呈高速演进趋势；而 1989—1990 年则是治理整顿时期，体制改革基本停顿以至有所收紧，经济增长处于较低速度，产业结构表现出自我调整和相对稳定的特征。这样，上面三个阶段的结构变动必然具有不同的特点，会表现出与年度结构变动不同的趋势，把这两个方面结合起来考察，将有助于提高分析结果的完整性和深刻度。

三、把当年价结构变动与不变价结构变动结合起来分析

从一段较长的时期来看，以当年价格计算的产值结构与以不变价格计算的产值结构相比，二者变动的态势应当是明显不同的，这种不同反映了价格结构的变化。一般来说，工艺技术和生产率的提高将使工业部门的价格水平比农业部门的价格水平下降得更快，但在某些时期价格水平的变动会由于其他因素的影响而表现出不同的特点。从一个更长的时期看，部门之间价格水平变动的差异也许会在一定程度上相互抵消。库兹涅茨认为，以两种价格（当年价和不变价）计算的产值结构的差别，从长期来看应

该是重大的，但他对可以同时取得两种资料的一些国家的有关数据进行考察的结果却表明，就其长期变动而言，二者之间并没有表现出显著差别（只有美国在 1839—1899 年是个例外）；不过他又认为，这可能是由于所使用的价格指数（他用这些指数来调整部门的不变价产值份额）过于粗糙以致不能充分地反映部门价格水平变动的差异造成的，如果对部门之间的价格变动趋势进行较好的校正，就能够发现以两种价格计算的产值结构的变动有着更大的差别，即就不变价格来说，农业部门产值份额的下降与工业和服务业及其细分部门产值份额的上升，在幅度上要比当年价格观察到的结果更大一些。[1]

目前对产值结构及其变动的分析和比较，大多数是以当年价数据为基础的，这可能使研究结果存在一定不足或缺陷，尤其是对于国际比较来说就更是这样。因为当年价的产值结构及其变动中有不小的一个部分是由价格结构及其变动决定的，后者的不同必然在一定程度上导致前者的不同。作为一个社会主义国家，中国改革前的价格结构与其他发展中国家和发达国家的相近发展阶段的情况都有较大的差异，这种差异不可避免地反映在当年价产值结构上，因而直接进行这样的结构比较就等于忽视上述差异的影响（而实际上这种价格结构的差异并非小得可以忽略[2]）。从结构变动看，市场经济国家的价格水平是在市场机制的调节下运行的，价格结构的变动一般是逐渐演化的，而社会主义国家在改革前的价格水平基本上是由政府直接调整的，价格结构的变动往往表现为一种突发性变化；因此，前者价格结构变动对产值结构变动的影响一般不太大，而后者的同样影响却常常相当突出。在

❶ 参见[美]西蒙·库兹涅茨：《各国的经济增长》，商务印书馆1985年中译本，第50—159页。

❷ 正由于这一点，所以我们在前面论述与人均收入水平相联系的结构特征时，只是对中国人均收入所处阶段做了粗线条的划分。

这种情况下，直接用中国当年价产值结构的变动度去与其他发展中国家的一般变动趋势相比较，也存在着方法上的明显偏差。

改革以来，中国的产业部门价格有了几次大的调整（如农副产品收购价格和第三次产业部门价格的上调，一些工业品价格的下调），使价格结构长期不合理的状况有了明显改善，即价格结构有了较大变动；同时，随着价格体制改革的推进，价格放开的部门、产品或其比例不断增多，1985 年以来，价格水平已大体上能反映市场供求状况或资源稀缺度，这使价格结构的变动表现出与改革前颇为不同的特点。因此，仅用当年价的产值结构及其变动数据来进行分析，虽能反映产业部门之间的交换关系及其变化趋势，却难以确切反映产业部门之间的实际产出关系及其变动态势；只有增加对不变价的产值结构的分析，并把两种价格计算的结构变动结合起来看，才能较为完整地揭示出产值结构变动的趋势和特点，同时也能从两者的比较分析中发现存在的结构问题。

综合上面的讨论，应当指出，上述几种结构分析方法是统一的。本书将通过以当年价和不变价计算的产值结构以及投入结构（劳动力结构、资产结构和技术结构）的年度变动和阶段变动数据，既与其他国家产业结构变动的一般趋势相比较，又把结构高度化趋势和协调化要求结合起来考察，从而力图对改革以来经济增长中的结构变动做出较为系统和深入的分析。

5 产出结构的变动及其失衡动因

产业结构可分为产出结构和投入结构。前者由各产业部门提供的产品和服务构成，由于不同类型的产品和服务不能相加，一般用它们的产值构成来表示；后者包括劳动力结构、资本结构和技术结构，即生产要素在各产业部门的配置比例和部门技术水平的对比关系。从根本上说，产出结构是由投入结构决定的，但它又会反过来影响投入结构，因为从社会再生产过程看，产出总是不断地转化为投入。[1] 产出结构作为投入结构几个方面的综合结果，从总体上反映了产业结构的基本特征，它的变动是投入结构变动从而整个产业结构变动的集中表现。因此，产出结构就成为产业结构分析的最基本的也是最重要的指标。

在这一章中，我们先考察中国改革以来产出结构的变动过程，分析结构失衡的表现及其动因；至于产出结构与投入结构的变动关系，以及投入结构中几个方面的内在联系和作用特点，我们将放在下一章来研究。

产出结构作为产业结构的整体反映，大体上可划分为以下三个层次：第一个层次是总体性产出结构，即国民经济的产出构成；第二个层次是部门性产出结构，即产业内部的产出构成；第三个层次是基础性产出比重，即基础产业部门的产出在整个国民经济中的比重或基础产业与国民经济的增长关系。根据产出结构高度化的一般趋势和中国产出结构失衡的基本表现，笔者将对以上几个层次进行有重点的分析。

[1] 包括直接生产投入和间接生产投入（劳动者的消费）。

5.1 三次产业的产值结构：当年价与不变价

三次产业的产值结构是国民经济产出构成的总体表现，是总体性产出结构的基本形式。表 5–1 提供了改革以来三次产业的产值构成变动数字。从该表和图 5–1、表 5–2 可以看到，以不变价格（分别以 1980 年和 1978 年的价格为不变价格）计算与以当年价格计算的 GDP 结构的变动有很大不同，二者的差异是由三次产业价格结构的变动决定的。❶

表 5–1 三次产业的产值构成变动——当年价与不变价

年份	占 GDP 的百分比（%）					
	当年价格			不变价格[①]		
	Ⅰ	Ⅱ	Ⅲ[②]	Ⅰ	Ⅱ	Ⅲ
1978	28.4	48.6	23.0	33.3（28.4）	46.0（48.6）	20.7（23.0）
1983	33.8	45.5	20.3	31.5（26.6）	46.6（49.2）	21.9（24.3）
1988	27.3	47.0	25.7	23.2（19.2）	52.4（54.3）	24.4（26.5）
1990	28.4	44.3	27.2	28.5（19.5）	52.5（54.4）	24.0（26.1）

❶ 以1980年价格为100来计算，1990年整个GNP的价格水平比1978年上升74.3%，其中第一次产业上升124.1%，第二次产业上升43.6%，第三次产业上升87.8%。也就是说，第一次产业的价格上涨率为第二次产业的2.85倍，为第三次产业的1.41倍。如以1978年价格为100，则到1990年，GNP价格水平上升79.8%，三次产业的价格分别上升158.4%、44.5%和85.6%，第一次产业为第二次产业和第三次产业的3.56倍和1.85倍。

续表

年份	占 GDP 的百分比（%）					
	当年价格			不变价格[1]		
	Ⅰ	Ⅱ	Ⅲ[2]	Ⅰ	Ⅱ	Ⅲ
年平均比重						
1979—1983	32.4	47.1	20.4	31.6 （26.7）	47.3 （49.9）	21.1 （23.4）
1984—1988	29.3	45.8	24.7	26.9 （22.4）	49.7 （51.9）	23.5 （25.8）
1989—1990	27.5	45.0	27.5	23.3 （19.3）	52.5 （54.3）	24.4 （26.5）
1979—1990	30.3	46.2	23.4	28.2 （23.7）	49.1 （51.4）	22.6 （24.9）

注：①不变价格分别以 1980 年和 1978 年（括号内）为 100，价格指数以 GDP 紧缩指数计算（见第 2 篇附录表 F1）；三次产业的 GDP 数字均按其价格指数扣除价格变动因素，并以三次产业之和为 100%（即不计算国外净要素收入部分）。

②Ⅰ、Ⅱ、Ⅲ分别为第一、二、三次产业。

资料来源：根据《中国统计年鉴》1989 年、1991 年有关数字计算。

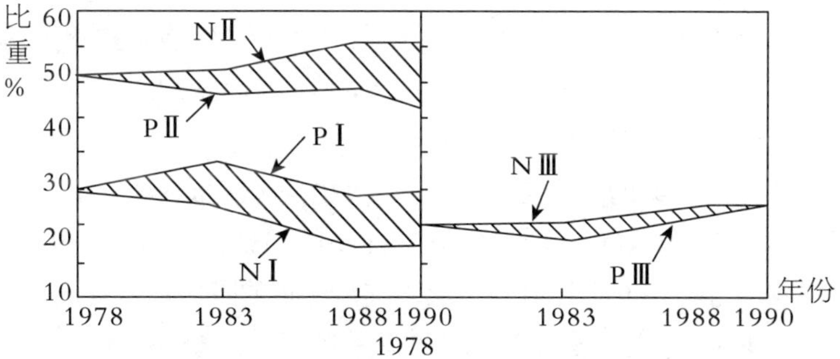

PⅠ、PⅡ、PⅢ——当年价格的三次产业比重

NⅠ、NⅡ、NⅢ——（1978 年）不变价格的三次产业比重

图 5–1　三次产业当年价与不变价产值比重变动比较——年度数据

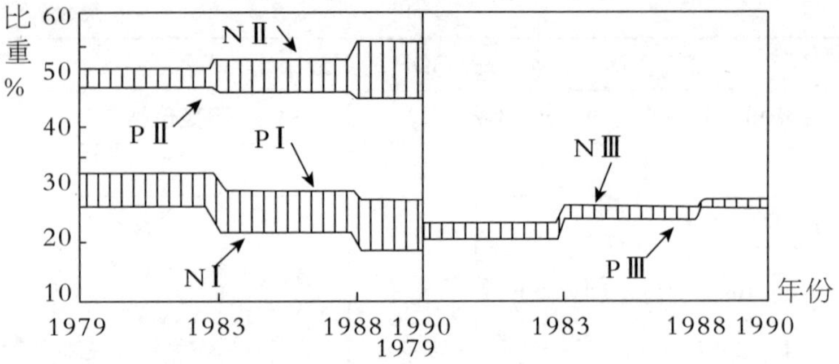

字母含义同图 5-1

图 5-2　三次产业当年价与不变价产值比重变动比较——年平均数据

从年度数字的变动看，在当年价 GDP 结构中，1983 年第一次产业的比重比 1978 年上升了 5.4 个百分点，到 1988 年又下降了 6.5 个百分点，1990 年则回到 1978 年的水平；但不变价比重的变动却明显不同，第一次产业的比重持续下降，而且降幅很大，12 年间约降低 9~10 个百分点（两种不变价比重的差额。下同）。第二次产业的比重变动大体与第一次产业相反，其当年价比重有降有升，1990 年与 1978 年相比下降了 4.3 个百分点，而不变价比重却持续上升，12 年间提高了 5.8~6.5 个百分点，两种价格的计算结果的落差为 10 多个百分点（可见价格结构变动的影响有多么大）。第三次产业的比重在两种价格计算的结构中都呈明显的上升趋势，只是当年价比重的上升幅度较大一些（比不变价比重的上升大约快 1 个百分点）。

从年平均数的变动看，第一次产业的阶段性比重是不断下降的，其当年价比重第三阶段（1989—1990 年）比第一阶段（1979—1983 年）低了 4.9 个百分点，而不变价比重的降低幅度更大，下降了 7.4~8.3 个百分点。第二次产业的阶段变动趋势和年度变动趋势相同，也是当年价比重与不变价比重呈反方向变化，前者相继降低了 2.1 个百分点，后者却相继上升了 4.4~5.2 个百分点。第三次产业的阶段性数字则是当年价比重的上升速度比不变价比重快了 3.8~4 个百分点。

上述比较表明，两种价格的计算结果所反映的产值结构变动的态势和特点极为不同，尤其第一、二次产业的比重变动更是存在很大差距（它们的年度变动差额超过了 10 个百分点，阶段性平均数变动差额也达 2.5~7.3 个百分点）。因此，仅根据当年价结构变动数字来进行分析并作出判断不可避免地存在较大偏差，目前（至 1991 年）大多数研究产业结构问题的文献都只使用当年价结构资料，这就不能不影响到所得结果的正确性。[1] 以当年价格计算的结构关系反映了产业部门之间的交换关系或价值平衡关系。[2] 以不变价格计算的结构关系则反映了产业部门之间的产出关系或物质平衡关系。根据马克思的理论，物质平衡是价值平衡的基础，价值平衡是物质平衡的实现。由于价格运动的作用，这两个方面的变动过程并不是一致的。如果以两种价格计算的产值结构的变动趋势和幅度大体相同，说明价值平衡与物质平衡的过程是统一的；如果这两种产值结构的变动趋势和幅度差别很大，则可以看作价值平衡与物质平衡的过程不一致即实际产出结构失衡的表现。这是因为，前一种情况表明价格结构的变动程度较小，即供求结构 [3] 比较协调；后一种情况则表明价格结构的变动幅度很大，而这一般是由供求结构的失衡引起的。[4] 虽然

❶ 应当说明的是，笔者在一篇文章（载于《经济理论与经济管理》1991年第2期）中，曾使用当年价结构变动数字来分析中国产业基本结构在1979—1988年的变动态势，得出结构变动趋势并不异常的结论。现在看来，这种较简单的分析方法及其所得结论是不妥的，应予以纠正。

❷ 假设价格变动能反映价值变动。

❸ 供求结构是指产业之间的供给构成与需求构成的关系。

❹ 在供求结构失衡的情况下，供不应求的产业部门的价格水平上升，而供过于求的产业部门的价格水平下降，如果由于总需求过大或货币贬值的影响，所有产业部门的价格水平都上升，则前一类部门的价格上升幅度很大，后一类部门的价格上升幅度明显小得多，从而引起价格结构的较大变动。

中国的价格结构变动在某种程度上系由人为调整价格所导致，也包含了对改革前长期扭曲的价格结构加以矫正的因素，但随着经济体制改革的推进和市场机制调节范围及程度的扩大，价格水平越来越多地受到供求关系的调节，价格结构的波动在越来越大的程度上反映了供求结构的不协调即产出结构的失衡状态。上述理论推导是符合中国的实际情况的，以两种价格计算的三次产业比重变动的差距，恰好与改革以来尤其是1984年以来产出结构失衡的表现相一致，这种失衡状态在近两年（至1991年）市场需求由膨胀转为疲软的条件下如同水落石出，显得十分突出。同时也就表明，对于分析产出结构变动的趋势和特点尤其是结构失衡问题来说，不变价结构变动数据也许具有更大的意义。

5.2 农、轻、重的产值结构：当年价与不变价

农业、轻工业、重工业部门的产值结构可以看作总体性产出结构的一个表现，虽然它对国民经济产出构成的反映不够全面（把服务业部门排除在外）。从这方面来看，两种价格计算的产值比重的变动趋势和幅度也是极不相同的（见表5–2和图5–3、图5–4）。不变价构成与当年价构成从总体上比较，1978—1990年的年度变动数字，农业的比重相差9.5个百分点，轻工业的比重相差约7个百分点，重工业的比重差2.6个百分点；从三个阶段的年平均数看，农、轻、重的差距分别为6.7个、4.7个和1.9个百分点，第三阶段的差距则为8.8个、6.4个和2.4个百分点。以当年价计算的农业产值比重在第一、二阶段都比1978年有较大幅度的提高，而以不变价计算的同样数字却表现为明显的乃至大幅度的降低。上述巨大差异也是由农、轻、重部门价格结构的

剧烈变动造成的❶，这种价格结构的变动也是农业、轻工业、重工业部门的供求结构失衡即产出结构失衡的表现。

从表 5–2 可以看到，当年价产值结构对结构失衡状态的反映并不明显，因为从 1979—1988 年，这 10 年间农业的平均比重比 1978 年有较大幅度的上升，而轻工业比重的上升则为重工业比重的下降所抵消。但这种结构变动数字与 1984—1988 年结构失衡日益突出，尤其是农副产品供求矛盾日益尖锐的现实显然不相符合，可见以当年价格数字来进行结构分析❷是不适当的，并不能揭示出结构失衡的变动态势以及失衡的程度。❸从逻辑上说，产出结构失衡已经通过市场供求结构的波动而引致价格结构变动，从而转化为当年价产值结构的变动；再以当年价结构数字来进行分析，怎么可能反映出结构失衡的态势和程度呢？！

表 5–2　农、轻、重产值构成变动——当年价与不变价

年份	占工农业总产值（%）					
	当年价格			不变价格[1]		
	农业	轻工业	重工业	农业	轻工业	重工业
1978	24.8	32.4	42.8	24.8	32.4	42.8
1983	29.9	34.0	36.1	23.5	38.3	38.2

❶ 据计算，工农业部门的价格水平（总产值紧缩指数）1990年比1978年上升了66.8%，其中农业部门上升了170.8%，轻、重工业部门分别上升39.5%和54.6%（参见第2篇附录表F2）。这样，农业部门的价格上涨率为轻工业部门的4.32倍，为重工业部门的3.13倍。

❷ 这是至今为止国内绝大多数（如果不是全部的话）经济学文献尤其是实证研究文献所采用的分析方法。

❸ 同时应当指出，近两年的统计资料把原有的一些不变价格结构数字（如轻、重工业的结构数字）也改为当年价结构数字，令人莫名其妙；如果没有特别重要的目的，看来应采用不变价结构数据，以便结构分析。

续表

年份	占工农业总产值（%）					
	当年价格			不变价格①		
	农业	轻工业	重工业	农业	轻工业	重工业
1988	24.3	37.3	38.4	15.5	43.5	41.1
1990	24.3	37.4	38.3	14.8	44.3	40.9
年平均比重						
1978—1983	28.5	34.5	37.1	23.7	37.2	39.1
1984—1988	26.6	35.2	38.2	18.9	41.3	39.8
1989—1990	23.6	37.6	38.8	14.8	44.0	44 2
1979—1990	26.9	35.3	37.9	20.2	40.0	39.8

注：不变价格以 1978 年为 100，价格指数以总产值紧缩指数计算（见第 2 篇附录表 F2），农、轻、重的总产值数字均按其价格指数扣除了价格变动因素。

资料来源：根据《中国统计年鉴 1991》有关数字计算。

因此，要考察农业、轻工业、重工业部门的比例关系及其演变态势，也许主要应依据不变价结构数字。从这方面可以发现，改革以来农业部门的实际产出比重持续下降，而且降幅相当大。从年度数字看，整整降低了 10 个百分点；从年平均数看，第三阶段比第一阶段降低了约 9 个百分点；其变动态势是，1983 年以前情况较好，1984 年以后农业比重迅速下降，年平均降幅超过了 1 个百分点，这就是农业部门越来越陷入低谷的表现，也是农业日益成为经济发展制约因素的原因。相比之下，轻工业的产出比重一直大幅度上升，1990 年比 1978 年升高了约 12 个百分点，第三阶段年平均比重比第一阶段提高了 6.8 个百分点，从而与农业比重的下降形成了巨大反差（农业与轻工业的产出之比在 1978 年为 1∶1.3，1990 年发展到 1∶3.0，整个改革时期产出之比为 1∶2），导致了二者之间日益严重的结构矛盾。同时，轻工业比重的过快上升与重工业比重的下降也引起了明显的不协调，以实际总产出计算的霍夫曼比例值由 1978 年的 0.76 上升到 1990 年的 1.08，工业结构表现出强烈的轻型化趋势，这就使轻、重工业出现了新的矛盾，特别是加工工业与基础工业日益尖锐的冲突。本来，针对改革前重工业化超前的状态，改革初期轻工业的较快发展及其比重的适当上升是必要的和合理的，但 1984 年以后轻工业部门继续超速增长，这就违背了中国所处工业化阶段的经济发展特点，并与重工业中本来就没有打好的基础形成了越来越突出的矛盾。

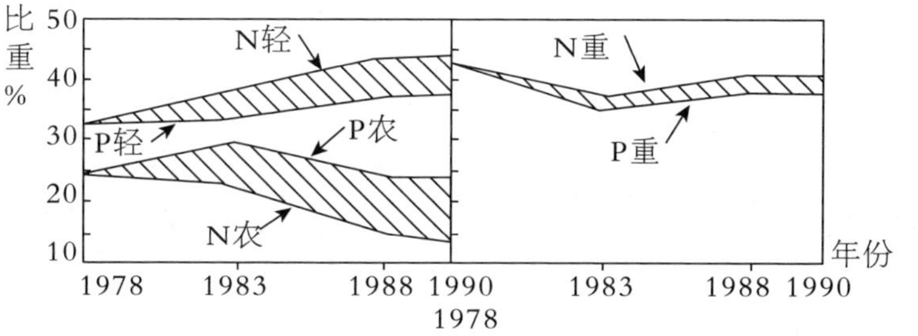

P农、P轻、P重——当年价格的农、轻、重部门产值比重
N农、N 轻、N重——不变价格的农、轻、重部门产值比重

图 5-3　农、轻、重当年价与不变价产值比重变动比较——年度数据

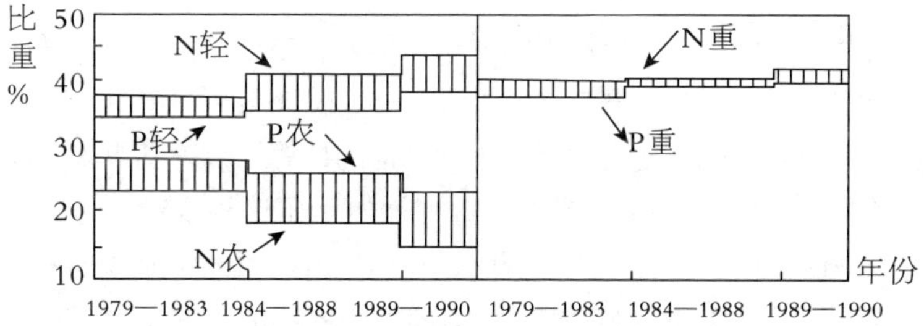

字母的含义同图 5-3

图 5-4　农、轻、重当年价与不变价产值比重变动比较——年平均数据

表 5-3 工农业净产值构成变动——当年价与不变价

年份	以工农业净产值为 100			
	当年价格		不变价格①	
	农业	工业	农业	工业
1978	39.9	60.1	39.9	60.1
1983	47.4	52.6	38.8	61.4
1988	41.3	58.7	28.8	71.2
1990	43.1	56.9	28.6	71.4
年平均数				
1979—1983	45.0	55.0	38.3	61.7
1984—1988	43.7	56.3	33.4	66.6
1989—1990	41.7	58.3	28.4	71.6
1979—1990	43.9	56.1	34.6	65.4

注：①不变价格以 1978 年为 100，价格指数以净产值紧缩指数计算（见第 2 篇附录表 F3，工农业净产值均用价格指数扣除了价格变动因素。

资料来源：根据《中国统计年鉴 1991》有关资料计算。

上面是从总产值结构来考察的，那么，净产值结构的变动有没有什么不同呢？从表 5–3 以及图 5–5、图 5–6 可以看到，在工农业净产值构成的变动中❶，两种价格的计算结果差别更大，而且越来越大（图 5–5 和图 5–6 直观地显示了这种变动趋势）。在总产值结构中，农业不变价比重与当年价比重的年度变动差距为 9.5 个百分点，而净产值结构中的这一差距达 14.5 个百分点；

❶ 由于没有轻、重工业的净产值增长率数字可供利用，无法计算轻、重工业净产值的不变价结构，我们只好考察工农业的净产值构成变动。但这已能大体反映总产值结构与净产值结构的变动差异了。

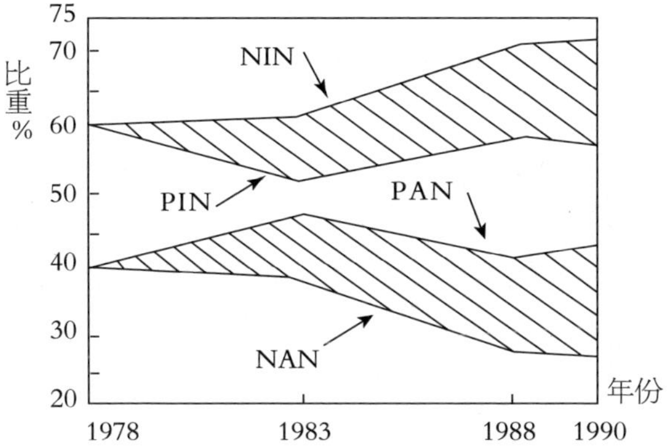

PAN和PIN分别为当年价的农业和工业净产值比重
NAN和NIN分别为当年价的农业和工业净产值比重

图 5-5　工农业当年价与不变价净产值构成变动比较——年度数据

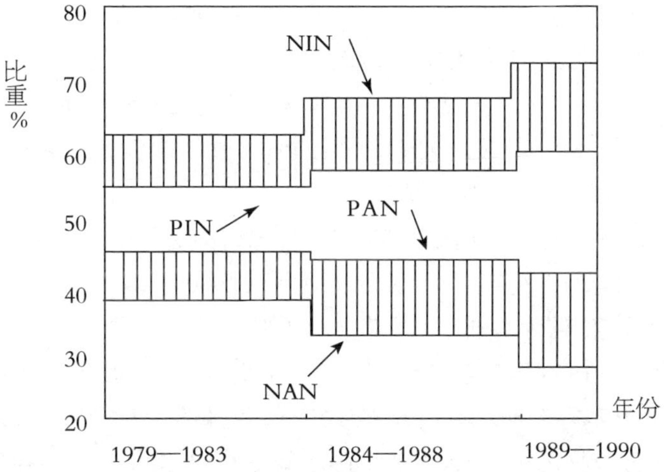

字母含义同图5-5

图 5-6　工农业当年价与不变价净产值构成变动比较——年平均数据

以两种价格计算的农业总产值比重的阶段性年平均差距为 4.8~8.8 个百分点，而农业净产值比重的同样差距达 6.7~13.3 个百分点。可见工农业净产值的价格结构的变动幅度更大（有关价格指数见第 2 篇附录表 F3），说明净产值结构的失衡状态更加突出。以不变价结构变动来衡量，净产值构成的变动态势和特点与总产值构成大体相同，都是前几年的结构关系较为合理，1984 年以后农业比重的下降幅度过大，导致工农业比例关系失衡；但净产值结构的变动过程更为猛烈，农业净产值的年度比重由 1978 年的 39.9％下降到 1990 年的 28.6％，降低了 11.3 个百分点，年平均比重由第一阶段的 38.3％下降到第三阶段的 28.4％，降低了约 10 个百分点，工业净产值比重则相应地迅速上升，因而使工农业净产值比例的失衡程度明显更大。

5.3 产出结构变动的国际比较

以上通过当年价与不变价产值结构的差异分别考察了三次产业和农、轻、重产出结构的变动，但是，仅仅依据这个方面来反映经济增长中的产出结构变动及其失衡表现无疑是不够的，还必须通过与其他国家的一般趋势相比较，并从结构高度化趋势与协调化要求的关系来进行分析。

表 5-4 列出了中国与其他国家产出结构变动的比较数字。中国的数据是以不变价格计算的，分别以 1980 年和 1978 年（括号内）不变价格为基础，一般趋势所选国家（57 个国家）的数据是按 1957—1959 年数字估算的，具有不变价性质；由于中国的人均 GNP 基本上与人均 GDP 数字相同，我们在计算产值构成时又以三次产业之和为 100％（实际上就是 GDP 结构，即不包括国外净要素收入部分），因此两类计算结果具有直接可比性。在这里，我们主要是比较产出结构的变动态势和速度而不是比较其绝

对水平[1]，所以没有必要把中国的人均GNP换算为1958年美元，但为了从另一角度进行对照或比较，我们根据国际比较项目法和工农业生产指数法，并考虑价格因素对人均GNP数字加以适当调整（放在括号内）。

表 5-4 产值结构变动的国际比较

		人均收入（美元[1]）	产值构成[2]（%）		
			I	II	III
中国	年度数				
	1978	223（446）[3]	33.4（28.4）	46.0（48.6）	20.7（23.0）[3]
	1983	287（574）	31.5（26.6）	46.6（49.2）	21.9（24.3）
	1988	342（684）	23.2（19.2）	52.4（54.3）	24.4（26.5）
	1990	326（652）	23.5（19.5）	52.5（54.4）	24.0（26.1）
一般趋势	大国[4]				
	（1）	70	45.8	21.0	33.2
	（2）	150	36.1	28.4	35.5
	（3）	300	26.5	36.9	36.6
	（4）	500	19.4	42.5	38.1
	（5）	1000	10.9	48.4	40.7
	（1）—（5）	平均数	27.8	35.4	36.8
年平均数	1979—1983	280（560）	31.6（26.7）	47.3（49.9）	21.1（23.4）
	1984—1988	273（546）	26.9（22.4）	49.7（51.9）	23.5（25.8）
	1989—1990	352（704）	23.3（19.3）	52.5（54.3）	24.4（26.5）
	1979—1990	288（576）	28.2（23.7）	49.1（51.4）	22.6（24.9）

[1] 中国产出结构的绝对水平在改革开始时就明显不同于其他国家，其特点是工业化阶段超前和存在结构偏差。这一点我们在前文分析结构变动的经济条件时已指出过。

续表

	人均收入（美元①）	产值构成②（%）		
		Ⅰ	Ⅱ	Ⅲ
小国③				
（1）	70	50.7	21.1	28.2
（2）	150	37.0	26.5	36.5
（3）	300	26.7	31.4	41.9
（4）	500	20.4	38.1	41.5
（5）	1000	14.2	48.1	37.1
（1）—（5）	平均数	29.8	33.2	37.0

注：①中国为当年汇率美元；其他国家为 1958 年汇率美元。

②中国的人均收入为 GNP 数字，其他国家为 GDP 数字；关于三次产业划分，中国的运输和电信业属第三次产业，其他国家则放在第二次产业；其余大体相同。

③括号内产值数字为 1978 年不变价格比重，其余（中国）数字为 1980 年不变价格比重。括号内收入数字为调整数字，根据国际比较项目法和工农业生产指数法的换算比例（见第 3 章第 2 节），并考虑中国的价格水平和价格结构，这里把调整系数确定为 2；显然，由于这个问题涉及面很广，计算过程极其复杂，采取粗线条的换算方法反而更适当、更可信一些。

④大国是在 1958 年具有 12 亿美元以上的 GDP 及 1000 万人口以上的国家，共包括 22 个国家（或地区）。

⑤小国是在大国标准以下的国家，共 35 个国家（或地区）。

资料来源：中国数字取自本书表 5-1 和第 2 篇附表 F4；其他国家数字取自库兹涅茨的《各国的经济增长》（商务印书馆 1985 年中译本）第 128—129 页，表 17。有关注释参见该书第 110—129 页。

从表 5-4 可以看到，大国与小国的产出结构变动趋势存在一定差异，但差异不太大。中国与大国趋势相比较，结构变动的相对速度明显过快。第一次产业比重下降和第二、三次产业比重上升是产出构成变动的一般趋势，这是结构高度化的表现。大国趋势在人均收入 300~500 美元（人均收入增加 2/3）时第一次产业的产出比重下降了 7 个百分点[1]，而中国 1990 年与 1978 年相比，在人均收入由 223 美元上升到 360 美元（增加不足 1/2）时第一次产业的产出比重却降低了 9~10 个百分点，年平均比重则在人均收入只上升 1/4 的条件下降低了 7~8 个百分点（1989—1990 年与 1979—1983 年相比），其变动幅度大大超过一般趋势（应当指出，中国人均 GNP 美元数的上升受到汇率不断下调的影响，其中既有购买力对比关系变动的因素，也有汇率政策调整的原因，后一个方面掩盖或减少了中国人均收入美元的上升幅度。但是，即使充分考虑到后一个影响的存在，中国第一次产业产出比重特别是年平均比重的下降速度仍然偏快）。从第二次产业的产出比重看，本来这一比重在改革开始时已存在过高的问题（远远高于其他国家），并使结构关系处于失衡状态，根据结构协调的要求，第二次产业比重的上升速度应当有所放慢，但实际上这一速度依然很快（特别是 1983—1988 年），与人均收入水平的变动相比较，中国第二次产业的年度比重和年平均比重的变动度[2]都明显超过大国趋势。第三次产业的产出比重变化，中国的上升速度也大大超过一般趋势，但这是合理的和必要的，因为改革开始时中国的第三次产业比重远远低于其他国家（现在仍是如此），第三次产业的不发达对于其他产业的发展造成了较大制约，所以其比重的迅速提高符合产业结构协调化的要求。

库兹涅茨和钱纳里等经济学家在考察产业部门的产出比重变

---

❶ 在人均收入处于150~300美元（增加1倍）时第一次产业的比重只下降9.6个百分点，即这一阶段的变动速度低于上述阶段。实际上，人均收入在300~500美元阶段时第一次产业的比重变化率（与收入变动相比）是较大的。

❷ 指绝对变动度即产业比重变化的百分比，而不是指相对变动率即产业比重变化率（变动幅度占原比重的比率）。由于我国第二次产业的比重远远高于同等收入水平的国家，所以在进行国际比较中，相对变动率与绝对变动度是很不一样的。

化与人均产值或人均收入（人均 GDP 或 GNP）变化的关系时，曾计算了各部门比重升降对人均收入增长的反应弹性值。[1] 其计算公式为：

$$E_i=a_i+[(a_i-1)\div r] \quad (1)$$

其中，E_i 为 i 部门的反应弹性值，a_i 为 i 部门的终端比重与起点比重之比，r 为人均收入在两端间的增长率。反应弹性值可用于计量各部门产出比重变化对于人均收入变化的反应程度。随着人均收入的增长（$r>0$），产出比重下降的部门的 a_i 值 [2] 小于 1，产出比重上升的部门的 a_i 值大于 1；E_i 值则测量这种比重变化与收入变化的关系，E_i 值偏离 1 越多，表明 i 部门的产出比重变动对于人均收入增长的反应弹性越大，或收入水平的差异对部门产出份额的影响越高。

根据各国的部门产出结构变化的一般趋势数据来计算反应弹性值，可以反映出部门产出比重与人均收入水平的一般变动关系，这种变动关系大体上表现了产出结构高度化与协调化统一的要求。因此，下面我们以表 5-4 的有关数据为基础，分别计算中国三次产业产出结构变动和大国变动趋势的反应弹性值，来作一比较分析。由于人均收入增长的百分比大小（人均收入水平的变动差异）会影响反应弹性值的计算结果，必须确定一个标准增长率才能使以此计算的反应弹性值具有直接的比较意义。借鉴库兹涅茨和钱纳里的计算方法，这里也以 20% 作为人均收入增长率（r）的标准值。计算过程如下：把 r 的实际数据加上 1，即（r+1），取对数，除以 1.20 的对数，得出考察期内人均收入增

---

❶ 参见［美］西蒙·库兹涅茨：《现代经济增长》第3章和《各国的经济增长》第3章，以及H.钱纳里《工业增长的型式》一文。由于前两书的中文译本关于这一部分的翻译不够准确且存在一些错误，请参阅原著的英文版本，耶鲁大学出版社1966年版和哈佛大学出版社1971年版。

❷ $a_i=P_i(t+1)/P_i(t)$，P_i是i部门的产出在总产出中的比重，$P_i=V_i/V$，t为时期。

长的标准间隔单位，据此算出收入增长（20%）的相应数字；然后用实际数据 a_i 的对数除以上述相应数字的对数，取其结果的反对数，以之代替上面公式（1）的 a_i 而求得 E_i。

表 5-5 列出了中国与大国趋势关于产出结构变动在人均收入的标准增长为 20%时的反应弹性值。由于部门产出比重的上升与下降都是对人均收入增长的反应，E 值偏离 1 越多即反应弹性越大，用 $E-1$ 的绝对值可直接衡量各产业部门反应弹性的大小。从大国趋势看，在不同收入阶段即第（1）~（4）阶段中，第一次产业产出比重变化的反应弹性值是不断上升的，而第二次产业的反应弹性值则持续下降，只有第三次产业的数字变动不规则；这除了各个收入阶段的产出比重变化具有不同特点外，一个重要原因是比重大小的影响，即份额的数量越大，以此为基数的相对变化率就越小，反之亦然。而第一、二次产业的产出份额的变动完全是反方向的，它们与其反应弹性值的变动也是反方向的。总的来看，第（1）个收入阶段（人均收入 70~150 美元）的反应弹性值为第二次产业最大，即其产出比重急剧上升；第（4）个收入阶段（人均 500~1000 美元）的反应弹性值为第一次产业最大，即其产出比重迅速下降；中间两个收入阶段的反应弹性值，第一、二次产业都处于中等水平，只有第三次产业处于较低时期。[1]与大国趋势相比，中国第一次产业的反应弹性值（总体年度数和年平均数）远远超过它们的所有收入阶段，以 1978 年不变价比重计算的数字的超幅更大，这说明中国第一次产业的比重下降明显太快；第二次产业的反应弹性值低于大国趋势的前两个收入阶段而高于其后两个收入阶段，考虑到中国第二次产业的比重从一开始就已经很高，这种情况会大大降低反应弹性值，再与相近的

[1] 总的来说，大国趋势中第三次产业的反应弹性值都很低，这是因为它们的第三次产业比重从一开始就相当高，所以随着人均收入增长，其比重变化率相对很小。

收入阶段相比较，可发现中国第二次产业比重的上升速度也是过快的。至于第三次产业的反应弹性值大幅度高于大国趋势，则是因为这一产业的比重相对较低，所以既上升较迅速，上升过程也表现为较大的反应弹性值。

从中国年度数字的两个分阶段（见表 5–5）来看，其反应弹性值极为悬殊。前一阶段（1978—1983 年）第一、二次产业的反应弹性值非常低，说明它们之间相对于人均收入水平的结构变动很慢（这与此时期的结构调整和农村改革大大促进农业产出增长直接相关），但作为对改革前产业结构变动超前的一种“纠偏”，上述现象是合理的；后一阶段（1983—1988 年）三次产业的反应弹性值都很高，尤其第一次产业的弹性值竟达 1 左右，为大国趋势中相同收入阶段数字的近 3 倍，即第一次产业比重的下降速度极其猛烈和惊人，第二次产业的弹性值也表明其比重上升速度大大超过相近收入阶段的大国趋势。

综上所述可以指出，中国三次产业产出结构失衡的基本表现是第一次产业比重下降超速（主要是 1984 年以后）和第二次产业比重上升过快，而这两个产业的投入产出关系相当密切，由此导致的结构矛盾就更加严重。这种结构失衡的特征与改革前基本上是一样的，而其突出表现在改革以来的第二阶段，主要原因是产出比重高度化的演进太快，超过人均收入水平上升所带来的技术进步和需求结构变动的速度，冲击了结构变动过程的协调机制。只有第三次产业比重的迅速上升可以同时起到促进结构高度化和协调化的作用。然而，由于改革以来尤其是第二阶段第三次产业发展过程中内部结构不合理（商业部门和各类公司膨胀而运输、电信以及科研、教育等部门发展滞后），使这一产业的较快发展没有起到协调结构关系的应有作用，反而因流通环节大量增多和官倒、私倒泛滥而加深了三次产业的失衡状态。

表 5-5　产出比重变化的反应弹性值比较[1]

	人均收入（美元）	人均收入的标准增长为 20%时的反应弹性值（E）					
		Ⅰ		Ⅱ		Ⅲ	
		$E_{Ⅰ}$	$\lvert E_{Ⅰ}-1 \rvert$	$E_{Ⅰ}$	$\lvert E_{Ⅱ}-1 \rvert$	$E_{Ⅲ}$	$\lvert E_{Ⅲ}-1 \rvert$
中国							
1. 年度数							
1978—1990	223~326 （446~652）[2]	0.411 （0.370）[2]	0.589 （0.630）	1.256 （1.215）	0.256 （0.215）	1.288 （1.247）	0.288 （0.247）
1.1 1978—1983	223~287 （446~574）	0.853 （0.827）	0.147 （0.173）	1.035 （1.033）	0.035 （0.033）	1.152 （1.151）	0.152 （0.151）
1.2 1983—1988	287~342 （574~684）	0.007 （−0.053）	0.993 （1.053）	1.429 （1.359）	0.429 （0.359）	1.395 （1.315）	0.395 （0.315）
2. 年平均数							
1979—1983 至 1989—1990	280~352 （560~704）	0.222 （0.175）	0.778 （0.825）	1.299 （1.241）	0.299 （0.241）	1.421 （1.357）	0.421 （0.357）

续表

	人均收入(美元)	人均收入的标准增长为 20% 时的反应弹性值(E)					
		Ⅰ		Ⅱ		Ⅲ	
		E_{I}	$\vert E_{I}-1\vert$	E_{I}	$\vert E_{II}-1\vert$	E_{III}	$\vert E_{III}-1\vert$
大国趋势							
(1)	70~150	0.682	0.318	1.498	0.498	1.101	0.101
(2)	150~300	0.648	0.352	1.356	0.356	1.038	0.038
(3)	300~500	0.613	0.387	1.198	0.198	1.055	0.055
(4)	500~1000	0.524	0.476	1.126	0.126	1.064	0.064
(5)	70~1000	0.410	0.590	1.633	0.633	1.128	0.128

注：①有关注释见表 5-4。

② E 的括号内数字以 1978 年不变价格比重计算，其余（中国）数字以 1980 年不变价格比重计算。人均收入的括号内数字为调整数。

资料来源：根据表 5-4 有关数字计算，计算过程如正文所述。

5.4 产业内部的产出结构

产业内部的产出结构即部门性产出结构主要是指三次产业或农、轻、重内部的产出构成。改革以来，中国第一次产业（即大农业）内部结构的变动基本上是合理的，作为对过去“以粮为纲”单一结构模式的突破，狭义农业即种植业的产出比重不断下降，林业、牧业、渔业和副业的产出比重不断上升，农业产出结构在高度化的过程中，结构关系较为协调。相比之下，工业内部和第三次产业内部的产出结构失衡却显得相当突出。因此，在这一部分，我们主要考察后两个方面的结构变动及其失衡表现。

从工业内部的产出构成看，我们直接运用不变价结构数据来进行考察（表 5-6）。由于没有近两年（1989—1990 年）的不变价资料可供利用，实证分析只好到 1988 年为止。

在轻工业产值的构成中，以农产品为原料部分的比重在前一阶段（1979—1983 年）有所上升（年平均比重比 1978 年上升 1.3 个百分点），在后一阶段（1984—1988 年）明显下降（比前一阶段降低 2.4 个百分点），但由于整个轻工业比重的上升幅度很大，使这一部分在工农业总产值中的比重仍表现为较大幅度上升。从表 5-7 可以清楚地看到，以农产品为原料的轻工业在工农业总产值中的比重自改革以来一直是迅速上升的，年度比重提高了 6.1 个百分点，年平均比重前一阶段比 1978 年提高 3.7 个百分点，后一阶段又比前一阶段提高 1.9 个百分点，从而与农业比重的大幅度下降形成了鲜明对照。二者之比（以农业比重为 1）1978 年为 0.90，1988 年发展为 1.83，比率的变动度竟达 1 倍多；年平均比率由前一阶段的 1.09 发展到后一阶段的 1.47，改革 10 年的平均比率也为 1.26，比 1978 年的数字高很多。农业与以农产品为原料的轻工业在社会再生产过程中是前后向部门，它们的产出构成了直接的投入产出关系，因此二者比率的大幅度升高使供求矛盾十分突出，加上轻工业部门的物质消耗比重不断上升，结果使农产品的紧张状况明显加剧，其市场价格不断上涨。这是产出结构失衡及其影响的一大表现。

表 5-6 工业内部产出结构的变动①

年份	轻工业内部比例（占轻工业总产值比重）		重工业内部比例（占重工业总产值比重）		
	以农产品为原料	以工业品为原料	采掘工业	原料工业	加工工业
1978	68.4	31.6	12.0	35.5	52.5
1983	69.4	30.6	13.1	38.3	48.6
1988	65.0	35.0	9.5	33.8	56.7
年平均数					
1979—1983	69.7	30.3	13.1	38.6	48.3
1984—1988	67.3	32.7	11.8	35.3	53.7
1979—1988	68.5	31.5	12.5	37.0	51.0

注：①本表均为不变价格数字。

资料来源：《中国工业经济统计资料》（1949—1984）、（1987），《中国工业经济统计年鉴》（1988）、（1989）。

表 5-7 农业与以农产品为原料的轻工业的产出比重变动①

年份	占工农业总产值比重（%）		年份（平均数）	占工农业总产值比重（%）	
	农业	以农产品为原料的轻工业		农业	以农产品为原料的轻工业
1978	24.8	22.2	1979—1983	23.7	25.9
1983	23.5	26.6	1984—1988	18.9	27.8
1988	15.5	28.3	1979—1988	21.3	26.9

注：①比重均为不变价数字。以农产品为原料的轻工业的比重用轻工业比重乘以其中农产品为原料部分的比重算出。

资料来源：本书表 5-2 和表 5-6。

轻工业中以工业品为原料部分的比重变化与重工业内部结构的变动相联系。在重工业产值构成中，采掘工业和原料工业的比重都是先升后降，后 5 年（1984—1988 年）的平均比重不仅低于前 5 年（1979—1983 年），而且低于 1978 年的水平；加工工业的比重变化恰好相反，先降后升，后一阶段的平均比重既高于前一阶段也高于 1978 年。把表 5–6 中有关方面的变化联系起来看，我们不难发现，后几年工业内部产出结构的变动很不合理，1984—1988 年与 1979—1983 年相比，轻工业中以工业品为原料部分的平均比重上升了 2.4 个百分点，重工业中加工工业的平均比重上升了 5.4 个百分点，而同期原料工业的平均比重却降低了 3.3 个百分点，说明整个加工工业的增长速度大大超过了原料工业。在中国重化工业的基础并没有打好和工业生产的技术水平并没有明显提高的条件下，这种高加工度化过程的片面加快或盲目演进必然带来工业内部结构的严重失衡。表 5–8 显示了这种失衡状态。

从表 5–8 可以看到，原材料工业与加工制造业的比例关系在改革初期的几年比较合理（这几年原材料工业产出比重的一定上升是结构调整的结果，它缓和了改革前原材料短缺的矛盾，使工业内部的结构关系趋于协调），但后几年结构失衡状态不断加深。原材料工业的比重自 1982 年起一直下降，1988 年的比重只有 26.7%，7 年间降低了 8.4 个百分点，下降幅度实在令人吃惊；从年平均比重看，由前 5 年的 33.4% 下降到后 5 年的 29.1%，平均降低了 4.3 个百分点，下降幅度也是惊人的。而加工制造业的比重则以同样的速度持续上升。原材料工业与加工制造业之比由 1981 年的 0.54 降低到 1988 年的 0.36，7 年间恰好下降了 1/3，年平均比率由 1979—1983 年的 0.50 下降到 1984—1988 年的 0.41，相当于二者之比在 5 年之间平均降低了 18 个百分点。如此急剧的结构变动，即使发达国家在高加工度化迅速推进的阶段也是极为罕见的。然而轻、重工业的物质消耗比重却在不断上升，轻工

表 5-8　原材料工业与加工制造业比例及轻、重工业物质消耗比重的变化

年份	原材料工业与加工制造业产值比重①（%）		原材料工业与加工制造业之比（3）=（1）÷（2）	轻、重工业物质消耗比重（%）	
	原材料工业（1）	加工制造业（2）		轻工业	重工业
1978	31.8	68.2	0.47	69.2	62.5
1979	33.0	67.0	0.49	70.0	62.5
1980	32.4	67.6	0.48	69.8	61.7
1981	35.1	64.9	0.54	70.2	62.9
1982	33.8	66.2	0.51	71.0	63.5
1983	32.7	67.3	0.49	71.7	64.1
1984	30.7	69.3	0.44	72.3	63.3
1985	29.6	70.4	0.42	71.7	63.2
1986	29.6	70.4	0.42	72.0	65.4
1987	28.8	71.2	0.40	72.4	66.2
1988	26.7	73.3	0.36	72.9	67.5
年平均数					
1979—1983	33.4	66.6	0.50	70.5	62.9
1984—1988	29.1	70.9	0.41	72.3	65.1
1979—1988	31.3	68.8	0.46	71.4	64.0

注：①加工制造业包括轻工业中以工业品为原料的加工制造业和重工业加工制造业两个部分；原材料工业与加工制造业的产值总和为100%；均按不变价格计算。

资料来源：同表 5-6。

业物耗比重由 1978 年的 69.2% 上升到 1988 年的 72.9%，升高了 3.7 个百分点，重工业物耗比重由 1978 年的 62.5% 上升到 1988 年的 67.5%，升高了 5 个百分点；后一阶段与前一阶段相比，轻工业年平均物耗比重上升了 1.8 个百分点，重工业的这一数字上升了 2.2 个百分点，而后 5 年与 1978 年相比，轻、重工业的平均物耗比重分别上升了 3.1 个和 2.6 个百分点。[1] 虽然物质消耗比重的上升是由多种原因造成的，但这毕竟大大增加了同量产出的投入比重，尤其增加了原材料的投入比重。这样，上述两个方面就构成了近几年（全 1991 年）来中国原材料供给日益紧张及其市场价格不断上涨的根本原因，并对国民经济的有效增长形成了严重的短线制约。这种产出结构向高加工度化超速演进与工业生产中技术进步相当缓慢而形成的矛盾，是 1984 年以来工业内部结构日益失衡的突出表现。

再从第三次产业内部的产出构成看。这方面的统计资料极少，我们只能根据现有的数据来进行分析。在以不变价格计算的第三次产业 GDP 构成中，改革以来运输邮电业和商业所占比重是不断下降的（见表 5–9）。商业比重的下降也许与统计上的原因有很大关系，根据 GDP 的统计口径，大量的官倒、私倒公司和个体商业的 GDP 数字可能得不到统计或大大少计。运输邮电业则到目前为止（至 1991 年）都以国营企业为主体，其 GDP 数字的计算会较为准确。因此，运输邮电业比重的下降表明第三次产业内部结构的变动是不合理的。

[1] 表5–8的数字表明，前一阶段轻工业物耗比重上升幅度较大，重工业物耗比重升幅较小；后一阶段的情况则反过来。

表 5-9　中国第三次产业内部的 GDP 构成变动①

年份	第三次产业	运输邮电	商业	其他
1978	100.0	21.0	32.2	46.8
1983	100.0	19.6	28.6	51.9
1988	100.0	18.7	27.5	53.8
1990	100.0	18.6	21.8	59.6
年平均数				
1979—1983	100.0	20.3	30.7	49.0
1984—1988	100.0	18.8	28.0	53.2
1989—1990	100.0	18.6	22.6	58.8
1979—1990	100.0	19.4	28.2	52.4

注：①本表以不变价格计算。

资料来源：根据《中国统计年鉴 1991》有关数字计算。

从其他国家的经验看，根据库兹涅茨对 57 个国家（或地区）的有关数据的研究，运输通信业在第三次产业中的比重，在人均 GDP 为 51.8~221 美元时是下降的，而从 221~864 美元时则是上升的；商业比重的变动则大体与此相反，尤其在 221~864 美元阶段是较大幅度下降的（见表 5-10）。相比之下，中国改革以来的人均收入水平正处于运输通信业的比重不断上升的时期，但实际数字却表明这一比重不是上升而是持续下降，可见中国第三次产业的结构变动明显不同于其他国家的一般趋势。考虑到中国的工业化程度和速度远远超过其他同等收入水平的大多数国家，要求运输通信业有一个更大更快的发展，即其比重应当比一般趋势上升得更快，所以这一比重的下降就显得更加不合理。这是第三次产业内部结构失衡的一个表现。虽然中国的运输邮电业在第三次产业中的比重高于其他国家，但这是因为我们的第三次产业比重很低，如果把运输邮电业放到整个 GDP 中来考虑，那么中国的这一比重明显低于一般趋势。这一点我们将在下面加以分析。

表 5-10　第三次产业 GDP 构成变动的一般趋势①

人均 GDP（美元）	第三次产业	运输通信	商业	其他
51.8	100.0	15.7	38.7	45.6
82.6	100.0	15.2	30.3	54.5
138	100.0	13.4	31.2	55.4
221	100.0	13.3	34.6	52.1
360	100.0	13.3	30.5	56.2
540	100.0	14.0	26.9	59.1
864	100.0	20.9	25.3	53.8
1382	100.0	16.1	29.3	54.6

注：①本表数据以 57 个国家（或地区）的统计资料为基础得出。人均 GDP 为 1958 年美元。绝大多数国家的 GDP 构成数字是 1957—1959 年的估算数，具有不变价格性质；少数国家的估算数是按不变价格或市场价格计算的产值或国内生产净值为基础的。

资料来源：根据西蒙·库兹涅茨的《各国的经济增长》（商务印书馆 1985 年中译本）第 111 页表 12 的数字计算。库兹涅茨把运输通信业划归为第二次产业，笔者把这个部分的比重加到第三次产业，并以由此得到的结果为 100%而计算各分支部门的比重。有关注释请参见书第 110—112 页。

5.5　基础性部门的产出比重

基础性部门包括农业、基础工业和基础设施部门。前面已分析了农业部门在国内生产总值和工农业总产值及净产值构成中的变动关系，原材料工业在整个工业结构中的变动关系，这里再考察能源工业和运输通信业在国民经济总产出中的变动趋势。

改革以来中国经济增长中结构变动不协调的一个表现，是能源生产和运输增长的相对明显滞后。表 5-11 反映了这个方面的对比数字。

能源和电力生产（或消费）的弹性系数是能源和电力生产（或消费）与国民生产总值增长速度之比。采用国民生产总值指标来进行比较，是因为这一指标比国民收入指标[1]更能体现与能源、电力生产（或消费）的关系。改革以来的能源生产波动较大，由负增长转为较大幅度上升，但1986—1988年能源生产（消费）的弹性系数又降到较低水平；1989年由于经济增长速度猛跌，其弹性系数显得很高；而1990年又猛降到前几年的低水平。能源消费虽然受其生产的制约，但增长速度一直超过生产水平，从年平均数看，第一阶段能源生产和消费的弹性系数都很低，消费略高于生产；第二阶段两者的弹性系数都上升，但消费系数的上升明显更快，导致能源的供求矛盾相当突出；只有第三个阶段的能源生产较大幅度超过能源消费，但这主要是因为工业生产滑坡。应当指出，能源生产与能源消费或能源增长与经济增长的结构矛盾实际上并未解决，只要经济增长速度尤其工业增长速度回升到较高水平，这一矛盾又会再度趋于突出（其中既有能源生产增长相对滞后的原因，也有能源消耗比重过高的原因）。

电力生产与消费的弹性系数变动基本一致，因为电力的生产与消费一般是同时的，没有中间环节，电力供给不足的直接后果就是生产过程的中断和居民生活的不便。因而根据国际上的一般经验，电力生产应当超前于经济增长，故也称电力生产超前系数。超前系数的大小一般根据各国工业化的进程和速度而定。但中国在工业化程度很高和工业化进程不断加快的条件下[2]，电力生产却一直落后于经济增长。除1986年外，各年的电力生产弹性系数均小于1，1984年只有0.5，1980—1983年和1984—1988年的平均系数分别只为0.72和0.80，这就不能不导致电力供求关

[1] 统计年鉴中采用国民收入指标来比较。

[2] 中国电器化的程度和速度也大大超过其他同等收入水平的国家。

表 5-11　能源生产（消费）弹性系数和运输弹性系数[①]

年份	能源生产弹性系数	能源消费弹性系数	电力生产弹性系数	电力消费弹性系数	货物运输弹性系数	旅客运输弹性系数
1979	0.38	0.33		1.86	1.84	
1980	−0.16[②]	0.37	0.85	0.85	0.75	2.48
1981	−0.18	−0.32[②]	0.64	0.67	0.22	1.96
1982	0.64	0.51	0.69	0.69	0.85	1.18
1983	0.65	0.62	0.71	0.71	0.75	1.28
1984	0.63	0.51	0.50	0.51	0.77	1.25
1985	0.78	0.65	0.70	0.71	0.94	1.67
1986	0.36	0.65	1.14	1.14	1.14	1.34
1987	0.33	0.65	0.75	0.75	0.69	1.04
1988	0.46	0.57	0.89	0.89	0.42	1.32
1989	1.53	1.05	1.83	1.83	0.99	−0.59[②]
1990	0.42	0.28	1.19	1.19	0.31	−1.52
年平均数						
1979—1983	0.27	0.30	0.72	0.73[③]	0.89	1.75
1984—1988	0.51	0.61	0.80	0.80	0.79	1.32
1989—1990	0.98	0.67	1.51	1.51	0.65	−1.06
1979—1990	0.49	0.49	0.90	0.90[③]	0.81	1.10

注：①能源和电力生产（消费）弹性系数是能源和电力生产（消费）与国民生产总值增长速度之比；货物运输弹性系数是货物周转量与工农业总产值增长速度之比；旅客运输弹性系数是旅客周转量与国民收入增长速度之比。

②弹性系数为负，是由于能源生产（消费）和旅客周转量的增长速度为负数。

③年平均数从 1980 年开始。

资料来源：根据《中国统计年鉴》（1989、1990）有关数字计算。

系长期处于紧张状态，并越来越成为经济增长的严重制约因素。近两年（至1991年）的电力生产弹性系数上升很多，是由于经济增长速度降幅很大。与能源问题一样，电力供求矛盾或电力生产与其他部门的结构关系失衡的状况依然存在，仍是妨碍国民经济有效增长的一个主要因素。

货物运输弹性系数是货物周转量与工农业总产值增长速度之比，因为这两个指标具有直接相关关系。从表5-11看，中国的货运弹性系数很不稳定，大多数年份处于较低水平，1987—1988年较大幅度下降，1989年由于工农业生产增长率大大降低而有所回升，但1990年又跌落到只有0.31；年平均系数则是逐阶段降低的，而且降幅较大。这些数字表明，中国货物周转量增长一直落后于工农业生产增长的状况，近几年不是改善而是更加突出了，这是结构失衡的一个表现，即基础部门的产出滞后于经济产出。

旅客运输弹性系数是旅客周转量与国民收入增长速度之比，因为客运增长是与收入增长密切相联系的。一般来说，在一个国家的工业化程度和商品化程度迅速提高的阶段，在个人收入水平迅速上升的时期，旅客周转量增长具有明显快于国民收入增长的趋势。从中国改革以来的数字看，客运弹性系数基本上有所超前，只是前几年的超前系数较大幅度下降，年平均系数由第一阶段的1.75下降为第二阶段的1.32，降低了0.43，5年间平均降低了25%，导致客运状况（尤其长途客运）相对比较紧张。但应当看到，前几年中国经济生活中客运部门所表现出来的紧张状况，很大程度上与公费旅游热、采购员推销员满天飞以及官倒、私倒泛滥等因素有关，其中有不少属于非正常现象。在治理整顿和经济紧缩的情况下，旅客周转量一下子转为连续两年负增长，而且下降幅度很大，也许正证明了这一点。这是产出结构失衡问题中潜藏着的另一个方面的原因，正如经济过热和增长速度太快本身就会引致产出结构失衡一样。

表 5–12　运输通信业占 GDP 比重及变动的国际比较[①]

年份	中国运输通信占 GDP 比重（%）	一般趋势、人均 GDP（美元）	运输通信业占 GDP 比重（%）
1978	4.83	51.8	5.2
1983	4.76	82.6	5.9
1988	4.96	138	5.8
1990	4.85	221	5.9
年平均数	360	6.5	
1979—1983	4.74	540	7.0
1984—1988	4.85	864	9.3
1989—1990	4.92	1382	7.8
1979—1990	4.82		

注：①本表均为不变价比重。中国的 GDP 数字为三次产业之和。

资料来源：中国数字根据《中国统计年鉴 1991》计算；一般趋势数字取自西蒙·库兹涅茨的《各国的经济增长》（商务印书馆 1985 年中译本）第 111 页表 12，有关注释同本书表 5–10。

上面几组弹性系数从增长关系的角度反映了基础性产出与经济总产出结构关系的失衡态，用这些基础部门在国内生产总值中的比重及其变动态势与国际上的一般趋势相比较也可以清楚地表明这种状况。由于统计资料的限制，表 5–12 只提供了运输通信业的对比数据。从库兹涅茨对 57 个国家（或地区）的研究结果看，运输通信业在 GDP 中的比重是随着人均收入的提高而上升的，尤其在人均 GDP 达到 221 美元以后这一比重上升很快；而中国运输通信业的比重不仅大大低于其他国家的一般趋势，而且改革以来几乎没有变化。与人均收入水平和工业化的程度及速度相比，再考虑到运输通信业在现代经济中地位的上升（"一般趋势"为 20 世纪五六十年代的情况），中国运输通信在 GDP 中的比重大体应达到 6.5%~7.5%；但实际数字（包括年度比重和年平均比重）却始终没有超过 5%，从近几年的平均数看，大约比必要水平低25%~35%。这就是基础性产出比重不合理或结构关系失衡的大致程度。

5.6 产出结构失衡的基本动因

以上分别从总体性产出结构、部门性产出结构和基础性产出比重的变动考察了结构失衡的表现，这些失衡态可大体概括为三个方面：其一是第一、二次产业或农业与工业的比例关系失衡，突出表现为农业与轻工业的结构矛盾；其二是加工工业与基础产业的比例关系失衡，主要表现为加工制造业与原材料工业的结构矛盾；其三是基础产业部门与国民经济发展的比例关系失衡，主要是能源、电力、运输、通信等基础部门与经济发展的结构冲突。上述三方面实质上是相互联系、交错存在并相互影响的。改革以来中国经济增长中结构变动所出现的失衡态，既与体制转换过程的新情况有关，又与传统体制下的遗留问题相联系。下面对此作些简要分析。

一、结构失衡的历史原因

改革开始时，中国的产业结构处于失衡状态，其基本特征是，工业化程度大大超前，基础产业相当薄弱，第三次产业很不发达，工农业矛盾是当时的主要问题。经过20世纪80年代初期的结构调整，尤其是农产品提价和农村改革的展开，农村经济得到了迅速发展，以当年价格计算的农业比重表现出不断上升的势头。1983年与1978年相比，第一次产业在三次产业中的比重提高了5.4个百分点，在工农业总产值中的比重提高了5.1个百分点，在工农业净产值中的比重提高了7.5个百分点，在国民收入中的比重提高了7.8个百分点，而工业或第二次产业的产出比重则相应地表现为持续下降。很多人由此而认为农业问题已经基本解决了。然而，这主要是产业之间的价格结构变动在产出结构上的反映，很大程度上是产业之间的交换关系缓和了而已。根据前文的分析我们知道，从反映产业之间实际产出关系的不变价格产值结构来看，这时农业或第一次产业的比重仍在悄悄地下降，工业或第二次产业的比重依然在上升；虽然二者比例关系的变动幅度不大（但也不能算小，1979—1983 年的平均数与 1978 年的数字相比，第一次产业的比重平均降低 1.7 个百分点，农业在工农业总产值和净产值中的比重平均降低 1.1 个和 1.6 个百分点），不能认为产出结构的失衡状态在加深，但至少可以肯定这种失衡态并没有得到真正改善，更不是像表面看来那样结构关系已经基本协调。尽管产业之间价格结构的变动使交换关系缓和了，但实物平衡始终是价值平衡的基础，后者总是代替不了前者。所以在 1984 年以后工业化过程又重新高速演进的情况下，产出结构的失衡状态很快就显得相当突出，农业问题再度成为矛盾的焦点。这样看来，结构失衡问题并不像有的同志所认为的那样，是从 1984 年之后重新出现的，而是改革前失衡状态的继续，只是近几年产业结构的再度剧烈变动大大地加深了这种失衡态罢了。

基础工业和基础设施的情况也大体如此。在 20 世纪 80 年代初期的结构调整之后，只有原材料工业的比重有所上升。1979—1983 年的平均数与 1978 年相比，原材料工业在重工业中的比重上升了 3.1 个百分点，但与整个加工制造业相比只上升 1.6 个百分点，二者的比率只提高了 0.03，仍处于 1 ∶ 2 的低水平；而其他方面的结构矛盾则根本没有好转。从增长弹性系数看，1979—1983 年的平均数与期初水平比较，能源生产弹性系数降低了 29%，电力生产弹性系数降低了 15%，货物运输弹性系数降低了 52%，能源、电力、货运三方面在这一时期的平均滞后系数（1—弹性系数）分别为 0.73、0.28 和 0.11；从运输邮电业的比重看，不论是在第三次产业的 GDP 构成中还是在整个 GDP 结构中，这一比重在 1979—1983 年都比 1978 年略为下降。可见，改革前留下来的结构失衡状态在这个阶段并没有真正改变甚至没有减轻，

1984年以后结构失衡的严重化只是这一过程的延续和发展。

工业化过程的演进和产业结构的高度化是一个具有内在动力的自然趋势，由于产业部门之间的生产率上升率、边际收益率和收入需求弹性等方面的差异，在没有其他因素（尤其政策因素）影响的情况下，第二、三次产业总是比第一次产业增长得更快，加工工业总是比原材料工业增长得更快（在工业化的过程中，能源、电力、运输和通信会表现出一定的超前增长系数）。但产业部门之间产出构成的失衡会阻碍这种结构高度化的趋势，结构高度化的进程也会导致或加深结构失衡的状态。后者的发生具有两个基本动因：其一是结构高度化（比重变动高度化）的速度太快，超越了国民经济的生产率提高，尤其后向依赖度较高的产业部门（主要是加工制造业）的生产率提高所提供的可能性[1]，即基础产业部门产出份额的相对大幅度减少与其他产业部门尤其是加工制造业部门投入数量的大幅度增加形成了结构性冲突。其二是结构高度化的速度并不快，但由于基础产业部门薄弱，应超前发展的部门相对滞后，国民经济的投入产出关系本来就不协调，这时结构高度化的向前演进就会很快引发结构性矛盾。中国近几年的结构失衡状态显得十分突出，正是以上两个方面综合作用的结果。即一方面是1984年以后的结构（比重）高度化速度明显太快，另一方面是结构关系本身就存在不协调问题。后一个方面就是结构失衡的历史原因。

二、结构失衡的体制原因

改革前产业结构失衡的体制原因主要在于高度集中的计划体制排斥市场机制的作用，割裂了生产与需求的关系，因而在长

---

[1] 这里指的是产出结构的高度化。如果是投入结构的高度化，则主要取决于基础产业部门的生产率提高。这方面我们将在下面加以分析。

官意志决策和计划片面冒进的情况下常常导致结构关系的严重失衡。改革以来结构失衡的体制原因则在于体制改革过程的不协调，在市场机制不完善、企业和地方的行为方式不合理的条件下，宏观调控机制未能发挥有效的作用，结果使结构失衡状态不断加深。

市场体系的不完整及其机制的不健全，使市场往往发出不确切的信号，引起供求关系和价格水平的很大波动。其中波动最大的大概要算农产品市场。随着统购统销体制的打破和农产品收购政策的改革，农民既有了较大的自由度，又要承担农业生产的风险。1984 年以粮食为主的农业大丰收，不是给农民带来很大好处，而是使他们受到了一场沉重打击：农产品价格暴跌、销售困难（这与宏观经济政策的失误有很大关系，当时不但没有采取必要的保护政策，而且大量减少农产品收购，还压低收购价格）。这是改革以来第一次严重地挫伤了农民的生产积极性，也是农业产出走向衰落的开始。自此以后，农业生产的较低收益和风险性增加的双重威胁，使越来越多的农民不再热心于他们世代经营的土地，而把越来越多的资源（人力、物力和财力）投向了非农产业或非种植业方面，这就导致了农业尤其是种植业产出比重的大幅度持续下降。从农业内部结构看，种植业比重的下降并不见得不正常，但把这种下降与农业比重的下降联系起来并放到国民经济中来考察，结构性问题就显得十分突出。[1]

此外，体制改革使收入分配不断向个人倾斜，由于消费领域狭窄和消费结构单调，迅速扩大的社会购买力集中在工业消费品尤其是耐用消费品市场上，这种日益膨胀的市场需求使一大批正在茁壮成长的集体企业、个体企业，特别是乡镇企业纷纷扑向这些价高利大收益快的部门；而恰好这些部门的体制改革推进较

❶ 1988年与1984年相比，种植业产值在工农业总产值中的比重由15.6%下降为8.7%，4年间降低了近一半。

快，较早实行了计划外生产和浮动价格，1984 年开始的生产资料双轨制以及 1985 年 1 月农副产品和轻工业品价格的全面放开，进一步为此创造了良好的条件，刚刚松开了手脚的国营企业也很快迈向了这个领域。以上几方面的综合作用使改革中的中国出现了一个轻工业空前迅猛发展的局面，轻工业部门的产出比重大幅度持续上升。同时，因中央权力下放和地方财政承包而有了较大的计划决策权、财力支配权和独立利益动力的各级地方政府，也越来越多地插手、推动、支持或扶植本地区的加工工业的发展，从而为本辖区谋取尽可能快和尽可能大的效益。这样，超速扩张的轻工业和整个加工工业就与过快萎缩的农业和原材料工业形成了日益尖锐的结构冲突。

这种结构矛盾很快就波及能源、电力、运输等基础产业部门。过度扩张的加工工业乃至整个工业对这些基础产业形成了巨大的需求压力，而社会资源大量流向轻工业则使上述部门的投入相对不足，本来就十分薄弱的能源、电力和运输产业随之成为结构失衡的突出方面，并对高速增长中的国民经济造成了日趋严重的瓶颈制约。

体制改革的推进和市场机制的调节使各类企业和地方政府都有了追求自身利益的动力，双重体制的摩擦和相关改革的不配套则加强了这些利益主体的行为短期化倾向；于是，改革以来以需求为导向的结构变动就表现出强烈的轻型化趋势，并与基础产业发生了日益突出的结构矛盾。经济发展的多元化使中央政府的资源配置能力不断下降，各类企业由于体制、财力和收益等方面的原因既不容易也不愿意将资源投向基础产业部门，地方政府则往往从自身利益（尤其任期内利益）出发而采取避“重”就“轻”、避远就近的投资决策原则，使得本身就积重难返的结构失衡状态显得扭转乏力；而过去的行政管理和结构调整方式已逐渐失去力量，新的宏观调控体系又迟迟不能有效发挥作用，尤其缺乏结构调控功能，如此就不能不导致结构失衡态的持续和加深。这就是新的条件下结构失衡的体制原因。

三、结构失衡的政策原因

结构失衡的政策原因是指，在体制转换的过程中存在一些政策偏差，对经济增长和结构变动中出现的新问题未加以必要的政策引导，或者政策效力相当低下，结果助长了结构失衡状态或无助于这种状态的改善。

改革以来虽纠正了过去“以钢为纲”、片面优先发展重工业的政策倾向，但又出现了一些新的政策偏差。其一是收入分配政策过多地向个人倾斜。作为对过去长期推行低收入低消费政策的改革，20 世纪 80 年代初期较大幅度地提高个人的收入和消费水平是必要的和合理的，但这一政策倾向的持续及其在实际过程中的变样则导致了不良后果，使个人收入增长长期超过国民收入增长，工资（包括奖金）增长大大超过劳动生产率增长，因而引发了消费需求膨胀。在缺乏消费政策引导的情况下，这种消费需求膨胀成为冲击市场、推动消费品工业尤其是耐用消费品工业盲目扩张的重要因素。其二是优先发展轻纺工业政策的不适当持续。改革前轻纺工业发展滞后，严重影响人民生活，因此在改革初期对这些产业部门采取优先发展政策是可以的。但在轻工业部门迅速扩张之后，这一政策的持续就显得不适当，尤其在 1984—1985 年轻纺工业超高速增长，其产出比重已经过大[1]的情况下，没有果断地实行政策转向不能不说是一种失误；由于产品质量不过关，轻纺产业的“大出”难以实现，基本上还是依赖国内市场，近两年在消费品市场转为疲软的条件下，由此表现出来的结构偏差令人吃惊，这是轻工业部门近 10 年来不断扩张[2]的结果，它与

---

❶ 在不变价格的工农业总产值构成中，轻工业的比重在1985年既超过重工业比重，又是农业比重的1倍多。

❷ 轻工业的扩张期为1979—1988年，其中只有1982—1983年为中高速度，其余年份都是超高速增长。

后几年的政策性偏差有一定关系。其三是财政信贷政策的不合理扩张。这方面的失误及其后果是众所周知的，它对结构失衡的影响是：导致总需求不断膨胀，支持了工业特别是加工工业的超速增长，使结构失衡在经济过热的环境下无法改善，结构矛盾日益加深。近几年，能源、电力、运输、电信等部门的瓶颈问题越来越突出，与这种政策失误的影响直接相关。

关于政策薄弱性和低效性与结构失衡的关系，主要表现在：①对 1984 年以来（到 1988 年止）的过高经济增长速度，一直没有真正下决心加以控制；这种高速度是以预算外投资膨胀和加工工业的扩张为特征的，是加剧结构失衡的一个因素。②改革初期在推行轻工业优先发展政策的同时，忽视了基础产业部门的加快发展；在产业结构矛盾已经暴露出来，而国家配置资源的能力下降，计划外资源继续流向长线部门的情况下，也没有采取有力的政策措施来引导社会资源的再配置，即没有以政策的变化来适应体制的变化，致使结构失衡局面继续发展。③面对 20 世纪 80 年代初期农业发展较快，当年价格的农业（第一次产业）比重不断上升，特别是 1984 年农业大丰收的情况，误以为农业问题已经基本解决，在政策上放松了对农业方面的重视，对农业部门的投入相应大大减少，这是导致农业迅速衰落的一个原因。④在经济迅速增长和产业结构剧烈变动的条件下，较为系统的产业结构政策迟迟没有出台，已经颁布和下达的一些零散的结构政策缺乏必要的协调手段，结果政策效应很差，明文抑制的产业部门依然增长很快，强调发展的产业部门却增长滞后[1]，因此，结构失衡状态自改革以来一直未有明显改善（这从前文的各种不变价结构数字可以看出来），从 1984 年以后则具有不断加深的趋势。

❶ 参见江小涓：《论我国产业结构政策的实效和调整机制的转变》，《经济研究》，1991年第2期。

6 产出结构与投入结构的关系

上一章考察了改革以来产出结构的变动态势、失衡表现及其基本动因，在这一章中，我们进一步分析产出结构与投入结构的关系，以揭示经济增长中产业结构变动的内在机制。考虑到结构分析的典型意义，这里主要从三次产业的结构关系来分析，但由此而揭示的结构矛盾，以及反映这些矛盾的指标，同样可用于解释产业内部的结构问题。对于产出结构失衡的方面来说，从投入结构进行考察的结果应当是大体一致的。

6.1 结构变动过程的内在联系

各产业部门之间产出结构的变动是由产业部门的产出增长关系决定的（以不变价格计算的部门比重的升降只是部门增长率高低的结果，以当年价格计算的部门比重的变化则是部门增长率与其价格上升率乘积变化的结果），而产出增长速度的不同是由要素投入及其生产率的增长速度不同决定的。这样，产出结构的变动就取决于要素投入结构和全要素生产率结构的变动。要素投入结构主要表现为劳动力结构和资本结构，全要素生产率结构主要依赖于技术结构。[1]

根据马克思的经济理论，生产要素分为劳动力和生产资料，技术因素包括在这两个要素之中；从实际过程看，劳动力和资

[1] 全要素生产率取决于技术水平、规模效益和资源配置等方面，但对于结构关系来说，与劳动力结构和资本结构相对应的是技术结构。

本（资产）[1]的质量就体现了它们的技术水平。因此，技术结构与劳动力结构和资本结构实际上是不可分割的，把它独立出来只是一种理论抽象。但对技术结构加以独立分析又是有意义的，是劳动力质量结构和资本质量结构的分析所不能取代的，因为当我们考察产业部门的技术结构时，我们所比较的是这些产业部门的生产技术水平，它既不同于劳动力技术水平又不同于资本（生产资料）技术水平，而是由二者的结合而形成的一种生产力（率）水平。

应当指出的是，虽然劳动力、资本和技术三要素之间相互联系、相互依存的特点，使劳动力结构、资本结构和技术结构同属于投入结构的范畴，但是三种结构的划分既有同口径的一面，又有不同口径的一面。前者表现为从整体上划分，当我们说到各产业部门的劳动力比例、资本比重或技术水平时，指的都是同样的产业部门，如三次产业或工业内部的构成，这时的划分口径是一致的，三种结构之间是相互联系、可以直接比较的；后者表现为从性质上划分，如劳动力在文化水平、熟练程度或脑体力劳动方面的构成，部门资产在装备程度、设备水平以及替代效应和转换功能方面的结构特征，生产技术在高层技术、中等技术和低层技术，或先进技术、一般技术和落后技术方面的构成，这时三种结构的划分口径是不一致的，它们在各个产业部门的分布也不完全相同，因而往往不能直接相比较。不过，即便在后一种情况下，一定的内在联系依然是存在的，如劳动力文化水平较高的产业部门，其设备水平和生产技术水平一般也会较高。这就表明，劳动力结构、资本结构和技术结构的变动具有某种共同的趋势。

产出结构的高度化大体上是由投入结构的高度化推动的。

---

[1] 这里的资本，指的是生产资料的价值表现。由于不同质的生产资料不能相加和比较，因而必须采用其价值形式——资本，才能进行结构分析。

从世界各国产业结构变动的一般趋势看，随着人均收入水平的提高，在三次产业的构成中，第一次产业的劳动力比重不断下降，第二、三次产业的劳动力比重相应上升；由于劳动力与资本的配置具有一定的数量关系，各产业之间的资本比重也具有相似的变动趋势；而在劳动力与资本的上述变动过程中，第二、三次产业的技术水平一般也比第一次产业提高得更快（这在工业化初期及其演进过程中表现得很明显。但在工业化中、后期以后，第一次产业部门的技术水平会逐步赶上第二、三次产业部门，而这时劳动力由前一次产业向后两次产业的流动速度也就大大减慢了）。这种投入结构的变动导致了产出结构的同向变动，即引起第一次产业的产出比重不断下降，第二、三次产业的产出比重相应持续上升。同样，产出结构的失衡状态基本上也是由投入结构的失衡状态造成的。如果第一次产业的劳动力向第二、三次产业的转移速度太快，或资本过多流向后两次产业（尤其是第二次产业），而第一次产业的资本投入太少，使第一次产业的技术水平的提高过于缓慢（生产率的上升率相对太低），这种投入结构的不协调就会导致产出结构的不协调，即第一次产业的产出比重下降过猛，第二、三次产业（尤其是第二次产业）的比重上升超速，使它们之间的比例关系失衡。

然而，投入结构的变动虽然决定着产出结构的变动，但由于投入结构包括了几个方面，各个方面的变动趋势和特点不完全相同，所以产出结构与具体的投入结构即劳动力结构、资本结构和技术结构的变动过程和幅度是不完全一致的。库兹涅茨也指出，“产值的部门份额的差异，并不含有生产资源的部门份额也会有相似的差异的意思”。[1]从国际上产业结构变化的情况看，在人均 GDP 高低很不相同的国家，产值结构中的第一次产业比

[1] 参见［美］西蒙·库兹涅茨：《各国的经济增长》，商务印书馆1985年中译本，第206页。

重的差别是很大的，而劳动力结构中的第一次产业比重的差别却较小；因而产业结构的变动会具有这样的特点：当产出结构“工业化”时，劳动力结构并没有同时出现“工业化”。这种现象表明，在对产出结构的变动加以分析之后，还必须进一步考察各种具体投入结构的变动，看它们对产出结构变动的作用方向、程度和特点如何，这样才能系统地揭示整个产业结构变动的过程和趋势。

另外，产出结构的变动还与消费结构和外贸结构的变动密切相关。消费结构的变动会拉动产出结构的变动，这种拉动是通过市场机制起作用的，即需求结构变动引起市场供求结构和价格结构变动，调节了生产投入结构的变动，最终表现为产出结构的变动。因而消费结构实际上是把产出结构和投入结构联系起来，并通过自身的变动拉动了它们之间的变动。消费结构的变动既拉动了产出结构和投入结构的高度化，又会引起后两者结构关系的失衡。改革以来中国对耐用消费品的消费和需求的超速增长，就拉动了耐用消费品生产的畸形发展。而对食品的消费比重居高不下，则加剧了农副产品市场的紧张状况。由于消费结构与产业结构（投入和产出结构）的关系涉及面较广，需要进行较为系统和深入的分析才能说明问题，而本书有篇幅和重点的限制，所以下面将不对此加以实证分析。

外贸结构的变动对产出结构和投入结构的变动都有影响。实际上，对外贸易的一个重要功能就是结构协调功能，它通过进出口结构来调节或缓解国内产出结构与消费结构和投入结构的矛盾。但是，由于一个国家的进出口结构不仅取决于本国的意愿和努力，而且取决于国际市场的供求状况以及与此有关的诸多因素，因此对外贸易的结构协调功能就依赖于进出口结构的变动。就出口结构来说，如果它的变动与产出结构的变动同向（即长线产业是主要的出口部门，短线产业是非出口部门），从而作为国内消费结构和投入结构的延伸，那么这种出口结构的变动具有较强的结构协调功能；否则情况相反。就进口结构来说，要是它的变动与国内产出结构的变动逆向，从而作为消费结构和投入结构的补充，那么这种进口结构也具有较强的结构协调功能；否则情况也相反。当然，出口还具有为进口创造条件的作用，进口还有为提高生产水平创造条件的作用，以上作用会影响进出口结构的变动。但即使考虑到这些影响，外贸结构的变动同样应当有利于而不是有损于结构协调。因为篇幅问题，笔者也不准备对这方面的结构变动关系作专门分析。

6.2　劳动力结构与产出结构的变动关系

大多数关于产业结构分析的文献都把产值结构和劳动力结构放在一起并列分析，以此说明产业结构的变动。其实这是不够恰当的。如前所述，产业结构是产出结构（产值结构）与投入结构的统一，劳动力结构作为投入结构的一个方面，它与产出结构并非并列关系，它的变动只对产出结构发生一定的影响。在对二者的变动关系进行考察之前，此点是需要先加以明确的。

表 6–1　三次产业劳动力结构变动的国际比较

国家与时期	人均收入（美元）[1]	以三次产业之和为 100		
		Ⅰ	Ⅱ[2]	Ⅲ
中国				
1978 年	223（446）	70.5	17.4	12.1
1983 年	287（574）	67.1	18.8	14.2
1988 年	342（684）	59.3	22.4	18.3
1990 年	326（652）	60.0	21.4	18.6
年平均数				
1979—1983 年	280（560）	68.4	18.3	13.3
1984—1988 年	273（546）	61.3	21.5	17.2
1989—1990 年	352（704）	60.0	21.6	18.5
1979—1990 年	288（576）	64.0	20.2	15.8
一般趋势[3]				
（1）	70	80.3	9.2	10.5
（2）	150	63.7	17.0	19.3
（3）	300	46.0	26.9	27.1
（4）	500	31.4	36.2	32.4
（5）	1000	17.7	45.3	37.0

注：①中国数字为人均 GNP，当年汇率美元；其他国家数字为人均 GDP，1958 年汇率美元。括号内数字是经调整过的人均 GNP（调整依据同前）。

②其他国家的第二次产业包括运输和通信，而这些部门在中国属第三次产业。

③一般趋势为 57 个国家（或地区）有关数据的研究结果，时间为 1958 年。

资料来源：中国数据取自《中国统计年鉴 1991》；一般趋势数据取自西蒙·库兹涅茨的《各国的经济增长》（商务印书馆 1985 年中译本）第 211 页表 29，有关注释参见该书第 207—212 页。

一、劳动力结构的变动趋势

表 6–1 提供了中国与其他国家（一般趋势）劳动力结构变动的对比数字。中国第一次产业的劳动力比重大大高于同等收入水平的其他国家（如从调整后的人均 GNP 美元数看，则差别更大），相应地，另外两次产业的比重则明显低于其他国家，尤其是第三次产业的差距很大（因为一般趋势中的第三次产业还不包括运输和通信业）。从改革以来的变动趋势看，中国在人均收入上升了约 1/3 的条件下，第一次产业的劳动力比重降低了约 10 个百分点，绝对变动速度超过一般趋势中的各个时期，相对变动速度[1]则与人均收入在 300~500 美元时的一般趋势差不多而快于其他时期；相应地第二、三次产业的劳动力比重就以较快的速度上升，特别是第三次产业比重的上升速度大大快于一般趋势。以上比较表明，中国的劳动力结构水平虽大大低于其他同等收入水平的国家，但改革以来劳动力结构高度化的速度相对快于其他国家（如果考虑到中国汇率调整对实际人均 GNP 美元数上升的影响，则劳动力结构的变动态势大概与一般趋势相近）。

从中国劳动力结构的阶段性变动看，各个阶段的变动速度差别很大。第一阶段的变动幅度较小，1979—1983 年的平均数与 1978 年相比，第一次产业的劳动力比重只下降约 2 个百分点，第二、三次产业的比重分别只上升约 1 个百分点；但第二阶段的变动幅度较大，第一次产业的年平均比重比上一阶段的平均数降低了 7 个百分点，第二、三次产业的平均比重则分别上升了 3 个和 4 个百分点，说明这一阶段劳动力的在产业间转移相当迅速；而第三阶段的变动速度又降慢下来了，甚至还有所回升（这显然是由于经济紧缩和治理整顿所致）。可见改革以来劳动力结构的变

[1] 相对变动速度为比重变化率与人均收入变化率之比（绝对变动速度是比重变化幅度与人均收入变化率之比）。

动趋势（或比重高度化进程）具有突出的阶段性特征。

把表 6-1 与上一章的表 5-1 联系起来看，我们可以发现，三次产业的产值构成（1978 年不变价格结构）与劳动力构成虽很不相同，但它们在改革以来的变动态势却大体一致（见图 6-1 和图 6-2）。在第一次产业与第二、三次产业的逆向变化关系中，两种结构的年度比重和年平均比重的变动幅度都比较接近。只有两个方面存在差别：其一，在产值结构中，第二次产业比重的上升幅度大于第三次产业，但在劳动力结构中，却是第三次产业比重的上升速度快于第二次产业，年度比重和年平均比重的变动都是这样；其二，产值结构中三个阶段的变动速度差不多，但劳动力结构中则三个阶段的变动幅度差别很大，这表现在年平均比重的变化上。

二、劳动力结构与产值结构的偏离度

劳动力结构与产值结构的偏离度的变化，反映了这两种结构的变动关系。结构偏离度虽然是三次产业比重（劳动力比重与产值比重）的偏离数的绝对值之和，但在产业结构迅速变动时期，它基本上是由第一次产业比重的偏离数决定的。表 6-2 中的“一般趋势”是根据库兹涅茨对 57 个国家（或地区）结构变动的研究结果计算的。它表明，随着人均收入水平的提高，结构偏离度是不断下降的，这是因为劳动力结构的变动幅度明显大于产值结构的变动幅度，尤其是第一次产业劳动力比重的下降大大快于其产值比重的下降。

有些学者曾计算了中国三次产业的结构偏离度，发现改革前的偏离度不是下降而是上升了，从 1978 年到 1985 年，偏离度的下降幅度也不大。[1] 我们对改革以来的结构偏离度的计算结果

[1] 参见熊映梧、吴国华等：《论产业结构优化的适度经济增长》，《经济研究》，1990年第3期，第9页。

虽与上述学者所得出的数字差别很大[1]，但变动趋势大体一致。与其他国家的一般趋势相比较，中国的结构偏离度不仅大大高于同等收入水平国家，而且变动速度也慢得多。一般趋势在人均收入 150~300 美元阶段，收入上升 1 倍，结构偏离度降低 27%；在人均收入 300~500 美元阶段，收入上升 2/3，结构偏离度降低 35%。而中国在年度人均收入 223~326 美元时，收入上升约 1/3，结构偏离度只降低 4%；在年人均收入 280~352 美元时，收入上升 26%，结构偏离度的平均数只降低 2%。可见中国结构偏离度的降低速度相对于人均收入水平的变化来说是极其缓慢的（如果考虑到人均收入的上升还有一部分为汇率的调整所掩盖，那么结构偏离度的下降就更是十分缓慢）。这可以归结为两个方面的原因：一个是劳动力结构的变动太慢，另一个是产值结构的变动太快。根据前文的分析已知，中国改革以来劳动力结构的变动速度（即比重高度化速度）相对快于其他国家或大体接近于一般趋势，因而根本原因在于产值结构的变动大大超速。这样我们就从另一个角度证明了前文得出的结论。具体表现是，第一次产业的产值比重降低太快，使第一次产业的正向偏离数居高不下，第二次产业的产值比重上升超速，使第二次产业的负向偏离数降不下来（这从表 6-2 可以清楚地看到）。

在人均收入水平上升的一定阶段上，产出结构变动的一般趋势是劳动力结构的高度化速度快于产值结构的高度化速度，尤其是第一次产业劳动力比重的下降速度超过其产值比重的下降速度，但中国的劳动力结构和产值结构特别是第一次产业的上述两种比重的变动趋势却基本一致（年度数和年平均数的变动都是这样，图 6-1 和图 6-2 以及有关分析已表明了这一点），因此结构

[1] 上述论文没有说明作者所采用的是什么类型的数据，也没有注明资料来源，因而无法对其计算方法的合理性程度做出评论。但可以指出的是，上文所采用的数据（劳动力结构或产值结构数据）很可能存在某些偏差，因为从三次产业的结构数字不可能得出该文的计算结果。

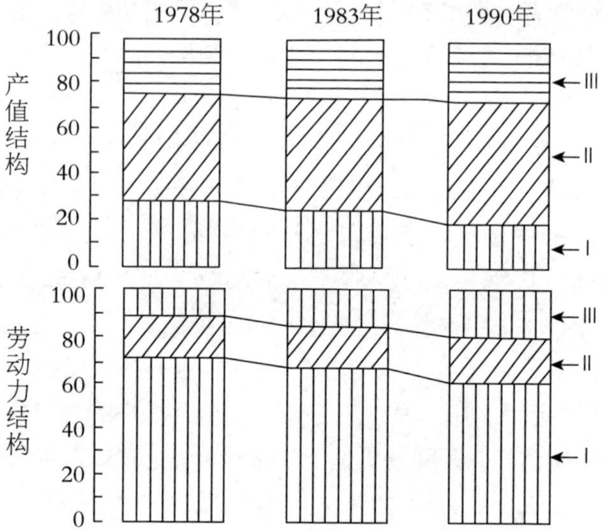

图 6-1　三次产业劳动力结构与产值结构的变动比较——年度数

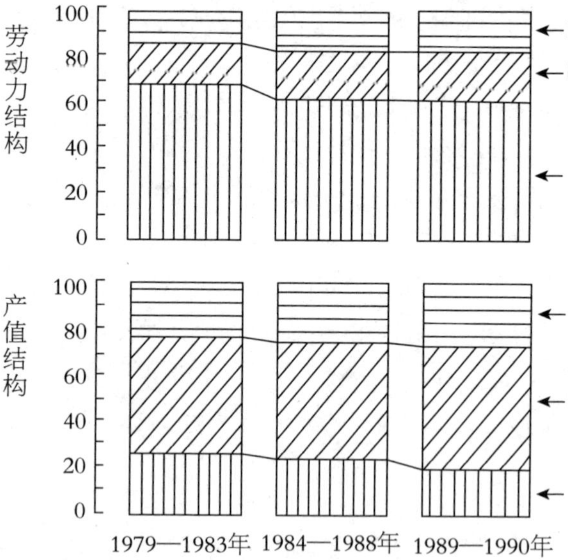

图 6-2　三次产业劳动力结构与产值结构的变动比较——年平均数

表 6-2　劳动力结构与产值结构的偏离度比较①

国家与时期	人均收入（美元）	三次产业的偏离数和偏离度（%）			
		Ⅰ	Ⅱ	Ⅲ	合计（绝对值）
中国					
1978 年	223（446）	42.1	−31.2	10.9	84.2
1983 年	287（574）	40.5	−30.4	−10.1	81.0
1988 年	342（684）	40.1	−31.9	−8.2	80.2
1990 年	326（652）	40.5	−33.0	−7.5	81.0
年平均数					
1979—1983 年	280（560）	41.7	−31.6	−10.1	83.4
1984—1988 年	273（546）	38.9	−30.4	−8.6	77.9
1989—1990 年	352（704）	40.7	−32.7	−8.0	81.4
1979—1990 年	288（576）	40.3	−31.2	−9.1	80.6
一般趋势					
（1）	70	31.9	−11.4	−20.5	63.8
（2）	150	26.9	−9.3	−17.6	53.8
（3）	300	19.6	−6.1	−13.5	39.2
（4）	500	12.7	−4.7	−8.0	25.4
（5）	1000	6.0	−3.1	−2.9	12.0

注：①结构偏离度为三次产业结构偏离数的绝对值之和。偏离数为三次产业的劳动力比重与不变价产值比重的差距。中国产值结构为 1978 年不变价格的 GDP 结构，其他国家的产值结构为 1957—1959 年的 GDP 结构估算值。其余注释同表 6-1。

资料来源：中国数字根据本书表 5-1 和表 6-1 的有关数据计算；一般趋势数字根据库兹涅茨的《各国的经济增长》（商务印书馆 1985 年中译本）第 118 页、211 页的有关数据计算。

表 6-3 三次产业的相对劳动生产率比较[①]

国家与时期	人均收入（美元）	相对劳动生产率			
		Ⅰ	Ⅱ	Ⅲ	Ⅱ+Ⅲ
中国					
1978 年	223（446）	0.41	2.79	1.90	2.35
1983 年	287（574）	0.40	2.62	1.71	2.17
1988 年	342（684）	0.32	2.42	1.45	1.94
1990 年	326（652）	0.33	2.54	1.40	1.97
年平均数					
1979—1983 年	280（560）	0.39	2.73	1.75	2.24
1984—1988 年	273（546）	0.37	2.41	1.50	1.96
1989—1990 年	352（704）	0.32	2.51	1.43	1.97
1979—1990 年	288（576）	0.37	2.54	1.58	2.06
一般趋势					
（1）	70	0.63	2.25	2.80	2.53
（2）	150	0.63	1.67	1.61	1.64
（3）	300	0.63	1.35	1.29	1.32
（4）	500	0.65	1.24	1.06	1.16
（5）	1000	0.75	1.15	0.93	1.05

注：①相对劳动生产率为产值相对比重与劳动力相对比重之比。其余注释同前。

资料来源：中国数字的资料来源同表 6-2；一般趋势数字取自库兹涅茨的《各国的经济增长》（商务印书馆 1985 年中译本）第 217 页表 31，其国内生产总值不包括银行、保险和房地产以及住房收入。

偏离度不能随着人均收入水平的上升和产业结构的演进而有规律地降低。根据结构偏离度降低速度与人均收入水平上升和结构高度化的一般联系，中国改革以来的结构偏离度的年度数和年平均数大概应分别降低 15% 和 10% 左右（以一般趋势和结构水平计算），但实际上只分别降低4%和2%，没有下降的偏离度部分（即非正常偏离度）可以看作是产值结构与劳动力结构高度化过程中不协调的表现，这是产业结构失衡的一种反映。

三、三次产业的相对劳动生产率变动

相对劳动生产率是各次产业的产值比重与劳动力比重之比，它反映了产值结构与劳动力结构的相对变动关系（结构偏离度反映的是它们的绝对变动关系）。从其他国家的一般趋势看（见表6–3），随着人均收入水平的提高，第一次产业的相对劳动生产率大体稳定，在进入较高收入水平之后明显上升；第二、三次产业的相对劳动生产率则迅速地下降。与一般趋势中的相近收入阶段相比[1]，中国的相对劳动生产率在第一次产业中显得很低，在第二、三次产业中显得很高，尤其第一与第二次产业的差距极大，这是由于第一次产业的产值比重相对较低而劳动力比重很高，第二次产业则反过来，产值比重很高但劳动力比重相对太低。从变动趋势看，第一次产业的相对劳动生产率不仅没有上升，而且不断下降（这从年度平均数可以清楚地看出来），第二次产业的相对劳动生产率则降低幅度相当小，第三个阶段（1989—1990年）还略有上升；这说明第一次产业的产值比重比劳动力比重降低得更快（从变化率看），而第二次产业则两种比重的上升速度差不多。从上述比较不难发现，中国产业之间的相对劳动生产率的落差极大，而且在继续扩大。表6–4显示了这方面的有关数字。从产业之间相对劳动生产率的比率看，中国1989—1990年的平均数与一般趋势中人均收入300美元阶段的数字相比较，第二、三次产业与第一次产业的比率达6.16，为一般趋势

[1] 虽然一般趋势的GDP结构中不包括银行、保险和房地产以及住房收入，但这对相对劳动生产率的水平影响很小，对于其变动趋势则基本没有影响。

表 6-4　产业之间相对劳动生产率之比

国家与时期	人均收入（美元）	相对劳动生产率之比		
		(Ⅱ+Ⅲ)/Ⅰ	Ⅱ/Ⅰ	Ⅲ/Ⅱ
中国				
1978 年	223（446）	5.73	6.80	0.68
1983 年	287（574）	5.43	6.55	0.65
1988 年	342（684）	6.06	7.56	0.60
1990 年	326（652）	5.97	7.70	0.55
年平均数				
1979—1983 年	280（560）	5.74	7.00	0.64
1984—1988 年	273（546）	5.30	6.51	0.62
1989—1990 年	352（704）	6.16	7.84	0.57
1979—1990 年	288（576）	5.57	6.86	0.62
一般趋势				
（1）	70	4.02	3.57	1.24
（2）	150	2.60	2.65	0.96
（3）	300	2.10	2.14	0.96
（4）	500	1.78	1.91	0.85
（5）	1000	1.40	1.53	0.81

资料来源：根据表 6-3 的有关数字计算。

的近 3 倍（如与人均 500 美元阶段的数字相比则差别更大，为其 3.5 倍），第二次产业与第一次产业的比率高达 7.84，为一般趋势的近 4 倍，而第三次产业与第二次产业的比率则明显低于一般趋势，可见中国的情况与一般趋势的差别非常大，产业之间相对劳动生产率的对比极其悬殊。从上述比率的变动看，一般趋势中几种比率都是不断下降的，即产业之间相对劳动生产率的差距随着人均收入水平的提高而不断缩小；但中国改革以来却表现出一种逆向变动，产业之间相对劳动生产率的差距不是趋于缩小，而是有所扩大，特别是后一个阶段（1989—1990 年）。1990 年与 1978 年相比，第二、三次产业与第一次产业的比率扩大了 0.24，第二次产业与第一次产业的比率扩大了 0.90；第三阶段与第一阶段（1979—1983 年）的平均数相比，前一比率平均扩大了 0.42，后一比率平均扩大了 0.84，这是产业结构变动不协调的表现；而结构失衡的中心问题则是第一、二次产业的相对劳动生产率的对比关系出现逆向变动，因为第三次产业与第二次产业的相对劳动生产率比率是明显下降的，其下降率超过了一般趋势。

从相对劳动生产率变动的原因看，它与资产结构的变动相联系，后者的变动会影响产值结构的变动。因此，我们继续考察第二种结构关系。

6.3　资产结构与产出结构的变动关系

关于这方面的结构变动关系，很少有人过研究。一些文献考察过投资结构对产值结构的影响，但投资形成资产有一个滞后期，投资结构与产值结构不是完全的对应关系，它们的变动过程并不存在直接可比性。从投入产出关系的特点看，资产结构是对产出结构影响最突出的一个方面（技术结构的变动也与资产结构的变动密切相关）。

一、资产结构的变动及其与产值结构的偏离

从表 6-5 可以看到，改革以来中国资产结构的高度化进程依然存在超速问题和片面倾向。本来，改革前资产结构的片面高度化已导致了资产结构的不协调状态（即第一次产业资产比重过低

而第二次产业资产比重过高），但改革以来尤其是后一个阶段的资产结构变动仍然表现出这种片面演进的特征。具体来说，第一次产业的资产比重不断下降，尤其是 1984 年以来降低幅度很大，1990 年与 1978 年相比降低了近一半，第三阶段与第一阶段相比平均降低了 3.5 个百分点（超过 1/3）；第二次产业的资产比重由降转升，年度数上升了 2.3 个百分点，年平均数上升了 2.9 个百分点；第三次产业的资产比重由明显上升到大体稳定，年度比重和年平均比重分别提高了 2.2 个和 0.7 个百分点。从资产结构的变动态势看，第一次产业资产比重的下降明显超速，这一态势与产值结构的变动趋势十分相似（见图 6–3 和图 6–4），虽然两者的结构水平很不相同。

表 6–5　三次产业资产结构的变动①

年份	以全社会资产额为 100		
	Ⅰ	Ⅱ	Ⅲ
1978	9.4	56.6	34.0
1983	7.8	55.3	36.9
1988	5.6	58.0	36.6
1990	4.9	58.9	36.2
年平均数			
1979—1983	8.6	55.8	35.6
1984—1988	6.5	56.5	37.0
1989—1990	5.1	58.7	36.3
1979—1990	7.1	56.6	36.3

注：①全社会和三次产业资产额均为新增固定资产累计额，时间从 1953 年开始，1978 年以来的当年新增固定资产数字均做了 5 年移动平均（其中 1989 年和 1990 年分别为 4 年和 3 年移动平均）。有关说明参见第 1 篇附录表 A1。

资料来源：根据第 1 篇附录表 A1 数据计算。

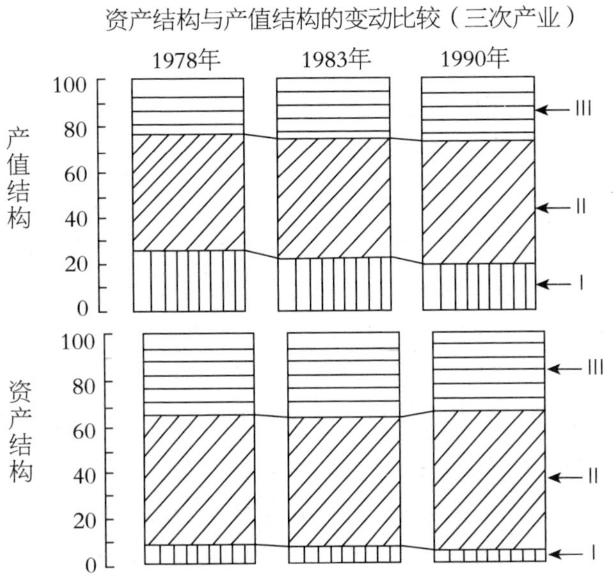

图 6-3　三次产业资产结构与产值结构的变动比较——年度数

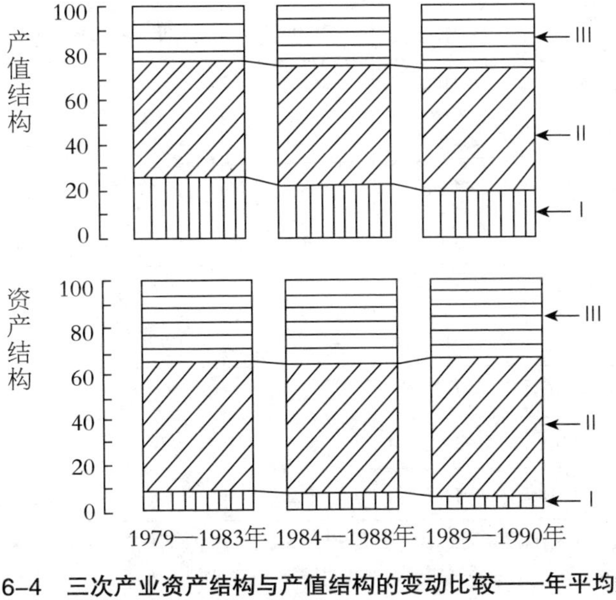

图 6-4　三次产业资产结构与产值结构的变动比较——年平均数

表 6–6 反映了资产结构与产值结构的偏离度变化情况。它们之间的偏离度是不断下降的，原因是第一次产业的负向偏离数降低，其中 1983 年以前变化不大，1984 年以后降低幅度较大，相应地，第二次产业的正向偏离数也持续下降，第三次产业的偏离数则相对较为稳定。这种情况表明，从绝对水平的比较看，产值比重的变动幅度还大于资产比重的变动幅度，在资产结构变动已经过快的条件下，它从一个侧面（结构水平的角度）显示了产值结构变动的不合理状态。

把表 6–6 与表 6–2 联系起来，我们可以发现，由于中国劳动力结构与产值结构的偏离度的降低速度大大低于其他国家的一般趋势，劳动力结构的变动对于产值结构失衡的影响不大，而资产结构在变动太快的情况下，其与产值结构的偏离度持续下降，则表明资产结构的失衡是导致产值结构失衡的一个重要原因。突出

表 6–6　资产结构与产值结构的偏离度变化①

年份	三次产业的偏离数和偏离度（%）			
	Ⅰ	Ⅱ	Ⅲ	合计（绝对值）
1978	−19.0	8.0	11.0	38.0
1983	−18.8	6.1	12.6	37.5
1988	−13.6	3.7	10.1	27.4
1990	−14.6	4.5	10.1	29.2
年平均数				
1979—1983	−18.1	5.9	12.2	36.2
1984—1988	−15.9	4.6	11.2	31.7
1989—1990	−14.2	4.4	9.8	28.4
1979—1990	−16.6	5.2	11.4	33.2

注: ①结构偏离数和偏离度的含义以及产值结构所用指标同表 6–2。
资料来源：根据本书表 5–1 和表 6–5 的数据计算。

表现是，第一次产业的资产比重降低幅度过大，使这一产业的产值比重下降过于猛烈，而第二次产业则出现相反的变动关系，结果引起结构失衡的发展。要证明这个问题，还必须对二者的变动关系作进一步的分析。

二、三次产业相对资金生产率的变动

相对资金生产率是各次产业的产值比重与资金（资产）比重之比，它反映了产值结构与资产结构的相对关系。从表 6–7 可以看到，第一次产业与第二、三次产业的相对资金生产率差距很大，而且前者的提高速度远远超过后者。其结果是产业之间的相对资金生产率的比率不断扩大，第一次产业与第二、三次产业的相对资金生产率之比由 1978 年的 3.82 上升到 1990 年的 4.68，年度数扩大了 0.86，年平均数由 1979—1983 年的 3.88 上升到 1989—1990 年的 4.45，扩大了 0.57；第一次产业与第二次产业的比率变动也大体如此，年度数和年平均数分别扩大了 0.81 和 0.58；第二与第三次产业的比率则年度数略为扩大但年平均数有所缩小（即前一阶段第二次产业的相对资金生产率上升速度高于第三次产业，而后两个阶段则反过来）。从中国的人均收入水平、工业化进程和经济发展阶段看，各次产业的资本系数的差别应当趋于缩小从而相对资金生产率的差别应当趋于缩小，但改革以来尤其是 1984 年以来它们的差别却明显扩大了（其中第一阶段的情况较好，1979—1983 年的平均数与 1978 年相比，第一次产业与第二、三次产业的相对资金生产率之比只是略为扩大，而第一次产业与第二次产业的比率则略为缩小），这是产业结构变动不合理特别是资产结构（资金投入结构）变动不合理的表现。其基本特点是：第一次产业的资金投入不足使其资产比重相对于产值比重下降速度更快（绝对水平则是产值比重的降低幅度大于资产比重的降低幅度，它们的偏离数变化表明了这一点），表现为第一次产业的相对资金生产率的提高幅度很大，第二次产业

（以及第三次产业）的资金投入相对过多，使其资产比重与产值比重的相对上升率很接近（绝对水平则是产值比重的上升幅度较大），因而第二次产业的相对资金生产率的提高幅度很小，以上两方面相比较，就引起了它们之间相对资金生产率比率的扩大。[1] 这种比重的扩大实质上是资产结构失衡的一个表现，而产值结构失衡则是它的后果。

表 6–7　三次产业相对资金生产率的变动比较[1]

年份	相对资金生产率（%）				相对资金生产率之比（%）		
	Ⅰ	Ⅱ	Ⅲ	Ⅱ+Ⅲ	Ⅰ/(Ⅱ+Ⅲ)	Ⅰ/Ⅱ	Ⅱ/Ⅲ
1978	3.02	0.86	0.68	0.79	3.82	3.52	1.26
1983	3.41	0.89	0.66	0.80	4.26	3.83	1.35
1988	3.43	0.94	0.72	0.86	3.99	3.65	1.31
1990	3.98	0.92	0.72	0.85	4.68	4.33	1.27
年平均数							
1979—1983	3.10	0.89	0.66	0.80	3.88	3.48	1.35
1984—1988	3.45	0.92	0.70	0.83	4.16	3.75	1.31
1989—1990	3.78	0.93	0.73	0.85	4.45	4.06	1.27
1979—1990	3.34	0.91	0.69	0.82	4.07	3.67	1.32

注：①相对资金生产率为产值相对比重与资金（资产）相对比重之比。

资料来源：根据表 5—1 和表 6—5 数字计算。产值构成为 1978 年不变价格的 GDP 构成。

把表 6–7 与表 6–4 联系起来分析，问题显得更加清楚。第二次产业与第一次产业的相对劳动生产率之比由 6.8 倍上升为 7.7 倍，而第一次产业与第二次产业的相对资金生产率之比由

[1] 如果情况反过来，第一次产业的资金投入较多而第二次产业的资金投入较少，则会引起它们之间相对资金生产率比率的缩小。

3.5 倍上升为 4.3 倍。第一次产业的相对劳动生产率极低而相对资金生产率很高，表明其资金投入严重不足和劳动投入相对过多，第二次产业的相对劳动生产率极高而相对资金生产率很低，表明其资金投入远远过多和劳动投入相对过少，这是投入结构失衡的突出表现，而两种比率的扩大则表明了结构失衡状态的加深。

表 6-8　三次产业的相对资金与劳动力比率（*K/L*）的变动①

年份	相对 *K/L*				相对 *K/L* 之比		
	Ⅰ	Ⅱ	Ⅲ	Ⅱ + Ⅲ	Ⅱ / Ⅰ	（Ⅱ + Ⅲ）/ Ⅰ	Ⅱ / Ⅰ
1978	0.13	3.25	2.81	3.07	25.0	23.6	1.16
1983	0.12	2.94	2.60	2.80	24.5	23.3	1.13
1988	0.09	2.59	2.00	2.32	28.8	25.8	1.30
1990	0.08	2.75	1.95	2.38	34.4	29.8	1.41
年平均数							
1979—1983	0.13	3.05	2.68	2.89	23.5	22.2	1.14
1984—1988	0.11	2.63	2.15	2.42	23.9	22.0	1.22
1989—1990	0.09	2.72	1.96	2.37	30.2	26.3	1.39
1979—1990	0.11	2.80	2.30	2.58	25.5	23.5	1.22

注：①相对资金与劳动力比率为各次产业的相对资产比重与相对劳动力比重之比。

资料来源：根据表 6-1 和表 6-5 的数字计算。

上述投入结构的失衡状态也表现在三次产业的相对资金与劳动力比率（***K/L***）的变动上。相对资金与劳动力比率是各次产业的资产比重（***K***）与劳动力比重（***L***）之比。从表 6-8 可以看到，第一次产业的相对 ***K/L*** 比第二、三次产业低了 20 多至 30 多倍，原因是第一次产业的相对劳动力比重很高而相对资产比重极低。[1]从变动趋势看，三次产业的相对 K/L 都是下降的，这是劳动力结构变动（第一次产业的劳动力向第二、三次产业转移）的结果。本来，第一次产业的相对 K/L 应当相对上升（因为第一次产业劳动力比重的降低速度一般快于资产比重的降低速度），但实际数字却是下降的，而且其下降率大于第二、三次产业，因此，导致第一次产业与其他产业的相对 K/L 之比不是趋于缩小而是扩大了。第二次产业与第一次产业的相对 K/L 之比由 1978 年的 25 ∶ 1 上升到 1990 年的 34.4 ∶ 1，扩大了 9.4 倍（1983 年后扩大了约 10 倍），年平均数由第一阶段的 23.5 ∶ 1 上升到第三阶段的 30.2 ∶ 1，扩大了 6.7 倍；第二、三次产业与第一次产业的相对 K/L 之比的年度数扩大了 6.2 倍（1983 年以后扩大了 6.5 倍），年平均数扩大了 4.1 倍。此外，第二次产业的相对 K/L 高于第三次产业而且二者之比也不断扩大。显然，产业之间相对 K/L 之比的扩大，集中表现在第一次产业与第二次产业之间，同时其阶段性特征十分突出，1983 年以前的各种相对 K/L 之比，不论是年度数还是年平均数，都是有所缩小的，但 1984 年以后大幅

[1] 应当说明的是，由于三次产业的资产结构是新增固定资产累计额的结构，这与全部资产（加上各年的流动资金和1952年的资产额）的结构水平可能存在一些微小的偏离，以此计算的相对 K/L 也许不能十分确切地反映产业之间全部资金与劳动力的相对结合比例，但是，新增固定资产累计额结构与全部资产结构在变动趋势上是一致的，所以这里的相对 K/L 同样可以反映产业之间的全部资金与劳动力比率的相对关系的变动趋势。

度扩大，特别是后两年。[1]可见，投入结构失衡的动因是资产结构的高度化速度大大超过劳动力结构的高度化进程，并由于资金投入对于产出增长的重要推动作用，导致了产值结构高度化的超速演进及其失衡的发展，这种结构失衡的连锁作用突出地表现在改革以来的后两个阶段。更为严重的是，由于资产结构的失衡态已相当深重（其中具有改革前的滞留问题），而且其滞后影响很强（时间长、影响大），所以会引起产值结构失衡态的持续或失衡趋势的发展。

6.4 技术结构与产出结构的变动关系

技术结构的变动对于产出结构的影响也很大，资产结构变动的作用就有一部分是通过技术结构的变动表现出来的。特别是，各次产业的技术水平的变动对于生产要素的投入及其配置关系具有直接影响，要素投入结构的高度化与技术结构的高度化密切相联系，所以产出结构乃至整个产业结构的高度化都必须以技术结构的高度化为基础，否则就会出现结构关系失衡。然而，由于缺乏必要的统计资料，这方面的系统分析往往无从展开，在国内外的经济学文献中，对技术结构变动及其影响进行实证研究的论著极为少见。在这里，我们也只能依据现有的一些统计数据，来对改革以来技术结构与产出结构的变动关系作一简要的或粗略的实证考察，以作为对以上两方面研究（即投入结构与产出结构变动关系）的补充。

[1] 这与要素投入的变动特点有关。近两年（1989—1990年）在治理整顿和经济紧缩的条件下，第一次产业向第二、三次产业转移的劳动力减少，其劳动力比重的下降速度大大减慢；但在这一产业中，前几年投资严重不足（第二次产业投资过大）的滞后效应正在发生，其资产比重继续大幅度下降，从而使第一次产业的相对K/L的降低率很大。第二次产业的变动情况则相反，因而二者的相对K/L之比大幅度扩大。

一、三次产业的技术水平变动及其对产出水平变动的影响

改革前留下来的局面是：三次产业的生产技术水平差距极大，尤其第一、二次产业之间的差距更为突出，其原因在于物质资源和人力资源的投入长期集中于工业部门（工业中又集中于重工业部门），而农业部门的生产技术投资则严重缺乏。改革以来这种技术结构失衡的局面有没有明显改变，各次产业的相对技术水平发生了什么变动呢？

没有什么指标能够直接衡量产业之间相对技术水平的变动，但可以间接运用的衡量指标大概有这样几个方面：其一是各次产业用于改进或提高生产技术水平的相对投资比重，假设技术水平的提高与技术投资的增加是一致的；其二是各次产业的技术设备在数量增长和质量改进方面的对比情况，假设技术设备的数量和质量与生产技术水平的变动是一致的；其三是各次产业科技人员的相对数量以及劳动者相对素质的变化，假设科技人员的数量和劳动者的素质与生产技术水平的变动也是一致的。

我们以三次产业的更新改造投资构成作为第一项衡量指标，因为这部分投资主要用于改善和提高生产技术条件或与此有关的方面。更新改造投资从用途上被分为生产性建设投资和非生产性建设投资，后一方面实际上对于生产技术条件的改良和提高也是起作用的，其中有些部分甚至起着更加重要的作用（如科学研究建设部分），因而我们把两个方面都包括进来。表 6-9 反映了三次产业更新改造投资构成的变化情况。第一次产业的更新改造投资相对比重一直很小，在 20 世纪 80 年代初期是明显上升的，但 1984 年以后出现较大幅度下降，年平均比重在后两个阶段比第一个阶段降低了 1/3 还要多，这说明第一次产业的生产技术条件的改善和提高在 20 世纪 80 年代初期相对较快，在 1984 年以后则相对大大降慢。第二次产业的情况与此相反，不仅更新改造投资

的相对比重始终很大，而且从 1984 年以来不断上升，说明其生产技术条件的改进相对快于其他产业尤其是第一次产业。由此而引起的相对技术水平的变动当然会影响相对产出水平的变动，所以第一次产业的产值比重在 1983 年以前较为稳定，在此后大幅度下降，而第二次产业的产值比重则相应地迅速上升，是与此相联系的。

再从产业之间技术设备的变动看。农业主要机械的阶段性年平均增长速度相比较（见表 6−10），除了农用小型拖拉机（台数）的增长速度在第二阶段略有上升，农用排灌动力机械（台数和瓦数）的增长速度在第三阶段有所上升，以及渔业机动船的瓦（特）数的增长速度表现为持续上升之外，其余农业机械在后两个阶段的增长率都是明显降低的，特别是农用大中型拖拉机（混合台数）、大中型拖拉机机引农具（部数）和联合收割机（台数）等机械的增长率下降幅度极大（其中后两种机械的绝对数减少）；在质量方面，只有渔业机动船的万千瓦数有所提高，别的并无明显变化。这种从技术装备方面反映出来的生产技术水平提高速度普遍性降慢的状况，就成为后两个阶段农业产出比重大幅度下降的一个原因。而工业部门则由于后两个阶段的新增固定资产比重和更新改造投资比重均持续性上升，生产技术装备的相对水平是不断提高的。仅从轻纺工业主要专业生产设备的阶段性年平均增长速度的比较看（表 6−11 是根据现有的统计数字[1]分阶段计算的），就清楚地表明了这一点。除了几种较为特殊的设备如桑蚕缫丝机（万绪）、柞蚕缫丝机（万绪）以及甘蔗压榨机（部和吨／日）和甜菜连续浸出器（台和吨／日）等的增长速度有所下降外，其余大量的专业生产设备的增长率在 1984 年以后都不断提高，尤其是粘胶纤维纺丝机（锭和台）、合成纤维纺丝机（头和台）、丝织机（万台）以及长网多缸造纸机（台和万吨／

[1] 这方面的统计数字只到1987年。

年）等设备的增长率上升幅度非常大；同时，设备的质量也有所提高，如甘蔗压榨机和甜菜连续浸出器的部（台）数增长率虽然降低，但其原料处理量（吨/日）却较大幅度增长。由此带来的生产技术水平提高速度的相对加快，也成为1984年以后工业（尤其轻工业）产出比重持续性上升的一个原因。

表6–9　三次产业更新改造投资构成情况

年份	以更新改造总投资为100		
	Ⅰ	Ⅱ	Ⅲ
1980	0.9	83.8	15.3
1981	2.6	74.5	22.9
1982	3.3	70.1	26.6
1983	2.1	72.8	25.1
1984	1.7	74.6	23.7
1985	1.3	79.8	18.9
1986	1.2	78.8	20.0
1987	1.3	78.3	20.4
1988	1.3	80.2	18.5
1989	1.5	80.0	18.5
1990	1.2	79.0	19.8
年平均数			
1980—1983	2.2	75.3	22.5
1984—1988	1.4	78.3	20.3
1989—1990	1.4	79.5	19.1
1980—1990	1.7	77.4	20.9

资料来源；根据《中国固定资产投资统计资料》（1950—1985）第221页，《中国统计年鉴1991》第174页的数据计算。

表 6-10 主要农业机械年平均增长速度的阶段性比较

主要农业机械	年平均增长率（%）		
	1979—1983 年	1984—1988 年	1989—1990 年
农业机械总动力（万千瓦）	8.9	8.1	3.9
农用大中型拖拉机（混合台）	8.6	0.7	−3.7
农用小型拖拉机（台）	14.9	16.7	8.2
大中型拖拉机机引农具（万部）	1.9	−5.8	0.2
农用排灌动力机械（万台）	3.9	3.0	6.3
农用排灌动力机械（万千瓦）	3.7	2.6	4.2
联合收割机（台）	13.5	−0.4	5.2
农用载重汽车（辆）	30.1	16.6	2.8
渔业机动船（艘）	20.6	17.1	10.0
渔业机动船（万千瓦）	8.8	10.8	13.0

资料来源：根据《中国统计年鉴 1991》第 323 页数字计算。

最后，从产业之间科技人员相对比重或劳动者相对素质的变动来衡量。表 6-12 提供了全民所有制单位中自然科学技术人员的产业构成变动数字。科技人员是指大、中专毕业生和具有科学技术职称的人员。第三次产业由于拥有科学研究部门和教育部门，其科技人员的比重大是很自然的，但第一、二次产业的科技人员比重则具有一定可比性。作为一个领域相当广阔和劳动者人数极多的产业部门，第一次产业的科技人员比重是非常低的，从变动趋势看，20 世纪 80 年代初期的比重较高，但 1983 年以来比重不断下降；从年平均数看，第二阶段比第一阶段降低了约 1 个百分点，每年平均降低 12%，第三阶段的情况也大体如此。而第二次产业的科技人员比重则相应地上升（第三次产业的比重基本保持稳定），这使第一、二次产业的科技力量对比关系发生明显变化，第一次产业的相对科技水平大大降低。从集体所有制单位

表 6–11　轻纺工业主要专业生产设备年平均增长速度的阶段性比较

专业生产设备		年平均增长率（%）	
		1979—1983 年	1984—1987 年
黏胶纤维纺丝机	（锭）	0.4	15.0
	（台）	0.8	18.1
合成纤维纺丝机	（头）	10.6	23.6
	（台）	3.5	15.0
棉布织机（万台）		4.7	4.5
毛纺锭（万锭）		16.0	18.5
毛织机（台）		15.5	18.8
麻纺锭（万锭）		14.1	18.3
麻织机（台）		12.7	10.6
桑蚕缫丝机（万绪）		10.0	7.9
柞蚕缫丝机（万绪）		4.5	7.2
丝织机（万台）		11.9	19.3
机制纸浆蒸煮器	（台）	5.8	3.6
	（万吨 / 年）	6.6	7.4
造纸机	（台）	6.2	6.9
	（万吨 / 年）	8.0	9.7
长网多缸造纸机	（台）	5.3	17.8
	（万吨 / 年）	5.2	13.6
甘蔗压榨机（处理原料量）	（部）	5.6	1.3
	（吨 / 日）	10.8	9.5
甜菜连续浸出器（处理原料量）	（部）	−12.1	−3.5
	（吨 / 日）	13.3	6.3

资料来源：根据《中国工业经济统计年鉴 1990》第 32—33 页数字计算。

表 6-12　三次产业自然科学技术人员构成变动[①]

年份	以总和为 100		
	Ⅰ	Ⅱ	Ⅲ
1978	8.2	36.4	55.4
1980	7.5	32.4	60.1
1981	8.1	32.1	59.8
1982	8.1	32.6	59.3
1983	7.4	32.2	60.4
1984	7.3	32.9	59.8
1985	7.0	33.5	59.5
1986	6.8	33.2	60.0
1987	6.8	32.9	60.3
1988	6.7	32.2	61.1
1989	6.9	32.8	60.3
1990	7.1	33.2	59.7
年平均数			
1980—1983	7.8	32.3	59.9
1984—1988	6.9	32.9	60.2
1989—1990	7.0	33.0	60.0
1980—1990	7.2	32.7	60.1

注：①为全民所有制单位的分行业数字。自然科学技术人员包括工程技术人员、农业技术人员、卫生技术人员、科学研究人员和教学人员五个方面。

资料来源：根据《中国劳动工资统计资料》（1949—1985）第 91、101 页，《中国统计年鉴》（1987—1991 年各年）有关栏目的数字计算。

的情况看（表 6-13），第一次产业的科技人员比重更低，1986 年以前的比重有所上升，但后几年又持续下降；相比之下，第二次产业的比重则大幅度提高，这使二者的比率不断扩大。可见，产业之间科技人员结构的变动也是不合理的，其失衡状态是趋于加深的。

表 6-13　集体所有制单位按行业划分的自然科学技术人员构成变动①

年份	以总和为 100		
	Ⅰ	Ⅱ	Ⅲ
1982	4.3	25.5	70.2
1983	6.8	30.8	62.4
1984	5.6	33.9	60.5
1985	6.3	37.0	56.7
1986	7.3	38.4	54.3
1987	5.5	37.4	57.1
1988	5.4	39.2	55.4
1989	5.6	45.6	48.8
1990	4.8	46.7	48.5
年平均数			
1982—1983	5.6	28.2	66.2
1984—1988	6.0	37.2	56.8
1989—1990	5.2	46.2	48.6
1982—1990	5.7	37.2	57.1

注：①本表数字包括县（市）及县（市）以上各部门所属集体所有制单位（不包括乡、镇、城市街道所属的集体所有制单位）的人员。自然科学技术人员的范围同表 6-12，其中 1987 年以前只包括工程技术人员、农业技术人员和卫生技术人员三部分。行业划分是：第一次产业为农业，第二次产业为工交基建，第三次产业为其余部门。

资料来源：根据《中国统计年鉴》（1983—1991 年各年）的有关数字计算（1982 年以前没有这方面的统计资料）。

至于产业之间劳动者相对素质的变动，问题就更加明显。中国第一次产业的劳动者素质（文化素质）本来就比其他产业低得多[1]，改革以来这一差别不但没有缩小，而且不断扩大。虽然没有直接的统计资料，但以下两个方面可以间接地证明这一点：第一，随着商品经济的发展和就业机会的扩大（特别是1984年以后），农村中的初、高中毕业生大量流入城市，这使第一次产业的劳动者素质相对降低。第二，改革以来小学和初中毕业生的升学率下降，小学毕业生的升学率由1978年的87.7%迅速下降为1982年的66.2%，然后逐步回升到1988年的70.4%，1990年才升至74.6%，初中毕业生的升学率由1978年的40.9%下降为1981年的31.5%，以后逐步回升到1990年的40.6%，这意味着有更多的初中尤其是小学毕业生要进入社会劳动者的行列，而在这部分文化素质较低的新劳动者中，第一次产业占据了绝大多数（因为不能升学的学生大部分是农村学生），这也表明第一次产业劳动者文化素质的提高相对较慢。

以上几个方面的分析说明，改革以来三次产业技术结构失衡的状态并没有改变，到改革的后一阶段反而明显加深了。这样看来，产业之间相对技术水平的变动与相对产出水平的变动是一致的，产出结构失衡的发展与技术结构失衡的发展是相联系的。

二、三次产业的全要素生产率变动与产出构成变动的关系

前文已经指出，产出结构的变动是各产业部门的增长率变

---

[1] 根据第三次全国人口普查资料（1982年7月1日），农业劳动者的文化程度构成为：高中占5.4%，初中占21.5%，小学占37.2%，文盲和半文盲占35.9%，而非农业劳动者的构成则为：高中占24.8%，初中占38.7%，小学占26.6%，文盲和半文盲占6.7%。参见《中国劳动工资统计资料》（1949—1985），第88页。

动的结果，而全要素生产率的增长是决定产出增长的一个重要方面。各次产业的全要素生产率增长速度主要取决于该产业的技术水平上升率（或技术进步率）和资源配置的优化（改善）程度（即资源的再配置效应）[1]，前一个方面往往起着更大的作用。各产业的资源再配置效应取决于生产要素（劳动和资本）在各产业的分配比例以及产业内部的配置关系，这一角度的问题已经由劳动力结构与资产结构的变动关系（相对 K/L 的变动）解释了。各产业的技术进步率则反映了它们之间相对技术水平的变动，因而产业之间的全要素生产率增长率的对比关系可用于进一步考察产业技术结构的变动。

运用第 3 章的增长因素分析数字，可以对三次产业的全要素生产率变动关系加以比较。我们用各次产业的全要素生产率增长率乘以其基期年产出比重，得出各产业的全要素生产率相对增长率（即各产业对总的全要素生产率增长的贡献，这里不考虑资源再配置效应）；再以这个相对增长率除以三次产业全要素生产率增长率的加权和（即相对增长率之和），便得出了三次产业的生产率增长率结构。计算结果列于表 6–14。从表中可以看到，第一次产业的全要素生产率相对增长率在前一阶段（1979—1984 年）高于第二、三次产业，在生产率增长率结构中的比重达到 45.4%，说明这段时间第一次产业的技术水平提高较快（相对快于其他产业），这与前面关于技术投资比重、技术设备变化和科技人员比例的分析数据是一致的。但后一阶段（1985—1990 年）第一次产业的全要素生产率相对增长率大大下降（恰好降低了一半），第二次产业的相对增长率则大幅度上升，在生产率增长率结构中，第一次产业的比重下降为 20.9%，第二次产业的比重上升到 57.7%（如以不变价格产出结构为权重计算，二者的逆

[1] 应当指出的是，全要素生产率的增长率主要不是取决于绝对技术水平，尽管它与技术水平相联系，但它却决定于技术水平的提高速度。

向变动幅度更大，第一、二次产业在生产率结构中的比重分别为15.9%和60.8%，相差约4倍），第三次产业的比重也明显上升；说明这一阶段第一次产业的技术水平上升速度远远落后于其他产业特别是第二次产业，这与前文中有关方面的分析数据也是一致的。如果说前一阶段中三次产业的生产率增长率结构比较协调，那么后一阶段的生产率结构变动就严重失衡了，它是技术结构失衡的集中表现。

表 6-14　三次产业的全要素生产率增长率结构变动①

	年平均数（%）		
	1979—1984 年	1985—1990 年	1979—1990 年
	全要素生产率相对增长率		
第一次产业	1.47	0.73（0.58）	1.05
第二次产业	1.37	2.02（2.22）	1.78
第三次产业	0.40	0.75（0.85）	0.59
三次产业加权和	3.24	3.50（3.65）	3.42
	全要素生产率增长率构成		
第一次产业	45.4	20.9（15.9）	30.7
第二次产业	42.3	57.7（60.8）	52.0
第三次产业	12.3	21.4（23.3）	17.3
三次产业加权和	100.0	100.0（100.0）	100.0

注：①各次产业的全要素生产率相对增长率为 P_iGA_i，各次产业的全要素生产率增长率比重为 $P_iGA_i/\Sigma P_iGA_i$，i 为产业部门，P 为基期年产出比重，GA 为全要素生产率增长率。

②括号内数字为按1978年不变价格的产出结构（为权重）计算的结果（其他数字以当年价格的产出构成为权重）。

资料来源：根据本书表3-1和《中国统计年鉴1991》的有关数字计算。

全要素生产率的增长是以产出增长与投入增长的余值计算的，全要素生产率的增长同时也就是产出的增长，因此产业之间的生产率结构同时也是产出结构的一部分，这方面的结构变动是统一的，而在此之外的产出结构失衡问题，则已经由前面关于投入结构尤其是资产结构的失衡分析说明了。

综上所述，我们可以得出一个结论：改革以来尤其是 1984 年以后产出结构失衡的发展，是由投入结构和与其相联系的技术结构（全要素生产率结构）的失衡状态推动的，二者不仅在整体趋势上是相同的，在阶段性变动上也是一致的，而表现形式则主要在于结构（比重）高度化过程超速而破坏了结构协调关系。这个结论不只是一个经过理论推导而得出的合乎逻辑的结果，而且更重要并且更现实的是，它是以大量的实证资料为依据而得出的。

上面两篇分别对中国改革以来的经济增长和结构变动做了实证分析，从以上分析中我们可以发现，产业结构的变动与增长因素的变动是一致的，经济增长效率的高低主要不是与经济增长速度的快慢相联系，而是与产业结构变动的协调与否相一致，因为结构失衡导致资源总配置效应的下降，使总的全要素生产率增长率降低了（参见第 2 章和第 3 章）。一系列统计分析的结果表明，增长效率的下降和结构失衡的加深，是 1984 年以来中国经济增长中的两大突出问题，它们正严重地阻碍着国民经济的有效增长。

附　录

D. 改革初期的工业化程度和结构特征

由表 D1 可见：

（1）从生产结构看，一方面，中国农业产值的比重表现出了低收入大国的典型特征，但制造业的比重却异常高，同时服务业比重又非常低；另一方面，建筑业、电力和运输作为基础设施部门，其比重的偏小与制造业比重的偏高显得不协调。这就是改革前留下来的工业化明显超前和结构关系失衡的基本特征。

（2）从就业结构看，其状况大体与生产结构相似，也是工业部门的比重偏高而运输和服务业部门的比重偏低，但比例关系的差别没有那么突出。

（3）从外贸结构看，中国的出口结构与其他大多数低收入国家和中下等收入国家不同，出口以制成品为主，其比重达到中上等收入国家的水平；中国的进口结构与一般发展中国家相近，但与印度和大国的预测值则几乎相反，这表明中国的工业化程度较高，也表明进出口结构的形成还有一些其他的原因。

表 D1　生产结构、就业结构和外贸结构的国际性比较

	中国[3] 1981 年	印度[3] 1979 年 / 1980 年	其他低收入国家[3] 1982 年	中下等收入国家[3] 1982 年	中上等收入国家[3] 1982 年	对大国在 1980 年 /1981 年前后情况的预测值[4]		
						300 美元	850 美元	2500 美元
	生产结构（占 GDP 的百分比 %）							
农业	35.8	35.1	44	23	11		35	24
采矿业	10.8	1.5					6	6
制造业	24.5	18.1	16	35	41		13	19
建筑业	4.7	5.1					5	6
	2.6	1.7						
电力[1]	4.4	5.7	40	42	48		6	7
运输	17.2	32.8					35	38
服务								
	就业结构（占总劳动力的百分比 %）							
	（1982 年）	（1981 年）	（1980 年）	（1980 年）	（1980 年）			
农业	69.6	70.6	73	56	30		67	51
主要工业[2]	18.0	12.9	11	16	28		12	20
运输和服务	12.4	16.5	16	28	42		21	29

续表

	中国[3] 1981 年	印度[3] 1979 年 / 1980 年	其他低收入国家[3] 1982 年	中下等收入国家[3] 1982 年	中上等收入国家[3] 1982 年	对大国在 1980 年 /1981 年前后情况的预测值[4]		
						300 美元	850 美元	2500 美元
初级产品 制成品	外贸结构							
	商品出口构成（占出口总额的百分比 %）							
	（1981 年）	（1980 年）	（1981 年）	（1981 年）	（1981 年）			
初级产品	47	51	70	82	47	75	63	42
制成品	53	49	30	18	53	25	37	58
	商品进口构成（占进口总额的百分比 %）							
	36	62	43	40	40	67	65	63
	64	38	57	60	60	33	35	37

注：①除中国外，其他国家均包括煤气和水（中国的制造业包括煤气和水）。

②主要工业指采矿业、制造业、电力、建筑。

②收入水平的划分是：人均 GNP，其他低收入国家为 250 美元，中下等收入国家为 840 美元，中上等收入国家为 2490 美元；中国和印度则分别为 300~350 美元和 260 美元。

④推算预测值的回归是根据不包括中国和小国（即人口在 1970 年低于 2000 万的国家）的数据估测的。

资料来源：世界银行 1984 年经济考察团：《中国：长期发展的问题和方案》（附件五），中国财政经济出版社 1987 年版，第 9—17 页。

E. 资源再配置和结构变动的体制环境的变化

表 E1　全社会固定资产投资的资金来源比例变动　%

年份	全社会固定资产投资	国家预算内投资	国内贷款	利用外资	自筹及其他投资
1978	100.0	62.2	1.7	4.2	31.9
1980	100.0	44.7	11.7	7.2	36.5
1981	100.0	28.1	12.7	3.8	55.4
1982	100.0	22.7	14.3	4.9	58.1
1983	100.0	23.8	12.3	4.6	59.3
1984	100.0	23.0	14.1	3.8	59.1
1985	100.0	16.0	20.1	3.6	60.3
1986	100.0	14.6	21.1	4.4	59.9
1987	100.0	13.1	22.9	4.8	59.2
1988	100.0	9.1	20.6	5.7	64.7
1989	100.0	8.3	17.3	6.6	67.8
1990	100.0	8.7	19.6	6.3	65.5

资料来源：《中国固定资产投资统计资料》（1950—1985），第 8 页；《中国统计年鉴》（1987—1990 年各年）的有关栏目。

表 E2 投资审批权限的变化 单位：百万元

日期	国家计委	省级政府
1984 年以前	10 以上	10 以下
从 1985 年起	30 以上	30 以下
1987 年 3 月	50 以上	30 以下
1987 年 3 月（能源、交通和原材料）	50 以上	50 以下
从 1990 年 1 月起	30 以上	30 以下

注：从 1990 年起，3000 万元以上的项目需国家计委报送国务院批准。在有些工业，如化工业，省级政府可以审批金额高达 5000 万元的项目。市级和地方政府只能审批 500 万元以下的项目。500 万 ~3000 万元之间的项目需经省级政府批准。这涉及投资决策权已相当程度地收紧和集中。

资料来源：国家计划委员会；转引自世界银行经济考察团：《中国：计划与市场》，中国财政经济出版社 1991 年版，第 70—71 页。

表 E3 重要原材料中由国家分配所占比例的变化 %

	1979 年	1984 年	1988 年
钢材	77.0	66.0	46.0
木材	85.0	40.0	25.9
煤炭	58.9	50.0	43.5
水泥	35.7	25.0	13.6

资料来源：国家计划委员会；转引自世界银行经济考察团：《中国：计划与市场》，中国财政经济出版社 1991 年版，第 70 页。

F. 产值结构变动中的价格结构变动影响

表 F1　三次产业价格指数变动比较①

年份	价格指数			
	GNP	Ⅰ	Ⅱ	Ⅲ
1978	93.1（100.0）	78.4（100.0）	97.8（100.0）	102.6（100.0）
1979	96.3（103.3）	91.2（116.5）	99.2（101.3）	97.3（92.9）
1980	100.0（107.4）	100.0（127.6）	100.0（102.2）	100.0（97.5）
1981	102.3（109.8）	106.3（135.6）	101.0（103.2）	99.2（96.7）
1982	102.2（109.8）	108.6（138.6）	101.1（103.4）	95.5（93.1）
1983	103.7（111.3）	111.7（142.5）	101.8（104.0）	96.4（94.0）
1984	108.4（116.5）	115.7（147.7）	104.3（106.6）	106.6（103.9）
1985	118.3（127.0）	125.8（160.6）	109.5（112.0）	126.8（123.6）
1986	123.7（132.9）	132.5（169.1）	115.4（118.0）	130.9（127.6）
1987	129.9（139.5）	146.7（187.2）	118.7（121.3）	136.0（132.6）
1988	145.2（155.9）	171.1（218.3）	130.0（132.9）	153.0（149.1）
1989	158.6（170.3）	183.2（233.8）	138.4（141.5）	178.2（173.7）
1990	167.4（179.8）	202.5（258.4）	141.4（144.5）	190.4（185.6）

注：①价格指数为 GNP 紧缩指数，分别以 1980 年和 1978 年（括号内）为 100；Ⅰ、Ⅱ、Ⅲ分别为第一、二、三次产业。

资料来源：根据《中国统计年鉴 1991》数字计算。

表 F2　农、轻、重部门价格指数变动[1]

年份	价格指数			
	工农业	农业	轻工业	重工业
1978	100.0	100.0	100.0	100.0
1979	104.4	113.0	101.8	101.2
1980	107.7	126.4	101.7	102.6
1981	110.3	135.3	101.8	103.3
1982	110.9	138.4	101.0	103.8
1983	111.8	142.2	99.2	105.6
1984	114.1	148.0	98.3	109.3
1985	120.6	161.2	101.6	116.6
1986	125.4	172.9	104.7	120.7
1987	132.6	190.4	110.2	126.2
1988	147.3	229.9	125.3	136.5
1989	162.4	248.5	138.8	152.6
1990	166.8	270.8	139.5	154.6

注：①价格指数为总产值紧缩指数，以 1978 年为 100。
资料来源：根据《中国统计年鉴 1991》有关资料计算。

表 F3　工农业净产值价格指数变动

年份	价格指数[1]		
	国民收入	农业	工业
1978	100.0	100.0	100.0
1979	103.3	116.9	101.3
1980	106.9	128.8	101.2
1981	108.9	136.9	101.5
1982	108.7	140.0	101.4
1983	109.9	143.9	101.3

续表

年份	价格指数[①]		
	国民收入	农业	工业
1984	115.5	149.2	103.8
1985	126.4	160.8	109.1
1986	131.4	170.4	112.4
1987	141.3	189.1	118.7
1988	160.0	224.0	128.5
1989	173.2	239.3	139.7
1990	181.0	264.4	140.2

注：①价格指数为净产值紧缩指数，以 1978 年为 100。
资料来源：根据《中国统计年鉴 1991》有关资料计算。

表 F4　改革以来中国人均国民生产总值变动

年份	人均 GNP 人民币（元）	货币汇率（年末中间价，1 美元合人民币元）	人均 GNP 美元
1978	375	1.68	223.2
1979	412	1.56	264.1
1980	456	1.50	304.0
1981	480	1.75	274.3
1982	515	1.92	268.2
1983	568	1.98	286.9
1984	671	2.80	239.6
1985	814	3.20	254.3
1986	909	3.72	244.4
1987	1042	3.72	280.1
1988	1272	3.72	341.9
1989	1423	3.77	377.5

续表

年份	人均 GNP 人民币（元）	货币汇率（年末中间价，1 美元合人民币元）	人均 GNP 美元
1990			
年平均数	1558	4.78	325.9
1979—1983	456	1.74	279.5
1984—1988	942	3.43	272.1
1989—1990	1491	4.28	351.7
1979—1990	843	2.87	288.4

资料来源：人均 GNP（人民币）数字取自《中国统计年鉴 1991》第 31 页；货币汇率数字，1978—1980 年取自世界银行经济考察团编写的《计划与市场》（中国财政经济出版社 1991 年版）第 119 页；1981—1983 年取自《中国统计年鉴 1989》第 944 页；1984—1990 年取自《中国统计年鉴 1991》第 850 页。

第三篇

3

进一步的理论探讨

7 经济增长的模式

20世纪的最后10年，是中国经济发展的一个重要时期。在这个时期中，经济体制改革势必要有步骤地继续推进，因而体制转换依然是中国经济增长和结构变动的大背景。前两篇的实证分析揭示了改革以来经济增长和结构变动的趋势、特点以及存在的问题，这些方面在20世纪90年代将继续起作用并发生影响。因此，从这一章开始，我们将对以上问题作进一步的理论探讨。在这里，经济分析的时区主要定在20世纪90年代，但由此而揭示的理论模式对于21世纪初期同样是适应的。这段时间的经济增长和结构变动既以体制转换为背景，又必然对体制改革提出新的要求，所以研究过程将涉及后一个方面，尽管对改革问题的探讨并不是本书的主基调。

在这一章中，我们将在对经济增长模式的基本理论问题加以简要分析的基础上，联系前面的实证考察结果，来探讨改革中中国经济增长模式的演变特点，推动增长模式转换的理论依据，特别是从资源条件、投资特点、结构关系和体制改革等方面来探讨增长模式转换的条件和途径。

7.1 增长模式的基本类型和演变过程

一、经济增长的不同模式

（一）增长模式的主观性与客观性

经济增长模式指的是经济增长的总体特征。它包含了两层含义：其一，增长模式是指经济增长的目标和方式。当我们在事前对增长模式加以选择或确定时，就属于这种情况，这是增长模式的主观性的一面，或称为主观增长模式。其二，增长模式是指经济增长的过程和结果。当我们在事后对增长模式加以评价和比较时，就属于此类情形，这是增长模式的客观性的一面，或称为客观增长模式。正如主观与客观的辩证关系一样，增长模式的两种含义也是对立统一的。主观增长模式表现为客观增长模式的前提，后者则表现为对前者的实现；而实现结果的不同或实现程度的差异，就导致了主、客观增长模式的不一致或偏离。例如，在改革初期（1981 年）我们就提出并积极推行效益型的增长模式，但 10 年来的增长结果表明，这样的增长模式并没有真正实现，而速度型的增长模式也没有被完全扭转过来。正由于上述情况的存在，我们在这里提出了增长模式的两种含义（即其主观性与客观性）的区分，并简要地概括为主观增长模式和客观增长模式。

经济增长模式又可分为微观增长模式和宏观增长模式。宏观增长模式表现为微观增长模式的总和，它是由占主导地位的或大多数的微观增长模式决定的。在自由竞争的资本主义阶段，各资本主义国家的经济增长模式是由市场机制调节的（包括国内市场和国际市场的调节），由于政府没有直接确定或明确制订整个经济的增长目标，宏观增长模式基本上不包含主观性的一面，而表现为一种市场调节结果的客观增长模式。“二战”以后，随着国家垄断资本主义的发展及其对经济生活干预的加强，各资本主义国家纷纷制订了宏观经济增长计划，并以此作为经济增长政策以及其他宏观经济政策的基础，这就标志着资本主义国家中主观增长模式的产生，同时也出现了主、客观增长模式的偏离。在社会主义国家中，在高度集权的旧体制之下，经济增长的目标和方式即主观增长模式完全是由中央政府统一确定的，并通过各种指令性计划予以强制推行，这样，主、客观增长模式以及宏、微观增长模式往往表现得比较一致；然而众所周知的是，由于计划体制排斥市场作用，扼杀了企业活力，以及计划指标本身存在难以克服的弊端，这种增长模式普遍表现为一种产值型的、低效率的增长模式。随着中国经济体制改革的推进，旧体制下形成的片面追求产值和速度的主观增长模式从宏观上说已有了很大改变，但在指令性计划减少和市场调节作用增强的条件下，由于需求膨胀的推动，客观上仍表现为一种追求数量增长的模式[1]；从微观增长模式看，这时数量增长与效益增长可能是一致的（因为需求过大和价格上升），但从宏观看，这依然是一种高速度而低效益的增长模式（下面将对此加以分析）。可见，在体制转换的过程中，实际的增长过程和增长结果与计划确定的增长目标和增长方式发生了较大偏离，主、客观增长模式（以及宏、微观增长模式）出现了明显的不一致。同时，上述分析也表明，经济增长模式的主观性与客观性以及二者的变动关系，是与经济体制的变动相联系的。

我们从主观上确定和推行某种经济增长模式，目的在于达到它的客观结果，就是使主观增长模式转化为客观增长模式。这一转化过程的实现程度，主要取决于两个方面：一个是主观增长模式的可行性，即不仅具有必要性，而且具有可能性，具备了推行这种模式的经济条件和体制条件；另一个是宏观经济政策的有效性，即通过有关经济政策尤其经济增长政策，来有力地推动这种增长模式的实现，并防止实际过程中增长模式的变形。

毫无疑问，确定合理的增长模式并促使其付诸实践，这是研究经济增长模式问题的关键，也是我们区分主观增长模式与客观增长模式并分析它们的辩证关系的意义所在。

（二）增长模式的划分

针对改革前经济增长的特征和改革以来增长特征转变的要

[1] 其基本特点是，计划确定的增长率指标为实际过程所突破，增长效益上升缓慢以至效益下降。

求，中国有些学者把经济增长模式划分为“数量增长型”和“效益提高型”两种形式[1]；另一些同志认为，“数量增长”与“效益提高”并非完全对应的概念，提出把经济增长模式划分为速度型增长模式和结构型增长模式两种基本形式。[2]依我看来，这两种划分方式都有合理之处，但不足的是都忽视了经济增长的质量因素和增长结果的质量问题。在有关论文中笔者曾经分析过，质量因素和质量问题贯穿于整个经济增长的过程中，尤其在现代经济增长中具有十分重要的地位。[3]忽视了这个方面，对经济增长模式的分析和概括就是不全面的，有欠缺的。

划分经济增长模式，不限于并且也不能仅从一个角度来划分，以上两种划分方式正是因此而未能完整概括经济增长模式的内涵。增长模式作为对经济增长的因素、过程和结果的概括，应当反映经济增长的基本特征和主要趋向，考虑到增长模式的转换问题。从不同的侧面来划分，经济增长模式可以概括为以下三对基本形式：产值型与效益型增长模式；速度型与结构型增长模式；数量型与质量型增长模式。产值、速度、数量反映了经济增长的外延量，效益、结构、质量则反映了经济增长的内涵量；二者之间相互联系，不可分割，但又相互区别，不可等同。由此构成的不同类型的经济增长模式就相对地反映了不同时期经济增长的重心、特点和趋向。产值型向效益型增长模式的转变，表明经济增长注重投入与产出的关系；速度型向结构型增长模式的转变，表明经济增长注重各种比例的关系；数量型向质量型增长模

[1] 参见《对“六五”时期建设和改革问题的回顾与思考》，《中国社会科学》，1986年第2期，第5页。

[2] 参见熊映梧、邹滨年：《“七五”经济增长模式的理论探讨》，《经济研究》，1986年第8期，第36页。

[3] 参见郭克莎：《经济增长模式与产品质量问题》，《河北学刊》，1987年第6期；《经济增长与质量》，《中国工业经济研究》，1991年第7期。

式的转变，表明经济增长注重层次高低的关系。三者从不同角度概括了经济增长这一范畴的内涵，体现了经济增长模式划分的三个基本方面。显然，效益增长，结构优化，质量提高，这三个方面共同反映了社会化大生产条件下经济增长的客观要求和发展趋势。

应当指出的是，增长效益与增长效率的含义是不同的，正如经济效益与经济效率的含义不同一样。经济效率指的是投入与产出的关系，而经济效益除了这层意思之外，还包含了另一层意思，就是产出要符合社会需要。这就导致了经济效益与经济效率的不一致。在同量的产出中，符合社会需要的程度较高，这些产出可以转化为较多的社会使用价值从而形成较多的社会价值；如果产出符合社会需要的程度较低，这些产出只能转化为较少的社会使用价值从而形成较少的社会价值，于是，同样的经济效率就表现为不同的经济效益。从微观方面说，在产品经济条件下，经济效率（或经济效果）与经济效益大体上是相同的，因为产品一般不存在着实现问题；但在商品经济条件下，由于社会需要决定着商品使用价值和价值的实现程度，经济效益就与经济效率发生了偏离。[1] 增长效益与增长效率不一致的原因与上述情况相同。增长效率（全要素生产率）表现为产出增长率与投入增长率的差额，而增长效益不仅取决于这个差额，而且取决于包括这个差额的数量在内的整个产出符合社会需要的程度。这样，增长效益既与增长效率有关，又与增长结果的结构和质量相联系。如果产出结构失衡，明显地偏离了社会需求结构，或者产品质量低下，明显不符合社会需求水平，同样的增长效率就会转化为较少的增长

[1] 关于这方面的分析，可参见郭克莎：《关于经济效益的几个问题》，《中州学刊》，1991年第5期；至于商品的社会价值量与其社会使用价值量的一致性，可参见郭克莎：《论质量与价值、价格的关系》，《经济科学》，1989年第5期。

效益；从动态过程来看也是如此，如果产出结构失衡加深和产品质量水平下降，即使增长效率不变，增长效益也会降低。要是情况反过来，则会出现相反的结果，表现为增长效益高于增长效率，或增长效益的提高快于增长效率的提高。可见，在经济增长过程中，效益、结构和质量是密切相关的，效益型、结构型和质量型三种经济增长模式是统一的，而增长效益的提高则是整个增长模式的核心问题。

二、改革中增长模式的演变

（一）改革前增长模式的基本特征

改革前中国的经济增长模式是以产值型、速度型和数量型的增长为基本特征的。

从产值型增长模式来看，它是与旧的社会主义计划体制及其统计体系的弊端相联系的。旧体制下以工农业总产值的增长作为衡量经济增长的主要指标，并以指令性计划的形式下达给企业，而总产值包含了大量的重复计算，生产过程中的物质消耗越多，总产值的增长幅度越大，这就使企业形成了一种片面追求产值增长的倾向。它们为了完成和超额完成指令性产值计划，通过大量地增加生产投入来推动总产值迅速增长。其结果是高的总投入、低的净产出，经济增长的效率非常低。根据前文的计算数字（以GDP 作为产出指标），从 1953—1978 年，中国全要素生产率的增长率年平均只有 0.2%，对产出增长的贡献率只有 2.7%，大大低于其他发展中国家的平均数。同时，由于产值增长与社会需要的不适应，增长效益也很低，虽然通过强制性的统购统销，直接调拨直接配给，但从宏观方面看，仍掩盖不了生产与需要严重不一致的矛盾，所以增长效益实际上还明显低于增长效率，尽管这种现象在一般情况下并没有通过企业产品的实现问题表现出来。

从速度型增长模式来看，它是与旧的社会主义经济发展战略相联系的，同时也与上一种增长模式有关。旧的发展战略把赶超战略放在首位，这本身似乎无可非议，但由此而产生的急于求成、主观冒进，则导致了片面追求高速度的倾向，再加上旧体制下往往是个人拍板，“一锤定音”，缺乏民主决策，因而常常形成超越实际可能的高指标，计划不是建立在资源条件而是建立在“政治需要”的基础上。然而客观经济规律毕竟是不能超越的，当过高的经济增长速度受到资源条件的制约时，速度就会突然降下来，这就表现为增长率的剧烈波动；前面的计算数据表明，中国改革前经济波动的程度是很大的，不仅绝对波动幅度和波动系数，而且相对波动幅度和波动系数也大大高于其他国家。增长率反复波动的结果是降低了年平均增长率，所以改革前的年平均经济增长速度并不算很高（1953—1978 年的平均速度为 6%，低于日本和其他不少发展中国家），大大违背了一味追求高速度增长的初衷。特别是，经济高速度增长必然以工业尤其是加工工业（改革前为重加工业）的超高速增长为前提，农业的高速增长受到自然条件的制约，加上技术进步十分缓慢（因为投资大量集中于基本建设，更新改造和有关技术投资严重缺乏），工业增长效率很低，其超高速增长对整个社会形成了巨大的需求压力，使产业结构很快地陷入严重失衡状态，因此速度型增长模式的一个后果是结构关系失衡，不得不经常停下来进行结构调整，这不仅影响年平均增长速度，而且大大降低了增长效益。

从数量型增长模式来看，它既与经济增长或发展的阶段性特点有关，又与以上两种增长模式相联系。从现代经济增长或工业化的进程看，各国都经历过一个数量扩张的阶段。马克思也曾指出，在机器大工业迅速兴起的过程中，资本主义生产处于数量型的增长时期，当时的经济学家（如斯密等），“明显地只强调量的观点”，而把“商品的质”当作“纯粹偶然的情况”。[1] 其原

---

[1] 参见《马克思恩格斯全集》第46卷（下）第86页，第47卷第310、311、314页。

因在于随着工业生产方式的扩张和人们收入水平的提高，社会需求表现为数量需求的迅速增长，社会生产表现为生产体系的迅速扩大，而需求质量和生产质量的提高尚未提到议事日程上来。中国20世纪50年代的数量型增长模式与上述特点有关，但另一个原因则是产值型和速度型增长模式的推动，特别是20世纪60—70年代，因为产值高速增长要以产量迅速增长为基础。其结果是，宏观和微观增长模式都片面追求产量增长，产品质量提高的速度极其缓慢，产品更新换代的周期很长，产品陈旧、品种少、质量低劣成为经济生活中的突出问题，这就严重地影响了经济增长的效益，也影响了产业结构关系的协调。同时，与产量增长相联系，劳动投入和资金投入也表现为数量型增长，劳动力质量和资产质量的提高十分缓慢。

可见，改革前经济增长模式的几个特征是相互联系、相互影响的，低效益、失衡态和低质量增长是整个增长模式的基本表现。从根本上说，这种经济增长模式是由旧的经济体制模式和发展战略模式决定的，因此，主、客观增长模式和宏、微观增长模式都比较一致，客观增长模式只是主观增长模式推行的结果，微观增长模式则是宏观增长模式贯彻的表现。

（二）改革以来增长模式的演变态势

改革以来，中国的经济增长模式发生了明显变化，其中主观增长模式的转变是突出的，特别是在宏观指导思想方面。这与经济体制改革的推进和经济发展战略的转变大体上是一致的。但是，由于体制改革过程的不协调和经济环境波动的影响，客观增长模式的转变过程并不是顺利的，还存在着不少问题和矛盾。

1. 从产值型向效益型增长模式的转变看

主观增长模式的转变首先是从宏观方面开始的。在1981年，党中央和国务院就多次强调提高经济效益的重要性，提出要走速度比较实在，经济效益比较好，人民可以得到更多实惠的发展经济的新路子。这表明了向效益型增长模式转变的思想。党的十二大虽仍然提出到 20 世纪末工农业总产值翻两番的产值目标，但明确指出这一目标“要在不断提高经济效益的前提下”实现。这样实际上就从总体上提出了宏观增长模式的转变问题。从微观方面说，随着商品经济的发展和体制改革的推进，企业日益成为相对独立的商品生产者，在一定程度上自负盈亏，并受到市场机制的约束，这使它们改变了片面追求产值的倾向，开始越来越注重经济效益问题，因此微观增长模式也由产值型向效益型方面转变。

主观增长模式的明确转变大大地推动了客观增长模式的变化，但后者的变化无疑要比前者艰难得多，因为它不同于观念和计划的转变，而是实际增长过程和增长结果的转变，受到一系列经济条件和体制环境的制约。尽管如此，这方面的变化也是十分明显的。从增长效率看，1979—1990 年，全要素生产率的年平均增长率达到 3.6%，对产出增长的贡献率达到 42.1%，大大高于改革前，也超过其他主要发展中国家（1950—1974 年）和中央计划国家（1953—1965 年）的平均数；不过，由于产业结构、产品结构和品种结构尚不合理，产品质量低劣的局面没有得到根本改变，经济产出符合社会需要的程度还很低，增长效益远远低于增长效率。特别是 1984 年以后，在需求膨胀的影响下[1]，不仅增长效率下降，而且增长效益大幅度降低，近两年在总量供求关系缓和的情况下，大量商品滞销积压，其中大部分属于结构性问题和质量问题所致，从而表明了这一点。

在产值型向效益型增长模式转变的过程中，由于产值翻番依然是一项重要的经济增长指标，企业还有一定的产值任务或产值标准，所以产值型的增长模式不论从宏观上说还是从微观上说都并没有完全消失，不过它已不是占主导地位的增长模式；同时，

[1] 关于对需求膨胀发展态势的判断，参见郭克莎：《改革十年我国经济增长中的需求膨胀问题分析》，《财贸经济》，1991年第7期。

由于经济条件的特点和环境波动的影响，结构问题和质量问题仍严重地制约着经济效益尤其是宏观经济效益的提高，因而效益型的增长模式从增长过程和增长结果看也没有真正确立起来，但是经济增长效率有了显著的上升。这样，我们必须继续分析增长模式的其他方面的变化。

2. 从速度型向结构型增长模式的转变看

改革开始时，中国经济理论界和中央决策部门已经认识到片面追求高速经济增长的弊端，理论上提出了适度增长和结构协调的重要性，宏观上一方面进行产业结构调整，另一方面制订了较为切实可行的计划增长指标。这是主观增长模式由速度型向结构型转变的表现。主观增长模式的转变带来了客观增长模式的变化，因而改革初期阶段（1979—1983年）的经济增长速度比较合理，结构关系比较协调，在这种情况下，年度增长率的波动度大大低于改革前，相对波动系数和相对波动幅度均下降到明显低于国际上的大多数国家（参见第1章的有关数据）的水平。

然而，1984年以后，随着经济体制改革的推进，企业和地方有了更多的自主权，计划外生产不断扩大，非全民企业尤其是乡镇企业发展很快，在市场需求膨胀的推动下，微观方面又形成了一种盲目扩张的倾向；而宏观调控的力量相当薄弱（旧的调控体系已经瓦解，新的调控机制尚未形成），加上急于求成的战略思想仍在顽强地起作用，中央决策部门没有及时和果断地采取必要的政策措施，导致1984—1988年一再出现国民经济超高速增长的局面，增长过程和增长结果又表现出过去的速度型特征。这种客观增长模式演变中的反复是与主观增长模式转变过程的新问题相联系的，计划增长指标大大地为实际过程所突破，主要原因虽在于企业和地方方面的扩张冲动，但与宏观调控的不坚决和不得力也是分不开的。速度型增长模式再度出现的直接后果是产业结构失衡的加剧，因为与改革前一样，经济高速增长依然以工业尤其是加工工业的片面超速发展为基础。上两章的结构分析表明，

1984 年以后的产出结构和投入结构失衡都大大加深，很大程度上正是由此造成的。同时，经济增长再度出现超高速度的另一个后果就是经济波动程度的上升，实证分析的数据表明改革后一阶段年度增长率的波动系数和波动幅度都明显高于前一阶段，并导致了由严重的通货膨胀（需求膨胀）到市场需求持续性疲软的剧烈波动。

可见，经济增长模式由速度型向结构型转变过程中的逆转现象，是与体制改革的不协调相联系的，也与旧的发展战略的滞后影响有关；其结果是阻碍了经济增长效率的提高，引起了增长效益的下降。前面的实证分析数字均表明了这一点。

3. 从数量型向质量型增长模式的转变看

经济增长模式由数量型向质量型的转变，是与以上两个方面的转变过程密切相关的，因为投入质量和产出质量的提高与投入结构和产出结构的优化，以及增长效率和增长效益的上升是相互作用、相互影响的。同时，人们收入水平和需求层次的上升也要求产出质量的提高，从而推动着增长模式的转变。

与产值型向效益型增长模式转变、速度型向结构型增长模式转变的进程相一致，在改革的初期阶段，随着市场机制调节作用的增强，商品生产受到社会需求的约束，新的经济环境对企业经营形成了一定的动力和压力，因而产品更新换代的周期缩短，新产品新品种发展较快，产品质量水平有所提高，数量型增长模式向质量型模式转变的态势是明显的。这种态势推动了增长效益的提高和增长过程中结构关系的协调。

但是，由于需求膨胀日益严重的冲击，与速度型增长模式再度出现相伴随，数量型向质量型增长模式的转变过程在后一个阶段（1984 年以后）也出现了逆转态势，数量型增长的特征又突出地表现出来。在市场供不应求和价格上涨的条件下，企业所提供的产量越大，所获得的利益越多，这就导致了重数量、轻质量的普遍性倾向。主观增长模式转变中的反复引起了客观增长模式转变过程的波动，而宏观增长模式基本上是微观增长模式的总体表现。其结果是，产品质量水平经常出现下降和波动。例如，从 1984 年下半年至 1986 年，工业产品质量连续三个年头出现下降趋势，国家考核的主要产品质量指标，有 1/3 向下波动，国家监督抽查的产品质量，有 1/3 不合格[1]，产品质量差成为一个严重的经济问题和社会问题。这种情况加深了产业结构的失衡状态，大大地降低了经济增长的效益。根据国家技术监督局的抽查结果，自 1985 年以来，企业中不良品的损失率为产值的 10%~15%，仅以 10%的比率计算，中国近几年来（至 1991 年）每年因产品质量差而带来的损失就达 1000 多亿元至 2000 多亿元人民币，“七五”期间的损失额达 10000 亿元之多，这就使以产值计算的增长效率要打上一个很大的折扣，增长效益远远低于增长效率。

综上所述，改革以来经济增长模式的转变过程不是顺利的，而是波动的，特别是 1984 年以后，增长模式的几个方面的转变都明显地出现了逆转态势；这说明增长模式的演变是一个艰难的过程，也表明了模式转变中三个方面的内在联系。

7.2 增长模式转换的理论依据

20 世纪 90 年代是中国经济发展跨上新台阶的一个重要时期，进一步推动经济增长模式的转换具有十分重大的意义。因此，对增长模式转换的有关理论问题进行较为深入的探讨，是很有必要的。

经济增长模式的转换既是针对中国改革前增长模式的弊端而提出来的，又是经济增长过程演进的内在要求。增长模式的转换受到经济条件和体制环境的制约，而经济条件的提高和体制环境

[1] 参见《经济日报》，1986年8月15日。

的改善又依赖于增长模式的转换过程。因为在追求产值而效益低下、速度过高而经济过热和结构失衡、数量扩张而质量低劣的情况下，要提高经济技术条件几乎是不可能的；在由此引起的需求膨胀以致通货膨胀的冲击下，经济体制环境的改善显然也无从展开。这样，增长模式的转换实质上把这两个方面联系起来了。它的重要性表现在：一方面可以为优化经济发展奠定基础，另一方面又可以为推进体制改革创造条件。

经济增长模式的转换，首先在于主观方面即增长目标和增长方式的转变，包括宏观和微观增长模式都要明确而坚决地实现这种转变。改革以来客观增长模式转变过程的波动和反复，很大程度上与主观增长模式（尤其微观方面）转变中的波动和反复有关。由于增长模式的转换过程与经济发展过程和体制改革过程互为条件，增长模式转换的几个方面又相互制约，因而应当从这些方面来探讨增长模式转换的客观依据和内在联系。

一、从经济发展的角度看问题

经济增长是经济发展的基础，但并非任何经济增长都能带来经济发展。一些发展中国家就存在经济有增长而无发展的状况，中国改革前也有过经济增长对经济发展不起作用或作用甚微的现象（如“大跃进”时期），因为经济增长并没有真正增强国家的经济实力或提高社会的福利水平。这是一种无效增长或有效增长成分很少的表现，它是由增长模式的不合理或劣化造成的。产值型、速度型或数量型的增长模式就属于劣化（或非优化）的增长模式❶，其特征是有效增长的比重很低且趋于下降。效益型、结构型和质量型的增长模式则属于优化的增长模式，其特征是有效

❶ 就典型的产值型、速度型或数量型增长模式来说，是以牺牲效益、结构和质量为代价的，因而属于劣化的增长模式；但如果经济增长只以产值、速度或数量为主要特征，则属于非优化的增长模式。

增长的比重较高且趋于上升。经济增长模式的转换，就是推动劣化增长模式向优化增长模式转变，提高经济增长的有效率，从而达到促进经济发展的目的。

从理论上说，确定经济增长模式的客观依据主要包括三个方面：其一是考虑经济发展的阶段；其二是考虑经济类型的特点；其三是考虑国际的经济环境。从这三个方面来看，中国经济增长模式的转换不仅具有必然性和重要性，而且具有明显的紧迫性。

第一，中国所处的经济发展阶段决定了增长模式转换的必然性。目前中国经济正处于起飞和迅速增长的阶段，这是大家都看到的，但人们所忽视的是，这个阶段也是经济发展水平较快上升的一个重要时期。根据发展经济学理论和其他国家的经验，如果这一阶段经济增长的效率尤其是效益没有明显提高，下一阶段的经济增长就会缺乏基础和动力，从而影响有效增长的持续。因而我们在完成产值再度翻番的战略目标的过程中，不能仅仅追求产值指标，而必须把提高经济效益放到首位，使增长模式向效益型方面转换。同时，经济的高增长率必然带来产业结构的高变换率，这个阶段的产业结构关系的协调具有十分重要的地位，如果出现结构失衡的态势，就会阻碍下一阶段的有效增长。因此必须防止经济增长速度太高即产业结构高度化的进程过快，注重结构关系的协调，使增长模式向结构型方面转换。

值得充分重视的是，随着国民经济的迅速增长和人们收入水平的较快上升，中国商品经济的发展正经历着由数量型经济向质量型经济的转变。根据世界商品经济发展的一般趋势，在经济发展的这个阶段上，整个社会经济活动，从生产、分配、交换到消费都将经历由数量向质量的转变，这是社会需求导向和市场机制调节的结果。因为人们的数量需要向质量需要过渡，质量需要的层次不断上升，消费水平的差异由数量上的差异逐渐转变为主要是质量上的差异，社会消费能力的增长表现为质量需求的增长，这就引起社会生产过程对生产资料产品的质量要求也不断提高。

因此，经济增长模式必须把质量问题放到首位，即由数量增长型模式向质量提高型模式转换。

第二，社会主义经济发展的性质决定了增长模式转换的重要性。社会主义生产和经济增长的目的是满足人民群众日益增长的物质和文化生活的需要，这一点不会由于发展商品经济而有丝毫改变，所不同的是这个目的将在很大程度上改为由市场运行机制和宏观经济机制来调节。在经济发展水平上升的阶段，社会主义经济的增长过程应当提供尽可能多的价廉物美的商品，即通过不断提高产品和服务的质量水平，增加新产品新品种和新的服务项目，来满足整个社会日益增长的质量需要；通过降低高质量产品和服务的成本与价格，减少人们在需要满足过程中的货币支出和由此决定的劳动支出，从而增加闲暇时间，这就要求经济增长模式由数量和产值增长型向质量和效益提高型转换。同时，在人们的收入水平提高较快从而消费结构和需求结构变动较快的条件下，生产和经济增长的结构应当适应需求结构的变动，这也要求经济增长模式由速度型向结构型转换。上述变动趋势，是商品经济条件下经济增长过程演进的一般规律，而社会主义经济发展的性质则决定了这种增长模式的转换具有更为重要的经济意义。

第三，中国经济对外开放的发展趋势决定了增长模式转换的紧迫性。在现代国际贸易中，价格竞争尤其质量竞争十分激烈，质量竞争已经超过价格竞争而上升到首要地位，在同类产品中，首先是质量水平的竞争，在同等质量的条件下又展开价格水平的竞争，只有较高质量并且较低价格的产品才能在国际市场上占有一定的份额。中国要扩大对外开放并通过对外经济关系来促进经济发展（这是中国经济发展所处阶段的客观要求），最基本的问题是扩大商品出口，这就不可能回避国际市场的挑战和竞争，特别是不能不加入国际质量竞争的行列。而中国目前的产品质量普遍较低，生产经营的经济效益相对很差，这是改革前长期实行数量型和产值型增长模式以及改革以来增长模式转变过程出现反复的结果，因而推动经济增长模式向质量提高型和效益提高型模式转换，不仅是必要的和重要的，而且具有很大的紧迫性。

此外，中国经济发展的阶段要求扩大对外开放能够更多地推动经济发展水平的提高，因而通过进口渠道来提高生产技术水平比通过这一渠道来调节国内供求矛盾更为重要，必须增加先进技术设备的进口比重，减少消费品和原材料的进口比重，而后者取决于短线产品紧缺程度的降低，这就要求中国的产业结构和产品供求结构趋于协调，使速度型增长模式向结构型增长模式转换。由于出口扩大的艰难性和进口结构改变的重要性，从提高外贸发展对经济发展的作用看，这方面的增长模式转换也具有一定的紧迫性。

二、从体制改革的角度看问题

旧的经济增长模式是与旧的经济体制相适应的，增长模式的转换必须以体制改革的推进为基础，这是毫无疑问的，此点我们将在下面探讨增长模式转换的条件时再加以分析。然而，体制改革作为推动和优化经济发展的重要方面，它的推进过程也是有条件的，除了政治局势的稳定和思想观念的更新之外，从经济条件的角度看，经济增长模式的转换对于经济体制改革的推进具有不可忽视的作用。

第一，增长模式的转换可以为体制改革的推进创造一个相对稳定和宽松的经济环境。经济体制改革的实质是调整经济秩序和重建经济机制，它会引起社会经济领域的震荡和经济运行过程的变化，因而体制改革必须在较为稳定和宽松的环境下进行，否则就会导致过大的社会震荡和经济波动，并使改革结果出现较大的偏差。前几年理论界曾围绕着改革是否需要或能否有一个相对宽松环境的问题展开了一场争论，有的同志认为宽松的环境只能是改革的结果而不可能是改革的前提，这种观点是似是而非的，它割裂了改革过程的绝对性与宽松环境的相对性的关系。持久性的宽松环境的形成虽然在很大程度上取决于一系列体制改革的完成，但是在这个较长时期的改革过程中，短期的或相对宽松的环境是可能出现的，它成为改革推进的一个前提条件。相对宽松的环境既依赖于体制改革，又取决于经济增长的过程和结果即客观增长模式。人们大概都认识到，社会主义国家中普遍存在的经济短缺即需求过大现象，是由旧的经济体制造成的，但其直接原因实质上在于旧的经济增长模式，虽然后者也与前者相联系。显然，在片面追求产值、追求速度、追求数量的增长模式之下，高投入低产出，产业结构和产品结构不合理，产品质量差品种少，供求矛盾的尖锐化成为一种必然现象。1984 年至 1988 年这种增长模式的再度出现，使经济过热和需求膨胀成为经济生活中的常态，以致演化为相当严重的通货膨胀，在这种高度紧张的经济环境下，体制改革过程自然无从展开。因此，只有推动经济增长模式向效益型、结构型和质量型模式转换，才有希望创造一个较为稳定和宽松的经济环境，以利于体制改革的推进。

第二，增长模式的转换可以为体制改革的推进提供较为坚实的物质基础。经济体制改革是一种利益关系的调整，不论是价格、财政、税收、工资、物资等具体经济体制的改革，还是国家、企业和个人之间经济关系的调整，每一项改革措施的出台，都会带来经济利益的再分配，使一部分人（或集体）有所得而另一部分人（或集体）有所失。为了保证社会经济生活的相对安定，就必须降低动荡度或防止不必要的震荡，减少改革过程的阻力，国家总是要拿出一部分财力来调节利益再分配所引起的不均衡状态，改革以来国家对企业放权让利和对个人增加补贴，就是这种利益调节的表现。同时，改革本身也需要花费不少人力、物力和财力，需要付出一定的代价。这两个方面加起来，表明改革过程的推进是要不断花钱的，它必须以国民经济的有效增长为基础，尤其要以宏观经济效益的提高作为物质前提。但是在产值型、速度型和数量型的增长模式之下，经济高速度增长是以大量增加投入为代价的，由于产业结构不合理和产品质量低劣，有效增长的比重很低，宏观经济效益很差，长此下去，国家的财力势必日益薄弱，将无力支持改革过程的推进。因此，只有实行经济增长模式的转换，提高投入产出率，改善结构关系，提高产品质量，才能增加有效增长的比重，促进宏观经济效益的上升，从而为体制改革的推进提供较为坚实的物质基础。

第三，增长模式的顺利转换有利于体制改革的顺利推进，防止改革过程的波动和反复。1984—1988 年经济过热和通货膨胀的发展，以及由此带来的一系列严重问题，使国民经济不能不转入一个全面紧缩和治理整顿的阶段。如果说经济过热导致了体制改革的中断，治理整顿则导致了改革过程的反复。例如，下放给企业和地方的决策权，有一部分不得不重新收回来，在宏观调控中不得不再度运用较多的行政手段。而经济过热是由增长模式转换过程的反复造成的，速度型的增长模式是经济波动的根本原因。因此，只有推动增长模式的顺利转换，特别是坚持适度增长的模式，才能防止经济波动和体制波动，有利于改革过程的顺利推进。

三、增长模式转换过程的内在联系

旧增长模式的几个方面即产值型、速度型和数量型的增长模式是相互联系、相互作用的，这就决定了增长模式转换过程的几个方面，即效益型、结构型和质量型的增长模式，也是相互制约、相互影响的，必须同时加以推进，才能有效地实现这个转换过程。前文对改革以来增长模式演变的考察也表明，增长模式的几个方面的变动是一致的，当增长模式转换过程出现逆转时，它们之间也表现出同样的态势。

在增长模式的转换中，效益提高型增长模式是中心环节或集中表现，而经济效益的提高又取决于结构关系的改善和产品质量的提高。结构问题对效益问题的影响表现在：投入结构的失衡使一部分生产条件（或生产要素）超负荷运转而另一部分生产条件（或生产要素）则处于闲置状态，这影响着增长效率的提高；产出结构失衡使一些产品相对短缺而另一些产品则相对滞存，这阻碍了增长效率向增长效益的转化即后者的提高。同时，从社会再生产过程或经济增长过程看，产出总是不断地转化为投入，因而产业结构失衡会明显地降低资源再配置的总体效应，包括全要素生产率增长、劳动生产率和资本生产率增长的总体效应；前文对资源总配置效应和产业结构变动态势的分析结果表明，改革以来后一阶段的资源总配置效应大大下降（低于前一阶段），与产业结构的失衡态势是一致的，前者正是由后者造成的，这就降低了经济增长的整体效率和整体效益。以上几个方面的影响突出地表现为不利于宏观经济效益的上升，并往往导致了宏观增长效益的下降。质量问题对效益问题的影响也是显著的，生产资料产品的质量差会影响再生产过程的顺利进行，其质量水平的波动会冲击投入产出关系，这两方面都妨碍了经济增长效率的提高；消费品的质量差和质量波动不利于消费过程和生产目的的实现，同样会影响再生产过程和增长效率。同时，生产资料和消费品的质量问题都会降低有效增长的比重，一些产品由于质量低劣，不具有社会使用价值从而不具有社会价值，另一些产品由于质量水平不符合社会需要，其使用价值和价值得不到实现或不能完全实现，这就导致了增长效率中还有很大一部分不能转化为增长效益。可见，增长效益的上升受到一系列质量问题的制约。

经济增长效率和效益的下降或波动又会反过来影响结构关系的协调和产品质量的提高。在投入产出率下降的情况下，必须增加较多的投入才能带来同量的产出，而投入比重的增加势必向基础产业部门倾斜，从而引起基础产业与整个国民经济增长的矛盾。1984 年以后中国产业结构失衡的加深，其基本特征，正是基础产业（农业、基础工业和基础设施）与非基础产业以及整个经济增长的矛盾尖锐化，这是与经济增长效率和效益的下降相联系的，前面的实证分析已表明了这一点。同时，增长效益的下降必然使开发新产品、新品种和提高产品质量缺乏经济基础，或有效投入不足，或有关的物质条件受限制，因而就会影响产品质量的提高，以致引起质量水平的下降。

再从结构问题与质量问题的关系看，这两个方面的增长模式转换也是相互联系、相互制约的。在结构关系失衡的条件下，产品的质量改进处处受到结构性制约，再生产过程中的投入质量没有保证，产出质量就难以稳定；供不应求的产品会出现质量水平的下降，供过于求的产品则由于受上述影响其质量水平也不容易提高。这样，向质量提高型增长模式的转换就不可能实现。同样，在产品质量差和质量下降的条件下，结构关系也难以达到协调状态。产出结构的协调，不仅是数量结构的协调，而且包括质量结构的协调。不论是产业之间、部门之间还是产品之间，供求关系的平衡都包括实物平衡和价值平衡，前者是后者的基础，而实物平衡则是数量平衡与质量平衡的统一。各个产业部门的产品不仅在数量上要符合需要，而且在质量上必须符合要求；如果某个部门的产品质量低劣或下降而不符合社会上对这些产品的质量要求，或者社会再生产过程对某些产品的质量要求提高而相应部门所提供的产品质量并不能适应这种需要，部门之间的平衡关系（包括数量平衡关系）就会被打破，从而出现结构失衡。再从扩大再生产的角度看，如果生产资料产品只具备数量上的条件［（即Ⅰ（$V+m$）＞Ⅱ C）］而不具备质量上的条件[1]，那么扩大再生产实际上就不可能顺利进行；如果在社会扩大再生产的过程中出现了以上质量问题，势必严重冲击国民经济增长的比例关

[1] 在马克思的社会再生产理论中，不论是简单再生产的实现条件还是扩大再生产的前提条件，都假定产品质量是符合要求的（即抽象掉这方面的影响）。但我们在具体考察经济增长过程或再生产过程的内在联系时，把质量问题的影响引进来分析是有必要的。

系。1984 年以后中国结构失衡的表现那样突出，其中的一个原因就在于产品质量波动和下降的影响，这是从统计数字上（以及前文的结构分析中）没有反映出来的一个重要方面。因此，离开了产品质量的提高，向结构型增长模式的转换也是不可能的。

上述分析表明，经济增长模式转换的三个方面的内在联系决定了它们在转换过程中的相互制约性，只有把效益型、结构型和质量型的增长模式有机地结合起来加以同时推进，才能有效地实现增长模式转换的目的。并且，以上三个方面的内在联系又决定了它们在模式转换过程中具有相互促进性，只要增长模式转换的每一个方面都有明显的变化，整个增长模式的转换过程就会有突出的效果。

当然，应当指出的是，效益型、结构型和质量型的经济增长模式并不排斥产值、速度和数量的增长，而是把它们限制在适度的增长水平；整个经济增长模式的转换，也不是一下子就可以完成的，而是要经历一个较长的转换过程；但从增长模式转换的必然性、重要性和紧迫性看，20 世纪 90 年代的经济增长模式应当有一个实质性的转变。

7.3　资源条件与增长模式的转换

主观增长模式的转换取决于宏观、微观两方面增长观念和增长计划的转变，而实际增长过程和增长结果的变化即客观增长模式的转换则不仅要以主观增长模式的实质性转变为基础，而且受到一系列经济条件和体制环境的制约。改革以来尤其 1984 年以后增长模式转换过程的曲折性和波动性，说明客观增长模式的转换是一个更为艰难的过程，客观因素的制约作用是突出的和复杂的。因此，必须从现实经济运行和体制改革过程的特点出发，来探讨增长模式转换的条件及途径。在这一节中，我们先探讨资源条件与增长模式转换的关系。

增长模式转换的一个关键问题是提高经济增长质量，由此推动增长效率和增长效益的上升。资源条件是决定经济增长的一个重要方面，经济增长的质量与资源条件的质量密切相关。分析中国资源条件的构成和特点，我们可以看到增长模式转换的制约因素，从而寻求促进增长模式转换的可行途径。

一个国家的资源条件可分为物质资源和人力资源，其中又包括了直接资源和间接资源两个方面。间接物质资源是指有待开发和利用的自然资源，直接物质资源是指可以直接运用和投入生产的物质资料或生产资料；间接人力资源指的是作为生产者来源的人口，直接人力资源指的是可以直接进入生产过程的劳动者。显然，不论是物质资源还是人力资源，是间接资源还是直接资源，都具有数量和质量方面的差别，而物质资源和人力资源在数量和质量上都是相互联系、相互制约的。

不同的资源条件，对于经济增长具有不同的作用。经济增长的模式，很大程度上是与资源条件的特点相联系的。在增长模式转换的过程中，资源条件的变化起着很大的作用和影响。

一、间接物质资源的作用

间接物质资源即有待开发利用的自然资源，包括土壤、矿产、水、木材等方面。自然资源的数量是指一个国家对各种自然资源的拥有量，如国土面积、矿产储量、水流量和降水量、森林覆盖面等；自然资源的质量则是指可耕地面积和土壤的肥沃程度，矿产的种类、质量、品位（富矿和贫矿）和开采的难易程度，水资源的水质和可利用程度，森林中林木的种类、质量和可采伐率等。

一个国家的自然资源状况对于该国的经济增长具有重要的促进或制约作用。20 世纪 60 年代以来石油输出国家经济的迅速增长，表明拥有丰富而高质量的自然资源是经济增长的重要推动力量。美国等发达的经济大国，其经济之所以能够保持长时期的较快增长，也与其拥有的自然资源优势不无关系。相反，自然资源贫乏或资源质量低的国家，资源条件会对该国的经济增长形成明显的制约，亚洲、非洲和拉丁美洲中不少经济增长缓慢的发展中国家，很大程度上与这种情况有关。[1]

在自然资源对经济增长的推动作用中，资源质量比资源数量具有更加重要的意义。且不说可耕地面积比土地面积更有意义，石油储藏比煤储藏更有价值，较少量的高级（稀缺）矿产比较多量的低级（普通）矿产更有作用，就拿同一类矿产来说，储量大、分布集中、高品位的富矿，即使只有为数不多的几个，也要比很多储量小而分散、低品位的贫矿重要得多，尽管后者的总储量加起来或许比前者大了几倍。开采的难易程度（包括地质特点、地理位置和运输条件）也是矿产资源质量的一个方面。高质量的矿产资源开采成本低，尤其高品位的富矿，储量超过了一定幅度，开采效益就会倍增；而低质量的矿产资源则相反，开采成本高，收益低，一些品位很低的贫矿，储量低于一定幅度，基本没有开采效益，有些矿产资源几乎没有多少价值，虽然矿产个数和总储量不少，实际上缺乏经济意义。

中国幅员辽阔，自然资源丰富，总储量大，品种也比较齐全，但由于人口多，人均资源少，不少重要资源的人均数量大大低于世界平均水平。例如，耕地为世界人均占有量的 1/3，森林为 1/9，草原为 1/2，铜矿为 1/10，煤炭不到 1/2，石油为 1/8，天然气为 1/20。[2] 并且，自然资源的质量不高，可开采和利用的

---

[1] 当然，不能把这个问题说得过于绝对，否则人们立刻就会想到日本，日本的自然资源不论在数量上还是在质量上都是相当可怜的，但其经济增长却一直很快，不少西欧发达国家也有类似的情况。这就表明，经济增长还受到其他更重要因素的影响，包括其他资源条件的作用和资源配置的状况。

[2] 转引自《经济研究》，1986年第1期第62页；李扬：《经济增长的环境》，四川大学出版社1988年版，第165页。

程度较低。土地资源中，干旱地面积大，不易利用的高原约占26%，干旱及半干旱区占50%，可耕地的后备资源很少；水资源中，东南部与西北部的降水量差异极大，水流量和水能蕴藏量的分布很不均衡，难以综合利用和有效开发；矿产资源中，除了煤炭的储量状况和开采条件较好外，不少矿资源存在质量不高和开采较难的问题，例如，铁矿石的保有储量超过400亿吨，但不少是低品位的贫矿，质量较低（故此宝山钢铁厂所需的铁矿石不得不大量从澳大利亚等国进口以确保质量），铜矿资源中的高品位矿石也较少。

这样看来，中国的自然资源并不是经济增长的有利条件，事实恰好反过来，自然资源的人均量和质量问题构成了中国经济增长的一个制约因素。在这种条件下，如果实行数量和产值型即资源高耗型的增长模式，势必受到自然资源的数量和质量的限制而不能有持续和较高的增长速度，还会导致资源条件的恶化和增长率的波动（在改革前和改革以来我们都有过这方面的教训）；因此，必须向质量和效益型即资源低耗型的增长模式转换，不断降低同量产出的投入比重，合理和有效地利用自然资源，才能推动国民经济持续增长和优化增长。这是整个增长模式转换的一个重要方面。同时，积极改善自然资源条件特别是提高水土资源的质量，也是促进增长模式转换的一条途径。

二、直接物质资源的作用

直接物质资源即可以直接运用或投入生产的物质资料或生产资料，包括厂房、机器设备、原材料、燃料、半成品等。生产资料的数量是指一个国家拥有上述物质资料的总量和规模，生产资料的质量是指这些产品所体现的技术水平和质量等级。同时，社会基础设施如交通运输、邮电通信、水电工程、市政设施以及其他第三次产业部门所运用的物质资料，也应列入直接物质资源的范围，因为它们虽不一定进入直接生产过程，却必然形成社会再生产过程的直接物质条件。这些物质资料也有一个数量规模与质量和技术水平的问题。

与间接物质资源相比，直接物质资源显然是推动经济增长的更重要条件。一个国家拥有这些物质资源的数量规模和质量水平，往往是该国的经济水平和经济实力的象征，也是经济增长和发展的潜力所在。

在推动经济增长的过程中，物质资料的质量和技术水平比它们的数量规模具有更为重要的作用。发达国家与发展中国家相比，其标志在于拥有这些物质资料的质量方面而不在于数量方面，一个国家现代化的实现条件，也取决于前者而不是后者。因为社会生产的水平和经济增长的层次主要是由物质资料的质量因素而不是数量因素决定的。判别一个国家的发达程度，关键是看这个国家所运用的机器设备和所生产的主要产品的质量和技术水平，而不是只看它们的数量多少。

然而，过去我们往往忽视了这一点，常常拿中国的主要设备和主要产品的总量去与发达国家相比较，其实这样比并不能说明多少问题。中国不仅直接物质资源的人均占有量很低，而且关键问题在于这些物质资料的质量和技术水平很低。改革以来（1978—1989 年），中国的直接物质资源在数量上增长很快，主要工业产品产量居世界位次明显上升，人均产量与世界平均水平相比也有了较大幅度的提高（见表 7-1 和表 7-2），但相对水平仍然很低，钢的人均量只有世界平均量的 2/5；原油、电以及纸和纸板的人均量分别只有世界平均量的 1/4 左右。同时，原材料和能源产品的质量水平也普遍较低。这样，推行高投入型的经济增长模式尤其是工业增长模式（即以高投入推动高产出的模式），势必使能源和原材料长期处于紧张状态（据测算，在工业高速增长的情况下，中国每年大约缺煤 2000 万吨，缺油 1000 万吨，缺电 500 亿度，合计约相当于 4900 万吨标准煤），从而引起结构失衡、总量失衡和经济波动。从机器设备方面看，这方面的数量增长也很快，如金属切削机床的年产量由 1980 年的 13.4 万台上升到 1988 年的 19.2 万台，增长速度远远高于世界上的大多数国家，但它们的质量和技术水平低，质量提高的速度相当缓慢[1]，这就严重地影响着经济增长质量的提高，制约着增长模式的转换。从社会再生产过程看，产出总是不断转化为投入，对于中国这样一个大国来说，进口的先进机器设备和较高质量的原材料总是只能占整个生产资料的很小一部分，大量的物质资料的投入要靠国内生产来提供，因而生产资料产品的质量低就限制了生产技术水平的提高。目前（20 世纪 90 年代初）中国生产过程运转着的机器设备，相当于国际上 20 世纪 80 年代水平的极少，相当于 20 世纪 70 年代水平的也只有很小一部分，两者加起来估计不到 15%，而大量的机器设备只处于国际上 20 世纪 50—60 年代甚至更早一些的水平，由此生产出来的产品的质量和技术性能也大致停留于上述阶段。以上两个方面形成了相互制约的局面。因此，要推动经济增长模式由数量型向质量型模式转换，必须努力提高直接物质资源的质量水平，特别是提高机器设备的质量和技术水平，从而带动投入产出关系（即生产条件与生产结果，或增长条件与增长结果）的良性循环。这也是整个增长模式转换的一个重要条件。

表 7-1　中国主要工业产品产量居世界位次的变化

	1978 年	1980 年	1985 年	1988 年	1989 年
钢	5	5	4	4	4
煤	3	3	2	2	1
原油	8	6	6	4	6

[1] 大概也是由于这个原因或至少与这个原因有关，中国金属切削机床的利用率始终停留在50%以下。

续表

	1978 年	1980 年	1985 年	1988 年	1989 年
发电量	7	6	5	4	4
水泥	4	3	1	1	1
化肥	3	3	3	3	3
化学纤维	7	5	5	4	4

资料来源：《中国统计年鉴 1991》，第 830 页。

表 7–2　主要工业产品人均产量的国际比较

	1980 年			1988 年			1989 年		
	中国	世界	中国 / 世界	中国	世界	中国 / 世界	中国	世界	中国 / 世界
钢（公斤）	38	155	0.25	53	134	0.40	55	130	0.42
煤（公斤）	628	838	0.75	881	942	0.94			
原油（公斤）	107	669	0.16	123	567	0.22			
电（度）	305	1852	0.16	490	2059	0.24	528	2090	0.25
水泥（公斤）							188	202	0.93
纸和纸板（公斤）							12	43	0.28

资料来源：《国际经济和社会统计提要 1990》第 120 页；《中国统计年鉴 1991》第 831 页。

三、间接人力资源的作用

间接人力资源即作为生产者来源的人口，包括未到就业年龄的人口和正在上学的学生。美国著名经济学家西奥多·舒尔茨在计算学生由于上学而放弃的收入量时，把就业年龄定在 14 岁以上，因为他假定学生全部进入工业部门劳动；另一位经济学家亚尔伯特·费希洛则认为，考虑到学生到农业中就业的可能性，以及农业劳动的特点，学生可能就业的年龄应下降到 10 岁。[1] 但是，就业年龄的确定在我们这里是不重要的，一切尚无就业能力的人口和尚在上学的学生，都可以看作间接人力资源；而已经专门从事于生产活动或可以正式进入生产过程的人口，不论其年龄多少，都应当看作直接人力资源。

间接人力资源的数量，是指一个国家中尚不能直接进入生产过程但又是生产者来源的人数，它的质量则是指这部分人口的健康状况和知识水平（包括技能和能力）。间接人力资源虽然不是现期经济增长的条件，但却是未来经济增长的动力。从增长过程的连续性来看，间接人力资源总是不断地转化为直接人力资源，所以它对于经济的持续增长又是有重要作用的。

就上述作用来说，间接人力资源的质量比数量具有更大的意义。现代生产水平和增长层次的上升，对劳动者的身体素质和知识素质的要求不断提高，因而间接人力资源必须具有较高的质量水平，才能有效地实现向直接人力资源的转化。如果不具备必要的质量水平（特别是知识和技能方面的质量），就可能难以不断地实现由间接人力资源向直接人力资源的转化；即使由于经济机制或体制方面的调节而实现了这种转化，也会影响到生产过程和增长过程的不断演进，影响增长水平和发展水平的提高。所以，间接人力资源的质量问题比数量问题更为重要，间接人力资源的

[1] 参见《国外经济学讲座》，第1册，中国社会科学出版社1980年版，第243—244页。

质量越高，即作为生产者来源的人口的健康素质尤其是知识水平越高，对于经济持续而有效增长的作用越大。

中国间接人力资源的数量是极其丰富的，但其质量不高，不仅身体素质较差，而且文化知识水平普遍较低。改革以来（1978—1990年），国民经济增长和发展较快，但教育事业的发展却远远跟不上社会需要，总体教育水平并没有明显提高，受教育人数及其比重不是增加而是减少了。从表7–3可以看到，各级学校在校学生数占全国人口的比重由1978年的22.18%，持续下降为1990年的15.35%，降低了6.8个百分点，年平均比重也降低了约4个百分点；平均每万人口中的在校学生数，大学生的比重是较大幅度上升的（这与“文革”期间大学教育几乎偏废有关），而中、小学生的比重则明显下降。如果说这种现象与学龄人数的变动有关，那么从小学和初中毕业生的升学率来看，这两个数字也是下降的，尤其小学毕业生的升学率降低幅度颇大。这样，从中、小学教育的人数及其占人口的比重看，间接人力资源的总体质量不是上升而是下降了（当然，对于在校学生来说，教育质量比“文革”期间是明显上升的）。

从中、小学生入学率的国际比较看（见表7–4），中国改革以来（至1987年）的有关数字都低于世界平均水平，特别是中学生的入学率所低幅度较大，与主要发达国家和发展中国家相比情况也大体如此，中国的中学生入学率甚至还低于印度。作为一个以公有制经济为基础的社会主义国家，上述现象是不正常的（从苏联东欧国家的历史数据看，它们的中小学生入学率普遍高于同等发展水平的以私有制为基础的市场经济国家[1]）。这与初、高中学校的招生规模有直接关系，这两个方面的招生数都表现出明显下降的趋势（1990年与1978年相比，初中招生数由2006万人下降为1389万人，高中招生数由693万人下降为450万人[2]）。

❶ 参见《国际经济和社会统计提要1990》，第307页。

❷ 参见《中国统计年鉴1991》701页。

表 7–3　在校学生数比重与小学、初中毕业生升学率

年份	各级学校在校学生数占全国人口（%）	平均每万人口中			毕业生升学率（%）	
		大学生(人)	中学生（人）	小学生（人）	初中毕业生	小学毕业生
1978	22.18	8.9	690	1519	40.9	87.7
1979	21.31	10.5	618	1503	40.0	82.8
1980	20.69	11.6	575	1482	45.9	75.9
1981	19.46	12.8	501	1432	31.5	68.3
1982	18.48	11.4	463	1374	32.3	66.2
1983	17.80	11.7	450	1318	35.5	67.3
1984	17.78	13.4	466	1299	38.4	66.2
1985	17.60	16.1	481	1263	41.7	68.4
1986	17.39	17.5	495	1226	40.6	69.5
1987	16.87	17.9	494	1174	39.1	69.1
1988	16.20	18.6	473	1129	38.0	70.4
1989	15.65	18.5	448	1098	38.3	71.5
1990	15.35	18.0	447	1071	40.6	74.6

续表

年份	各级学校在校学生数占全国人口（%）	平均每万人口中			毕业生升学率（%）	
		大学生(人)	中学生（人）	小学生（人）	初中毕业生	小学毕业生
年平均数						
1979—1983	19.55	11.6	522	1422	37.0	72.1
1984—1988	17.17	16.7	482	1218	39.6	68.7
1989—1990	15.50	18.3	448	1085	39.5	73.1

资料来源：《中国统计年鉴 1991》第 701、704 页，经计算整理。

表 7–4　中、小学生入学率的国际比较[①]　　（%）

	1980 年		1985 年		1986 年		1987 年	
	小学生	中学生	小学生	中学生	小学生	中学生	小学生	中学生
世界	94	45	99	46	100	47	99	48
中国	93		96	37	96	37	96	36
美国	99	89	99	97	100	98		
日本	101	93	102	95	102	95	102	96

续表

（%）

	1980 年		1985 年		1986 年		1987 年	
	小学生	中学生	小学生	中学生	小学生	中学生	小学生	中学生
联邦德国	99	94	98	93	101	94	103	
英国	103	83	104	84	106	83		
法国	111	85	109	90	111	91	113	92
意大利	100	72	96	73	95	74	95	75
加拿大	103	93	105	103	105	103	105	104
澳大利亚	111	84	106	96	106	97	106	98
印度	83	32	95	39	98	39		
印度尼西亚	107	29	118	41	118	46		
韩国	110	76	96	89	98	89	101	88
泰国	99	29	96	30	96	30	95	28
墨西哥	115	46	119	53	119	53	118	53
巴西	99	34	100	36	103	37	103	38

注：①指入学人数占 7~12 岁及 13~19 岁适龄人口的比率。各国中小学生适龄人口的范围不同。

资料来源：《国际经济和社会统计提要 1990》，第 307 页。

以上数字表明，间接人力资源的质量低下是一个相当严峻的问题，这种状况在改革以来并没有得到改善，甚至还在继续恶化，它成为中国经济增长模式转换的严重制约因素。小学和初中的入学率和升学率的偏低现象及其下降趋势，每年都造成了一大批文化素质低下的劳动者后备军，从而不断地影响着直接人力资源的质量；可以说，改革以来增长模式转换过程的不顺利与此不无关系，而 20 世纪 90 年代的增长模式转换将继续受到这一方面的制约。因此，必须尽快扩大初级和高级中学的招生规模，提高入学率和升学率，从总体上和根本上提高间接人力资源的质量水平，这是促进增长模式转换的一条重要途径。

四、直接人力资源的作用

直接人力资源即可以直接进入生产过程的劳动者，包括现有的就业人员、失业人员和待业人员[1]。直接人力资源的数量是指一个国家在一定时期内所拥有的就业、失业和待业人员的总数；它的质量是指这些劳动者的健康状况、文化程度、工作能力、技术水平、熟练程度等方面。健康状况或身体素质是成为劳动者的基本条件，所以劳动者的质量主要是指他们的工作素质即后面的几个方面。这些方面是劳动者受到教育和训练的结果。

直接人力资源是经济增长的直接推动力量，它甚至比直接物质资源有着更为重要的作用。这不仅因为物质资源需要人力资源去加以运用和推动，而且因为人力资源可以改变或提高物质资源的效能。现代经济增长过程表明了这一点。但是，直接人力资源的重要作用不是通过它的数量方面，而是突出地通过它的质量方面表现出来的；否则，像中国和印度这样人力资源极为丰富的国

[1] 这里的待业人员专指有就业意愿和就业条件但尚未找到工作或尚未被安排工作的人员。待业人员与失业人员的区别在于，前者从未正式工作过，而后者则是由于非自愿原因失去工作的人员。

家就可以取得很高的经济增长速度和增长效率。在现代经济增长中，人力资源的质量具有十分重大的经济意义，这是它的数量方面根本不能相比拟的。拥有各类著名的科学家、技术专家和高级人才（作为世界人才云集的地方），是美国经济 100 多年来尤其是 20 世纪以来长期增长和迅速发展的重要条件，这是有目共睹的；日本这个自然资源相当贫乏的亚洲国家，以日本人的精神和素质而取得了战后以来经济的高速高效增长，这一点也是世界所公认的。所以，一个国家的直接人力资源即劳动者的质量越高，对生产和经济增长尤其效率提高的推动作用越大；如果其他条件完全相同，那么一个劳动者质量较高的国家将比一个劳动者数量较多的国家，具有更高的增长速度特别是高得多的增长效率。

美国著名经济学家舒尔茨在提出人力资本理论时，曾批评大多数经济学家过高估计了土地的经济重要性，而大大低估了人的质量的重要性；他研究人口质量的方法是，把质量作为一种稀缺资源来处理。舒尔茨指出人口质量与知识有关系，从而强调了人力资本投资（即投资于健康、教育和训练）对于经济增长的重要意义。[1] 作为人力资本理论的先驱，舒尔茨可以说最早指出了劳动者质量在经济增长中的重要性。

西方经济学家在分析劳动力质量提高对经济增长的作用时，还研究了计算这种作用的方法。[2] 但是，试图计算劳动力的质量变化对于经济增长的作用会碰到不少困难，因为与劳动力质量有关的因素包括很多方面，如劳动者的工作能力、技术水平、知识累积量、熟练程度、身体素质以及某些天赋的才能（如突出的

❶ 参见［美］W.舒尔茨：《穷人经济学》，载于《诺贝尔经济学奖金获得者讲演集》（1969—1981年），中国社会科学出版社1988年版，第423—434页。

❷ 参见《国外经济学讲座》（第1册），中国社会科学出版社1980年版，第248—254页。

记忆力、器官的功能、艺术才能等）。不过，劳动力质量提高的最重要途径是教育，教育给予劳动者一定的专业知识和技能。因此，衡量劳动力质量的高低可以用劳动者受教育年数作为一个尺度。按教育程度分组可以考察一个国家劳动力质量的变化。

科学技术的进步和生产过程的变化，越来越要求有较高质量的劳动者，这是劳动力数量的单纯增加所不能满足的。它表明了人力资源质量和人力投资（教育支出）对于经济增长的重要性，只有通过教育（包括在职训练）来提高劳动者的质量，或造就更多高质量的劳动力，才能推动经济有效增长和增长质量提高。

中国的直接人力资源是一支真正浩浩荡荡的大军，但劳动者的质量低是众所周知的，截至 1990 年不仅初中文化水平以下的人数占很大比例，而且文盲和半文盲的人数也不少。这就不能不严重地影响到中国经济的增长水平，制约着增长模式的转换。改革以来客观增长模式转换过程的艰难性和波动性，与此有直接关系。

改革开放 10 余年来，中国直接人力资源的素质有了以下两点变化：其一，高等学校、中等专业学校以及成人高等学校发展较快，中、高级技术人才的人数及其比重明显增加；但是，相对于中国的劳动力人数这个巨大的分母来说，人才资源比重的上升又是微乎其微的。1979—1990 年，高等学校毕业生有 443.53 万人，中等专业学校毕业生有 574.34 万人，成人高等学校在校学生数[1] 由 1982 年的 66.2 万人发展到 1990 年的 166.6 万人；相应地，全民所有制单位的自然科学技术人员由 1978 年的 434.5 万人上升到 1990 年的 1080.9 万人，增长了 1.49 倍，平均每万职工中自然科技人员的人数由 1978 年的 593.3 人上升到 1990 年的 1044.7

[1] 成人高等学校包括广播电视大学、职工、农民高等学院、管理干部学院、教育学院、独立函授学院、普通高等学校办函授或夜大学、电大、业大、函大普通专科班，学员绝大多数是在职学习，因此在校学生仍属直接人力资源，即直接劳动者。

人，上升了451. 4个万分点。这表明劳动力队伍中高质量劳动者❶的人数和比重有所上升。但还应当看到，相对于极其庞大的劳动大军来说，上述人才资源的增加数字几乎是微不足道的。1990年，中国全社会劳动者人数高达56740万人，加上城镇待业人员383万人，共57123万人；而1979—1990年的高等学校和中等专业学校毕业生加起来只有1017.87万人，再加上成人高等学校1990年在校学生166.6万人，总共也只有1184.47万人；两个数字相比，12年来新增加的高质量劳动者占劳动力总数的比重仅为2%，这个数字显然是相当可怜的。从国际比较看（见表7–5），中国每百万人口中的科技人员数远远低于西方发达国家，与印度相比也高不了多少。本来，社会主义公有制有利于科技人才的培养，这方面的发展应当较快，如苏联东欧国家的科技人员比例尤其是科学家和工程师的比例就普遍高于西方发达国家❷，但中国的科技人员比重并没有表现出明显的优势，说明人才资源的增长速度落后于经济制度和发展水平所提供的可能性。因此，目前在非全民所有制单位特别是广大农村中，人才资源仍然是十分缺乏的。

表7–5　每百万人口科技人员数的国际比较

国家（地区）	年份②	每百万人口科学家和工程师人数（人）	每百万人口技术员数（人）③
中国	1988	4224①	
美国	1982	14757	

❶　高质量或低质量劳动者的概念是相对概念，它们在人力资源素质不同的国家或地区有不同的规定性，有不同的划分标准。从中国目前（1990年左右）的水平看，中等专业以上学校毕业的人员可以看作高质量的劳动者。

❷　参见《国际经济和社会统计提要1990》第302页。

续表

国家（地区）	年份[②]	每百万人口科学家和工程师人数（人）	每百万人口技术员数（人）[③]
日本	1982	59611	253841
联邦德国	1985	42557	96864
法国	1975	23750	
意大利	1981	20787	62390
加拿大	1981	53343	201498
澳大利亚	1976	32672	122426
印度	1985	3329	
印度尼西亚	1980	12280	12662
韩国	1981	2426	49749
泰国	1975	491	1145
巴西	1980	11231	25348

注：①为每百万人口中的全民所有制单位受过高等教育的自然科学技术人员数。

②本表资料年份是根据联合国科教文组织《统计年鉴 1989 年》编列的，与《国际经济和社会统计提要 1989》的“每百万人口科技人员数”表不同的地方，以此表为准。

③技术员指初中学生经过三年以上科学和技术训练，能担任科学和技术工作的助理人员。

资料来源：《国际经济和社会统计提要 1990》第 301—302 页。

其二，由于成人中等学校、初等学校的迅速兴起，以及各种短期学习、短期培训形式的广泛展开，低质量劳动者中有相当一部分人的素质有所提高；但这种状况又受到中、小学在校人数占人口比重和小学、初中毕业生升学率下降的冲击，因而低质量劳动力人数巨大以及所占比重极大的现象依然十分严重。成人中等学校和成人初等学校的在校人数[1]分别由1982年的1080.4万人和756.6万人上升到1990年的1529.4万人和2282.1万人，1990年两个方面的数字合计3811.5万人，这说明很大一部分低质量劳动者的素质得到明显提高。但1990年与1978年相比，平均每万人口中的中、小学生在校人数分别减少了243人和448人，初中毕业生和小学毕业生的升学率分别降低了0.3%和13.1%（年平均数的降低幅度更大），这些数字表明又有很大一部分低质量的劳动力涌入了社会生产领域，从而在相当大的程度上抵消了上面的作用。

根据上述两点可以指出，中国直接人力资源的质量水平相当低下的局面在改革以来这10余年中并没有明显扭转，这种状况一直是而且将继续是中国经济增长模式转换的严重障碍。因而在20世纪90年代的经济增长过程中，必须尽量加快教育事业的发展速度，特别是提高成人教育的发展水平和质量，从而较迅速地改善直接人力资源的素质，推动增长模式的有效转换。

7.4 投资特点与增长模式的转换

资本投入是推动经济增长的基本因素，社会资本的投向特点是影响增长模式转换的重要方面。资源条件的改善也与投资特点直接相联系，因为直接和间接人力资源素质的提高，直接和间接物质资源的质量改进及其有效利用，都与社会投资特点密切相关。如果投资只用于扩大生产规模，由此推动的只能是数量和产值型的增长模式；如果投资较多地用于提高生产水平，则可以推动增长模式向质量和效益提高型方面转变。现代生产力的发展越

[1] 成人中等学校包括成人中等专业学校、成人中学、成人技术培训学校；成人初等学校，包括成人技术班、成人小学班和成人扫盲班。学员基本上都是在职学习和培训，因此也属于直接人力资源。

来越取决于科学技术的进步。以前曾有人把科学技术对生产力的作用表述为以下公式：

生产力＝科学技术 ×（劳动者 + 劳动资料 + 劳动对象），

即科学技术作为生产力中三大方面的乘数起作用；最近有的科学家进一步把这一公式表述为：

$$生产力=(劳动者+劳动资料+劳动对象)^{科学技术}$$

即科学技术不是作为乘数而是作为指数起作用。这就更深刻地反映了科学技术对推动生产力发展的重要意义。发达国家中不少科学技术进步带来经济飞跃发展的例子，证明后一个公式确实是存在的。因此，要推动中国经济增长模式的转换，必须加快科技进步及其对经济发展的作用，这就必须增加提高科技水平及其应用程度的投入尤其是增加科技投资。从广义的角度看，科技投资包括教育和科研方面的投资、技术更新和改造方面的投资、提高产品质量（包括开发新产品新品种）的投资，以及提高管理水平的投资。前两个方面主要属于提高科技水平的投资，后两个方面则主要属于提高科技应用程度的投资。

一、教育和科研投资

教育投资的作用是提高人力资源的素质。人力资源素质既体现科技水平，又是推动科技发展的重要因素，因而在这里我们把教育投资也归入广义的科技投资。既然人力资源的素质低下是制约中国经济增长模式转换的一个主要方面，教育投资对于促进增长模式转换就具有突出意义。改革以来，国家财政用于教育的支出虽然增长较快，但从相对数看，教育经费占国民生产总值的比重并没有明显提高。从国际比较看（表 7–6），中国公共教育经费占国民生产总值的比重大大低于世界平均水平，与西方发达国家的差别很大，也低于其他多数发展中国家。印度的教育经费比重本来明显低于中国（1980 年），但近几年（截至 1990 年）已上升到与中国差不多。作为一个以公有制为基础的社会主义国家，这样的教育经费比重无疑是偏低的（苏联东欧国家的同样数字普遍高得多❶）。这是中国教育发展相对落后和人力资源素质提高较慢的基本原因。20 世纪 90 年代是中国经济增长模式转换的一个重要时期，整个教育投资及其占国民生产总值的比重必须有一个较大幅度的增长，才能通过人力资源素质的较快上升而支持和促进增长模式的转换过程。

表 7–6　公共教育经费占国民生产总值比重的国际比较[①]　　%

国家（地区）	1980 年	1984 年	1985 年	1986 年	1987 年	1988 年
世界	5.5		5.6	5.5		5.5
中国	3.3	3.5	3.6	3.7	3.4	3.2
美国	6.7	6.6	6.7	6.8	6.8	
日本	5.8	5.2	5.1	5.0	4.9	
联邦德国	4.7	4.6	4.5	4.4	4.4	
英国	5.6	5.1	4.9	5.0	5.0	
法国	5.0	5.8	5.8	5.6	5.5	5.4
意大利	4.4[②]	5.1	5.0	5.0		
加拿大	7.3	7.2	7.0	7.5	7.3	7.1
澳大利亚	5.9	6.0	5.9	5.7	5.5	
印度	2.8	3.4	3.3	3.5	3.3	
泰国	3.4		3.9	3.8	3.6	3.3
新加坡	2.8		4.4	4.1	3.8	3.4
韩国	3.7	4.5	4.5	4.2	3.9	

❶ 参见《中国统计年鉴1991》第854页。

续表

国家（地区）	1980 年	1984 年	1985 年	1986 年	1987 年	1988 年
墨西哥	4.2[③]	2.5	3.9	3.8	3.6	2.1
巴西	3.5	3.3	3.7	4.5		

注：①公共教育经费包括公共教育支出和政府对私人教育补助支出。教育经费包括日常经费和投资支出。

② 1979 年数字。

③ 1981 年数字。

资料来源：《中国统计年鉴 1991》第 854 页。

科研投资是科技发展的基础和推动力，它包括用于科学研究和技术开发的各种费用。中国虽有一些高尖科技已居于世界先进水平，但整体科技水平与其他国家相比仍很低，尤其科技应用相当落后。这与科研投资的不足有很大关系。1978—1988 年，国家财政用于科学研究的支出增长了 1.23 倍，年平均增长 8.4%，但如果扣除价格上涨因素，年平均增长只有 2.6%[❶]，远远落后于国民经济增长和其他投资增长的速度，也根本不能满足科技发展的需要。从科技部门投资在基本建设投资中所占的比重看，20 世纪 80 年代以来基本上是下降的，特别是后几年的下降幅度很大，而且恰好与工业部门基建投资比重的迅速上升形成了鲜明对照（表 7–7）。这说明科技部门的物质条件是相对下降的，同时也表明不断扩张中的工业部门的生产技术水平必然受到影响，因为科技发展滞后与工业过度扩张形成了巨大的落差。从科研经费占国民生产总值的比重看（表 7–8），中国只有 0.8%，大大低于发达

❶ 科研支出包括科研费用和科研部门的基建经费，这里只用社会零售物价总指数来扣除涨价因素（实际上基建投资的涨价幅度还要大于零售物价指数）。有关数字参见《中国统计年鉴1991》第217、234页。

国家，也低于不少发展中国家（与苏联东欧国家相比所低幅度更大[1]）。可见投资不足确实是中国科技发展缓慢的一个主要原因。从推动增长模式转换的角度看，扩大科研投资已是当务之急。有的经济学家建议，在2000年以前，把中国科研经费（科研投资）占GNP的比重每年提高0.1个百分点，以便20世纪末达到1.8%~2.0%的水平。[2]这是正确的和必要的，尤其在促进增长模式转换的重要时期更具有突出意义。

表7–7　基本建设投资中科技部门比重与工业部门比重的对比①

年份	占基建总投资的比重(%)		年份	占基建总投资的比重(%)	
	科学研究和综合技术服务部门	工业部门		科学研究和综合技术服务部门	工业部门
1981	2.2	48.8	1986	2.2	45.2
1982	1.9	46.9	1987	2.0	50.8
1983	1.9	47.5	1988	1.5	51.6
1984	1.9	46.0	1989	1.4	53.0
1985	1.9	41.6	1990	1.2	55.9

注: ①为全民所有制单位数字，均为按新的国民经济行业划分的数据。

资料来源：《中国固定资产投资统计资料》（1950—1985年），第93页；《中国统计年鉴1991》，第157页。

表7–8　科研经费占国民生产总值比重的国际比较①

国家（地区）	年份	科研经费占GNP比重（%）	国家（地区）	年份	科研经费占GNP比重（%）
中国	1988	0.8	加拿大	1987	1.4

❶ 参见《中国统计年鉴1991》第856页。

❷ 参见《经济研究》，1991年第9期，第13页。

续表

国家（地区）	年份	科研经费占 GNP 比重（%）	国家（地区）	年份	科研经费占 GNP 比重（%）
美国	1988	2.6	澳大利亚	1987	1.3
日本	1987	2.8	印度	1986	0.9
联邦德国	1987	2.8	新加坡	1987	0.9
英国	1986	2.3	韩国	1988	1.9
法国	1987	2.3	墨西哥	1984	0.6
意大利	1987	1.2	巴西	1985	0.4

注：①中国的科研经费为科研经费与基本建设经费之和；其他国家的科研经费为研究与开发经费。

资料来源：《中国统计年鉴 1991》第 217、856 页。

二、技术更新和改造投资

技术更新和改造投资的作用是提高直接物质资源的质量，主要是提高固定资产尤其是机器设备的技术水平。在推行数量型和产值型增长模式的条件下，扩大再生产以外延型为特征，只重视不断扩大基建投资的规模，而忽视更新改造方面的投资，结果导致固定资产的技术水平普遍低下，反过来又制约了经济增长层次的上升。改革以来，随着主观增长模式的转换，开始注重内涵型的扩大再生产，技术更新和改造投资的比重明显上升，从表 7–9 可以看到，1981—1983 年全民所有制单位的技术更改投资比重上升到 30%左右，约提高了 5 个百分点；但是这一转变过程也是不顺利的，1984—1985 年，由于数量型和速度型增长模式在需求膨胀的推动下再度突出表现出来，技术更新和改造投资的比重降低到 26%左右，近两年（至 1990 年）在压缩投资规模的情况下，更改投资比重也明显下降。这就使国民经济尤其是全民大、中型企业技术更新和改造的速度相当缓慢，从而制约着经济增长模式向质量型和效益型模式转换的进程。看来，要在20世纪90年代加快中国增长模式的转换，全民企业技术更新和改造的投资比重应当提高到35%左右，并保持在较为稳定的水平上；同时，还要通过有关的政策和法规，促使集体和个体企业增加技术更新和改造的投资，从而使固定资产尤其是机器设备的质量和技术性能有较为普遍的改进，使国民生产的技术水平有较为显著的上升。

表7-9　全民所有制单位固定资产投资构成 %

年份	总投资	基本建设	更新改造	其他
1978	100.0	74.9	25.1	0.0
1979	100.0	74.9	25.1	0.0
1980	100.0	74.9	25.1	0.0
1981	100.0	66.4	29.3	4.4
1982	100.0	65.7	29.6	4.7
1983	100.0	62.4	30.6	7.0
1984	100.0	62.7	26.1	11.2
1985	100.0	63.9	26.7	9.3
1986	100.0	59.4	31.3	9.3
1987	100.0	58.4	33.0	8.5
1988	100.0	57.1	35.5	7.5
1989	100.0	61.2	31.1	7.7
1990	100.0	58.4	28.4	6.8

资料来源：《中国固定资产投资统计资料》（1950—1985年），第5页；《中国统计年鉴1991》，第143页；1978—1979数字取自世界银行经济考察团的《中国：计划与市场》（中国财政经济出版社1991年版）第180页。

三、提高产品质量的投资

提高产品质量也包括开发新产品和新品种，这方面的投资可称为质量投资，它是与产量投资相对而言的。提高产品质量是质量型增长模式的集中表现。目前（至1990年）中国不少产品的质量相当低劣，对外缺乏竞争力，对内不能满足生产和消费的需要，每年由于不良品（即废品、次品、返销品等）而带来的经济损失达上千亿元，严重地影响了增长效率及其向增长效益的转化，因而质量投资对于推动客观增长模式的转换具有突出意义。

质量投资包括固定资产和流动资产方面的投资以及新产品新品种的开发研制费用。从固定资产投资的角度看，质量投资属于更新改造投资的一部分。生产性更改投资从用途上分为：①增加产量投资；②增加品种和提高产品质量投资；③节约能源、节约原材料、“三废”治理和其他投资。第三部分可看作提高经济效率的投资，第二部分就是质量投资。增长模式的转换要求提高生产性更改投资中后两部分投资的比重，而增长模式转换的核心问题和根本难点则表明提高质量投资的比重更加重要。改革10余年以来，质量投资在生产性更改投资中的比重是较大幅度上升的，只是1987年以来有所下降；但把质量投资的两个部分分开来看，比重上升的只在于增加品种方面的投资，而提高产品质量方面的投资比重变化并不大（表7-10）。这与经济现实是一致的，即改革以来产品品种增加的速度较快，而产品质量低下的局面并没有明显改观。为了促进增长模式的转换，在20世纪90年代仍应继续提高更改投资中的质量投资比重，特别是使提高产品质量的投资比重有一个较大幅度的上升，同时，增产投资部分的比重应有所下降，从而使效率投资的比重保持相对稳定。

表 7-10　生产性更新改造投资的用途构成①　%

年份	生产性更改总投资	增产投资	效率投资	质量投资	其中	
					增加品种	提高产品质量
1982	100.0	44.2	42.0	13.8	8.0	6.8
1983	100.0	46.7	38.9	14.4	7.7	6.7
1984	100.0	42.3	41.3	16.4	9.4	7
1986	100.0	42.1	34.8	23.1	16.1	7
1986	100.0	41.0	32.4	26.6	19.0	7.6
1987	100.0	43.9	31.8	24.3	17.4	6.9
1988	100.0	48.2	28.8	23.0	17.1	5.9
1989	100.0	45.9	30.1	24.0	18.0	6
1990	100.0	41.6	32.5	25.9	18.5	7.4

注：①本表为全民所有制单位数字。

资料来源：根据《中国固定资产投资统计资料》（1950—1985）第220页，《中国统计年鉴1991》第175页有关数字计算，具体归类方法见正文所述。

流动资产方面的质量投资主要是指用于确保和改进原材料及辅助材料质量的费用。原材料以及辅助材料的质量会影响所生产的产品的质量水平，因此“它们为了形成产品应具有适合于平均水平的品质，从而以平均的品质执行职能”❶；要生产优质产品，“不仅要有性能好的机器，而且要有优质的原料和辅助材料”❷。这样，“对原料质量加强监督”，对生产过程具有重要的作

❶ 参见《马克思恩格斯全集》第49卷，第44页。

❷ 参见马克思：《资本论》第3卷，第98页。

用[1]；要提高产品质量水平，就“要真正改善原料，使它不仅按需要的数量，而且按需要的质量来提供”[2]。用在这个方面的费用，也属于质量投资的范围。在推动增长模式转换的过程中，有必要不断扩大这种质量投资。

新产品新品种的开发研制费用也属于质量投资。其中有一部分是科技开发投资，已在前面讨论过。另一部分是企业用于设计、试制和改进新产品新品种的费用，它具有科技应用投资的性质，对于提高产品质量和经济效益具有重要意义，因而在增长模式转换的过程中应当高度重视并迅速增加这部分投资。

还应指出的是，扩大质量投资不仅是全民企业的事情，在集体和个体企业（尤其乡镇企业）显得更为迫切，因为它们的产品质量问题更加突出。只有在全社会范围内和各个方面都扩大质量投资并提高产品质量，才能有效地推动经济增长模式的转换。科技进步的标志是，用更好的生产方式，生产质量更好的产品。日本正是通过不断增加质量投资，不断开发新产品新品种，不断提高产品质量水平，使科技进步转化为高质量、高效益和高速度的经济增长，改变了“东洋货质量低劣”的形象，迅速占领了国际市场，迅速提高了在全世界的经济地位。这种增长模式转换的途径，是值得我们很好借鉴的。

四、提高管理水平的投资

这里的管理主要指企业管理。同时，在发展市场经济和新旧体制转换的过程中，行业和部门管理也是一个重要方面。管理水平低是中国商品经济发展程度提高的障碍，也是经济增长模式转换的一个制约因素。要提高管理水平，必须提高与生产和经营的各个方面有关的一大批管理者的素质，包括提高他们的文化素

[1] 参见《马克思恩格斯全集》第26卷（Ⅲ），第237页。

[2] 参见马克思：《资本论》第3卷，第138页。

质和管理能力。这除了在国内广泛开展培训和交流之外，还应采取“送出去”和“请进来”的方式，即不断送一些管理人员到国外去参观学习，经常请一些外国管理专家来国内讲学和兼职管理（或当顾问和参谋），由此而需要支出的费用，就属于提高管理水平的投资。管理水平的提高像其他方面一样，既要多方面多渠道汲取外国的经验，又要开创和发展自己的特色。对于我们这样一个特大型的国家来说，要较为普遍地提高企业管理和部门管理的水平，无疑需要大规模的投资，这在短期内是难以实现的，但考虑到 20 世纪 90 年代是中国经济增长模式转换的一个重要时期，是经济发展跃上新台阶的一个重要阶段，以及管理水平提高对这方面的重要意义，尽量增加管理投资是十分必要的。虽然没有直接的统计资料，但是从有关的数据看，改革以来用于提高管理水平的投资明显不足，远远不能适应市场经济发展、对外开放扩大和增长模式转换的要求。从日本的经验中我们可以看到提高管理水平投资的巨大作用和效益[1]，这一点应当得到微观、中观和宏观三个方面的重视。

7.5 结构关系与增长模式的转换

以上从资源条件和投资特点两方面讨论了中国经济增长模式向质量和效益提高型模式转换的条件和途径，但整个增长模式的转换过程还会受到结构关系的制约，因为如前所述，增长模式转换的三个方面是相互联系、相互影响的，所以还必须进一步探讨

❶ 日本在20世纪50年代大量聘请美国和西欧国家的管理专家赴日讲学，当顾问和兼职经理，由此推动了企业管理水平的迅速提高，生产效率尤其是产品质量大幅度上升，大大增强了产品在国际市场上的竞争力。可以说，此后日本经济的高质量、高效率和高速度增长，与这一时期提高管理水平的投资及其收益有很大关系。

向结构型增长模式转换的有关问题。在这里，我们主要从结构协调化的角度来考察增长模式的转换（实际上，结构高度化的作用可以看作已包括在质量和效益提高型的增长模式之中），而关于结构高度化与协调化的内在联系以及相应结构政策的选择，将留到第 9 章再加以研究。

第 6 章的分析已经表明，中国产出结构（产值结构）的失衡状态是由投入结构的失衡造成的；在经济增长的过程中，投入结构的变动推动着产出结构的变动。因此，我们可以从投入结构的几个方面来探讨向结构协调型增长模式转换的条件和途径。

一、投资结构的变动

对产出结构发生影响的是资产结构，但资产结构是由投资结构形成的。结构协调型的增长模式，很大程度上取决于投资结构的协调。前面的实证分析表明，改革以来中国资产结构与产出结构的失衡态势大体上是一致的，而资产结构失衡则是投资结构失衡的结果。从全民所有制单位基本建设投资的构成变动看（表 7-11），第一次产业的投资比重由 1978 年的 10.5%下降到 1988 年的 3.0%（1989—1990 年的投资比重略有回升，但这些投资大部分尚未形成固定资产起作用），降低了不止 2/3，大约每 5 年递减一半，年平均比重的变动也大体如此。这种变动幅度显然过大。在农村集体所有制单位的固定资产投资结构中，第一次产业的投资比重由 1982 年的 39.6%下降到 1988 年的 9.4%，降低了 3/4[1]；城镇集体所有制单位固定资产投资结构中的第一次产业比重则由 1978 年的 3.0%下降为 1990 年的 0.8%，大约也降低了 3/4[2]。可见，三次产业投资结构变动不协调的基本表现是第一

❶ 根据《中国固定资产投资统计资料》（1950—1985）第351页、《中国经济管理年鉴1989》第37页数字计算。

❷ 根据《中国固定资产投资统计资料》（1950—1985）第350页，《中国统计年鉴1991》第194页数字计算。

次产业的投资比重下降过猛，原因在于第三次产业投资比重上升的过程中第二次产业的投资比重没有相应降低，甚至还有所上升（即第二次产业的投资规模过大），从而导致投资结构失衡。

表 7–11　三次产业基本建设投资构成变动① %

年份	总投资	第一次产业	第二次产业	第三次产业
1978	100.0	10.5	58.6	30.9
1983	100.0	5.9	49.8	44.3
1988	100.0	3.0	52.9	44.1
1990	100.0	3.9	56.8	39.3
年平均数				
1979—1983	100.0	7.7	51.0	41.3
1984—1988	100.0	3.5	49.0	47.5
1989—1990	100.0	3.6	55.5	40.9

注：①为全民所有制单位数字。

资料来源：根据《中国固定资产投资统计资料》（1950—1985）第 96 页，《中国统计年鉴 1991》第 157 页有关数字计算整理。

通过与其他国家相比较（表 7–12），我们可以更清楚地看到这种投资结构失衡的表现。美国和日本等发达国家在 20 世纪 60—70 年代的第一次产业投资比重大致处于 3%~5% 的水平，意大利和加拿大的同样投资比重在 20 世纪 70—80 年代还保持在 6%~7% 之间[1]，而这一时期（1960—1976 年）上述国家的第一次产业产值比重（在 GDP 结构中的比重）分别为：美国由 4% 下降到 3%，日本由 13% 下降到 5%，联邦德国由 6% 下降到 3%，英国由 4% 下降到 3%，法国由 9% 下降到 5%，意大利由 13% 下

[1] 参见《世界经济统计简编1987》，东方出版社1990年版，第59—60页。

降到 8%，加拿大由 6% 下降到 4% [1]，也就是说，第一次产业在投资结构与产值结构中的相对比重和变动幅度是基本一致的。然而，中国第一次产业在产值比重处于 30% 水平的条件下，其投资比重却持续性地降低为 3%~4% 之间，这无疑是很不合理的，其结果是导致了第一次产业产值比重的猛烈下降。与印度相比，中国第一次产业的产值比重为印度的 2/3 左右 [2]，而投资比重仅为印度的约 1/6，也是不正常的。

表 7–12　若干国家固定资产投资结构中的第一次产业比重变化　%

年份	美国	日本	联邦德国	法国	英国	印度
1960	3.8	5.5		5.6	4.0	19.1
1965	4.0		5.2	4.9	3.0	18.0
1970	4.1	5.1	3.2	4.4	2.7	20.7
1975	4.7	5.4	3.3	4.1	2.6	17.7
1978	3.6②	6.3①	3.6	4.1	3.2	21.8
年平均数						
1970—1974	3.8	4.8	2.8	4.9	3.3	20.4
1975—1978	4.2②	5.9①	3.5	4.3	3.0	20.6

注：①为 1976 年数字和 1975—1976 年平均数。

②为 1977 年数字和 1975—1977 年平均数。

资料来源：根据《中国固定资产投资统计资料》（1950—1985）第 394—395 页数字计算整理。

[1] 参见《外国经济结构文集》，中国社会科学出版社1980年版，第20页。

[2] 印度第一次产业的国内生产总值比重，1970—1971年为47.5%，1980—1981年为40.3%。参见罗肇鸿等编：《国外技术进步与产业结构的变化》，中国计划出版社1988年版，第13页。

这样看来，要促使三次产业的投资结构以及产值结构趋于协调，20 世纪 90 年代第一次产业的投资比重不能再下降，而应适当上升，并保持在相对稳定的水平上；同时，随着第三次产业投资比重的继续上升，第二次产业的投资比重应当进一步降低，从而推动资产结构的相应变动，使三次产业尤其第一与第二次产业的相对资金生产率逐渐缩小。根据以上要求，全民所有制单位、农村和城镇集体所有制单位的投资结构都要适当变动。

从几个瓶颈部门在投资结构中的变动看，在全民所有制单位的基本建设投资中，能源工业和原材料工业的投资比重在改革初期略有下降，在后两个阶段则明显上升（表 7–13）。前期投资比重的下降影响到后期的产出比重，加上这两个部门长期以来一直比较薄弱，在经济高速增长尤其加工工业不断扩张的情况下，就使能源和原材料供给处于紧张状态。但后期投资比重明显或较大幅度上升，为何这方面的瓶颈制约依然存在，结构矛盾还相当突出呢？这主要是由于以下几个原因：其一，历史原因的影响较大，瓶颈制约的缓解难度不小；其二，能源和原材料工业的投资周期较长，其投资比重的上升尚未完全发挥作用；其三，这两个部门主要是全民所有制单位投资，集体和个体投资很少进入（尤其是能源工业），随着全民所有制单位在全社会投资中的比重不断下降，其对瓶颈部门投资比重上升的作用也日益减小，而不断扩大的集体和个人投资主要投向其他产业部门特别是加工工业部门，恰好反过来对能源和原材料工业形成了巨大的需求压力，这是一个很重要的原因；其四，整个加工工业发展过快，同时工业部门的能耗和物耗比重不断上升，由此形成的对能源和原材料的需求增幅太大。因此，要通过投资结构来推动经济增长模式向结构协调型模式转换，在 20 世纪 90 年代，必须继续提高能源和原材料工业的投资比重，并使其保持在适当水平，不仅要提高基本建设投资比重，而且要提高更新改造投资比重。同时，还应通过有关的政策手段（包括发行国库券、债券和股票等方式），吸引集体和个人资金投向这两个领域。

表 7-13　基建投资中能源、原材料工业和运输邮电业比重[①]

年份	以基建总投资为 100		
	能源工业	原材料工业	运输邮电业
1978	22.9	21.8	13.6
1983	21.5	21.3	13.1
1988	26.1	30.2	13.5
1990	32.8	29.0[②]	12.2
年平均数			
1979—1983	20.6	19.8	11.2
1984—1988	23.1	25.0[②]	14.7
1989—1990	30.8		11.5

注：①为全民所有制单位数字。

②分别为 1989 年数字和 1984 年、1985 年、1988 年、1989 年四年的平均数。

资料来源：根据《中国固定资产投资统计资料》（1950—1985）、《中国工业经济统计年鉴 1990》《中国统计年鉴 1991》有关数据计算整理。

运输邮电业的基建投资比重波动较大，改革第一阶段明显下降，第二阶段较大幅度上升，近两年（1989—1990 年）又有所降低。此外，这个部门的更新改造投资比重一直下降，其在全民所有制单位更新改造总投资中的份额由 1981 年的 11.2%降低到 1988 年和 1990 年的 7.4%和 9.7%，年平均比重由 1981—1985 年的 10.7% 下降为 1986—1990 年的 8.5%。[❶] 这样就必然影响运

❶ 根据《中国固定资产投资统计资料》（1950—1985）第224页、《中国统计年鉴1991》第174页数字计算。

输邮电业的产出水平，从而对国民经济增长造成了突出的瓶颈制约；而且，近几年投资比重的下降给20世纪90年代留下了滞后影响。这方面的结构问题及原因与上述两个部门大体相同，其投资变动也主要依赖于全民所有制单位或政府，因而必须进一步适当提高运输邮电业的基建投资和更改投资比重，并吸引其他社会资金流入这个部门，以便尽快缓解瓶颈制约，向结构协调型的增长模式转换。

应当指出，我们是在结构关系失衡的情况下讨论向结构协调型增长模式转换的条件和途径，这是20世纪90年代尤其是上期的主要任务。随着这一时期国民经济的较快增长，农业、基础工业和基础设施的薄弱状态会不断表现出来，必须通过投资结构的适度倾斜来不断缓解结构矛盾，以推动向结构协调型增长模式转换的过程。同时，应当通过完善市场机制和宏观调控体系，使投资结构在这两个方面的作用下形成自我协调的机制，资产存量结构也形成自我调整的功能，这样，在结构关系基本合理之后，才能通过投资结构和资产结构的灵活变动，促进结构协调型增长模式不断实现，而不再出现结构关系反复陷入失衡状态的问题。

二、劳动力结构的变动

作为一个发展中大国，中国劳动力数量极其庞大而资金投入相对不足，各个产业部门都存在着很多潜在剩余劳动力，因而劳动力结构的变动本身对产出结构变动的影响远不如资金结构变动的影响大。但是，劳动力结构变动通过与资金结构变动的关系，通过产业相对劳动生产率的差距及其变化，影响着结构协调关系，影响着经济增长过程，因而要探讨向结构协调型增长模式转换的问题，离不开对劳动力结构变动趋势和特点的分析。

根据上一章的比较分析，中国劳动力结构中的第一次产业比重大大高于人均GNP相同的国家。如果按当年汇率把人均GNP换算为美元，中国改革初期第一次产业的劳动力比重大约比一般趋势[1]高出1/3多，如按国际比较项目法或工农业生产指数法来换算中国的人均GNP美元数，那么中国第一次产业的劳动力比重要比一般趋势高出1倍以上。相应地，中国第二、三次产业尤其第三次产业的劳动力比重大大低于人均收入水平相同的其他国家。改革以来，中国劳动力结构的变动速度较快，但后期（1986—1990年）的变动幅度非常小，把增量变动和存量变动综合起来看，三次产业之间的劳动力流动几乎处于静止状态，特别是第一次产业的劳动力比重几乎没有向第二、三次产业转移。虽然这在统计上也许具有一定偏差，即不少长年或不定期流入城市谋业（进入第二、三次产业）的农村劳动力，在统计上仍列入第一次产业；但即使充分考虑到这个因素，劳动力结构的变动速度也是大大降慢的。

从总体上看，改革以来劳动力结构与产值结构（不变价）的变动态势基本相同，因而两种结构的偏离度没有明显降低。根据国际上产业结构变动的一般趋势，劳动力结构的变动速度大大快于产值结构的变动速度（特别是在工业化演进的过程中），使它们之间的结构偏离度不断下降，其基本特征是第一次产业的劳动力比重比产值比重下降得更快，导致二者的结构偏离数[2]持续降低，推动整个结构偏离度下降。中国的上述结构偏离度下降不明显，正是由于第一次产业劳动力比重与产值比重的下降幅度差别不大，从而它们之间的结构偏离数的降幅很小。这既有改革以来第一次产业不变价产值比重下降过快的原因，也有这一产业的劳动力比重降低较慢的原因。如果考虑到中国第一次产业劳动力比

[1] 即各国的劳动力结构随着人均收入水平上升而变动的一般趋势，它是库兹涅茨根据对57个国家（或地区）统计数据的研究而概括出来的。

[2] 结构偏离数是各次产业的劳动力比重减去产值比重的差额，结构偏离度是三次产业结构偏离数的绝对值之和。

重大大高于同等发展水平国家的因素，那么后一个问题就显得较为突出。

从产业相对劳动生产率[1]的变动看，根据其他国家的一般趋势，随着人均收入水平的提高，第一次产业的相对劳动生产率有所上升（特别是在人均收入 300 美元之后），第二、三次产业的相对劳动生产率则不断下降，从而产业之间尤其是第一与第二、三次产业之间的相对劳动生产率差距迅速缩小。但中国不仅第一与第二、三次产业相对劳动生产率的差别极大，远远超过一般趋势，而且改革以来这一差别并没有缩小，而是有所扩大，特别是第一与第二次产业相比更是如此，1990 年后者的相对劳动生产率为前者的 7.7 倍，比 1978 年还扩大了 1 倍。其原因是第一次产业相对劳动生产率的逆趋势变动，不仅没有上升，而且比第二、三次产业下降得更快。问题仍在于劳动力结构与产值结构变动关系的不正常，根源是第一次产业劳动力比重的下降率[2]不是快于而是明显慢于产值比重的下降率。

再从三次产业相对资金与劳动力比率（*K*/*L*）的变动看，它是指各次产业的资产（资本）比重与劳动力比重之比，反映的是资产结构与劳动力结构的变动关系。根据产业结构变动的一般趋势，第一次产业的相对 *K*/*L* 是上升的，第二、三次产业的相对 *K*/*L* 是下降的，因为前者的劳动力比重下降率大于资本比重下降率，后者则劳动力比重的上升率大于资本比重的上升率；其结果是第二、三次产业与第一次产业的相对 *K*/*L* 之比不断缩小。但中国改革以来的情况却相反，上述比率不是缩小而是扩大了，特别

[1] 产业相对劳动生产率是各次产业的产值比重与劳动力比重之比。

[2] 即比重下降的百分比。结构偏离数反映的是比重下降（或上升）幅度的关系，相对劳动生产率反映的是比重下降（或上升）比率的关系。如果劳动力比重与产值比重的变动幅度和变动比率相同，则结构偏离数和相对劳动生产率不变。

是第二次与第一次产业的相对 *K/L* 之比大幅度扩大；原因在于第一次产业的相对 *K/L* 不是上升而是下降，而且比第二、三次产业的相对 *K/L* 下降得更快。这是劳动力结构与资产结构变动不合理的表现，主要是第一次产业的资产比重降幅太大，而其劳动力比重则降速较慢。

以上几个方面的分析表明，改革以来中国劳动力结构与产值结构和资产结构的变动关系是不协调的，同时，上面的情况也反映了存在的结构问题以及劳动力结构合理变动的方向。关于 20 世纪 90 年代产值结构和资产结构变动的方向，前文已大体指出过，关键是第一次产业的产值比重（不变价比重）保持在相对稳定中小幅下降，其资产比重有所上升后保持在稳定水平，在这个条件下，要推动经济增长模式向结构协调型模式转换，第一次产业的劳动力比重应当较大幅度且有规律地降低，这些农村劳动力除了流向乡镇工业企业和建筑业之外，较大的部分可向第三次产业部门尤其是生活和生产服务业部门转移，从而使劳动力结构与产值结构的偏离度不断下降，三次产业的相对劳动生产率和资金与劳动力比率（*K/L*）之比逐步缩小，以促进结构关系的协调和经济有效增长。当然，在这个过程中，盲流是应当加以控制的，适当而有计划的引导是必要的。在粮食供给较为丰裕和农民经济水平上升的情况下，劳动力产业转移中的其他问题，通过有关的政策措施和相应的体制改革是可以逐步解决的。我们没有必要坚持离土不离乡的唯一模式，劳动力的转移应当多样化，离土也离乡是不少发达国家走过的路子，城镇的扩展和产业的融通就是劳动力流动的出路。

三、技术结构的变动

产业技术结构是指产业部门之间生产技术水平的对比关系。生产技术水平既与资产质量和劳动力素质相联系，又是资产与劳动力相结合即资源配置过程所形成的一种生产力水平，因而它的变动不是取决于资产质量或劳动力素质任何单一方面的变动，而是取决于两个方面的合理变动和协调作用。由于上述特点，技术结构的变动与资产结构和劳动力结构的变动是相互作用、相互影响的。各产业部门技术水平的变动受到资产结构和劳动力结构变动的影响，又会引起后两种结构关系的进一步变动，资产存量调整和流量重组、劳动力的产业转移，都与产业技术结构的变动相联系。这样，技术结构的变动协调与否，就成为影响经济增长模式向结构协调型模式转换的一个重要方面。

改革以来，中国三次产业技术结构的变动并没有改变历史留下来的失衡格局，第一次产业的生产技术水平仍大大落后于后两次产业特别是第二次产业；这种状况在改革初期几年有所好转，但 1984 年以后由于工业扩张和忽视农业倾向再度出现的影响，它们之间技术水平的差距又继续扩大了。上一章的实证分析已经表明了这一点。从三次产业技术更新改造投资的构成变化看，第一次产业的比重在 20 世纪 80 年代前期明显上升，1980—1983 年的平均比重为 2.2%，但 1984 年以后转为持续下降，到 1990 年降低为 1.2%，而第二次产业的比重变化恰好相反，改革后一阶段的比重不断上升。从技术设备的变化看，农业主要机械在 1979—1983 年的增长率相当快，但 1984—1990 年的同类机械增长率普遍降低，而工业专业生产设备的增长率却在 1984—1988 年进一步加快。从自然科学技术人员的构成变化以及劳动者相对素质的变化看，第一与第二次产业之间的变动关系也表现出这种突出的阶段性特征。以上三个方面说明了三次产业技术结构失衡程度的加深。后一时期第一次产业全要素生产率增长率的大幅度降低，就是其生产技术水平相对下降的一种反映。

根据其他国家的经验和产业技术结构变化的一般规律，在工业化的中期阶段以后，三次产业之间生产技术水平的差距是趋于不断缩小的，即第一次产业的技术水平逐渐比第二、三次产业提高得更快。这是因为，随着劳动力结构和资产结构的变动，第一次产业的相对资本与劳动力比率（*K/L*）由稳定到上升，而第二、三次产业的相对 *K/L* 则持续下降[1]，它们之间的相对 *K/L* 之比下降，这种产业之间的人均资本量的差别的缩小，实质上就是产业之间生产技术水平差距缩小的表现，或者说，人均资本量的较快增大必然导致生产技术水平的较快上升。同时，也只有第一次产业生产技术水平提高较快，才能使其劳动力比重比产值比重降幅更大，从而引起二者的结构偏离数下降和整个产业结构偏离度降低，并引起第一次产业相对劳动生产率从稳定到上升和第二、三次产业相对劳动生产率的下降，以及产业之间相对劳动生产率的比率迅速缩小。可见从反证法也能证明这一规律性现象的存在，产业之间生产技术水平的差距缩小是由各种结构关系变动过程的内在联系决定的。

这样看来，1984 年以来（至 1990 年）中国技术结构的变动是逆趋势的。第一次产业生产技术水平的相对下降与其相对 *K/L* 的下降（而不是上升）是相一致的，它造成第一次产业产值比重下降过猛，结构偏离数不是下降而是上升，相对劳动生产率不是稳定提高而是不断降低，从而导致整个产业结构关系的逆向变动。由此可以发现，上面所分析的结构问题也与产业技术结构的不合理变动有关。这就严重地阻碍了经济的协调增长和有效增长，并影响了增长质量和效益的提高。因此，要推动经济增长模式向结构协调型模式转换，必须重视产业技术结构变动的协调问题。在 20 世纪 90 年代的经济增长中，应当通过提高第一次产业的技术更改投资比重，提高农业主要机械的增长率，提高第一次

[1] 应当说明的是，相对*K/L*不同于绝对*K/L*，它所反映的是资本技术构成的相对变化速度。绝对*K/L*即一般资本技术构成是上升的，而相对*K/L*的下降则表明这一产业的资本技术构成上升速度相对较慢。马克思在《资本论》中曾预言农业的资本技术构成将赶上工业，在这个过程中，工业的相对*K/L*就表现出下降趋势。

产业的自然科学技术人员比重和劳动者素质，以及采用和推广新的农业技术，来尽快提高第一次产业的生产技术水平，使其与其他产业尤其是第二次产业的技术水平差距不断缩小，从而使产业技术结构的变动趋于协调。同时，要尽快解决能源、原材料和运输邮电业的瓶颈制约问题，可以而且应当优先提高这些部门的生产技术水平，这也是产业技术结构合理变动的一个方面，是促进经济协调增长的一条途径。

7.6　体制改革与增长模式的转换

客观增长模式的转换不仅取决于一系列的经济条件，而且依赖于一个较好的体制环境。中国的经济体制改革是经济增长模式转换的重要推动力量，并为增长模式转换创造了各种有利条件，但改革过程的不协调又给转换过程造成了一些障碍，增长模式转换过程的波动很大程度上受到体制环境波动的影响。这个问题只能通过进一步推进体制改革来解决，因为体制改革的后退必然导致旧增长模式的复归。虽然体制改革的推进本身在环境、财力等方面也受到增长模式转换过程的制约，但利用这个转换过程相对稳定的条件，特别是治理整顿之后所带来的有利时机，有步骤地推进改革是可能的和必要的。

从宏观上说，主观增长模式的转换是明确的，而客观增长模式的转换还依赖于微观方面的转变；从微观上看，主、客观增长模式的转换是紧密联系在一起的，这两个方面都取决于企业经营机制和市场条件的作用，以及宏观机制的有效调控。因而我们可以从这几个角度来探讨经济体制改革与增长模式转换的关系。

一、企业经营机制的转换

国民经济增长模式转换的基础在于企业增长模式的转换，而企业增长模式转换的关键则在于企业经营机制的转换。随着企业体制改革的推进，全民所有制企业已经逐步成为独立的商品生产者，有了较多的经营自主权和独立的经济利益，同时企业的生产经营活动也日益受到市场机制的调节和约束；这就导致了企业经营机制的转变，它们不再片面追求产值增长，而是把企业利润当作主要目标，开始注重生产效率和经济效益，注重增长质量和产品质量。这是企业经营机制转变引起企业增长模式转换的表现。然而，企业体制改革的不完善及企业经营机制的不健全，又导致了企业增长模式转换的不彻底。近几年来（至 1990 年）普遍实行的企业承包制，并没有割断国家与企业之间的脐带，企业不但仍在很大程度上负盈不负亏，即尚未受到破产机制的制约，而且可以在承包合同上与政府讨价还价，通过使用各种手段和招数，获得尽可能大的经济利益，这比在生产经营上花力气要来得容易和轻松得多，因此就必然影响到企业增长模式的真正转换。而且，承包合同的期限性和企业经理的任期制，大大地助长了企业的行为短期化倾向，企业内部自我约束、自我完善、自我发展的机制并没有切实确立，结果导致企业重利益分配轻资金积累、重新建扩建轻更新改造、重短期效益轻长期效益，因此大多数企业追求技术进步的倾向并不强烈，尤其对长期投资和长期发展缺乏兴趣，这样就不可能从根本上向质量和效益提高型的增长模式转换，在市场需求出现有利条件时，往往一下子就回到追求数量和速度的老模式上去。1984 年以后中国经济增长模式转换过程的反复，与企业经营机制的上述转换特点有很大关系。

经济体制改革的一个重要目的是推动经济增长模式的转换，企业体制改革以及企业经营机制的重构则是体制改革的中心和难点；因而企业经营机制转换与企业增长模式转换的关系，集中反映了体制改革对增长模式转换的作用。企业经营机制的影响，主要表现在企业的主观增长模式上，虽然由主观增长模式转向客观增长模式的实现过程也受到企业内部和外部一系列技术经济条件的制约，但首先必须有主观模式的根本转变，才有可能从相应方面去做出必要的和不懈的努力。发达国家和发展中国家有不少从低水平起步的企业，通过自身经营机制的调整和主观增长模式的推动而取得重大成功的例子，这既表明了经营机制与增长模式的内在联系，也表明了二者同时转换的重要意义。

企业经营机制的实质性转换取决于企业体制的根本性改革，这方面的方向和途径一直在探索之中，对两权分离、产权理论和企业行为的研究，丰富了改革推进的理论基础，但实践过程依然受到成本和风险的双重制约。从多种角度来完善企业承包制是一条较为稳妥的路子，但也许难以从根本上解决问题，股份制的试行和推广可能具有实质意义，但既要保持现代股份制的一般规范，又要对其加以改造以适应现阶段的中国土壤，也带来了不少新问题。然而，有探索就会有收获。转换和完善企业经营机制的中心内容，是使企业切实形成自我约束、自我发展的内在机制，在这个基础之上，企业才能从主观上真正实现向质量和效益提高型的增长模式转换，在市场出现暂时性过热时也不会再度激发起追求产量和速度的冲动（以致成为推波助澜的因素），而是确立起不断提高产品质量和经济效益的长远目标和规划，减少短期性行为和外延式扩张，注重长期投资和长期发展，通过加快技术更新改造和技术进步，来增强企业的经济增长后劲，并随时把握市场动向和信息，不断开发新产品、新品种，提高创新力、应变力和竞争力。

此外，要促进企业经营机制的完善和主观增长模式向客观增长模式的转变，还必须继续推进计划、价格、物资和劳动工资等方面的改革，并进一步健全市场体系，尤其是扩大技术市场、信息市场以及设备更新市场等，从而使企业既有较大的经营自主权，又拥有一个较好的外部条件。

二、市场运行特点的改变

随着体制改革的推进，市场机制对国民经济的调节范围和程度不断增大，由于计划体制及其管理形式的改革，计划机制同样要建立在价值规律的基础上，其调节作用也是通过市场运行而展开的，因此市场运行已成为整个经济运行的中心。中国经济增长模式的转换，正是在这个条件下推进的。应当说，市场运行范围的扩大和市场机制调节功能的增强，对于增长模式的转换过程起了重大的推动作用。但是，由于市场体系形成和市场机制发育方面的原因，加上体制改革不协调和宏观经济政策某些失误的影响，中国的市场运行一直未能进入合理状态，需求膨胀和市场过热成为市场运行过程的基本特点，这个特点又不利于或阻碍着增长模式的转换。市场机制对增长模式转换的推动作用，是通过供求机制的约束功能、价格机制的刺激功能和竞争机制的淘汰功能，促使企业去生产适销对路的产品，并不断降低成本，提高质量，增加品种和提高效益；但在市场过热的情况下，商品供不应求和价格上涨，使供求机制和价格机制的约束、刺激功能很差，同时竞争不充分和竞争水平低下，也使竞争机制的功能得不到有效发挥，这就不可能有力地推动企业去追求技术进步和效率提高，去走质量型和效益型的路子，严重的需求膨胀和价格的迅速上涨还导致了企业片面追求速度和产量增长的倾向，使增长模式的转换过程出现逆转态势。同时，市场运行的过热态还使计划机制的运行受到影响，使其作用难以较好发挥；由于企业和地方都热衷于短期效益，自然就对长期投资和长期发展缺乏兴趣；大量的资源被投向价高利大收效快的加工工业部门，则不断地加深了产业结构的失衡状态，如此等等，都形成了经济增长模式转换的制约因素。

造成上述市场运行特点的原因是多方面的。其一，改革以来国民收入分配向个人倾斜，个人收入增长过快，在消费领域偏狭（如住房、医疗等方面的支出比例极少）的条件下，这导致了消费品需求的不断膨胀，并推动了消费品工业乃至整个加工工业的投资需求膨胀。其二，货币发行持续超量，而且超量幅度不断增大[1]，支持了过于宽松的财政政策和信贷政策，助长了社会总需求膨胀的发展，并使通货膨胀的程度日益加深。其三，双重体制尤其是价格双轨制引起了流通领域的某些摩擦和混乱，留下了一块价差肥厚的真空地带，各类公司因此纷纷而起，官倒私倒一时间大为泛滥，这就大大地夸大了短缺消费品（主要是耐用消费品）和生产资料（主要是原材料）的紧张程度，对需求膨胀和价格上涨起了推波助澜的作用。其四，市场体系不健全和市场机制不完善，市场活动缺乏必要的行为规则和法律约束，加上地区封锁和地方割据，各类市场特别是短缺消费品和原材料的供求透明度很低，由此引起的混乱的市场竞争和失真的价格信号，刺激了总需求膨胀的连连升级。可见，市场运行的过热状态及其不断发展，是由一系列体制因素和政策因素推动的，而根本原因则在于改革过程的不协调和不完善。

这种市场运行特点并不是不可以改变的。如果说短缺经济是旧体制造成的，那么市场运行的过热态则是改革中的暂时现象。过去有一种观点，认为社会主义商品经济是短缺经济，经济运行是一种紧运行，应当在这种紧运行的条件下抓紧发展经济。这种看法是不妥的。在紧运行的条件下，很难使经济发展走上健康和优化的道路，也不可能实现经济增长模式的转换。近两年在治理整顿中出现的市场疲软即相对买方市场，基本上消除了社会主义短缺经济即卖方市场不能消除的结论，也第一次显示了新的市场运行特点对于促进企业增长模式转换的重要作用。这种现象反映了体制改革过程所引起的新变化，也反映了市场需求约束增强的重大意义。虽然它与经济紧缩政策有很大关系，并且我们也不愿意出现市场过于疲软的状况，但至少可以由此认为，通过推进和完善体制改革，形成一个相对的买方市场是可能的和有益的。

---

[1] 有关这方面的分析和计算，请参见郭克莎：《怎样看待货币增长速度与经济增长速度的关系》，《经济研究》，1989年第3期。

根据上述分析，要形成新的市场运行特点，关键在于：①通过相应的体制改革，约束个人收入超速增长和货币超量发行，并开辟新的消费渠道（如改革住房制度和医疗保健制度）和投资途径（如证券投资和房地产投资），来融解已累积过多的个人消费基金。②加快双重体制的转换特别是价格双轨制的并轨，协调物资分配体制和价格运行机制，使市场供求关系能够较充分展开和有规律变动。③进一步完善市场体系和市场机制，消除地区市场的封锁和割据，消除各种人为垄断因素，建立必要的市场规则和法律约束，创造一个公平而合理的竞争环境，并促进消费市场与要素市场的贯通和联动，形成一个完整而有效率的市场体系。这样，才能使社会主义市场机制真正发挥推动经济增长模式转换的重要作用。

三、宏观调控机制的完善

经济增长模式的转换不仅取决于企业经营机制的转换和市场运行特点的改变，而且依赖于宏观调控机制的完善。由于前两个方面的变化即企业行为的合理化和市场机制的有效率需要一个较长的过程，在这一过程中，宏观机制的调控作用对于推动增长模式转换具有十分重要的意义，而这种作用的发挥则取决于宏观调控机制的完善程度。前几年（1984—1988 年）增长模式的转换过程出现逆转态势，与宏观调控的失效有很大关系，原因就在于新的宏观调控体系不健全及其机制不完善。

随着体制改革的推进，宏观调控模式由直接调控为主转向间接调控为主是一个必然趋势，但经过这几年的经济波动和体制变动，人们大概可以比较深刻地认识到，宏观调控模式的协调转换是一个相当艰难的过程。这一转换过程必须与企业机制和市场机制的完善程度相适应，转换太快，会导致宏观失控和经济波动；转换太慢，则会阻碍企业的搞活和市场的发育。在宏观失控过后来讨论宏观调控模式问题，虽可更充分地认识到宏观调控的重要意义，但也容易因此而过分强调直接调控的一面，忽视向间接调控转换的长远意义，这是应当加以避免的。实际上，在三年治理整顿中，一些已下放的权力被重新收回，一些已放弃的直接调控手段被再度使用，这对于完成治理通货膨胀的紧迫任务来说也许是必要的，但随着治理整顿的完成，在20世纪90年代应通过进一步改革，继续推进宏观调控模式的转换。

宏观调控模式由宏观调控体系和宏观调控机制构成，调控机制建立在调控体系的基础上。宏观调控体系包括经济手段、法律手段和行政手段。在直接调控模式向间接调控模式转换中，行政手段将日益减少，只有在不得已时才加以使用；法律手段主要是明确市场规则，规范企业行为；因而起调控作用的基本上是经济手段，宏观调控体系和机制大体上是由经济杠杆体系及其机制形成的。经济杠杆又可以分为两类，一类是直接调控企业的杠杆，主要是价格杠杆和工资杠杆，这两个杠杆的运用虽可以从投入产出关系方面推动企业去实行增长模式的转换，但又会在一定程度上限制企业的活力和动力，阻碍市场机制的运行和作用，因而随着宏观调控模式的转换应不断减少，并主要通过浮动工资幅度和浮动价格幅度的形式，来发挥工资机制和价格机制的调控作用。至于对工资总水平和价格总水平的调控，关系到宏观经济环境的稳定，是整个增长模式转换的必要条件，但这不仅取决于对企业的调控，而且取决于对市场的调控。另一类经济杠杆就是调控市场的杠杆，主要包括财政、税收、信贷、利率、外汇、汇率等杠杆，即通过它们的相应机制来影响市场运行，达到调控市场机制从而引导企业行为的目的。在新的宏观调控模式形成的过程中，这方面的调控比重和作用应不断提高，使宏观调控机制对市场运行发挥日益增强的调控功能，以便从根本上和更有效地推动经济增长模式的转换。要完善上述杠杆体系的调控机制，必须推进工资体制、价格体制、财政税收体制、信贷利率体制和外汇管理体制等方面的改革，并使各项改革之间相互协调。

根据中国经济运行的特点和增长模式转换的要求，完善宏观调控机制应加强三个方面的调控功能。这几个方面是由中国新旧体制转换过程的状况决定的，宏观调控的作用在于防止或减少市场机制不完善和企业机制不合理所带来的问题和影响。

第一，加强对总需求的调控能力。西方发达国家的宏观调控体系建立在过剩经济的基础上，为了对付有效需求不足的矛盾或生产过剩的危机，宏观调控体系和机制必须有利于经济扩张（相对扩张）政策的推行（从根本上说，资本主义国家干预经济政策的兴起和宏观调控体系的形成，正是始于对付过剩危机和推动经济扩张的最初动机），在一般情况下经济调控机制总是侧重于刺激投资和消费的增加，防止出现经济萧条和有效需求不足，因而在推动经济扩张方面具有较强的调控功能。与此相反，目前（20世纪90年代初期）中国的宏观调控体系仍建立在经济相对短缺的基础上，为了对付作为整个经济运行的常态而存在的总需求过大状况，宏观调控体系和机制必须有利于经济紧缩（相对紧缩）政策的实行，在一般情况下经济调控机制应当侧重于抑制投资和消费的增长，防止出现经济过热和总需求膨胀，因而在促使经济紧缩方面应当具有较强的调控功能。虽然当前的投资和消费尚未开始扩张，但应当看到，总需求大于总供给的问题依然存在，并没有消除甚至没有明显减弱，只要各方面有所松动，新一轮经济过热很可能卷土重来，所以在“八五”计划期间以至整个20世纪90年代，完善对总需求的宏观调控机制依然是一项重要任务。

第二，加强对结构关系的调控能力。西方国家一般具有发达的市场制度和有效的市场调节机制，通过价格和利润率的变动可以自发引导社会投资流量的重组和资产结构的调整，调节各个部门生产规模的伸缩，因而产品结构和产业结构的变动是在市场机制的调节下实现的，宏观调控体系和机制一般只用来解决总量问题而不必兼顾结构问题，除非是产业结构的大规模变动和产业政策的强制实施。但中国目前市场体系尚不完整，市场机制尚不健全，加上价格结构不够合理，市场运行还不能正确引导社会投资的流向和资产存量的调整，市场机制还无力调节各个部门生产规模的伸缩从而实现产品结构和产业结构的合理变动，因此中国的宏观调控体系和机制必须在对付总量问题的同时也对付结构问题，既促使社会总需求保持相对紧缩，又推动产业结构的调整和转换，从而必须加强宏观经济机制的结构调控功能，尤其要强化财政、税收、信贷、利率、外汇、汇率等经济杠杆的结构性调控能力。在当前结构失衡与结构成长相互制约的情况下，完善宏观调控机制的结构功能以推动产业结构和产品结构的协调从而实现产业结构关系的高度化，就具有更为重要的现实意义。

第三，加强对产品质量的调控能力。在市场体系完整和市场表现为买方市场的西方发达国家中，市场机制可以比较有效地促进产品质量的提高和新产品的发展；但中国目前（20 世纪 90 年代初期）的市场运行特点还不能有效地推动产品质量的提高和产品的更新，以致出现产品质量下降和已淘汰的老产品又被再度生产的状况。因此中国的宏观调控体系和机制还要调控产品的质量水平，故应当加强宏观经济机制的质量调控功能。必须在推行国家质量发展战略的基础上，发挥各种经济杠杆对产品质量的调控作用，并搞好宏观质量管理。这个问题常常为经济理论界所忽视。其实，质量问题与需求问题和结构问题一样，是制约中国经济增长模式转换的一个突出方面。从前几年（1984—1988 年）的情况看，需求膨胀、结构失衡与质量下降几乎总是同时出现的，它应当成为中国宏观调控的一个重要内容。特别是在国内质量要求不断上升，国际质量竞争的压力日益增大，而市场机制在较长一段时期内还难以对产品质量发挥有效调节作用[1]的条件下，完

[1] 根据笔者的研究，在市场机制的调节层次中，对产品质量的调节属于较高层次；在中国目前（20世纪90年代初）的市场条件和特点之下，市场机制对这方面的调节功能是相当微弱的。参见郭克莎：《市场机制作用的条件和特点》，《经济文献信息》，1991年第6期。

善对质量问题的宏观调控机制就显得更为重要[1]。

以上三个方面既是完善中国宏观调控机制的三个重点，也是推动中国经济增长模式转换的基本要求。其中，需求调控是结构调控和质量调控起作用的基础，如果总需求膨胀，结构和质量方面的宏观调控就不能有效地发挥作用；但结构调控和质量调控又是实现需求调控的保证，如果结构失衡和质量下降，对总需求的宏观调控就很难达到目的。同时，质量调控与结构调控也是相互联系、相互作用的。一方面，只有通过对产品结构和产业结构进行宏观调控，从而在结构关系协调和结构层次上升的基础上，才能有效地实现对产品质量的宏观调控；另一方面，只有从宏观上防止产品质量下降，促进产品质量不断上升，才能从宏观上推动产品结构和产业结构的协调化与高度化。可见，在完善宏观调控机制的三个层次中，需求调控属于基础层次，结构调控属于中间层次，质量调控则属于较高层次。

在推动经济增长模式转换的过程中，还必须协调好中央与地方、地方与企业以及地方之间的关系。权力下放使地方有了较大的决策权，财政承包使地方有了独立的经济利益，因而应当通过宏观调控机制来引导它们的行为趋向，使其重视长期投资和长期发展，而不应急功近利，片面追求短期效益而助长需求膨胀和结构失衡。同时，应通过科技体制改革和经济机制调节以及相应的经济法规，来加快国民经济的技术更新改造和技术进步。

[1] 关于这方面的内容，可参见郭克莎：《质量经济学概论》，广东人民出版社1992年版，第10章。

8　经济增长的机制

在探讨了中国经济增长模式转换的理论依据以及条件和途径之后，应当进一步探讨经济增长的内在机制。几十年经济建设的经验和教训使人们认识到，要使经济发展较快，人民得到较多实惠，国家经济实力不断增强，必须推动经济持续、稳定和协调增长，因此，我们就从这几个方面来研究经济增长的机制。

8.1　经济持续增长的机制

当前（20 世纪 90 年代初），中国经济正处于由起飞进入持续增长的阶段。西方经济学对于经济持续增长有过一些研究和争论。通过考察这些理论，我们可以发现，经济增长既有自我持续的一面，又有自我限制的一面。如何减弱中国经济持续增长的限制因素，增强经济持续增长的推动因素，是一个值得深入研究的问题。本节将在阐明持续增长的含义和要求的基础上，对持续增长机制加以探讨。

一、持续增长的含义和要求

西蒙·库兹涅茨对经济持续增长下过这样一个定义："持续增长是指不为短期波动所掩盖的一种量的增长。"[1]他所说的"短期波动"指的是周期波动。他认为，现代的经济周期一般持续时

[1] 参见［美］西蒙·库兹涅茨：《现代经济增长》，北京经济学院出版社1989年中译本，第20页。

间不足 4~9 年，有的可能会导致长期水平下降 1/5，因此，即使总产量和人均产量在一段颇长的时期（如 30 年）累计增长了几个百分点，但如果周期下跌使长期的增长率降至微不足道的地步，就不能把这种情况看作持续增长，更不能将它作为衡量长期增长的可靠标准；反过来，如果总产量和人均产量在一段不太长的时期内（如 15~20 年）有相当大的上升，使得一场显著的周期性下降也不至于导致总的增长率降低 1/5~1/4，这种情况可被看作长期增长趋势即持续增长的证据。❶

显然，库兹涅茨是联系周期波动来定义和判断“持续增长”的（包括总量和人均量的增长与波动），并把一个较长时期中经济增长的幅度作为衡量长期增长趋势的依据。这种从一个较长过程的经济增长状况来看问题，并从总的增长率变化来进行判断的方法，可以说是比较适当的，值得我们借鉴。但由于库兹涅茨对持续增长的定义和判断是以资本主义经济运行的经验为依据的，尽管它们为西方经济学界所认可，却并不适应社会主义经济增长的状况。首先，社会主义经济不一定存在周期波动的必然性。❷虽然中国在几十年来的经济建设中曾出现数次大起大落，但这种经济波动不像资本主义经济那样是由基本制度决定的，可能不存在周期性重复的必然性。至于由体制原因和政策因素引起的经济波动，应当可以通过推进体制改革和完善宏观机制来避免或减少。因此社会主义经济的持续增长是可以不与周期波动相联系的。其次，从量的角度看，由于社会主义经济不一定存在必然性

❶ 参见［美］西蒙·库兹涅茨：《现代经济增长》，北京经济学院出版社1989年中译本，第20—22页，27—75页；还可以参见他的另一著作《美国经济中的资本》，普林斯顿，1961年，第36—54页。

❷ 美国经济学家格雷戈里和斯图尔特也认为，“和资本主义社会的经济增长情况相比，社会主义社会的经济增长遭受周期性波动的可能性较小”。参见［美］保罗·R.格雷戈里、罗伯特·C.斯图尔特：《比较经济体制学》，上海三联书店1988年中译本，第39页。

的周期波动，因此并非不为经济波动所掩盖的量的增长就可以称为持续增长，同时也不能把一段时期内经济的大幅度上升，以至不被一种显著的（周期性）下降所明显或较大抵消的情况，看作持续增长（长期增长）的依据。

从中国的情况看，经济的持续增长应包括两个基本要求：一是在一个较长的经济增长过程中，应当尽量消除经济波动的周期性重复，减少乃至避免大的经济波动，使年度增长率不出现负增长的情况；二是考虑到中国经济发展的重任和人口增长的压力，不仅要推动实际国民生产总值（或实际国民收入）不断增长，而且要确保人均产值（或人均收入）有效增长，从而使总的经济水平和人均收入水平在一个较长的时期内显著上升。以上两个方面相互联系、相互制约，前者是后者的基础，只有在一个较长的增长过程中尽量减少和消除各种经济波动，才能确保总产量和人均产量不断增长；后者又是前者的实现，只有在一个较长的时期内使总的经济水平和人均收入水平显著地上升，才能使各个年度的经济增长具有实质意义。

考虑到中国人均消费水平很低和社会主义生产的目的，还应当把居民消费水平的上升看作衡量经济持续增长的一个方面。这方面严格来说不属于经济增长的内容，但它反映了经济增长的社会效果，并与人均收入水平的提高相联系。旧的社会主义经济增长模式重积累轻消费，往往导致国民经济增长而居民消费水平没有上升或升幅极小的状况，因而在新的经济增长时期把居民消费水平的持续上升作为衡量经济持续增长的一个要求，是可以的也是有意义的。

这样，判断经济是否持续增长就有了三个衡量指标：其一是总量增长指标，其二是人均收入增长指标，其三是居民消费水平增长指标。改革前中国的经济增长存在明显的周期性波动，国民收入年度增长率间断性地出现负增长（1960—1962 年、1967—1968 年和 1976 年均为负增长年份），相应地，人均国民收入和居民消费水平也有不少年份出现负增长（居民消费水平的负增长即降低其年份与国民收入的负增长年份略有不同，为1959—1961年、1968年和1974年）❶，因此国民经济并没有实现持续增长。改革以来，中国的总量增长（国民收入增长和GNP增长）和人均量增长虽然还有较大波动，但消除了年度增长率负增长的现象，出现了经济持续增长的势头，不过，居民消费水平仍存在负增长（1989年全国居民消费水平降低了1.3%，农民消费水平则在1989—1990年连续两年负增长）❷，所以严格地说还没有完全实现经济持续增长的要求。

经济持续增长是与经济增长模式相联系的。产值型增长模式以高投入低产出为特征，使经济增长过程难以有效持续；数量型增长模式带来了产品质量问题（质量水平提高缓慢、波动和下降），阻碍了经济增长过程的顺利演进；速度型增长模式因片面追求增长速度而使产业结构关系陷入失衡状态，必然导致经济增长过程的波动；这三个方面的突出影响是不能保证人均消费水平的持续增长的。与此相反，质量和效益提高型以及结构协调型的增长模式则可以推动经济持续增长，特别是有利于实现人均收入和消费水平持续增长的要求。这样看来，经济持续增长既要以增长模式的转换为基础，又是增长模式转换过程的一个表现形式。改革前国民经济不能实现持续增长，正是由旧的经济增长模式所致，改革以来的后一阶段不能完全实现经济持续增长的要求，则是由于增长模式的转换过程出现反复。

经济持续增长并不追求过高的年度增长率，但它带来了一定时期内明显较高的总速度，从而使经济发展不断跃上新台阶。要实现中国第二步（20世纪90年代）的战略目标，使人民生活水平向小康阶段迅速演进，推动国民经济持续增长是很重要的。这

---

❶ 上述数字可参见《中国统计年鉴1991》第32、34、271页。

❷ 参见《中国统计年鉴1991》第271页。

就必须在继续促进增长模式转换的条件下，来完善经济持续增长的内在机制。

二、持续增长的机制

罗斯托在提出“经济增长阶段论”时，认为经济在“起飞”之后，可以进入一个“自我持续增长”的阶段。库兹涅茨对此提出了批评，他指出经济增长既有自我持续的机制又有自我限制的机制。一方面，任何增长都是自我持续的：它意味着经济不可逆转地上升到较高的运行水平，较高的经济运行水平能更容易地获得进一步增长的动力和基础，这就是有更多的资本投入，有更高效率的劳动力（因为他们得到了更多的消费品），以及规模经济水平的提高；另一方面，任何增长都是自我限制的：上升到较高的经济水平可能意味着刺激的减弱，对稀缺的非再生资源的压力，以及最重要的可能是抑制竞争的既得利益的加强。因此，“任何关于全面、概括地设想的经济增长过程的分析都必须表达出这些以及更多的增长的自我持续和自我限制的影响”。库兹涅茨说，“增长过程不可能‘纯粹地’自我持续，因为它总是要发生一些自我限制的作用。在这个意义上说，经济增长始终是一场斗争；如果给人一种增长过程是轻而易举的自动增长的印象，即认为是一种愉快地自我持续地飞向更高的经济水平的翱翔，就会使人误入歧途”。[1]

其实，罗斯托是把较多的注意力放在研究经济持续增长的机制上，这样自然就在一定程度上忽视或较少考察持续增长的限制因素。他在为国际经济协会举办的“关于起飞学说讨论会”提供的一篇书面发言中说，“一个增长中的社会要求现代人（即现代

[1] 参见西蒙·库兹涅茨：《评起飞》，载于［美］W.W.罗斯托编：《从起飞进入持续增长的经济学》，四川人民出版社1988年中译本，第46—48页。

化的生产者——引者注）不断涌现，以及农产品、先行资本和外汇的不断增长。……但是，维持增长的关键，是把有关的最佳技术扩散到越来越多的部门中去，并无止境地扩展技术储备”。[1]罗斯托把不断的技术进步及其扩散效应视为经济持续增长的重要机制。他在回答库兹涅茨的批评时又重申了在上面所引论文中的一些观点，并指出：持续的增长要求围绕着新的技术建立新的充满活力的管理组织，要求新型的工人、新型的融资和销售方式。持续的增长不仅要求反抗传统社会的种种限制，而且要求反抗在前几十年（即现代社会——引者注）中新出现的种种限制。“这就是说，持续的增长并没有某种自动的、轻松的内在机制”，“各个社会中的人都必须不断努力才能使增长持续向前。”[2]

从上述争论中我们可以得到某些有益的启示。第一，经济增长不会顺利地自我持续，推动增长过程的不断演进将是一项艰难的任务，尤其在经济发展上升到较高阶段之后就更是这样。第二，经济增长过程具有自我持续机制和自我限制机制，二者相互制约、相互影响，只有在持续机制的作用超过限制机制的作用时，才能实现经济的持续增长。第三，经济持续增长的内在机制是由多种因素决定的，但不断的技术进步及其扩散效应则是持续增长的最重要机制或推动力。

改革开放十余年来，中国经济增长很快，随着第一步战略目标的完成，国民经济实力大大增强，人民的收入水平和消费水平较大幅度上升，这为20世纪90年代经济的持续增长创造了一系列有利条件，如投资能力大幅度增强，劳动者素质有所提高，同

---

[1] 参见［美］W.W.罗斯托：《主导部门和起飞》，载于［美］W.W.罗斯托编：《从起飞进入持续增长的经济学》，四川人民出版社1988年中译本，第24页。

[2] 参见［美］W.W.罗斯托编：《从起飞进入持续增长的经济学》，四川人民出版社1988年中译本，“序与跋”第13页，正文第11—13页。

时，生产专业化程度、规模经济水平以及企业经营管理能力也都明显上升；但由于经济发展进入新的阶段和经济增长水平提高，也对经济持续增长带来了不少新的制约因素，除了基数大、增长率低的规律性障碍外，较大的增长规模将进一步受到农业、基础工业和基础设施薄弱状态的约束，受到其他有关经济条件和体制因素的影响。因此，要使国民经济持续增长，必须减弱对它的限制因素，增强对它的推动因素，从而形成促进经济持续增长的内在机制。

（一）怎样减弱对经济持续增长的限制因素

库兹涅茨在1930年出版的《生产和价格的长期趋势》一书中曾概括了4个影响经济持续增长的主要因素：技术进步的减缓；增长较慢的补充工业所产生的阻滞效应；快速成长的工业达到大规模经营时面临的融资的限制；来自新兴国家相同部门以较低的货币成本的竞争。[1]在《评起飞》一文中他又补充了3个因素：增长过程中刺激的减弱、稀缺的非再生资源形成的压力和既得利益对竞争部门增长的抵制作用的加强。[2]麦尔登进一步提出，这些技术的和经济的因素，会由于企业家素质的下降而加剧。[3]

---

❶ 参见［美］西蒙·库兹涅茨：《生产和价格的长期趋势》，波士顿和纽约，1930年，第1—58页；［美］W.W.罗斯托编：《从起飞进入持续增长的经济学》，四川人民出版社1988年中译本，第2—4页。有关这方面的讨论，还可以参阅［美］ W.W. 罗斯托：《经济增长的阶段》，牛津，1960年第2版，第96—108页；［美］A.F.伯恩斯：《1870年以来美国的生产趋势》，纽约，1934年，第160—173页。

❷ 参见［美］西蒙·库兹涅茨：《评起飞》，载于［美］W.W.罗斯托编：《从起飞进入持续增长的经济学》，四川人民出版社1988年中译本，第46页。

❸ 参见R.K.麦尔登：《工业发明制度的波动》，载于《经济学季刊》，1934—1935年，第465—468页；［美］W.W.罗斯托编：《从起飞进入持续增长的经济学》，四川人民出版社1988年中译本，第2页。

罗斯托在阐述经济持续增长的机制时则强调现代生产者、农产品、先行资本和外汇的增长对于经济持续增长的制约作用，并强调围绕技术进步和技术扩散而形成的管理组织、新型的工人、新的融资和销售方式对于消除各种限制（包括传统社会和现代增长过程的种种限制）的重要意义。显然，这些对经济持续增长的主要的限制因素，是舍象了需求方面，仅仅从供给方面概括出来的。[1]它们作为市场经济和社会化大生产条件下经济增长中产生的现象，对于社会主义市场经济和大生产发展中的经济增长过程是同样存在的；这些发达国家在历史上普遍遇到的问题，也是发展中国家已经面临或即将面临的现实。

对于社会主义经济的持续增长来说，需求方面的刺激作用历来大于其约束作用，也就是说，需求因素基本不成问题。所以卡莱斯基在建立社会主义经济增长模型时，把投资与投资生产率相结合所带来的社会生产能力的提高直接等同于国民收入的增长，认为社会主义经济中新增生产能力与新增产品实现之间原则上不存在着什么障碍，因而他基本上只从供给角度来研究经济持续增长的条件。[2]中国近两年（1989—1990年）出现的市场疲软虽然对经济持续增长起了制约作用，但这很大程度上是由于治理整顿和经济紧缩政策的短期性因素所致，同时也与产品的结构、品种和质量问题有很大关系，后一方面实质上属于供给方面的原因。因此，我们主要应当从供给角度来考察对经济持续增长的限制因素（至于需求方面的影响，将待后面探讨经济稳定增长的机制时再加以分析）。

从供给方面看，现阶段阻碍中国经济持续增长从而需要尽快

---

[1] 虽然需求不足对资本主义经济的持续增长形成了严重制约，但是从供给方面解决上述问题也可以从很大程度上减轻需求的限制。

[2] 参见［波兰］M.卡莱茨基：《社会主义经济增长理论导论》，上海三联书店1988年中译本，第3—11章。

加以克服的主要因素是：

（1）技术进步的速度降慢。对此，必须寻找加快技术进步的途径。这一点留在后面分析。

（2）增长过程中经济刺激的作用减弱。这要求进一步改革分配体制，调整各方面的分配关系（包括企业内部、企业之间和行业之间的分配关系），通过建立或形成合理而灵活的收入分配机制，提高利益刺激的功能效应。从企业方面看，分配关系涉及价格、税收、留利、信贷、外汇等问题，但目前重要的是通过调整价格结构和税收体系以及相应的改革措施，来理顺由此造成的不合理的利益分配格局。从个人方面看，企业内部应继续完善分配制度，进一步健全工资奖金发放机制，增强其利益刺激（以及利益约束）功能。在农村，应继续完善联产承包责任制，稳定农副产品的定购政策和主要农副产品的价格水平，建立和扩大农村社会服务体系，弱化农贸市场的波动程度，从而提高农民从事农业生产尤其是种植业生产的积极性。

（3）部门和地方利益格局对竞争过程的制约。垄断势力的形成和地方割据的局面，阻碍了资源合理配置和产量有效增长，限制了资金、劳动力适当流动和生产灵活变动。这是中国市场经济发展过程中出现的一个突出问题，应当通过健全市场规则和经济法规，并通过宏观经济政策来协调地方之间和部门之间的利益关系，抑制垄断现象和割据局面的发展，使竞争过程较充分展开，竞争机制有效运转，发挥其促进经济增长的积极作用。

（4）基础产业部门相对薄弱和增长较慢而形成的短线制约。这方面的问题我们已经在前文的结构分析中指出过，有关的理论和政策探讨准备留在后面来阐述，但在这里要指出的是，结构失衡问题是通过影响经济协调增长而阻碍经济持续增长的，而且随着经济增长水平的上升和增长规模的扩大，瓶颈制约问题会显得更加突出，所以基础产业部门在经济持续增长的过程中往往需要有一定幅度的超前增长。针对基础产业发展滞后的现状，当前的结构调整应加快能源、原材料、交通运输、邮电通信以及农业等部门的增长速度和发展水平，使经济进一步增长的过程中瓶颈约束较快缓解。这个问题如果解决不好，20 世纪末的经济持续增长就会受到更严重的制约。

（5）以自然资源特别是不可再生资源为基础的能源、原材料的成本和价格呈不断上升的趋势，同时生态环境的恶化及其影响问题也日趋突出。这是一个各国经济增长在进入较高阶段之后都必然面临的问题，尽管这一趋势远不像麦多斯等未来学悲观派所预料的那样严重。对于中国来说，这方面对经济持续增长的制约已明显表现出来。中国自然资源尤其非再生资源的人均量少、质量不高、开采条件也不大好（此点前文已论述过），加上乱采滥采的影响，随着经济增长规模的扩大，以这些资源为基础的能源和原材料的成本与价格已出现上升势头；工业迅速扩张使环境污染日益严重，根据外国专家的测试，上海等大工业城市已下明显酸雨，乡镇企业的污染问题就更加突出，同时，森林、河流等生态环境受到破坏，水土流失严重。以上两方面问题及其影响在1984—1988 年经济高速增长时期表现相当突出（1991 年的大水灾也与生态环境的破坏有很大关系），目前如果重视不够，将会大大地制约 20 世纪 90 年代特别是后期的经济增长。解决问题的途径是：其一，在经济增长过程中不断提高投入产出率，降低能耗和物耗比重，并努力开发新能源和新材料；其二，通过经济法规治理工业生产尤其是乡镇企业的污染问题，加强环境保护，同时改善生态环境。

（6）带头产业和重点产业（新兴产业和高科技产业）的迅速成长受到资金短缺的限制。通过高科技产业和新兴产业部门的迅速发展来促进传统产业部门的改造和更新，通过重点产业的优先发展来达到带动其他产业部门的整体效应，这是使经济持续增长具有强大后劲的一个重要方面。但作为一个发展中大国，推动上述产业迅速成长的主要制约因素是资金不足。这既要靠积极引进外资，增加国际性合作开发，又要靠开辟和扩大金融市场，利用社会集资和股份公司的形式来解决重点建设资金的供求矛盾。

（7）对外贸易竞争力薄弱对经济外向发展和持续增长的制约。在经济对外开放和利用国际市场的条件下，外贸竞争力成为经济持续增长以及增长层次上升的推动力。考虑到国际市场上质量竞争愈演愈烈和同类商品质量差价日益扩大的趋势，增强国际竞争力的根本出路在于尽快提高产品质量，不断开拓新产品新品种，并在此基础上进一步降低成本，以维持较低价格。

（8）企业和部门的管理水平低，生产者的素质差也是制约经济持续增长特别是增长水平提高的一个因素。实际上，经济持续增长必须建立在增长水平不断提高的基础上，离开了这个基础，增长过程依靠不断增加投入是难以有效持续的，并且不能实现人民消费水平持续增长的要求。这方面的解决途径上一章已指出过，关键在于增加提高管理水平和生产者素质的投资。

（9）企业家素质普遍较低，这使得限制经济持续增长和增长层次提高的各种技术的和经济的因素难以较快克服，整个经济发展缺乏创新和开拓的活力。这种状况在近几年解决虽有所改善，但20世纪90年代增长水平上升的特点和更多限制因素的形成对此提出了更高的要求，这方面依然是一个突出的薄弱环节和制约因素。罗斯托曾经指出：现阶段中国增长的一个最困难问题就是如何在大型企业中产生出富有创造性和革新精神的企业家[1]，这是有道理的。尽快培育和造就一大批富有开拓精神和创新活力的企业家，将是迅速减弱对经济持续增长的各种限制的一个重要条件。

[1] 参见［美］W.W.罗斯托编：《从起飞进入持续增长的经济学》，四川人民出版社1988年中译本，第7页。

（二）怎样增强对经济持续增长的推动因素

推动经济持续增长的因素很多[1]，但其内在机制在于不断的技术进步及其扩散的多重效应。古典经济学家如斯密、李嘉图等曾把劳动和资本投入的增加看作经济增长的源泉。但马克思在《资本论》中已经论述了生产量扩大可以不依赖于资本量增加的情况，其中如加强对自然物质的利用、更充分地利用自然力、提高劳动者的技术熟练程度、改进劳动协作和组织、提高劳动生产力以及更有效地利用固定资本等方面[2]，实际上都是与技术进步的作用及其效应相联系的。现代经济增长是以技术进步的推动力为核心、为特征的[3]，“它植根于现代技术所提供的生产函数的累积扩散之中”[4]。对此进行研究的经济学家们得出了这样一个结论：“自本世纪与上世纪之交以来的这些年内，平均每个工人产量增长率中，不到三分之一可以归因于平均每个工人的资本的增长，因此，平均每个工人产量增长率中，有三分之二以上要归因于称作技术进步的杂项所包括的其他一切因素。”[5]当然，技术的进步是与资本和劳动的投入分不开的，因此库兹涅茨指出：不能根据上述情况而认为资本（和劳动）投入的增长对于经济

---

[1] 根据古典观点，增长因素包括资本积累、劳动的质和量提高、中间投入增加、部门全要素生产率增长四个方面，结构主义观点则在这个基础上再加上资源再配置（即资源流向生产率较高的部门）、规模经济及边干边学、内外部瓶颈减少三个方面。参见［美］H.钱纳里等：《工业化和经济增长的比较研究》，上海三联书店1989年中译本，第26页。

[2] 参见马克思：《资本论》（第2卷），第18章。

[3] 参见［美］西蒙·库兹涅茨：《现代经济增长》，北京经济学院出版社1989年中译本，第62—75页，第433—434页。

[4] 参见［美］W.W.罗斯托：《从起飞进入持续增长的经济学》，四川人民出版社1988年中译本，第7页。

[5] 参见［美］爱德华·夏布罗：《宏观经济分析》，中国社会科学出版社1985年中译本，第596页。着重号为原文所有。

的增长并不重要。[1]但是，资本增长对经济增长的作用也是与技术进步相联系的，刘易斯的研究表明，“在技术停滞的经济里，储蓄并不能真正用于增加生产资本”；“技术知识迅速增长的社会，比技术停滞的社会提供了更有利的投资出路，并且能使资本进入生产渠道”。[2]

这样看来，促进中国经济持续增长的重要机制主要体现在以下两个方面：其一是加快技术进步的速度，其二是加强技术扩散的多重效应。

中国技术进步缓慢既有经济原因也有体制原因。前者指的是技术进步受到相应经济条件的制约，后者指的是技术进步受到有关体制问题的影响。从经济方面看，在发展中国家中，有两个突出的因素妨碍企业采用新的生产技术，这就是企业规模较小和缺乏某些必要的互补性投入。[3]这两个因素都与生产函数的不可分性和技术进步的轨迹有关。由于工厂的规模太小，许多种类的资本物品不能使用，新的技术发明得不到运用，因而小企业和小工厂在采用新技术方面会比大工厂遇到更多的困难。同时，采用新的生产技术要求更换原材料的种类、新的零部件和维修设备，要求提高劳动者的知识、技能，提高生产的专业化程度，而这些互补性投入要素在发展中国家往往是不能全部具备或不容易得到的，互补性投入的缺乏使发展中经济的技术改进和技术应用比发达经济更为困难。这两个方面就构成了制约中国技术进步

[1] 参见［美］西蒙·库兹涅茨：《现代经济增长》，北京经济学院出版社1989年中译本，第74—75页。

[2] ［美］阿瑟·刘易斯：《劳动力无限供给条件下的经济发展》（1954年），载《二元经济论》，北京经济学院出版社1989年中译本，第13、16页。

[3] 参见H.罗宾斯坦：《技术进步·生产函数与发展》，载于［美］W.W.罗斯托编：《从起飞进入持续增长的经济学》，四川人民出版社1988年中译本，第223—226页。

总体速度的经济上的主要原因。解决这个问题的出路，一是可以促使小企业与大工业相结合并协调起来（但应当注意不能抑制了小型企业的经营活力），或采取股份公司的形式[1]，以克服采用新技术的规模约束和互补性投入的制约。二是必须尽快提高劳动者的知识和技能，使生产者的素质与技术进步的过程相协调。

从体制方面看，也有两个因素影响了技术进步的速度。一是科学研究、技术转让与技术应用等环节之间的联系相当松散，不能实现由前一过程向后一过程的不断过渡和迅速转化。新的世界工业革命以来，新技术的发明和应用与快速成长的基础科学的联系越来越密切，新技术的更替速度也大大加快了。这种发展趋势要求科学家、工程师、企业家和工人之间有着紧密的、相互渗透的关系。因此，我们不仅要大力推进大众教育事业，而且应当在大学、研究机构和工商界之间建立起一种新的纽带关系，推动科研成果向技术发明和技术革新不断过渡，并通过开辟和扩大各种技术市场，促进技术成果向技术改进迅速转化。二是从企业采用新技术的角度看，旧体制下的企业对采用新的生产技术缺乏动力和压力；改革过程中，由于企业的财产关系不明确和经营机制不健全，缺乏长远发展目标，存在行为短期化倾向，加上市场需求膨胀的影响，不少企业对采用新技术缺乏兴趣和紧迫感。对此，罗斯托曾向中国的经济学家和计划工作者提出这样两个问题："你如何向一个社会主义工厂的经理提供必要的**刺激**、**资源和时间**以引进新的技术和方法？尝试新的方法和技术，不仅花费时间，还要承受风险，你如何使一个社会主义工厂的经理感到承受

---

[1] 罗斯托曾建议我们"研究一下日本在类似的增长阶段中怎样设法将小企业与大工业协调起来"，并认为"这两类工业的繁荣是与大公司的成长分不开的"。参见［美］W.W.罗斯托编：《从起飞进入持续增长的经济学》，四川人民出版社1988年中译本，第7页。

革新的风险是值得的？”[1]国有大中型企业的技术更改和技术进步是整个国民经济技术进步的核心和推动力，而问题的关键则在于使这些企业的经理真正形成追求技术进步的倾向和紧迫感。看来，出路在于努力完善企业承包制和积极推进股份制实践，明确企业财产关系和健全企业经营机制，使企业（经理）切实感受到市场竞争的威胁和开拓性发展的重要性，从而自觉地去从事技术革新和技术改造，寻找加快技术进步的途径。

加强技术扩散的效应与加快技术进步具有同等重要的意义。新技术的发明及其扩散，实质上也就是创新的整个过程。因而如同熊彼特所说，一项成功的创新会在更加广泛的活动领域和时间中产生波状乘数效应，这种乘数效应要比其初始变化的直接影响大得多。“如果我们内心认为创新应该有适当的量，就必须记住，按我们的定义，创新最充分的量就应该是‘发动’。”[2]显然，技术进步的扩散效应对于我们这样的发展中大国来说其意义更为突出。加强新技术的扩散效应必须创造一系列必要的条件，包括：发展各种形式的横向联系，抑制垄断和割据的倾向，促进资金、技术、物资和劳动力的合理流动，推动技术市场的繁荣，扩大各种技术交流和合作，以及建立业余技术教育和在职定期培训制度，等等。从而通过率先采用新技术的产业部门的前、后向联系和旁侧影响，通过人、财、物等方面的作用，发挥各种组织形式和交流渠道的技术扩散功能。

技术进步的扩散效应是多重的。在新技术扩散的基础上，可以推动劳动生产率、资金生产率和全要素生产率不断增长；可以

---

❶ 参见［美］W.W.罗斯托编：《从起飞进入持续增长的经济学》，四川人民出版社1988年中译本，第8页。上页着重号为原文所有。

❷ 参见［美］J.A.熊彼特：《商业循环》（第1卷），第274—275页；［英］P.迪恩和 J.哈巴库克：《英国的起飞》，载于［美］W.W.罗斯托编：《从起飞进入持续增长的经济学》，四川人民出版社1988年中译本，第84页。

通过资源配置形式的改善或资源的有效再配置，提高企业的资源配置效率并使社会资源的总体配置趋于优化；可以通过扩大生产规模或企业规模的合理变动，提高规模经济效益。这样，就能够形成经济持续增长的强大推动力。

8.2　经济稳定增长的机制

在研究了经济持续增长的机制之后，应当继续探讨经济稳定增长的机制。因为如果经济增长能够持续向前，那么在这个基础上，我们所面临的是增长过程能否相对稳定的问题。经济稳定增长有什么作用，它取决于哪些条件，怎样形成稳定增长的机制，这些方面都需要去进一步加以研究。

一、稳定增长的含义和特点

经济稳定增长与经济持续增长的含义相接近，二者指的都是一个较长时期中经济不断增长的态势，从而使经济总量和人均产量在这个时期内显著地上升。它们的区别在于：持续增长强调经济增长的连续状态，稳定增长则强调增长过程的平稳状态；前者要求在一个较长的时期中经济有一个明显的年均增幅，尽管年度增长率可能出现反复的波动，后者则要求在一个较长增长过程中避免大的波动，年度增长率不出现忽起忽落的现象。

西方经济学对持续增长与稳定增长的含义没有加以明确区分，因为二者都是与周期性波动相联系的。[1]但实际上它们之

[1] 参见［美］西蒙·库兹涅茨：《现代经济增长》，北京经济学院出版社1988年中译本，第20—62页。在他看来，稳定增长的特征是：在整个长时期中相互连续的各个短时期（如一二十年）内，增长速度极少降至一个较高的最小增长点之下。

间还是明显不同的：如果一场严重的周期性下降使年度增长率跌落到零点之下，这种负增长的出现无疑是持续增长过程的中断；如果一场较轻的周期性下跌只是使年度增长率降到很低水平，那么即使只有零以上的正增长率，也仍属于经济增长过程的持续，然而这种情况却无论如何也算不上稳定增长。因此，从严格的意义上说，只要存在周期性的经济波动，就不可能存在稳定增长的状态；而持续增长的情况则是可能的，只要周期性下降不至于使年度增长率出现负数。同时，这也就意味着：稳定增长已经包含了持续增长，而持续增长则不一定表现为稳定增长。

衡量经济稳定增长也可以从总量增长、人均收入增长以及居民消费水平增长三个方面来考察。改革前中国的年度经济增长率波动很大，不能实现持续增长也就谈不上稳定增长。改革以来，经济总量和人均收入实现了持续增长，但年度增长率（尤其人均收入的年度增长率）波动仍较大，并没有实现稳定增长；如果从居民消费水平的增长看，则持续增长和稳定增长的要求都没有实现。图 8-1 显示了这种态势和差别。不难发现，经济总量（GNP）增长率与人均收入（人均 GNP）增长率的波动态势和程度大体一致，说明决定二者关系的人口自然增长率的波动度很小（从统计数字看，改革以来的年度人口自然增长率在 11.6‰ ~16.6‰之间，最大落差只有 0.5%），而居民消费水平增长率与人均收入增长率的波动态势和程度差别较大，则说明影响二者差别的投资（积累）增长率和消费价格（零售物价）上涨率的波动度较大。也就是说，由于投资（或人均投资）增长率的波动度大于 GNP（或人均 GNP）增长率的波动度，或者消费价格指数高于 GNP 紧缩指数，所以居民消费水平增长率的波动情况不同于前两个方面并且波动度较大。

衡量经济稳定增长的程度可采用两个指标：一个是不稳定幅度（或波动幅度），即考察期内年度增长率的最高点与最低点

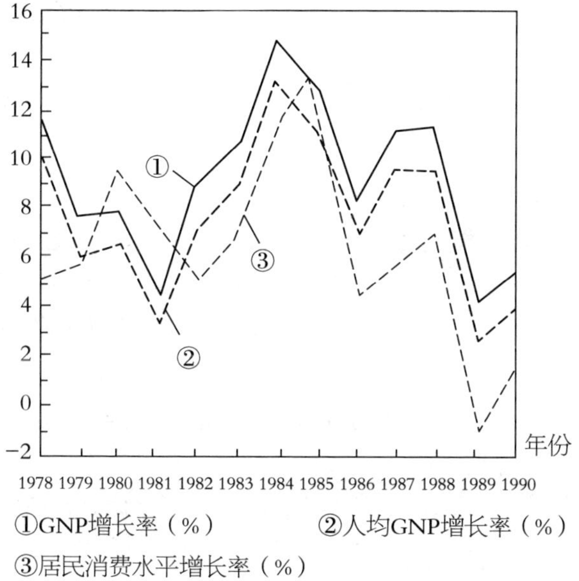

图 8–1　改革以来三种增长率的波动度比较

资料来源：根据《中国统计年鉴 1991》数字绘制。

的差距（全距或极差）；另一个是不稳定系数（或波动系数），一般用年度增长率的标准差（或均方根差）来计算。从一个较长的增长时期看，后一个衡量指标能够更确切地反映经济稳定或不稳定增长的程度。同时，在对经济稳定增长问题进行比较分析时，不能用不稳定系数或不稳定幅度的绝对数值来直接比较，而必须主要用其相对数值（即绝对数值除以相应的年平均增长率）来比较，才能恰当地反映不同国家或不同时期经济稳定增长程度的差别。第 1 章的实证分析表明，改革以来中国经济稳定增长的程度大大高于改革前（即增长率的波动程度大大降低），虽然绝对波动幅度和波动系数仍很高，但这主要与年度增长率较高有关，从相对波动幅度和波动系数看，已低于多数发达国家和发展中国家，这说明中国改革以来经济稳定增长的程度已超过了不少国家（而不再像改革前那样远远低于其他国家）。但是，后一阶段的增长率波动程度明显上升，这又说明影响经济稳定增长的因素依然存在（虽然其表现形式有所不同），因此进一步推动经济稳定增长，仍然是20世纪90年代中国经济增长的一项重要任务。

经济稳定增长也是与经济增长模式相联系的。改革初期阶段的增长率波动度大大下降，得益于这个阶段增长模式的明显转换；而后期波动度的上升，则是由速度型增长模式的再度出现造成的。可见经济稳定增长程度的提高与经济增长模式的转换过程是一致的。与改革前不同的是，追求高速度增长的模式已不再是（至少已主要不是）由政府计划和宏观政策所推动，而是由于微观方面的扩张和市场需求的膨胀所导致。这样看来，改革中的经济稳定增长问题具有了新的特点，它是与经济体制改革的进程相联系的。

增长过程的波动会影响经济的有效增长和一个较长增长时期的总速度。美国经济学家格雷戈里和斯图尔特指出："经济增长的稳定性问题在实践中具有重要意义。因为任何一个时点上的经济潜力的损失，都是不可弥补的。如果某一体制由于周期不稳定，在各个时点上未能发挥它的生产潜力，那就无法实现它在整个时期内的可能增长率。"[1]中国经济增长的历史表明，增长率的波动会降低年平均增长速度。例如，从国民收入指标看，改革前中国经济基数小，增长率应当高，也有不少年份的增长速度高达20%左右，但由于经济剧烈波动，1953—1978年的年平均增长率只有6%，低于不少发展中国家；改革以来在国民经济基数较大和年度最高增长率只有13.6%的情况下，由于经济波动程度降低，1979—1990年的年平均增长速度仍高达8.4%，远远超过改革前时期，也高于大多数发展中国家。

---

[1] 参见［美］保罗·R.格雷戈里、罗伯特·C.斯图尔特：《比较经济体制学》，上海三联书店1988年中译本，第39页。

可见，经济稳定增长程度上升可以提高整个经济的年平均增长速度。

二、稳定增长的机制

库兹涅茨把稳定增长看作现代经济总体增长的特征之一，“即与先前时代增长速度的变化程度相比，现代增长相对稳定”。他认为这种稳定增长之所以可能，是因为现代经济增长具备了这样一些基本条件：其一，现代人口的稳定增长，摆脱了流行疾病的灾难性影响以及与之相联系的生育率的波动；其二，农业中的技术进步，降低了庄稼歉收的可能性；其三，交通运输的改进，扩大了资源供给的范围；其四，总产值中农业份额的下降和其他产业份额的上升，使技术上的可控性加强。[1]这些方面作为社会生产力发展和经济进步的结果，无疑形成了现代经济稳定增长的重要物质基础。然而，这些条件毕竟只是为经济的稳定增长提供了可能性，要使这种可能性转变为现实还在于现代经济运行过程的变化。从第二次世界大战以后的情况看，如果说发达资本主义国家的经济增长与以前相比明显地稳定得多，那么正是由于各国政府加强了对经济运行过程的干预和宏观经济调控机制发挥了重要的功能。这种干预和调控改变了市场经济运行过程的自发作用，大大地降低了经济波动的剧烈程度，以致使周期特征变得不明显。

我们认为，科学技术水平和经济发展程度虽然是经济稳定增长的客观基础或物质机制，但是撇开政治制度的变革和人为因素造成的剧烈冲击不说，经济运行机制和宏观调控机制则是决定着稳定增长实现程度的重要经济机制。正是由于这一点，在战后期间（1950—1980年），社会主义国家与资本主义国家从总体上相

❶ 参见［美］西蒙·库兹涅茨：《现代经济增长》，北京经济学院出版社1989年中译本，第60—61页。

比较，前者的经济增长率的变动小于后者[1]，尽管后者的科技水平和发展程度高于前者。社会主义国家的经济增长较为稳定是由于计划调控机制起了稳定增长的作用，而中国改革前的经济波动则是因为宏观上急于求成和盲目追求高速度造成的。因此，从宏观上改变战略思想和完善决策机制，是促进经济稳定增长的一个重要条件。这已为改革初期阶段增长过程的明显变化所证实。

从供求关系方面看，资本主义国家的经济波动主要是由需求不足引起的，而中国经济波动的原因则主要在于需求过度。人们常常把后一种状态也称为供给短缺，其实这样表述严格来说是不恰当的。相对于过度的需求，供给怎能不短缺呢？一般来说，在一个较短的时期内，总供给是相对稳定的，总需求则是相对可变的；既然存在总需求过大的问题，实质上就不存在总供给不足的问题。这并不单纯是表述方式之争。要是认为总供给不足，那么显然可以实施一种扩张总供给的对策，并且必然会形成这样一种倾向。但是，试图扩张供给首先就扩大了需求，势必加剧需求膨胀，同时由于资源约束和瓶颈制约，供给也很难有效扩张，结果反而扩大了供求之间的缺口，加深了经济增长过程的不稳定。中国 1958 年、1978 年和 1984 年，极力想扩张供给却带来了严重短缺加剧并引起了经济剧烈波动的例子，说明这时总供给是不能扩张的。同样，资本主义的经济危机，严格来说，也不是生产（供给）过剩而是需求不足[2]，因为这种过剩一般是不能抑制和压缩的，抑制和压缩供给首先就抑制和压缩了需求，自由资本主义阶段的历次经济危机都是在企业普遍压缩供给（生产）的条件下爆

[1] 参见［美］保罗·R.格雷戈里等：《比较经济体制学》，上海三联书店1988年中译本，第521、522、526、554页；［美］弗雷德里克·L.普瑞尔：《东西方经济体制比较——研究指南》，中国经济出版社1989年中译本，第78页。

[2] 它不是绝对过剩，而是相对于需求来说的过剩即相对过剩，这实质上就是需求不足。

发的。凯恩斯的成功之处正在于他放弃了抑制供给的传统方法而进行了刺激需求的“革命”。这就表明，社会主义经济条件下由需求过度所引发的经济波动，本质上不是供给短缺的表现，一般不能通过刺激供给（即追求高速度增长）的途径去解决，否则只能增加经济增长过程的不稳定因素。

改革以来的后一阶段，中国经济增长过程的波动度上升，主要就是由微观方面（以及中观方面）在市场需求过大的情况下不断扩张供给导致的。其次在于适应市场经济发展的新的运行机制尚未形成，宏观调控机制未能发挥有效的作用，加上急于求成的传统发展战略所顽强地表现出来的影响。从改革中的经济发展过程看，由投资需求和消费需求推动的总需求膨胀一直是经济波动的基本导因，是经济增长不稳定的主要根源。虽然在经济紧缩和治理整顿中出现了市场疲软的现象，并且持续了相当一段时间，但在“八五”后期以至整个 20 世纪 90 年代，防止和抑制需求膨胀仍然是一项不容忽视的重要任务。应当以此为中心来形成合理的经济运行机制，建立有效的宏观调控机制，从而推动经济稳定增长。

（一）保持适当的经济增长速度

根据中国的积累能力和资金产值率的变动、投入产出率（物耗、能耗水平）和技术进步的速度、短线制约程度和结构调整的进展这三个方面的情况，在“八五”时期以至 20 世纪 90 年代都应保持适度的经济增长。前面所做的增长因素分析的结果表明，过高的经济增长速度会导致全要素生产率增长率的下降及其对经济增长作用率的降低，从而会引起需求膨胀和结构失衡；而合理的增长速度则是由上述三大方面即资金、物资及其结构和利用率的变化决定的，它有利于全要素生产率及其作用率较快上升，有利于经济稳定增长和优化发展。在一段时期内，“稳定增长的能力使较高的平均增长速度成为可能”。[1]优化发展则能够给人民

❶ 参见［美］西蒙·库兹涅茨：《现代经济增长》，北京经济学院出版社1989年中译本，第61—62页。

带来较多实惠并增强经济增长的后劲。如果以国民生产总值（或国民收入）增长7%~8%作为20世纪90年代经济适度增长或中高速演进的指标[1]，那么年度增长率的高限一般不应超过10%，低限一般不应低于4%，以尽量降低不稳定幅度；使各年的增长速度向适度指标靠近，努力降低不稳定系数。必须通过保持合理人口增长率而不是提高经济增长率的办法，来实现人均国民生产总值（或人均国民收入）的稳定增长；通过提高经济增长效益（即降低增长代价）的方式，来促使居民消费水平的较快上升。

在改革推进中的中国，制订超越实际可能的高速度计划的年代也许已经过去，问题在于比较适当的计划指标屡屡为实践所突破（“七五”时期计划增长指标与实际增长指标的巨大差距说明了这一点）。究其宏观上的原因，一是急于求成的战略思想仍在顽强地起作用；二是宏观经济机制未能发挥有效的调控功能。这是新旧体制转换过程中观念转变不彻底和机制形成不稳定的表现。显然，要确保中国经济稳定增长，不仅要制定适当的增长速度指标，而且更重要的是，必须控制年度增长率不使其过多地超越适度指标。为此，首先应当从思想观念上消除追求高速度的倾向。美国经济学家金德尔伯格和赫里克曾经指出：“人们可能肤浅地设想，一个经济的‘最优’增长仅仅是达到可能的最快增长速度，很多肤浅的经济讨论都带着混淆最优和最高的色彩。”根据他们的研究，“最高增长显然不是在政策上的有用指南，因为它不是最优增长”。[2]只有当大多数经济学家尤其决策者明确过

[1] 这一适度增长率的确定主要取决于三个方面：第一，它建立在财力和物力（及其构成）变动有保证的基础上；第二，它可保证20世纪末产值再度翻番目标的提早完成；第三，它可以保证人均收入水平有较大幅度的增长（年增长速度在5.5%~6.5%以上）。

[2] 参见［美］查尔斯·P.金德尔伯格、布鲁斯·赫里克：《经济发展》，上海译文出版社1986年中译本，第66、67页。

快的经济增长速度将利少弊多，并不能带来实际好处时[1]，稳定增长的机制才有可能形成。其次，应当建立制约经济超速增长的宏观调控机制。中国体制改革和机制转换过程的不协调，导致了企业和地方行为的短期化（这个问题虽可靠推进改革来解决，但在短期内还难以完全消除），加上旧体制下追求速度的惯性依然存在，只要一有可能，很快就会形成普遍的扩张冲动，使整个经济很容易进入过热状态。因此，建立适应中国市场经济发展的宏观调控机制，应当把抑制经济过热和制约超速增长作为一个中心内容。经济增长速度是一个综合性的调控目标，具有相当大的调控难度，只有系统地运用财政税收、信贷利率以及价格、物资、外汇等经济杠杆，并与适当的法律手段和必要的行政手段相结合，才能形成有效的调控机制。

（二）保持投资和消费的适度增长

投资稳定增长是经济稳定增长的一个重要条件。投资增长率的波动不仅是经济增长率波动的直接推动因素，而且往往引起消费增长率的反方向波动。对中国经济增长的分析表明，投资增长率过高是导致经济增长率过高及其波动的主要原因；同时从实证分析中我们还发现，实际投资[2]增长持续或较大幅度超过产出增长会引起资源配置效应的下降从而导致全要素生产率增长率的降低，成为引发需求膨胀或推动其发展的一个基本因素。经过前两年的压缩投资规模，目前的固定资产投资已明显回升，根据统计

---

[1] 应当指出，如果经济增长的高速度是由技术进步的高速度推动的，就不能称为“过快”的速度。根据我们的研究，中国在20世纪90年代尚不可能出现高速度（年平均增长率超过8%）又高效益的增长局面，较佳的选择只能是较高效益的适度经济增长，或者说，在适当速度的条件下不断提高效益的经济增长（因为这一时期的增长过程同时肩负三个重任：提高技术水平、协调产业结构和改进产品质量）。

[2] 指扣除价格变动和折旧的投资额，包括不变价格的固定资产净投资和流动资产投资。

公报，1991 年全社会固定资产投资当年价增长率已达 18.6%。因此在下一阶段仍须注意防止和遏制投资扩张的势头，使投资增长保持适当速度。这里可以提出两条衡量标准：其一，使实际投资增长速度与经济增长速度保持大体一致，并保持中高速演进；其二，使投资率❶保持在适度水平。从世界各国的投资率看，在 20 世纪 60—80 年代之间，高收入国家的平均投资率为 20.7%，中等收入国家的投资率为 23.9%，低收入国家的投资率为 25.7%，低、中等收入国家的平均数字则为 24.4%（见表 8-1）。考虑到中国作为发展中大国的特点、实现经济现代化的重任和国民储蓄率较高的条件，中国的投资率在 20 世纪 90 年代可以明显高一些，但年平均数也许只能比其他低收入国家的投资率高出 3~4 个百分点。在经济增长速度基本合理的前提下❷，平均投资率可介于 28%~30% 之间，并保持年度投资率相对稳定，防止投资率的过大波动。例如，1991 年中国的投资率为 27.7%（占 GNP 的百分比），而 GNP 增长率为 7.7%，说明投资率已回升到接近于适度水平，如果再较大幅度上升，就要防止出现投资过热的势头，以免引起投资增长的波动以至经济增长的波动。

表 8-1　世界各国按收入类型分的投资率（占 GDP 的百分比）

国家类型 \ 年份	1965	1973	1980	1985	1987	1988	1989	平均
低收入和中等收入国家	20.5	23.2	27.0	23.7	24.7	25.8	26.0	24.4

❶ 即社会总投资占国内生产总值的比重。

❷ 在经济增长速度过高或过低的情况下，对投资率的确定缺乏标准，从而没有意义。但从投资增长与经济增长的相关性看，一般来说，在经济增长速度过高时，投资率应有所降低；在增长速度过低时，投资率应有所提高。这一方面出于对合理投资量的判断，另一方面也有利于对经济增长速度的调节。

续表

国家类型 \ 年份	1965	1973	1980	1985	1987	1988	1989	平均
低收入国家	19.0	22.5	26.5	26.9	28.4	29.2	28.5	25.7
中等收入国家	21.5	23.5	27.8	22.1	23.1	24.2	24.9	23.9
高收入国家	16.7	22.7	22.1	19.7	20.4	21.6	21.9	20.7
全世界	17.5	22.9	23.2	20.6	21.2	22.3	22.6	21.5

资料来源：世界银行《1991 年世界发展报告》，中国财政经济出版社 1991 年版，第 184 页。

近年来不少同志拿中国的投资率与日本的投资率相比较，由此得出中国的投资率（或积累率）不高或偏低的结论。[1] 实际上，他们忽视了这样一个问题：投资增长速度是与技术进步速度相联系的。根据英国经济学家卡尔多的观点[2]，如果技术进步比资本存量增长得更快，则资本的边际生产率会提高，这将带来更多的投资；相反，如果资本投资比技术进步增长得更快，资本的边际产品会下降，这就会使过快的投资速度降下来。因此，投资增长不能不与技术进步的速度保持一致。而中国技术进步的速度比日本慢得多，在这种条件下，怎么能拿中国的投资率与日本的投资率相比较来推导结论呢？[3] 卡尔多还认为，要避免投资增长与经

---

❶ 参见《经济研究》，1990年第1期，第25—26页；1990年第4期，第18—19页。

❷ 参见［英］尼古拉斯·卡尔多：《一个经济增长模型》，《经济学杂志》，1957年12月，第591—624页；重印于《经济稳定和增长论文集》，伦敦，达克沃思出版社1960年版。

❸ 应当指出：日本是发达国家中技术进步最快的，也是投资率远远超过别国的一个相当特殊的国家。从20世纪60年代初80年代初，日本的平均投资率比发达国家的平均数高出近1/3，比非石油输出发展中国家的平均数高出约10个百分点（参见《外国国民核算统计资料汇编》，第55页）。因此，日本的投资率数字对我们来说显然缺乏对比借鉴意义。

济增长的不稳定性，应当把技术进步和资本－产出比率的关系联系起来，或者说，要根据技术进步率来确定投资增长率。这种看法是有道理的。如果投资增长速度超越技术进步所提供的可能性，就会导致投资的波动和经济增长的不稳定，因而技术进步的速度是决定投资增长速度的一个重要方面。

格雷戈里等人认为，投资支出的波动是资本主义经济增长不稳定的主要来源，而社会主义国家的投资支出受到计划者的控制并可以保持在相当稳定的比率上，这使社会主义经济的增长比较稳定。[1]但从中国改革前的历史看，计划者和决策者的主观冲动和失误所带来的投资波动恰好是经济波动的重要原因。随着体制改革的推进和投资主体多元化，要推动全社会投资适度和稳定增长，必须运用多方面的调控手段。第一，当市场需求转向旺盛时，应当注意遏制地方政府和企业的投资冲动和扩张意向，尤其要通过经济杠杆、法律手段和行政措施的综合运用，制约自筹投资的盲目增长；第二，通过信贷政策的适当松紧和利率机制的灵活调节，使贷款投资部分保持比较合理的增长水平；第三，国家投资应当成为全社会投资增长的稳定器，根据总体投资规模的过大或过小，特别是地方和企业自筹投资的过热或过冷，而适当地收缩或扩张。

消费增长是投资增长的逆变量。从理论上说，只要投资适度增长，消费就会适度增长；如果投资规模过大，消费比重就会较小而不会过高。但实际上，由于财政赤字和信贷逆差造成国民收入超分配（通过货币超量发行来支持）[2]，可以出现投资需求

[1] 参见［美］保罗·R.格雷戈里等：《比较经济体制学》，上海三联书店1988年中译本，第181页。

[2] “国民收入超分配”是一个有争议的提法。对于这一提法能否成立，有没有意义，本书不准备展开分析。但笔者认为，如果它的意思指的是货币分配额超过实物量，那是可以成立的，这样概括也便于简要表明某种经济现象，故也使用之。

和消费需求一起扩张，同时超速增长的现象。1984 年至 1988 年中国投资和消费需求双膨胀的情况证明了这一点（根据笔者的研究，这一时期扣除价格因素的实际投资和实际消费也是膨胀的❶，这种现象在短期内是可能出现的，其结果是库存锐减）。因此，在控制投资增长速度的条件下，还必须使消费增长保持适当速度，才能使经济稳定增长。此外，居民消费水平的稳定增长直接就是经济稳定增长的一个重要构成部分，如果某些年份的居民消费水平增长率过高，就会引起随后几年的相应增长率下降甚至负增长（即表现为居民消费水平增长率的较大波动，中国 1984—1990 年的发展情况正是这样），而居民消费水平增长率过低就必然有相当一部分人的消费水平下降，这当然就不能实现经济稳定增长的要求。

中国前几年消费增长过快，一是由于个人收入增长过快和消费行为趋同化，二是由于集团消费规模不断膨胀。在“八五”时期以至整个 20 世纪 90 年代，要防止消费需求膨胀卷土重来，必须控制收入增长速度，尤其要通过完善有关的经济法规和管理手段，遏制企事业单位滥发奖金和实物的倾向，堵塞各种不正当收入渠道；并通过适当拉开收入层次，使消费形成比较合理的梯度。同时，控制集团购买力扩张速度，把集团消费支出作为调控消费总量增长水平的一个稳定器。

（三）保持货币增长和价格水平的相对稳定

近几年，人们在对传统体制下的货币投放办法进行改革和借鉴西方国家的货币供给政策的过程中，对确定货币供应量的依据问题进行了热烈的讨论。一种相当流行的看法是，以经济增长速度作为确定货币增长速度的依据（或主要依据）。这种观点已经为人们所普遍接受并成为判断货币量是否过多的主要衡量手段。

---

❶ 参见郭克莎：《改革十年我国经济增长中的需求膨胀问题分析》，《财贸经济》，1991年第7期。

然而，这种看法却存在一个严重的逻辑错误：把货币量看作经济增长的被动适应物，而忽视了货币供给对于经济增长的积极调节作用。按照上述观点，当经济增长速度过高时，货币投放也高速增长，货币供给成为经济持续高速增长的推动力；当经济增长速度过低时，货币投放也低速增长，货币供给成为经济持续低速增长的约束力。其结果是，货币机制失去了对经济运行的主要调节功能，经济增长过程陷入了恶性循环。

因此，必须摒弃根据经济增长速度来确定货币增长速度的观点，使货币供给既与经济增长的要求相适应，又保持一定的相对独立性。从总体上说，“八五”时期以至整个 20 世纪 90 年代的经济保持适度增长或中高速演进，货币供给也应保持适度或中高速增长。但是，当年度经济增长率偏高时，年度货币增长率继续保持适度水平，这样，就有一部分商品的价值实现遇到困难，经济增长受到市场需求的约束，速度将会有所下降，向中高速增长靠近；当年度经济增长率偏低时，年度货币增长率保持不变，因而就会出现一些需求过大（供给相对短缺）的现象，经济增长受到市场需求的刺激，速度将会有所回升，趋近于适度增长。通过货币供给适度和稳定增长的调节，就可以使年度经济增长率不至于过多地偏离适度增长的轨道，而保持相对的稳定性。

当然，制订合理的货币供给目标只是问题的一个方面，更重要的方面在于确保货币增长目标不被实践所突破。这就必须尽量消除信贷逆差和减少财政赤字，出现赤字也不准向银行透支，而通过发行国库券和债券来弥补；特别是要使货币发行权掌握在最高权力机构手里，并保证中央银行工作的高度独立性。

在货币供给保持适度增长的条件下，保持价格水平的相对稳定就具备了客观基础。值得进一步注意的问题是价格改革的有步骤推进。应当吸取 1988 年价格改革冲关的教训，不论是调整价格还是放开价格，既要考虑到市场的供求状况和企业的运行机制，又要考虑到宏观间接调控的能力，并尽量防止各种不确定因素的影响，使价格改革过程不至于引起较大的价格波动。

只要实现了以上三个方面，就可以为经济稳定增长创造最基本的经济条件。此外，经济增长虽然本质上是一个宏观经济问题，但稳定增长机制的形成还取决于微观以及中观经济行为的合理性。因此，防止经济过热既依赖于宏观调控体系和机制的有效作用，又依赖于企业和地方体制改革的相应推进。其中最关键的问题，就是要根据建立社会主义市场经济体制的要求，硬化企业和地方的预算约束和风险约束，从而弱化来自微观和中观方面的投资冲动。由于研究范围和重点的关系，我们略去了这个方面的理论探讨，但是必须充分认识到这个问题对于经济稳定增长的重要性。只有在上述基础上，才能真正形成国民经济长期稳定增长的机制。

8.3 经济协调增长的机制

上面两节分别探讨了经济持续增长和稳定增长的机制，但这两个方面还受到增长过程的协调关系的影响，如果增长过程失衡或增长关系扭曲，持续增长就会受到阻碍，经济波动就难以避免，因此，必须进一步探讨经济协调增长的机制，才能使增长机制问题的研究完整起来。

一、协调增长的含义和表现

协调增长是针对经济增长过程中的结构失衡问题提出来的，但它并不等于平衡增长。

发展经济学理论中曾有过平衡增长与不平衡增长之争。[1] 平

---

❶ 参见谭崇台：《发展经济学》，人民出版社1985年版，第78—83页；［美］杰拉尔德·迈耶、达德利·西尔斯编：《发展经济学的先驱》，经济科学出版社1988年中译本，第105—110页。

衡增长论的主要倡导者是纳克斯、罗森斯坦－罗丹等，他们主张同时而全面地发展国民经济的各个部门，指出一揽子投资的重要性和投资结构合理安排的必要性；但平衡增长论过分强调只有全面投资才足以形成具有互相补充性质的国内市场，忽视了部门之间技术进步的特点和投入产出关系的变化。不平衡增长论的主要倡导者是赫希曼、斯特里顿等，他们主张优先发展联系效应较大的产业部门，通过这些部门的前、后向联系带动其他部门的发展，认为这样可以使资源得到更有效的利用并取得较高的经济增长速度；但不平衡增长论低估了不平衡增长过程中会造成的障碍和阻力，忽视了由此导致的短缺和瓶颈对经济持续增长的影响。

然而，平衡增长论与不平衡增长论也有统一的一面，不少发展经济学家认为两者之间并无根本性矛盾，“因为不平衡增长战略是以创造短期的、事先的不平衡，来求得长期的、事后的平衡”。[1]赫希曼、斯特里顿和辛格等人实际上也都同意平衡增长与不平衡增长是交替存在，互为条件的。[2]这说明两种理论并不是完全对立的。

我们所说的协调增长，正是不平衡增长与平衡增长相统一的表现，是各个产业部门在经济增长中结构上升和转换过程的协调。它包括三个方面的内容：①具有较高生产率和需求弹性，较强联动效应的产业部门优先增长，通过这些部门的前、后向联系和旁侧影响，形成一股强大的增长趋势和发展动力。②通过这股增长趋势的扩散效应和发展动力的推动（拉动）作用，刺激和发动整个国民经济的增长机制，带动各个产业部门以较快的速度全面而系统地发展。③在技术进步和劳动生产率提高的条件下，使各个产业和部门形成不同的增长层次和发展水平，促进产业结构

[1] 参见谭崇台：《发展经济学》，人民出版社1985年版，第83页。

[2] 参见李普顿：《发展中国家的平衡增长与不平衡增长》，载《现代国外经济学文选》第8辑，商务印书馆1984年版，第31、36、37页。

的上升和高度化，并通过部门之间投入产出率的提高和对基础产业（后向部门）依赖度的降低，实现产业结构的转换和协调化。概括地说，所谓协调增长，就是在不平衡增长的过程中达到平衡增长的目的，并在结构高度上升的基础上实现结构关系的协调。

库兹涅茨认为，“经济增长是一个总量过程”；罗斯托不同意这一点，他说“现代经济增长本质上是一个部门的过程”。[1]但根据上述分析我们可以指出，经济增长实际上是部门过程与总量过程的统一。如果这一统一能够顺利实现，那就是协调增长。

这样看来，经济协调增长也就是结构协调型增长模式的表现，是速度型增长模式向结构型增长模式转换的要求。速度型增长模式的基本特征是工业尤其是加工工业部门片面发展，增长过快，使产业之间的联动效应不能合理展开，其他产业部门的增长明显滞后，导致产业部门之间增长关系不协调，产业结构的上升过程处于失衡状态。而速度型向结构型增长模式的转换，就是要抑制加工工业的片面演进（这会使过高的经济增长速度降下来），提高基础产业的增长水平，加强产业部门之间的联动效应，从而推动整个经济协调增长。

二、协调增长的机制

协调增长机制的核心，是各个产业部门在经济增长过程中结构变动的合理化，即产业结构在走向高度化的过程中不断趋于协调化。部门之间增长速度的差异（不平衡增长）导致了结构关系的变动，撇开结构的短期波动或逆变动不说，这种结构变动一般形成了结构成长的过程（因为生产率较高和需求收入弹性较大的产业部门总是增长得较快）；但产业部门的速度差异可能引起投入产出关系的矛盾和经济增长的瓶颈制约，这就使结构的协调成

[1] 参见［美］W.W.罗斯托：《从起飞进入持续增长的经济学》，四川人民出版社1988年中译本，第5页。

为结构成长过程的一个突出问题。从世界各国经济增长和产业结构演变的历史经验看，结构的高度化与协调化是一个矛盾运动的过程。发展中国家由于缺乏有效的协调机制，在经济增长和结构成长中出现的矛盾和摩擦更加明显。难怪钱纳里等人认为“把发展中国家的增长过程理解为经济结构全面转变的一个组成部分最恰如其分”[1]，因为经济增长在这里不过成为结构上升和转换过程的表现形式。

中国产业结构失衡和经济增长不协调的基本问题是基础产业和基础设施相对薄弱并增长滞后，这对国民经济的有效增长形成了严重制约。对于这种以往过度不平衡增长造成的结果，应当通过投入结构的适度倾斜来加以改变，以便为经济协调增长创造条件。但这里必须区分导致结构关系失衡的不同原因，从而从不同方面去寻求解决问题的途径，才能有效地形成协调增长的条件。其一，经济增长速度太快并且是由工业尤其是加工工业增长太快推动的，这时的结构矛盾主要是由增长速度问题引起的，因为基础产业和基础设施部门在短期内一般不能迅速扩张；在这种情况下，如果不把增长速度降下来，各产业部门的增长关系就难以协调。其二，技术进步缓慢以及其他生产方面的影响，使工业部门特别是加工工业的物耗比重和能耗比重不断上升，这时出现的结构矛盾，与技术水平及生产条件的影响有很大关系；如果不能对这方面的问题加以有效改进，部门增长关系的协调也受到明显制约。其三，相关产业部门的发展水平和增长速度差距过大，如农业与轻工业的矛盾，能源和原材料工业与加工工业的矛盾，都是前者基础薄弱和增长较慢，后者则超前发展和增长过快；由此引起的产出结构失衡，主要是投入结构不合理的结果（价格结构不

[1] 参见［美］H.钱纳里、M.赛尔奎因：《结构转变的典型类型》，载［美］H.钱纳里等：《工业化和经济增长的比较研究》，上海三联书店1988年中译本，第56页。

合理也是其中的一个因素），因而可以通过改变投入结构和价格结构来推动产业部门之间增长关系的协调。可见，以上三种情况引起的结构关系失衡虽然都表现为基础产业和基础设施部门相对薄弱及增长滞后，但却具有不同的内在原因，只有采用不同的方式去解决，才能收到较好的效果。实际上，1984—1988 年中国产业结构的失衡状态显得十分突出，正是由上述三个原因共同造成的。所以，在 20 世纪 90 年代必须三管齐下，通过控制经济增长速度、加快技术进步和改变投入结构，来推动产业部门的协调增长。要是忽视或不能实现前两个方面，那么结构关系的协调不仅需要较长时间，而且要付出较高成本，结构调整效益较差。

对于产出结构的变动来说，投入结构的变动是有决定作用的，这一点我们在前文已论述过；但在这里必须进一步指出的是，加快技术进步对于经济协调增长机制的形成具有重要意义。技术进步不但可以降低加工工业乃至整个工业部门的能耗和物耗比重，而且可以提高基础产业和基础设施部门的产出率，这有利于它们之间结构矛盾的自然缓解和增长关系的持久协调。而各产业部门的技术进步又与其增长速度有关，速度太高，技术进步会缺乏压力；速度太低，则技术进步会缺乏动力，因此产业技术进步率（以及技术结构）的变动又与它们产出增长关系的变动相联系。这又涉及一个新的结构协调问题。结构调整可以有三种方式：一是拉短线产业以适应长线产业；二是压长线以适应短线产业；三是既抑长线又促短线。过去我们常常采用第一种调整方式，其结果是经济增长速度升得很高，结构平衡却始终不能实现。第二种调整方式往往表现在经济全面紧缩和结构重大调整时期（或治理整顿阶段），其结果是经济增长速度剧烈下降，经济效益也受到严重影响，虽然结构关系暂时达到平衡状态，但根本性问题并没有解决。第三种调整方式是通过投入结构的适度反方向倾斜，既抑制长线产业增长又促进短线产业发展，结果是过高的经济增长速度有所下降，产业结构关系趋于平衡，并为技术进步加快和经济协调增长创造了条件。显然，后一种结构协调方式是比较理想的。在20世纪90年代应当进一步推行这种结构微调的方式，从而既防止年度经济增长率较大波动，又有利于加快产业技术进步，推动经济协调增长。

同时，要使协调增长的机制系统形成，还必须从以下几个方面去推动经济增长关系的协调。

（1）企业之间产业增长关系的协调。各种类型企业的发展关系会影响经济协调增长，尤以工业方面的影响较为突出。例如，改革以来特别是1984年以后，集体和个体工业发展很快，这对于形成多种所有制的竞争局面是有重大意义的，但由于这些企业集中于加工工业尤其是消费品工业，其中大多数企业经营规模小，生产技术水平低，能耗和物耗比重高，因而它们的迅速扩张和高速增长，成为加剧农业与轻工业矛盾和基础工业（能源和原材料工业）与加工工业矛盾的一个主要方面。所以，要促进经济协调增长机制的形成，就不能忽视来自这个方面的影响，应当通过产业组织政策和产业发展政策，推动大、中、小型企业的协作和联合，加快小型企业的技术改造和技术进步，并适当调节这些企业的发展方向，使它们较多地向第一、三次产业领域发展，从而使不同规模、不同产业和部门的企业形成协调增长的局面。

（2）地区之间产业增长关系的协调。各地区的产业发展格局是影响经济协调增长的一个方面。改革前，中国区域之间的产业分工因计划安排和特殊原因高度倾斜，中西部地区基本上只生产能源和原材料等初级产品，东部沿海地区则基本上只从事加工制造业。改革以来，出现了另一种相反的发展趋势，随着决策权力下放和地方财政包干的发展，各地区纷纷大上价高利大收效快的加工工业，造成了地区产业结构明显趋同的现象。据有关方面计算，中部与东部的工业结构相似率为93.4%，西部与东部的工业结构相似率为93.5%，西部与中部的工业结构相似率为97.9%；相应地，工农业综合区域分工系数由0.18下降为0.13，东部地带的相对工业化水平由 1.10 下降为 1.07，中、西部的相对工业化水平则分别由 0.90 和 0.85 上升到 0.94 和 0.86。[1] 这种地区产业结构极其相似和分工度下降的情况，既导致了地区之间比较优势和分工效益的损失，又加深了整个产业结构的失衡状态。后者的基本表现是，各地争上加工项目、重复投资和仓促投产使这一产业部门过分膨胀和整体效益下降（物耗和能耗比重上升），而争夺资源、资源浪费和混乱竞争则加剧和夸大了能源和原材料的紧缺度，从而使这两个方面的矛盾尖锐化。近几年（20 世纪 90 年代初期），地区产业结构趋同的现象已由大区域之间扩展到省际之间以及省内各地区之间，不少省份和地区大搞所谓本地产业结构"合理化"，实质上搞的是大而全的产业体系，保护本地相对落后的加工产业[2]，限制产品和资源在区际间的流动。应当指出，从宏观角度看，这种地区结构"合理化"是明显不合理的，它阻碍着整体结构矛盾的缓解，因此与全国产业结构的合理化是不相容的。只有改变地区产业结构趋同化的状况以及孤立地形成地区产业体系的倾向，消除地区之间的经济封锁和割据，才能使各地区之间的产业增长关系趋于协调，从而有利于国民经济协调增长机制的形成。

（3）产出增长格局与资源结构变动的协调。国民经济要形成协调增长的机制，产出增长的格局必须反映资源结构的特点

[1] 参见孙尚清、马建堂：《产业结构：80年代的问题与90年代的调整》，《管理世界》，1991年第2期，第65页。

[2] 正是由于地方政府和相应部门的保护伞，使过分膨胀的加工工业始终压不下来。据一些企业家反映，长线产业中，不少技术水平低和经济效益差的企业之所以没有被市场淘汰，甚至奇迹般地得以发展，主要是其本地政府的减税和退税政策起了有力的保护作用。据有关统计资料，近两年（20世纪90年代初期）轻纺等长线产业的投资和增长又加快了，这说明地方政府的保护政策和地区之间的封锁割据使市场机制失去了对产业结构和产品结构的调节作用。

并适应其变动的趋势。自然资源结构和资金与劳动的比例都会对产出增长格局起制约作用。多使用相对丰裕资源而少使用相对稀缺资源，这是经济学的一般常识，其结果是以丰裕资源为基础的产业部门应当比以稀缺资源为基础的产业部门发展得更快，直到资源结构发生了变化。如果产出增长格局不符合资源结构的特点或背离了其变动的方向，增长过程就会受到资源条件的制约而陷入不协调状态。但现在的问题是，中国协调产业结构的要求恰好与资源结构的特点相矛盾。目前（20 世纪 90 年代初期）的瓶颈产业如能源和原材料工业、交通运输和邮电业基本都是资金密集度高（直接和完全固定资金占用系数较高）的产业，而长线产业如食品和纺织等轻工业则都是劳动密集度高（完全劳动消耗系数很高）的产业；也就是说，加快前一类产业的发展会面临资金短缺的问题，抑制后一类产业的发展则会遇到减少就业的矛盾。然而，解决问题的途径常常是与问题本身联系在一起的。食品、纺织、轻化学等工业部门同时又是资金密集度低（直接和完全固定资产占用系数都较低）的产业，在适当抑制这些产业部门发展速度的条件下，建设资金可以更多地向前一类瓶颈产业倾斜（农业作为资金密集度很低的产业，其增加投资对总投资的影响不大），并通过扩大利用外资和社会集资的形式，来解决重点建设资金不足的矛盾；至于轻工业部门相对减少的就业量，可以通过大力发展城镇服务业和农村社会服务体系来加以吸纳，这方面的资金投入量很少而对劳动力的吸纳量很大，从而使产业结构的调整不至于增加而是有利于减轻就业压力。当然，资金相对不足和就业矛盾突出是现阶段中国技术进步和劳动生产率提高的一个严重障碍，这个问题本来就是导致产业结构失衡的一个原因，它不可能在协调结构关系的短期过程中得到根本性解决，但是通过产业结构的合理变动来适应资源结构的特点是可能的。只有使产出增长的格局与资源结构的变动协调起来，才有利于协调增长机制的形成。

（4）产出增长格局与消费结构变动的协调。消费结构的变动通过需求结构的变动起作用，既可以拉动又会制约产出增长的格局，因而成为影响经济协调增长的一个突出方面，特别是在市场机制的调节作用日益增强的条件下更是如此。近几年来，中国居民对食品、纺织品等生活必需品的消费需求日趋高档化，对家用电器、高级家具等耐用消费品的需求大幅度增加，这种消费结构的变动与住房、医疗等方面的消费比重过低有关，但对于耐用消费品普及率的迅速上升也不能作绝对化的判断，仅仅依据这种普及率与人均收入水平的关系而与发达国家的历史资料相比较，由此得出我国消费结构变动大大超前的结论，可能是过于简单化的，因为消费结构的历史性变动具有不可比的一面，它是与现代产业结构的变化相联系的（而不仅仅与人均收入水平相一致）。不过，如果消费结构的变动大大地超越了中国现阶段资源条件所能提供的可能性，则是需要加以适当引导和调节的，否则就会导致产业结构在随其变动的过程中因资源制约（特别是瓶颈制约）而陷入失衡状态。在 20 世纪 90 年代的经济增长中，一方面应努力提高传统消费品的质量和档次，增加新产品、新品种，同时使新耐用消费品（不包括手表、自行车、收音机等旧的耐用消费品）保持较高的增长速度，另一方面应大力发展民用建筑业、房地产业、旅游服务业以及其他新兴的产业部门，即使产出增长的格局适应消费结构的变动，又通过产业结构的发展来引导协调消费结构演进的方向，从而促进整个经济协调增长。

（5）产出增长格局与外贸结构变动的协调。这包括两个方面的内容：其一，通过进出口结构的合理变动来协调国内产出结构和投入结构。对于出口来说，应增加长线产品（如轻纺产品）的出口，减少短线产品（如矿产资源）的出口；对于进口来说，除了引进先进技术设备以加快技术进步外，主要是进口国内短缺的原材料和辅助材料，而对国内已有生产的高档消费品则应限制进口；这样才能使外贸结构的变动有效地起到调节国内投入产出关系的作用。其二，通过产出增长格局的优化来促进外贸结构的优化。毫无疑问，扩大进口对于提高中国的经济增长水平和协调增长关系具有极为重要的意义，但进口的扩大必须以出口增加和创汇能力提高为条件。应当尽快提高加工制成品（尤其轻工产品）的质量和档次，从而增加深加工产品和高附加价值产品在出口结构中的比重，以提高创汇能力和创汇效益。本来，长线产业是成熟产业，其产品应具有较强的竞争力[1]，不断地打向国外，提高创汇水平；但中国的轻工产业作为突出的长线产业，由于技术进步慢并没有做到这一点，其产品出口增长不快（与其他产业相比），尤其创汇能力的提高不明显。在出口商品结构中，轻工产品的出口比重1980年为22.1%，1985年下降为16.4%，到1990年也只回升到20.3%。[2]这就是产出增长格局与外贸出口结构不协调的表现（它与国内市场对长线产业的调节作用低有关）。所以，必须在适当抑制长线产业增长速度的同时，提高其出口和创汇水平，并由此而降低短线产业的出口比重。以上两个方面，构成了经济协调增长机制的一个重要条件。

8.4 增长机制的内在联系与宏观政策的系统性

以上三节分别探讨了经济持续增长、稳定增长和协调增长的机制。从上述分析中不难发现，这几个方面的增长机制是相互联系、相互制约的。下面我们再简要地概括一下它们之间的关系，并进一步阐明由此而产生的对经济政策系统性的要求。

❶ 根据雁行产业发展形态说和其他国家尤其是日本的经验，成熟产业具有较高的规模经济和管理水平，因而其产品成本较低，质量较高，这时国内市场也已基本饱和，这类产品纷纷打向国外并具有很强的竞争力和创汇能力。

❷ 《中国统计年鉴1991》，第616页。

一、增长机制之间的内在联系

持续增长机制的形成取决于限制增长因素的减弱和促进增长因素的加强，其中心是加快技术进步及其扩散效应。稳定增长机制的形成取决于经济适度增长、投资和消费保持合理水平以及货币增长和物价水平的相对稳定，其中心是防止需求膨胀和经济过热。协调增长机制的形成取决于企业之间产业增长关系、地区之间产业增长关系的协调，以及产出增长格局与资源结构变动、消费结构变动和外贸结构变动的协调，其中心是产业结构演进过程的协调。针对中国技术进步缓慢、总需求过大和结构关系失衡的状况，在20世纪90年代必须先努力解决现存的问题，防止其反复或加深，在这个基础上才能形成新的增长机制。

在经济增长的过程中，增长机制的三个方面是相互作用、相互影响的。持续增长是稳定增长和协调增长的基础，只有在经济持续增长的基础上，才谈得上增长过程的稳定和协调；但稳定增长和协调增长又是持续增长的保证，如果经济增长出现波动和失衡，增长过程势必难以顺利持续。从增长机制的中心内容来看也是这样。只有在技术进步加快带来全要素生产率迅速增长和产品质量水平不断提高的条件下，才能有效地阻止需求膨胀和结构失衡的反复出现及其恶性循环；反过来亦然，只有在防止需求扩张和经济过热并促使产业结构协调演进的基础上，才能避免技术水平的波动和下降，并有利于持续的技术进步及其扩散效应。

从目前的情况看，经过三年治理整顿和持续两年的市场疲软，企业追求技术进步的倾向有所加强。例如，在近两年的全民所有制单位固定资产投资中，技术更新改造投资的增长明显较快。在1991年的更改投资中，用于节约能源、增加花色品种、提高产品质量和“三废”治理的投资增长了32.8%，所占比重由 27.1%上升到 29.9%，而用于增加产量的投资只增长 12.5%，所占比重由 35.2%下降到 32.9%，这说明质量和效率投资明显快于增产投资，为加快技术进步奠下了较好的物质基础。从需求方面看，总需求大于总供给的潜在矛盾仍然存在，但还没有直接表现出来。经济增长速度已明显回升，1991 年中速增长（GNP 增长 7.7%），1992 年已出现了过快势头；固定资产投资的回升速度更快，1991 年已出现在建规模偏大、新开工项目增长过快的现象，1992 年以来投资增长继续大幅度上升；消费方面的回升相对较慢，社会商品零售总额 1991 年在上一年低水平的基础上提高了 13.2%，扣除物价因素实际增长 10%，但 1992 年的速度也已经上来了，这样看来，需求扩张（尤其投资需求扩张）和经济过热的苗头已有所表露。从结构关系看，近两年产业结构调整的进展相当缓慢。农业发展仍很不稳定（1991 年农业总产值增长率降低为 3%），第三次产业的增长速度继续落后于总体水平（1991 年增长 5.3%），而工业的相对速度依旧过快（1991 年工业总产值增长了 14.2%）。在工业内部，能源和原材料生产的总体速度没有明显提高，相对速度甚至有所下降（如能源生产总量 1991 年只增长 0.8%），而轻工业生产的增长速度却较大幅度加快（其产值 1991 年增长了 14.5%，1992 年以来又进一步加快了速度）。在投资结构方面，农林水、原材料工业和运输邮电业的投资比重有所上升，但原材料工业的比重 1991 年只提高了 0.4 个百分点（由 15.7%上升为 16.1%），能源工业的投资比重则降低了 1.7 个百分点（由 30.1%降低为 28.4%）。以上数字表明结构失衡状态并没有实质性改变。根据上述分析，要推动经济增长机制的转换，在近几年应以协调产业结构关系为重点，加快结构调整的进程，并谨防经济过热尤其投资需求膨胀再度出现，同时继续保持技术进步的有利势头，这样才能使协调增长与持续增长和稳定增长统一起来，使三个方面的增长机制发挥相互促进的作用。

这里值得进一步探讨的一个问题是，要加快结构调整和技术进步，必然要增加瓶颈产业投资和更新改造投资，这样会不会导致投资规模过大和推动投资需求膨胀？这是很有可能的。实际上，1991 年新开工项目增长过快和 1992 年投资速度偏高（尤其全民所有制单位的投资增长很快），就与这种情况有关。这个矛盾从另一角度反映了增长机制及其转换过程的内在联系。对此，可以从以下三方面找出路：其一，考虑到近几年重点建设和技术更改对于之后 5 年经济增长的重要意义，以及中国目前居民储蓄率很高（如 1991 年居民储蓄存款余额达 9110 亿元，占当年国民生产总值的比重高达 46.5%），消费需求尚未出现过热等因素，近期的投资率是不是可以较高一些，投资规模可以较大一点？然而，这方面的余地并不大，而且有一定危险。因为现在数目巨大的居民储蓄余额，有很大一部分是前几年个人收入膨胀的结果，它是以货币超量发行及其贬值为基础的，其中有些是没有实物保证的，况且投资规模较大也很容易引发消费需求的扩张，从而有可能再度点燃实际总需求膨胀的大火。其二，在提高投资率余地不大的情况下，只能在相对确定的投资规模之下来考虑投资结构的倾斜问题。因此，应当尽量提高瓶颈产业和技术更改的投资比重，并进一步提高瓶颈产业投资中重点部门的投资比重、技术更改投资中质量和效率投资的比重，相应地，长线产业的投资比重特别是长线产业基建投资的比重就应尽量降下来。其三，由于投资总规模不能过大，投资结构倾斜度也有一定限制，因此应当通过尽可能扩大外资利用规模，来解决瓶颈产业投资和技术更改投资的资金短缺问题。外资投入同时带来投资品的供给，一般不存在投资需求问题，因而不容易引起投资总需求的过度扩张。可见，既要加快结构调整和技术进步，又要避免投资规模过大和投资需求膨胀，出路虽有三条但根本出路在于上述的后两个方面。同时也表明，扩大外资利用的规模，是促进经济持续增长、稳定增长和协调增长三方面机制协调起来的一个重要手段。

二、宏观经济政策的系统性

经济增长机制的形成和作用需要宏观经济政策来加以推动和协调。由于经济持续、稳定和协调增长三个方面的机制不是相互独立的，而是构成了一个完整的机制系统，因此要求与其相对应的宏观经济政策也必须具有系统性，才能具有较强的政策功能，不至于因各项政策之间的相互冲突而抵消或减弱了政策效应。

对经济持续增长机制起作用的中心政策是技术进步（及扩散）政策，包括增加科技投资、刺激技术创新和应用、促进技术流通和转换、加快更新改造等方面的政策；对经济稳定增长机制起作用的中心政策是需求管理政策，包括财政税收政策、信贷利率政策、收入分配政策[1]，以及货币、投资、消费等政策的协调；对经济协调增长机制起作用的中心政策是产业结构政策，包括重点产业政策、扶植产业政策、限制产业政策，以及相应的配套政策。这三大方面的政策都是与现有经济体制为基础的，是相互作用、相互影响的，增长机制之间的内在联系决定了政策机制之间的内在联系，而政策机制的协调作用则可以推动增长机制的有效运转。

根据增长机制形成的要求，宏观经济政策应集中力量解决当

[1] 发达国家的需求管理政策主要用于刺激需求扩张，一般只包括财政政策和货币政策；而收入政策的作用主要是用于冻结工资和物价，以防止成本推动型的通货膨胀，所以被归入供给管理政策的范围。但中国的需求管理政策主要用于抑制需求膨胀，与现有经济体制相联系，收入分配政策主要是防止个人收入增长过猛，控制工资总水平以及其他收入渠道，是防止消费需求膨胀的一个重要方面，因而应归入需求管理政策的范围。

前较为突出的问题，并使短期政策与长期政策统一起来。近几年的重点是加强结构调整政策，应增加促进重点产业（瓶颈产业）发展和抑制限制产业（长线产业）增长的政策力度[1]，使这两个方面具有明确而较大的政策偏向，并把行政性结构政策（即各种“决定”“通知”“要求”的政令形式）与经济性结构政策（即财政税收、信贷利率以及物资和价格的倾斜政策）结合起来，借助市场性结构调整的力量和法律性结构规定的作用，来加强和扩大结构政策的整体效应。同时，继续推行适度紧缩的需求管理政策，货币供给保持适度增长政策（不受经济增长速度变动的影响），财政和信贷保持相对略紧的政策倾向，主要控制投资规模的过度扩张；对个人收入实行偏低速增长（略低于国民收入增长）的政策，防止消费需求再度扩张。在上述条件下，进一步加强技术进步及其扩散政策，应当使各个方面明确增加科技投入的政策要求，在各个产业部门推行刺激技术创新和技术应用的政策措施，并对技术买卖、技术协作、技术转换等方面给予政策支持和保护，对企业的技术更新和改造加以政策监督。显而易见，发挥以上三方面政策机制的相互促进作用是重要的：需求管理政策是实施结构调整政策和技术进步政策的保证，结构调整政策的效果可以加强需求管理政策和技术进步政策的效应，而技术进步政策也有利于提高结构调整政策和需求管理政策的效率。这样，在20 世纪 90 年代中期以后，就可以在经济持续、稳定和协调增长机制逐步形成的基础上，使宏观经济政策转为以技术进步政策为中心，辅之以新的产业结构政策和需求管理政策，从而推动整个

[1] 应当指出，重点产业和限制产业的内容是变动的。在目前（20世纪90年代初期）结构关系失衡较为严重的条件下，瓶颈产业是重点产业，长线产业是限制产业，而高新科技产业主要是扶植产业（也带有重点产业的性质）；但在产业结构趋于协调之后，重点产业将转为主要是高新科技产业（包括新兴产业部门），而限制产业将主要是落后的传统产业（夕阳产业）。

经济增长机制的良性循环和优化演进。

当然，在上述过程中，要使宏观经济政策对经济增长机制的形成发挥有效的作用，还取决于企业经营机制的完善，市场运行机制的协调和宏观调控机制的健全，以及地方和部门的配合作用，这就必须通过进一步推进体制改革来实现。关于此方面的问题，我们已在上一章分析过，这里不再赘述。

9 结构调整与结构成长

前两章在研究经济增长的模式和机制时，都涉及产业结构问题。向结构型增长模式的转换和经济协调增长机制的形成，都是以产业结构关系的协调为条件的。但是，由于研究重点的关系，前面基本上抽象掉结构高度化的进程，只探讨经济增长中的结构协调问题；在考察近期增长模式转换和增长机制形成的途径时，也只是从结构调整的角度分析，而没有论及结构成长问题。实际上，产业结构的协调化与高度化是相互联系的，结构调整与结构成长是相互制约的。因此，这一章专门研究它们之间的关系。

9.1 中国的结构问题及其变动关系

目前，中国的产业结构既处于调整时期，又处于成长阶段。结构调整就是实现产业结构协调化的过程，结构成长则是产业结构走向高度化的过程。如何把这两个相互联系的过程内在地结合起来加以较快推进，既是促使国民经济有效增长和优化发展的一项重要任务，又是一个在实践中将面临一系列矛盾的相当艰难的问题。因而在这一节中，我们先对这两个方面的问题及其关系进行分析。

一、产业结构的失衡状态与低级状态

经济理论界中有不少人把产业比重（产出比重与投入比重）的高度化看作产业结构高度化的唯一表现，其实并非如此。产业结构的高度化还包括其他一些方面（这些内容将留在下一节论

述），中国产业结构的低级状态正是表现在这些方面。第2篇的实证分析揭示了改革以来产业比重（尤其产值比重和资产比重）构成仍存在片面演进的趋势，即比重结构的高度化速度太快，从而导致产业结构关系陷入失衡状态。但第2篇的主要目的是考察结构失衡的态势和原因，所以没有对产业结构的整体水平加以分析。整体结构水平不仅取决于产业比重的构成，而且取决于结构联系（质态关系）和结构素质（产业水平），后者具有同样重要的意义。中国产业结构正是由于后两个方面的问题，使整体结构停留于低级状态。

中国产业结构的失衡状态导致了经济运行过程的瓶颈制约，影响了国民经济的有效增长，加剧了社会总供给与总需求的矛盾，因而在近期内对结构失衡问题给予充分重视，并积极进行结构调整是十分必要的。但是，目前存在的一种倾向是，在结构调整过程中只注意产业结构的数量关系，忽视产业结构的质态关系及其变化，或者说，只看到产业结构严重失衡的状态，没有注意到这种失衡状态是与产业结构的低级状态密切相关的。实际上，中国产业结构的不合理表现为失衡状态与低级状态并存，二者相互联系、相互影响。

第一，从三次产业的关系看。以工业为中心的第二次产业的迅速增长和较快发展，是产业结构高度化的基本要求。从中国的人均国民生产总值、所处的经济发展阶段以及国际经济关系的影响等方面来看，工业化进程的加快显然也是一种具有客观必然性的趋势。但是，为何实际演进过程却使中国的产业结构不断陷入失衡状态呢？原因在于，改革前中国工业盲目片面发展，与农业和第三次产业的比例关系严重不合理，改革初期虽对此进行了调整，但失衡格局并没有根本改变（第5章的实证分析已经表明，这一时期工农业结构矛盾的缓和或产业比重的协调很大程度上是由于价格变动的作用，而实际结构关系并没有明显改变），因而工业化速度的再度加快很快又引发了结构矛盾。新的结构失衡状态的基本特征依然是，第二次产业的比重上升超速，第一和第三次产业跟不上经济发展需要。这种失衡状态实质上也是低级状态的表现。因为第一次产业的生产技术水平极其低下且提高缓慢，劳动生产率一直停留于低级水平，不可能提供日益增多的剩余产品，而第三次产业总体上不发达，经济效益很不理想，其中基础设施部门（交通运输、邮电通信等）的发展严重滞后。这就使得第一、三次产业无力支持中国工业化的进程，反而拖了工业化的后腿。当我们谈到三大产业的发展不协调时，常常抱怨第二次产业发展太快了。其实，工业增长速度太快只是问题的一个方面，另一个更重要的方面在于工业的发展不能带动农业和第三次产业的发展，不能通过技术进步来改造和武装第一、三次产业。这种工业自我发展的状况导致二元结构的转换过程出现了越来越深的裂缝，使产业结构成长过程陷入了失衡状态与低级状态相互制约的困境。

第二，从加工工业与基础产业的关系看。高加工度化是产业结构高度化的重要内容和必然趋势。根据中国消费结构和需求结构的变动，以及对外贸易关系的发展，产业结构开始逐步走向高加工度化阶段并不是不合理的。但是，中国的加工工业与基础产业却形成了日益突出的矛盾。一方面，前几年在经济过热的影响下，加工工业处于盲目扩张的状态，地方和企业争先投资加工项目，各类组装业纷纷上马，各种生产线被大量引进，导致了对基础产业（能源、工业原材料和农副产品）部门的过大需求，恰好与这些产业本来就没打好基础的薄弱状况形成了明显冲突，这是产业部门发展不协调而引起的结构失衡。另一方面，在经济扩张的推动下和卖方市场的助推下，大多数加工工业企业技术水平低，经济效益差，尤其大量蜂拥而上的乡镇企业，大部分技术装备很差，生产率低下，高投入低产出，对基础产业形成了巨大的需求压力。这种经济过度扩张条件下产业结构的低级化现象（主要是技术结构、资产结构低级化），是加剧结构矛盾的一个重要方面，这就使得产业结构的失衡状态与低级状态交织在一起。

第三，从产业内在联系的角度看。中国产业结构的不协调表现在数量关系和质态关系两个方面。前者是指各产业部门的比例关系不合理和增长速度不协调，既不符合各产业之间及产业内部前、后向联系的基本特点，也不适应产业链条相互衔接和循环变动的一般规律性。比如，第三次产业中商业部门盲目发展，不断膨胀（各类官倒和私倒公司泛滥），而交通运输、邮电通信，以及金融保险等相关部门却发展迟缓，严重滞后。后者是指各个产业部门的结构功能、联动功能相当微弱，资产结构、技术结构、劳动力结构处于低级水平和不合理状态。就技术结构来说，不但高层技术或先进技术为数极少，低层技术或落后技术占很大比例，技术结构呈金字塔状，而且高层技术、中等技术和低层技术之间互不衔接，相互脱节，技术联系处于松散状态；不仅不同行业之间技术水平差距很大，而且同一行业内部的技术梯度也大得难以“高攀”，这种缺乏过渡环节和忽视内在联系的状况，严重地阻碍着技术层次的不断升级和转换。以上两个方面是产业结构的失衡状态与低级状态及其相互影响的表现。

第四，从产出结构特点的角度看。产业结构的失衡状态使机器设备一部分超负荷运转，而另一部分则处于闲置状态，同时使产出结构表现为一部分严重短缺，而另一部分却大量滞存。产业结构的低级状态则从以下几个方面影响和加深了这种失衡的局面：①产业部门之间内在联系的薄弱和脱节使各个相关部门的资产存量调整和转产困难重重，产业转换能力十分低下，投资流量的重组又由于原有的资产运转格局的限制（以及体制改革过程的不协调）而作用甚微，从而使产业结构的失衡状态相对固化和加深。②由于各产业部门的装备水平差，技术进步慢，产品更新换代的周期很长，产品老化、品种少、质量低，不能适应社会消费水平上升和需求层次提高的要求，在经济过热的条件下还常常出现产品质量的大面积下降和波动，这就增加了产出结构中滞存的比重，同时加剧了短缺的状况。③产品老化、品种少、量差，大大地降低了各种产品系列本身所具有的替代效应，使产出结构对需求结构和支出结构的内在的引导作用显得极其微弱，这就导致了消费倾向明显趋同、购买力十分集中和纷纷持币待购的现象，加深了生产结构与消费结构的矛盾。

第五，从外贸结构作用的角度看。由于产品和品种更新慢，产品质量上不去，使中国难以增加附加价值高的产品的出口比重，迟迟不能扭转以初级产品和浅加工产品为主的出口格局，这是产业结构低级化所导致的出口结构低级化。同时也造成了外贸结构与产出结构的逆变动现象（即国内市场滞存的产品根本无法出口，国内市场短缺的产品反而有很大的出口压力；长线部门常常不得不进口一些优质产品，短线部门的进口需求却常常受到外汇约束），因此无法发挥外贸渠道对结构失衡的调整作用，反而加剧了国内市场供求结构的矛盾。

中国产业结构这种失衡状态与低级状态交错存在、相互制约、相互影响的局面，使产业结构的调整过程或成长过程都面临不少困难和问题。在这种条件下，仅仅把注意力放在产业结构的协调化方面，简单地去追求比例关系的短期平衡，显然是行不通的，因为低级状态制约着产业结构调整和协调的功能；同样，如果片面强调产业结构的高度化，盲于去选择主导产业和扶植产业，也是不可取的，因为失衡状态约束了产业结构转换和上升的功能。

二、协调结构关系与提高结构水平相互依赖和相互矛盾

中国产业结构存在的双重问题，结构调整与结构成长的内在联系，都表明必须把协调结构关系与提高结构水平结合起来，同时加以推进；而这同一过程的两个方面，实际上又是一种相互依赖和相互矛盾的关系。

二者的相互依赖表现在哪些方面呢?

从协调结构关系对提高结构水平的作用说：①没有结构关系的协调，经济增长受到瓶颈制约，有效供给上不来（总供给中有效供给的比重也不能增加），结构水平的提高就会缺乏物质基础；②离开结构协调的过程，供求关系的结构矛盾不能缓解，总量矛盾将始终难以解决，从而经济不稳定，物价上涨，结构水平的上升就缺乏一个必要的经济环境；③没有产业协调关系的推进，产业水平的提高必然在资金、技术、生产资料和劳动力等方面受到结构性制约，二元经济结构的转换过程也会障碍重重；④离开产业结构协调的过程，产业链条无法合理运转，产业结构不能连续循环和不断升级，主导产业难以发挥带动效应，扶植产业也难以健康成长，从而将使产业结构水平的上升举步艰难。

从提高结构水平对协调结构关系的作用说：①如果不推动产业结构水平的上升，不逐步提高整个国民生产的投入产出率，在目前劳动生产率低下和经济效益很差的条件下，协调产业结构完全靠增加投入来拉动短线产业（并相应地压缩长线产业）、扩张瓶颈产业，那么实现结构关系协调的过程将相当长，而且只能在低层次上去追求平衡；②不提高产业结构水平，各个产业部门的质态联系相当薄弱，适应国民经济发展和需求结构变动而演进和变动的结构功能很差，这将使产业结构的协调过程很不稳定，周期波动难以避免，势必不断陷入新的失衡状态；③在目前产业结构处于低级状态的情况下，相关产业部门无法发挥内在的替代效应，产业转换功能低下，产业断层不能自我弥合，如果不推动产业结构水平的上升，结构关系的协调将不得不完全依靠外力的干预和推动，去强制实现阶段性平衡，这显然会带来较大的副作用；④没有产业结构水平的提高，国民经济将始终缺乏竞争力，因而出口难以迅速扩大（尤其难以增加深加工产品和高附加价值产品的出口数量），也就无法通过外贸渠道来调整国内供求关系，实现协调产业结构的过程。

协调结构关系与提高结构水平又并不是完全一致的，从中国目前的情况看，二者的推进过程具有相互矛盾的一面，主要表现在：

第一，从二者所要加强的部门看。协调产业结构必须加强基础产业部门，相应抑制加工组装工业的发展，这与提高结构水平的要求相冲突。工业化的过程大体上要经过重化工业化—高加工度化—技术集约化等几个阶段，第一个阶段属于为工业化奠定基础的阶段，第二、三个阶段则是产业结构水平上升的过程。中国目前（20 世纪 90 年代初期）大致处于第一、二个阶段的交叉地带。根据赫希曼的产业关联度理论，只有发展后向关联度较高的产业部门，才能对产业链条发生带动效应和联动效应，推动产业结构水平的上升。这就要求扩大最终制成品和中间产品的生产，加强这些产业部门的发展规模。但中国目前调整和协调产业结构的目标，显然在于加快农业、基础工业（能源和原材料工业）和基础设施的发展，同时相应控制加工制造业的增长势头和发展速度，因此就使产业结构关系的协调与结构水平的上升产生了矛盾。

第二，从二者所需的条件看。协调产业结构必须适当放慢经济增长速度，或保持适度增长水平，控制固定资产的投资规模，防止投资需求过大，使结构调整有一个比较宽松的经济环境，否则在经济过热和各方面关系紧张的情况下，结构调整将显得无从下手或不容易展开；但是，这与提高产业结构水平所需的条件却不相适应。提高产业结构水平必须加强现有产业的技术改造和技术进步，加快旧式农业和传统产业向现代工业和新兴产业的过渡和演进，使资金密集型产业尤其是技术（知识）密集型产业较快建立起来并不断发生扩散效应，这就需要保持较大的投资规模以支持产业改造和产业发展，需要保持较快的经济增长速度以支持投资扩大和结构转换，显然与当前调整产业结构、协调经济增长的要求相冲突。

第三，从二者带来的影响看。协调产业结构必然要运用经济手段来明确地拉短线和压长线，从经济运行的角度看，这种外力的干预往往会导致扩张部门的劳动生产率和产品质量的下降，导致收缩部门的规模效益和经济效益的波动，这就影响了产业发展的进程，影响了结构水平和结构效益的提高；而且，这种产业部门的扩张和收缩具有强制性外部调整和短期性剧烈波动的特征，不利于产业之间结构联系的正常运行和结构功能的合理发挥，妨碍了产业结构链条的连续性循环和有规律上升。反过来，如果片面地去加快产业结构水平上升的进程，一味发展主导产业、带头产业、战略产业、高科技产业，也会影响产业结构的协调过程，以致加深结构失衡的状况。

第四，从二者的侧重点看。协调产业结构一般侧重于各次产业及产业内部的数量关系，只是从静态和动态方面去考虑比例协调问题，而提高结构水平则要求各产业及其内部的关系要有质态的变化，结构关系要不断上升和转换，这就使二者之间产生了一定的矛盾。比如，结构协调的过程要进行资产存量调整和投资流量重组，但存量调整和流量重组的目的只是在于结构平衡，不仅不能顾及产业结构水平的提高，而且由于资金、技术、物资和劳动力使用方向的不同，必然影响结构水平上升的进程，不利于产值结构、资产结构、技术结构和劳动力结构的优化。

第五，从二者与其他方面的关系看。协调结构关系与提高结构水平都需要国民经济各个部门，如财政、金融、物资、价格、外贸等方面的支持和协作，但二者所要求支持的产业部门不同。例如，结构协调过程要求各经济部门支持基础产业和基础设施部门，而结构水平的上升则要求各经济部门支持现代产业和新兴产业部门；二者所要求支持的内容也不同，协调结构关系要求各经济部门的支持和协作来缓解短缺现象，降低滞存比重，优惠短线部门，限制长线部门，其中心内容是实现经济平衡，而提高结构水平则要求各经济部门的支持和协作来加快技术改造和产业进步，推动产品开发、品种改进和质量提高，其中心内容是提高经济效益。例如，同一笔外汇支出，是进口先进技术设备以支持产业改造和技术进步，还是进口短缺商品和物资以满足生产和消费需求，就是二者相对立的一个简单例子。

9.2 产业结构协调化与高度化的进程

协调结构关系与提高结构水平的相互依赖和相互矛盾，是中国产业结构调整与成长过程将面临的一个突出问题。这就要求我们在推行产业结构政策时，必须弄清产业结构协调化与高度化的客观要求和内在联系，明确这两个方面内在统一的条件以及二者推进过程相互兼顾的原则。在这一节，我们将在探讨产业结构协调化与高度化的基本内容的基础上，来研究这两个方面协调推进的条件。

一、产业结构协调化的内容

产业结构协调化的基本内容是什么？这似乎是一个不成问题的问题。但实际上，这个问题不论在理论上还是在实践上都没有明确解决，或者说，原有的理论和认识并不是令人满意的，不是完整无缺的。

从理论上说，社会主义国家的产业平衡发展理论是以马克思的社会再生产理论为指导的。马克思的产业结构（两大部类）协调思想包含了相当丰富的内容，它为我们研究产业协调发展问题提供了重要的方法论指导，特别是马克思关于价值平衡与实物平衡统一的思想，更是为结构协调问题的研究奠定了坚实的理论基础。但是，由于马克思的目的主要不是研究结构问题，他只是对两大部类（及其分部门）再生产过程的协调进行作了高度抽象的理论概括。在产业结构的变动关系较为复杂的今天，仅用两大部类的协调理论来进行结构分析就显得不够。

其一，社会生产两个部类的划分虽然是科学的理论抽象，但这种产业划分形式无法反映产业结构高度化的进程（生产资料和消费资料比例关系的变动显然不能体现产业高度化的趋势），建立在这一划分基础上的产业协调分析也就不能反映产业结构上升和转换的内容，因而难以把产业协调化问题与产业高度化问题结合起来进行研究。这是因为，在马克思的时代，产业结构高度化的趋势并不明显，与产业结构水平的上升和转换有关的问题和矛盾尚未表现出来，由社会经济实践决定的经济理论研究也就很自然地停留于产业结构的协调问题上。

其二，两大部类的协调内容主要反映产业结构的数量关系，基本没有反映质态方面的协调要求。实际上，产业部门的量态关系必然要反映其质态关系的变化，反映产业结构自然转换和上升的要求（这一点在现代产业结构中越来越明显地表现出来）；离开了对产业协调的质态关系的考察，尽管对其数量关系的研究在静态分析的基础上带有动态分析的性质，也不能动态地反映产业部门协调发展过程的一般规律和客观趋势。这样，产业结构的协调理论就是不完整的，也无法与产业结构高度化理论统一起来（产业结构的协调化与高度化在这里变成了两个相互分离的过程）。这一点除了与上面相同的原因之外，还由于经济理论发展过程的限制。在马克思的时代，有关产业关联分析和投入产出分析的理论尚未产生（这当然也是由经济实践决定的），因而产业结构协调问题的研究也就不可能深入质态关系方面，何况马克思的研究目的和重点也并不在于此。

显然，我们指出以上两点只是指出了在这方面推进理论研究的必要性和可能性。作为经济学巨人的马克思，同样不可能跨越经济史和理论史的局限，因此必然给后来的经济学者（特别是马克思主义学者）留下了除去注解和诠释之外的广阔的研究空间。正是在这一点上，波兰的著名经济学家奥斯卡·兰格曾经反复指出，“列昂节夫的产业间联系的理论是马克思再生产理论的发展”，并进行了相当充分的论证。[1]

从实践上看，中国看待产业结构的协调关系曾长期采用“农、轻、重”的判断模式，即根据农业、轻工业和重工业在工农业总产值中的比例关系来判断产业结构是否协调，并根据农、轻、重三个部门的发展速度的比较来判断产业结构的协调程度。这种判断方式的优点是比较简便易行，可以粗线条地看出国民经济三个大部门（农、轻、重）的比例协调关系以及这种比例关系的变动情况，比较适宜于农业占很大比重和第三次产业很不发达的较低的经济发展阶段。但是，随着经济发展水平的提高和产业结构的演进，这种判断模式就不大适合了。

其一，随着第三次产业在国民经济中的比重日益增大和在经济运行中的地位日益重要，把这个大部门排除在产业结构协调关系的考察范围之外显然很不合理，农、轻、重的比例关系已基本上不能综合反映国民经济增长和发展的协调状况，尤其不能反映产业结构上升和转换的客观趋势。

其二，农、轻、重三个部门在工农业总产值中的比重大小并不是问题的关键，问题的关键在于这些比重之间能否相互适应；既要适应各个部门的增长和发展的需要，又要适应国民经济整体发展水平提高的需要，即农、轻、重的比例关系必须符合产业结构演进的趋向和要求。离开了这一点，各个部门的比例关系的协调并不存在一个一般的判断标准，我们不能主观地去规定它们的比重应该如何或不应该如何，也不能简单地照搬其他国家的经验而认为它们的比例不应该这样而应该那样（当然，相似条件下的比较和借鉴是有意义的）。

其三，根据农、轻、重部门的发展速度的高低来判断产业结构是否协调也不容易说明问题，因为各个产业部门在经济增长和

[1] 参见［波兰］奥斯卡·兰格：《经济计量学导论》，中国社会科学出版社1980年中译本，第139—143页。

发展中相互协调的过程是以投入产出关系为基础的，在一定时期中，农、轻、重三个部门之间增长速度相同或相近并不等于它们的比例关系协调，反之，增长速度有明显差距或差距较大也并非就是它们的比例关系失调，如果它们之间的投入产出关系发生了变化，那么经济运行的实际情况很可能与这种现象判断所下的结论完全相反。由于各个产业部门增长速度的异同有可能是部门之间投入产出关系已经发生或正在发生变化的内在要求，因而不能简单地以这种速度的异同作为判断产业结构是否协调的标准。

根据上述分析，从理论与实践相结合的角度看，产业结构的协调化应包括以下三个相互联系的内容。

第一，从静态方面看，三次产业以及产业内部的比例关系要相互适应。以三次产业及其内部的关系为基础来考察产业结构的协调问题，可以反映产业结构自然上升和转换的趋势，并有利于与产业高度化问题统一起来。产业之间及产业内部的比例关系不仅是经济增长和发展的结果，而且是经济进一步增长和发展的条件，因而它们之间比例关系的协调不仅要符合经济运行过程的内在要求，而且要适应国民经济发展的基本趋向，即使是相对静态的比例关系，也要反映动态过程的一般特点。

第二，从动态方面看，各次产业及其内部之间增长与发展的速度要相互协调。这种速度的协调并不是增长率的一致或平衡（当然也不排除一致或平衡的情况），而是建立在产业联系的基础上，要反映部门之间投入产出关系的变动（举一个最简单的例子来说明。设原来投入价值 50 的原材料，产出价值 100 的成品，投入产出率为 1 ： 2。但现在投入产出率提高到 1 ： 2.5，计划产出增长 10%，那么要生产价值 110 的成品，只需价值 44 的原材料，原材料生产还可减少 12%；如果投入产出率降低为 1 ： 1.5，计划产出增长 20%，那么生产价值 120 的成品，就需要价值 80 的原材料，原材料生产必须增长 60%。由此还会引起其他产业部门发生方向相同但比例不等的变动。这是投入产出关系变化对各个部门增长速度的影响，也是速度协调问题的本质内容）。速度的协调不仅包括产业部门的产值和实物增长的协调，而且包括部门之间的投资和建设发展的协调。

第三，从质态方面看，各产业部门的联系、变动和流向要符合经济发展过程的一般规律性。这是产业结构协调化的高层内容，是部门之间在比例相适应、速度相协调基础上的流向相一致。各个产业部门的变动不仅要适应产业结构上升和转换的要求，而且要为产业高度化过程的不断演进形成条件，并在这个方向上协调起来。例如，国民经济的发展将进入高加工度化阶段，那么产业之间（尤其加工工业部门）的投入产出率就要有一定程度的提高，而不能是投入产出率的下降（或产出投入率的上升），否则就会给基础产业部门带来过大的需求压力（如同中国前几年加工工业盲目发展而物耗和能耗水平反而有所上升所带来的影响一样），导致产业结构出现失衡状态。

产业结构协调化的以上三个内容，既相互联系，不可分割，又相互区别，不可等同；在静态协调、动态协调和质态协调三个层次中，前者分别是后者的基础，后者又分别是前者的发展；必须把这三个方面内在地统一起来，才能实现产业结构协调化的过程。

二、产业结构高度化的内容

在国内外的经济学文献中，有关产业结构高度化的内容的专门论述并不多见。但是，对经济现象的分析和概括毕竟是经济理论的一项任务，实践也证明这种理论概括是有意义的，而且，当我们把产业结构高度化与协调化问题结合起来研究时，明确弄清产业高度化所包含的基本内容是很有必要的。

有的学者认为，产业结构的高度化“是指产业结构根据经济发展的历史和逻辑序列顺向演进的过程。这种序列至少包括如下三方面内容：①在整个产业结构中，由第一次产业占优势比重逐级向第二次产业、第三次产业占优势比重演进；②由劳动密集型产业占优势比重逐级向资本密集型、技术（知识）密集型产业占优势比重演进；③由制造初级产品的产业占优势比重逐渐向制造中间产品、最终产品的产业占优势比重演进”。[1]这种概括显然是正确的，反映了产业结构高度化进程的最基本方面；但由于只是从三次产业之间、产业类型之间和产品形式之间的比重变化去进行概括，主要从量态的角度反映了产业高度化的表现，未能完全概括产业结构高度化的内涵。笔者认为，在上面这三点的基础上，还可以进一步把产业结构高度化的内容概括为以下几个方面。

其一，产值结构高度化。包括：①初级产品、中间产品、最终产品的产值比重不断由前向后提高；②劳动密集型产品、资本密集型产品、技术（知识）密集型产品的产值比重不断由前向后提高；③低质量产品、中等质量产品、高质量产品的产值比重不断由前向后提高；④老产品（品种）、一般产品（品种）、新产品（品种）的产值比重不断由前向后提高。

其二，资产结构高度化。包括：①整个国民资产的部门分布由基础产业（设施）比重大依次向加工（组装）产业、技术（知识）产业比重大演进；②产业部门的质态联系日益紧密，产业循环和上升过程的联动功能不断加强；③相关产业部门的资产运转具有日益增强的替代效应，产业转换能力不断提高；④资产结构适应经济发展和需求结构变动而演进和变动的机制日益健全，产业扩展和收缩具有越来越迅速的连锁效应，从而使产业结构变动的周期特征越来越不明显。

其三，技术结构高度化。包括：①低层技术、中等技术与高层技术的相对比重由前向后不断提高；②老技术、一般技术与

---

[1] 周林、杨云龙、刘伟：《用产业政策推进发展与改革》，《经济研究》，1987年第3期，第16页。

新技术的相对比重由前向后不断提高；③高、中、低各层技术的内在联系越来越密切，技术链条的循环和技术结构的转换不断加快；④各产业部门之间的技术联系日益加强，技术进步的传递和扩散越来越迅速。

其四，劳动力结构高度化。包括：①劳动力人数由第一次产业比重大依次向第二次产业、第三次产业比重大推移[1]；②技术工人相对于普通工人的比重不断增大；③脑力劳动者相对于体力劳动者的比重不断增大；④劳动力结构变动的灵活性不断增强，适应资产结构和技术结构的变动而变动的结构联动功能和结构转换功能日益提高。

以上四个方面相互联系，相互制约。产值结构高度化是产出结构高度化的价值表现（价格结构的变动对其发生一定影响），它是产业结构高度化的直接结果，是由资产结构、技术结构和劳动力结构的高度化共同决定的；资产结构高度化是产业结构高度化的中心，它推动产出结构的高度化，并带动技术结构和劳动力结构的高度化；技术结构高度化是产业结构高度化的动力，是产出结构高度化过程的保证，也是联系资产结构与劳动力结构高度化的纽带；劳动力结构高度化则是产业结构高度化的基础，它能

---

❶ 根据西蒙·库兹涅茨在《各国的经济增长》（商务印书馆1985年中译本）一书中所作的统计分析，从大多数西方国家产业结构高度化的历史进程看，第二、三次产业的相对劳动力比重是同时上升的（参见该书第6章）。但从该书出版后十几年来的情况看，由于第三次产业的相对劳动力比重上升很快，第二次产业的相对劳动力比重明显下降，三次产业之间劳动力相对比重依次向后推移的客观趋势是可以肯定的（参见［美］丹尼尔·贝尔：《后工业社会的来临》，商务印书馆1984年中译本；［美］约翰·奈斯比特：《大趋势》，中国社会科学出版社1984年中译本；公文俊平主编：《日本进入服务产业新时代》，新华出版社1987年中译本；［美］保尔·霍肯：《未来的经济》，科学技术文献出版社1985年中译本）。

否适应资产结构与技术结构高度化的进程，关系到产出结构高度化能否不断实现。

三、产业结构协调化与高度化的统一

在上面所阐述的产业结构协调化与高度化的内容中，实际上已经分别包含了对方的特点，这就为二者的相互结合奠定了基础；产业结构协调化与高度化内在统一的条件，就在于二者所包含着的因素的相互融合、相互贯通，同时又相互制约、相互促进。

（1）产业结构在协调化的过程中要具有自我上升和转换的功能。以什么样的结构关系作为协调的基点，包括：三次产业及产业内部的比例关系如何规划，各个产业部门的增长速度如何确定，短期结构调整与长期结构协调怎样结合起来，区域产业结构与整体产业结构怎样统一起来，如此等等，都要考虑到产业结构的成长与高度化的进程；否则协调化的过程就不可能有效地持续下去，结构失衡的周期性波动就难以避免。因此，产业结构的协调化过程必须反映高度化的要求。①比例关系的静态协调要适应产业结构上升的状态，即符合三次产业及产业内部结构的有规律性转换；②增长速度的动态协调要适应产业部门之间平衡与不平衡增长相统一的趋势，即符合三次产业及其内部发展速度演变的特点；③产业部门之间的质态协调要符合产业结构持续上升的基本方向，适应结构关系相继转换的动态要求，即通过产业部门协调关系在一定程度上的超前变动或合理预期，有利于支持和促进产业结构高度化过程的不断演进。

（2）产业结构在高度化的过程中要具有自我调整和协调的功能。产业高度化的阶段性目标要以结构关系的相对协调为基础。例如，主导产业的选择，扶植产业的确定，限制产业的考虑，以至工业化的速度，重化工业化的方式，高加工度化的进程，技术集约化的发展，等等，都要十分注意各次产业及其内部

关系的基本平衡和协调发展，否则就会使高度化的进程遇到障碍，以致发生中断。因此，产业结构高度化的进程必须反映协调化的要求。

第一，在产值结构（产出结构）高度化的过程中，三次产业产值比重的依次递进要与国民经济发展对第一次产业（尤其粮食产业）依赖度的降低和社会经济进步对第二、三次产业（尤其交通运输和电信）需求度的提高相一致；初级、中间、最终产品的产值比重由前向后提高，要与投入产出率、原材料利用率的提高和物耗比重、能耗比重的降低的速度相一致；劳动密集型产品产值比重的下降和资本、技术（知识）密集型产品产值比重的上升，要与资本积累能力的提高和技术进步的速度相一致；低质量（低档）产品产值比重的下降和中等质量（中档）、高质量（高档）产品产值比重的上升，要与消费水平提高和消费结构变动、生产水平提高和生产结构变动的速度相一致；老产品（品种）产值比重的下降和一般产品（品种）、新产品（品种）产值比重的上升，要与产品（品种）生产周期的缩短和产品（品种）创新能力的提高相一致。同时，在上述各个层次的产值比重的升降变动中，要保持结构演进过程的相互衔接和不同层次之间的合理过渡，还要通过产品系列的相互替代效应、需求导向效应和外贸转换效应来协调产出结构。

第二，在资产结构高度化的过程中，整个国民资产（包括社会投资）的部门分布由基础产业占较大比重依次向加工（组装）工业、技术（知识）产业占较大比重演进，必须建立在一系列条件的基础上并与这些条件的形成过程相适应，这就是：基础产业部门已经打下了牢固的基础，其生产率不断上升，生产能力迅速增长；同时，加工工业的生产技术和工艺水平不断提高，工业加工程度不断深化，中间投入相应持续增加，生产结构多层化，对基础产业部门的依赖度日益降低；并且，在现代科学技术的推动下，技术（知识）产业有了较大规模的发展，明显降低了对基础产业部门的需求。只有在这种条件下，上述资产结构的变动和演进才是合理的、顺利的，否则就会带来部门之间资产结构的不协调。另外，在资产结构演进的过程中，还要通过部门质态联系的加强和产业转换能力的提高，使资产结构适应经济发展和需求结构变化而自我调整和协调的内在机制不断健全。

第三，在技术结构高度化的过程中，要注意部门之间技术联系的协调和部门内部技术层次的协调。从部门之间的技术联系看，根据罗斯托的观点，新技术的吸收和应用本身是一个部门的过程，但引进新的重要技术或其他创新于某个部门之中，又是一个与其他部门以及整个经济的运转纵横交错的极其复杂的过程[1]，因而技术联系的协调状态是技术结构上升和转换的重要基础。在老技术、一般技术和新技术的相对比重由前向后提高的过程中，应当通过新兴产业部门与传统产业部门的技术沟通和协作，通过高科技产业对普通产业的技术支持和推动，促进整个国民经济的技术改造和技术更新，并在各产业部门之间的技术联系不断加强的基础上，使技术进步的传递和扩散越来越迅速。从部门内部的技术层次看，不同的技术水平在经济运行中会相互影响、相互制约，只有不断消除技术结构中的断层状态和技术链条中的脱节现象，才不至于阻碍而是加快技术结构高度化的进程。因此，随着低层技术、中层技术与高层技术的相对比重由前向后提高，应当促使高、中、低各层技术的内在联系密切化，保持技术链条循环的连续性；使技术层次的更替和转换过程顺利实现。在上述基础上，还要通过技术进步的迅速扩散和技术链条的加快循环，推动各个产业部门及部门内部的各个方面在技术联系和技术转换的基础上协调发展。

第四，在劳动力结构高度化的过程中，要注意劳动力在产业

---

[1] 参见［美］W.W.罗斯托编：《从起飞进入持续增长的经济学》，四川人民出版社1988年中译本，第3页。

部门之间转移过程的协调、劳动力素质结构变动过程的协调和劳动力结构整体上适应资产结构和技术结构变动的协调。劳动力比重由第一次产业向第二、三次产业转移的过程，要与第一、二次产业尤其是农业部门劳动生产率提高的速度相适应，产业内部的劳动力转移要与部门产值结构的演变相适应；技术工人人数相对于普通工人人数的比重的增大，要与生产技术和工艺水平提高的速度相适应，脑力劳动者人数相对于体力劳动者人数的比重的增大，要与社会经济发展水平、科学技术发展程度和知识产业发展规模相适应；劳动力结构与资产结构和技术结构的变动关系是极其复杂的，要促使它们的结构演进过程相协调，应当使劳动力结构变动的灵活性不断加强，从而通过它们之间的结构联动效应和结构转换效应，促进产业结构的协调过程持续演进。

从中国 20 世纪 90 年代结构调整和结构成长的关系看，要扭转产业结构的失衡状态与低级状态并存的局面，推进产业结构协调化与高度化的进程，必须加强二者相互联系的一面，减弱二者相互矛盾的一面，因此必须考虑和处理好以下几个关系问题。

第一，由于中国的结构失衡是导致总量失衡的一个主要原因，总量失衡又是引起结构低级化的一个重要原因，因而近期内处理结构协调与结构转换的关系，应该沿着扭转结构失衡→缓和总量矛盾→提高结构水平的基本思路，把这三个环节有机地结合起来，作为一个既不可分割，又有所侧重的过程同时加以推进，并尽快形成结构协调发展与结构高度上升相互推动的良性循环。

第二，随着经济增长速度的回升和经济体制改革的推进，我们仍肩负着推动经济增长模式转换和经济增长机制形成的重任，应当在这个条件下来促进结构调整和结构成长。因此，必须保持适当的经济增长水平，维持适度的投资规模，同时继续控制各项消费支出，合理降低消费基金比重，并通过各种途径把有限的资金相对集中起来，既加强农业、基础工业和基础设施的投资建设，促进产业结构的有效调整，又加快主导部门、战略部门和重点部门的产业改造与产业进步，推动产业结构的积极演进。

第三，在加速基础产业部门发展的过程中，应当尽量提高这些部门的劳动生产率和经济效益，努力改进产品、品种和质量，从而在较快增加产出总量的同时提高有效供给的比重；在控制加工工业增长速度的条件下，应当推动加工组装部门的技术改造与技术进步，降低物耗和能耗，降低单位产出的投入系数，从而较大幅度地减轻对基础产业部门的需求压力。如果能够从这两个方面同时推进❶，就可以既达到协调产业结构的目的，又相应导致产业结构的上升和转换。

第四，在推行产业结构政策的过程中，通过经济手段（以及某些行政手段）来进行干预是不可避免的，也是必不可少的，但我们应当尽量降低直接干预的比重，减少由此带来的不良效应和后遗症。应当尽量不挫伤产业结构的内在联系，不影响产业链条的连续性循环；而通过一定的外力的推动，去促使产业结构自我调整和协调的内在机制起作用，通过适当的外力的引导，去加强产业结构自我上升和转换的内在功能。这样才能促使结构政策发挥良好的政策效应，带来结构效益和结构水平的提高。

第五，中国的产业结构政策包括协调结构关系和加快结构成长两个方面，因而在实施结构政策的过程中，既要注意到各个产业部门的数量关系，从静态和动态方面去推动部门比例关系的协调，又要考虑到各个产业部门的质态关系的变化，在产业变动中去促进部门之间联动功能的加强，替代效应的发挥和产业转换能力的提高；不论是资产存量调整还是投资流量重组，都要兼顾这两个方面的内容，从而在资金、技术、物资、劳动力的使用方向上，把产业结构的协调化过程与高度化过程统一起来。

第六，国民经济各个部门在支持产业结构政策推行的过程

❶ 这两个方面实质上就是基础产业在产业结构中的比重下降和向高加工度化演进的前提条件。

中，也要兼顾结构平衡和结构上升两个方面，并相应地有所分工有所侧重。例如，财政、税收部门可以主要支持基础产业和基础设施部门的发展，使国民经济的短线制约和瓶颈约束尽快缓解；金融部门可以通过信贷、利率的优惠来重点支持现代产业和新兴产业（带头产业和战略产业）部门的发展，推动国民经济的产业改造和产业进步；物资和价格部门可以同时支持两个方面但方向有所不同，对瓶颈部门和短线部门尽量增加主要投入品的供给并适当提高其产出品的价格水平，对带头产业和战略产业尽量保证主要投入品的供应但对其产出品的价格要加以适当调节❶；而对大多数长线部门和行将淘汰的传统产业部门则采取与上面相反的政策。考虑到中国的外债负担（还债高峰期已经到来）和出口前景不容乐观，外贸部门应主要通过进口先进技术设备来推动产品更新、品种开发和质量提高，支持产业结构的转换，同时有选择地进口一些国内短缺的重要原材料，促进基础产业部门的发展，支持产业结构的调整；而对于国内已有生产的消费品（尤其工业消费品）则应当尽量控制进口。

应当指出，像经济增长模式和增长机制的转换一样，产业结构政策的有效推行也必须以经济体制改革的相应推进为条件，中国结构调整和结构成长内在统一的实现过程，同样依赖于企业经营机制、市场运行机制和宏观调控机制的不断完善。

❶ 因为这些部门的生产率上升快，需求的收入弹性大，如果价格水平太高，会导致这些部门的片面发展。

主要参考文献

一、中文书籍

[1]马克思.资本论：1—3卷[M].北京：人民出版社，1975.

[2]杨坚白.国民经济综合平衡的理论和方法论问题[M].北京：人民出版社，1984.

[3]杨坚白.社会主义宏观经济论[M].大连：东北财经大学出版社，1990.

[4]李泽中.当代中国社会主义经济理论[M].北京：中国社会科学出版社，1989.

[5]周叔莲，等.产业政策问题探索[M].北京：经济管理出版社，1987.

[6]周叔莲，等.国外产业政策研究[M].北京：经济管理出版社，1988.

[7]张风波.中国宏观经济结构与政策[M].北京：中国财政经济出版社，1988.

[8]刘国光.体制改革中的经济稳定增长[M].北京：中国计划出版社，1990.

[9]刘国光.中国经济体制改革的模式研究[M].北京：中国社会科学出版社，1988.

[10]王积业.经济效益新论[M].北京：中国财政经济出版社，1987.

[11]李京文，等.技术进步与产业结构[M].北京：经济科学出版社，1988.

[12]厉以宁.非均衡的中国经济[M].北京：经济日报出版社，1991.

[13] 罗肇鸿，等．国外技术进步与产业结构的变化［M］．北京：中国计划出版社，1988.
[14] 杨治．产业经济学导论［M］．北京：中国人民大学出版社，1985.
[15] 吴敬琏．1988 年中国经济实况分析［M］．北京：中国社会科学出版社，1990.
[16] 马洪，孙尚清．中国经济结构问题研究（上、下）［M］．北京：人民出版社，1981.
[17] 宋承先，范家骧．增长经济学［M］．北京：人民出版社，1982.
[18] 杨敬年．西方发展经济学概论［M］．天津：天津人民出版社，1988.
[19] 谭崇台．发展经济学［M］．北京：人民出版社，1985.
[20] H. 钱纳里．工业化和经济增长的比较研究［M］．吴奇，等，译．上海：上海三联书店，1989.
[21] 联合国工业发展组织．世界各国工业化概况和趋向［M］．北京：中国对外翻译出版公司，1980.
[22] 外国经济结构论文集［C］．北京：中国社会科学出版社，1980.
[23] B. D. 卡马耶夫．经济增长的速度和质量［M］．陈华山，等，译．武汉：湖北人民出版社，1983.
[24] M. 卡莱茨基．社会主义经济增长理论导论［M］．符钢战，译．上海：上海三联书店，1988.
[25] 辽宁大学日本研究所．日本经济的发展［M］．沈阳：辽宁人民出版社，1979.
[26] 南亮进．日本的经济发展［M］．景文学，等，译．北京：对外贸易教育出版社，1989.
[27] 香西泰．高速增长的时代［M］．彭晋璋，译．贵阳：贵州人民出版社，1987.
[28] 罗伯特・M. 索洛，等．经济增长因素分析［M］．史清琪，等，译．北京：商务印书馆，1991.
[29] 西蒙・库兹涅茨．现代经济增长［M］．戴睿，易诚，译．北京：北京经济学院出版社 1989.

[30] 西蒙·库兹涅茨. 各国的经济增长[M]. 常勋，译. 北京：商务印书馆，1985.
[31] 爱德华·夏皮罗. 宏观经济分析[M]. 杨德明，王文钧，等，译. 北京：中国社会科学出版社 1985.
[32] 罗伯特·海尔布，罗纳，等. 现代化理论研究[M]. 俞新天，等，译. 北京：华夏出版社，1989.
[33] 查尔斯·P. 金德尔伯格，等. 经济发展[M]. 何宝玉，等，译. 上海：上海译文出版社，1988.
[34] W. W. 罗斯托. 从起飞进入持续增长的经济学[M]. 贺力平，等，译. 成都：四川人民出版社，1988.
[35] 刘易斯. 发展计划[M]. 何宝玉，译. 北京：北京经济学院出版社，1988.
[36] 莫里斯·阿莱. 无通货膨胀的经济增长[M]. 何宝玉，等，译. 北京：北京经济学院出版社，1990.
[37] 杰拉尔德·迈耶. 发展经济学的先驱[M]. 谭崇台，译. 北京：经济科学出版社，1988.
[38] 兰斯·泰勒. 结构主义宏观经济学[M]. 颜泽龙，译. 北京：经济科学出版社，1990.
[39] 劳埃德·雷诺兹. 经济学的三个世界[M]. 朱泱，等，译. 北京：商务印书馆，1990.
[40] H. 钱纳里，等. 发展的格局[M]. 李小青，等，译. 北京：中国财政经济出版社，1989.
[41] 索洛. 经济增长理论：一种解说[M]. 朱保华，译. 上海：上海三联书店，1989.
[42] 埃德温·查理. 发展中国家宏观经济学[M]. 孙英，译. 北京：商务印书馆，1990.
[43] 阿列克·凯思克劳斯. 经济学与经济政策[M]. 李琮，译. 北京：商务印书馆，1990.
[44] 西德尼·温特劳布. 当代经济思想[M]. 陈玮，张廷玉，译. 北京：

商务印书馆，1989.
[45] 保罗·R. 格雷戈里，等 . 比较经济体制学 [M]. 刘平，等，译 . 上海：上海三联书店，1988.
[46] 世界银行 1984 年经济考察团 . 中国：长期发展的问题和方案（附件五）[M]. 北京：中国财政经济出版社，1987.
[47] 世界银行经济考察团 . 中国：计划与市场 [M]. 北京：中国财政经济出版社，1991；世界银行经济考察团 . 宏观经济稳定与工业增长 [M]. 北京：中国财政经济出版社，1990.
[48] 世界银行 . 1990 年世界发展报告 [M]. 北京：中国财政经济出版社，1990. 世界银行 . 1991 年世界发展报告 [M]. 北京：中国财政经济出版社，1991.
[49] 各种统计资料、统计年鉴（略）。

二、英文书籍

[1] PAUL A BARAN. The Political Economy of Growth [M]. Pelican Books，1973.
[2] K DOPFER. The New Political Economy of Development [M]. New York：ST. Martin's Press，1979.
[3] KIRKPATRICK，NIXSON F I. The Industrialization of Less Developed Countries [M]. Marchester University Press，1983.
[4] FREDERICK T MOORE. Technological Change and Industrial Development：Issues and Opportunities [M]. Washington D.C. ：The World Bank，1983.
[5] LEWIS F ABBOTT. Theories of Industrial Modernization and Enterprise Development [M]. Great Britain，1983.
[6] KEITH GRIFFIN. Alternative Strategies for Economic Develop-ment [M]. OECD Development Certre，1989.
[7] E WAYNE NAFZIGER. The Economics of Developing Countries [M]. Wadsworth Inc.，1984.

[8] KENNETH J ARROW. The Balance between Industry and Agriculture in Economic Development: Volume 1, Basic Issues [M]. International Economic Association, 1988.

[9] JEFFREY G WILLIAMSON, VADIRAJ R PANCHAMUKHI. The Balance between Industry and Agriculture in Economic Development: Volume 2, Secter Proportions [M]. International Economic Association, 1989.

三、中文论文

[1] 谢千里，等．中国国营工业与集体工业生产率变动趋势比较[J]．数量经济技术经济研究，1990（8）．

[2] 张军扩．“七五”期间经济效益的综合分析[J]．经济研究，1991（4）．

[3] 孙尚清，马建堂．产业结构：80 年代的问题与 90 年代的调整[J]．管理世界，1991（2）．

[4] 谢伏瞻，等．产业结构调整的战略选择[J]．管理世界，1990（4）．

[5] 程秀生，等．对我国经济长期稳定增长的初步研究[J]．经济研究，1990（2）．

[6] 熊映梧，等．论产业结构优化的适度经济增长[J]．经济研究，1990（3）．

[7] 杨坚白．速度·结构·效率[J]．经济研究，1991（9）．

[8] 郭树清．国民经济运行机制的转变与改革战略的选择[J]．经济研究，1990（11）．

[9] 中国社会科学院经济学片形势分析小组．以改革促稳定，在稳定中发展[J]．经济研究，1990（7）．

[10] 国务院发展研究中心“八五”计划基本思路研究小组．“八五”经济发展：方针、途径与政策[J]．经济研究，1990（7）．

[11] 江小涓．论我国产业结构政策的实效和调整机制的转变[J]．经济研究，1991（2）．
[12] 高明，申欣．我国工业化过程中的结构变动特征剖析[J]．中国工业经济研究，1990（1）．
[13] 刘方域．对我国社会主义工业化问题的再认识[J]．北京大学学报：哲社版，1988（6）．
[14] 张志超．对卡莱茨基增长模型的初步分析和验证[J]．南开经济研究，1990（3）．
[15] 原毅军．论我国经济的适度增长[J]．经济研究，1991（1）．
[16] 吴仁洪．资源再配置与经济体制[J]．经济研究，1990（2）．
[17] K. 格里芬．社会主义发展战略研究（一）[J]．管理世界，1988（5）；K. 格里芬．社会主义发展战略研究（二）[J]．管理世界，1988（6）．
[18] 戴园晨．保持适度经济增长率和采取“供给略大于需求”的反周期对策[J]．经济研究，1989（11）．
[19] 李丰．试论技术进步在经济发展中的作用[J]．经济研究，1991（9）．
[20] 郭克莎．我国产业结构调整与结构成长的关系[J]．中国社科院研究生院学报，1990（5）．
[21] 郭克莎．1979—1988 年经济增长的因素及效应分析[J]．经济研究，1990（10）．
[22] 郭克莎．生产资料优先增长与产业结构的变动[J]．经济科学，1990（3）．
[23] 郭克莎．经济增长与质量[J]．中国工业经济研究，1991（7）．
[24] 郭克莎．论资源条件对经济增长的作用[J]．改革，1991（4）．
[25] 郭克莎．1979—1988 年我国经济增长中的结构变动分析[J]．经济理论与经济管理，1991（2）．
[26] 郭克莎．论国民经济稳定和协调增长的机制[J]．中国社科院研究生院学报，1991（4）．

[27] 郭克莎 . 三次产业增长因素及其变动特点分析 [J]. 经济研究，1991（2）.
[28] 郭克莎 . 我国资源总配置效应分析 [J]. 经济研究，1992（9）.
[29] 郭克莎 . 技术结构、生产率结构与产出结构 [J]. 经济理论与经济管理，1992（6）.

再版后记

25年多过去了，看着上面的原版后记，我的心里有一种难言的酸楚！物是人非，时间不饶人。我的博士生导师杨坚白老先生已在10年前仙逝，副导师李泽中先生也在前两年因病离世，我的博士论文答辩委员会主席周叔莲先生也在今年年初驾鹤西去了，其他5位参与我博士论文评阅和答辩的老先生如今也都年事已高，因长期缺乏联系，但愿他们都身体健康！在本书再版之际，作为一个已退休的老学生，我深深地怀念他们，脑海中又浮现了他们的音容笑貌！

我的博士学位论文在修改成书出版时，我主要作了结构上的一些调整，没有对内容作较多的修改；这次本书再版，我仍然基本没有修改。这也许在客观上起了一个作用，就是保留了我对博士论文指导老师和论文评阅、答辩老师的一份尊敬，保持了我对他们的感谢之情。

当初把我的书稿推荐给上海三联书店的是刘世锦学兄，现在他仍活跃在学术研究和政策研究的大舞台上，在全国的名气和影响已远不是25年前可比，而当年他对本书提出的一些修改意见仿佛仍在我的耳边。当时作为上海三联书店总编辑的陈昕先生，早已是蜚声国内外的学术著作出版大家，那时他高度重视年轻学者的书稿，亲自担任责任编辑，快速出版这本专著并申报孙冶方经济科学奖，使我第一次获得了学术大奖的荣誉，至今想起仍令我感动和感恩。相信很多曾经在陈昕先生主编的“当代经济学文库”出版过专著的经济学家也会对他心存感激。电视剧《神探狄仁杰》中的狄仁杰说过一句话：人老多情。这大概主要是指年纪大了会增添怀念之情、感恩之情。在此，我要再次向他们两位表示衷心的感谢！

同时，我也要向主动再版本书的知识产权出版社，向为本书再版付出辛勤劳动的蔡虹编辑以及出版社的有关工作人员，表示深深的敬意和谢意！

郭克莎

2018年9月10日

原版后记

摆在读者面前的这本著作，是在我的博士学位论文的基础上修改而成的。在写作博士学位论文时，由于时间和篇幅的限制，原计划要写的一部分内容（对经济增长中需求波动问题的实证分析和对投资、消费、储蓄变动关系的研究）被迫删去；这次成书，仍然因时间关系，未能加以较多的增补和修改。因此，这方面的遗憾只好留待以后有机会再另撰一书来弥补了。

我的博士论文得到了杨坚白老师和李泽中老师深入细致的指导。在博士论文答辩前后，周叔莲、于祖尧、戎文佐、肖德周、霍俊超、苏崇德等老师给予了许多重要的指点和帮助。在论文修改成书的过程中，刘世锦学兄又对书稿提出了不少有益的修改意见。本书正是在以上专家学者的指导和帮助下完成的。在本书脱稿即将出版之际，80 多岁高龄的杨老还在百忙中亲自为拙著作序。对此，我要向他们表示衷心的感谢！

同时，我还要向上海三联书店的陈昕先生致以深切的谢意和敬意！这不仅因为他对拙著的出版给予关心、支持和由此付出了辛勤劳动，而且更重要的是，他作为总编辑而致力于出版学术专著的宏大气魄，和他主编的“当代经济学文库”所产生的巨大影响，使从事经济理论研究的中青年学者看到了希望的曙光，也使我对能够在这套丛书中出上一本感到由衷的高兴。

郭克莎

1993 年 2 月 20 日